PARIS

2002

■ *Sélection d'hôtels et de restaurants*

Selection of hotels and restaurants ■

PARIS

Depuis deux mois l'euro a remplacé
la monnaie nationale en France
et dans onze autres pays européens.
Comme les titres Benelux, Deutschland,
España & Portugal, France, Ireland, Italia
et Portugal de la collection Le Guide Rouge,
l'édition 2002 du Guide Rouge Paris parle
en devise européenne.

Les hôteliers et les restaurateurs ont établi
tous leurs prix en euros pour l'année à venir.
Vous les trouverez ainsi
dans cette nouvelle édition entièrement mise à jour
par nos inspecteurs sur le terrain.

Pour vous aider à " penser euro ",
Le Guide Rouge vous donne
quelques points de repère au fil de ses pages.
Par exemple, le symbole :
⊗ signale un restaurant où vous mangerez
gourmand pour moins de 28 €.

Vous pouvez retrouver
toute la sélection du Guide Rouge France sur
www.ViaMichelin.fr
et nous faire part de vos commentaires à
leguiderouge-France@fr.michelin.com
Car plus que jamais en cette période
de transition monétaire,
Le Guide Rouge a besoin de vous :
écrivez-nous !

Sommaire

MICHELIN - Éditions des Voyages
46, Av. de Breteuil, 75324 PARIS CEDEX 07
Tél. 01 45 66 12 34 - Fax : 01 45 66 13 54
www.ViaMichelin.com
Boutique Michelin :
32, Av. de l'Opéra, 75002 PARIS
Tél. 01 42 68 05 20 - Fax : 01 47 42 10 50

Comprendre

Pour faciliter votre séjour à Paris,
ce Guide vous propose une sélection d'hôtels
et restaurants, classés selon leur confort
et cités par ordre de préférence
dans chaque catégorie.

Catégories

🏨	XXXXX	*Grand luxe et tradition*
🏨	XXXX	*Grand confort*
🏨	XXX	*Très confortable*
🏠	XX	*De bon confort*
🏠	X	*Assez confortable*
M		*Dans sa catégorie, hôtel d'équipement moderne*
sans rest.		*L'hôtel n'a pas de restaurant*
	avec ch.	*Le restaurant possède des chambres*

Agrément et tranquillité

Certains établissements se distinguent dans le guide
par les symboles rouges indiqués ci-après.
Le séjour dans ces hôtels se révèle particulièrement
agréable ou reposant.
Cela peut tenir d'une part au caractère de l'édifice,
au décor original, au site, à l'accueil
et aux services qui sont proposés,
d'autre part à la tranquillité des lieux.

🏨 à 🏠	*Hôtels agréables*
XXXXX à X	*Restaurants agréables*
⑤	*Hôtel très tranquille ou isolé et tranquille*
⑤	*Hôtel tranquille*
⩽ Notre-Dame	*Vue exceptionnelle*
⩽	*Vue intéressante ou étendue*

Installation

Les chambres des hôtels que nous recommandons possèdent, en général, des installations sanitaires complètes. Il est toutefois possible que dans la catégorie 🏠, certaines chambres en soient dépourvues.

30 ch	*Nombre de chambres*
🛗	*Ascenseur*
▤	*Air conditionné (dans tout ou partie de l'établissement)*
📺	*Télévision dans la chambre*
🚭	*Chambres réservées aux non-fumeurs*
☎	*Prise Modem-Minitel dans la chambre*
♿	*Chambres accessibles aux handicapés physiques*
🪑	*Repas servis au jardin ou en terrasse*
🏋	*Salle de remise en forme*
🏊 🏊	*Piscine : de plein air ou couverte*
🌿	*Jardin de repos*
🌳	*Parc*
🎾	*Tennis à l'hôtel*
🏛 25 à 150	*Salles de conférences : capacité maximum*
🚗	*Garage dans l'hôtel (généralement payant)*
🅿	*Parking réservé à la clientèle*
🅿	*Parking clos réservé à la clientèle*
🐕‍🦺	*Accès interdit aux chiens (dans tout ou partie de l'établissement)*
Fermé 3 août au 15 sept.	*Période de fermeture, communiquée par l'hôtelier En l'absence de mention, l'établissement est ouvert toute l'année.*

La table

Les étoiles

*Certains établissements méritent d'être signalés
à votre attention pour la qualité de leur cuisine.
Nous les distinguons par **les étoiles de bonne table**.
Nous indiquons, pour ces établissements,
trois spécialités culinaires qui pourront orienter
votre choix.*

❀❀❀ **Une des meilleures tables, vaut le voyage**

*On y mange toujours très bien, parfois merveilleusement.
Grands vins, service impeccable, cadre élégant...
Prix en conséquence.*

❀❀ **Table excellente, mérite un détour**

*Spécialités et vins de choix...
Attendez-vous à une dépense en rapport.*

❀ **Une très bonne table dans sa catégorie**

*L'étoile marque une bonne étape
sur votre itinéraire.
Mais ne comparez pas l'étoile d'un établissement
de luxe à prix élevés avec celle d'une petite maison
où à prix raisonnables, on sert également
une cuisine de qualité.*

Le "Bib Gourmand"

Repas soignés à prix modérés

*Vous souhaitez parfois trouver des tables
plus simples, à prix modérés ; c'est pourquoi
nous avons sélectionné des restaurants proposant
un repas soigné, pour un rapport qualité-prix
particulièrement favorable.
Ces restaurants sont signalés par le **"Bib Gourmand"**
et* Repas.
Ex. Repas 20/29.

Consultez les listes des étoiles de bonne table ❀❀❀*,
* ❀❀*,* ❀ *et des* **"Bib Gourmand"** *, page 32 à 36.*

Les prix

Les prix indiqués dans ce guide,
établis en automne 2001,
sont donnés en euros (EUR).
Ils sont susceptibles de modifications,
notamment en cas de variations
des prix des biens et des services.

Ils s'entendent taxes et service compris.
Aucune majoration ne doit figurer sur votre note,
sauf éventuellement la taxe de séjour.

Les hôtels et restaurants figurent en gros caractères
lorsque les hôteliers nous ont donné tous leurs prix
et se sont engagés, sous leur propre responsabilité,
à les appliquer aux touristes de passage porteurs
de notre guide.

En dehors de la saison touristique et des périodes
de salons, certains établissements proposent
des conditions avantageuses, renseignez-vous
lors de votre réservation.

Entrez à l'hôtel le guide à la main, vous montrerez
ainsi qu'il vous conduit là en confiance.

Repas

enf. 9	*Prix du menu pour enfants*
⬟	*Établissement proposant un menu simple à moins de 14 €*

Repas à prix fixe :

Repas (7,90)	*Prix d'un repas composé d'un plat principal, accompagné d'une entrée ou d'un dessert, généralement servi au déjeuner en semaine*
13,80 (déj.)	*Menu servi au déjeuner uniquement*
16/23	*Prix du menu : minimum 16, maximum 23*
15,50/23	*Menu à prix fixe minimum 15,50 non servi les fins de semaine et jours fériés*
bc	*Boisson comprise*
⌷	*Vin servi au verre*
⚱	*Vin de table en carafe*

Repas à la carte

Repas carte
22 à 48

*Le premier prix correspond à un repas normal
comprenant : entrée, plat garni et dessert.
Le 2ᵉ prix concerne un repas plus complet
(avec spécialité) comprenant : deux plats, fromage
et dessert (boisson non comprise)*

Chambres

ch 56/95

*Prix minimum 56 pour une chambre
d'une personne, prix maximum 95
pour une chambre de deux personnes*

29 ch 🛏 55/114

Prix des chambres petit déjeuner compris

🛏 6,50

*Prix du petit déjeuner
(généralement servi dans la chambre)*

appart.

Se renseigner auprès de l'hôtelier

Demi-pension

1/2 P 54/98

*Prix minimum et maximum de la demi-pension
(chambre, petit déjeuner et un repas)
par personne et par jour, en saison.
Il est indispensable de s'entendre par avance
avec l'hôtelier pour conclure un arrangement définitif.*

Les arrhes

*Certains hôteliers demandent le versement d'arrhes.
Il s'agit d'un dépôt-garantie qui engage l'hôtelier
comme le client. Bien faire préciser les dispositions
de cette garantie.*

Cartes de crédit

AE ⓓ VISA GB JCB

*Cartes de crédit acceptées par l'établissement :
American Express – Diners Club – Carte Bancaire
(Visa, Eurocard, Mastercard) – Japan Credit Bureau*

*Two months ago the euro replaced
the national currency of France
and those of eleven other European countries.
With this in mind, the 2002 edition
of The Red Guide Paris,
together with other Red Guide titles Benelux,
Deutschland, España & Portugal, France,
Ireland, Italia and Portugal
has been compiled using the new currency.*

*Hotels and restaurants
throughout Europe have established their prices
for the year ahead in euro,
and you will find them all here
in this fully revised edition,
updated locally by our team of inspectors.*

*So to help you " think euro ",
The Red Guide has a few handy pointers.
For example :
⊛ indicates a restaurant where you can eat well
for less than 28 €.*

*Look out for the complete Red Guide France selection
on-line at **www.ViaMichelin.fr**
and e-mail us with your comments to
leguiderouge-France@fr.michelin.com
In this time of monetary transition
The Red Guide needs your feedback more than
ever:
write to us !*

Contents

How to use this guide

In order to make your stay in Paris easier, this
Guide offers a selection of hotels and restaurants
which have been categorised by level of comfort
and listed in order of preference
within each category.

Categories

🏨	XXXXX	*Luxury in the traditional style*
🏨	XXXX	*Top class comfort*
🏨	XXX	*Very comfortable*
🏨	XX	*Comfortable*
🏨	X	*Quite comfortable*
M		*In its category, hotel with modern amenities*
sans rest.		*No restaurant in the hotel*
	avec ch.	*The restaurant also offers accommodation*

Peaceful atmosphere and setting

Certain establishments are distinguished
in the guide by the red symbols shown below.

Your stay in such hotels will be particularly
pleasant or restful, owing to the character
of the building, its decor, the setting, the welcome
and services offered, or simply the peace
and quiet to be enjoyed there.

🏨 to 🏨	*Pleasant hotels*
XXXXX to X	*Pleasant restaurants*
🦢	*Very quiet or quiet, secluded hotel*
🦢	*Quiet hotel*
≤ Notre-Dame	*Exceptional view*
≤	*Interesting or extensive view*

14

Hotel facilities

In general the hotels we recommend have full bathroom and toilet facilities in each room. However, this may not be the case for certain rooms in category 🏠.

30 rm	*Number of rooms*
🛗	*Lift (elevator)*
▤	*Air conditioning (in all or part of the hotel)*
📺	*Television in room*
⇗✖	*Rooms reserved for non-smokers*
☎	*Minitel-modem point in the bedrooms*
♿	*Rooms accessible to the physically handicapped*
🍽	*Meals served in garden or on terrace*
₤₆	*Exercise room*
⤵⤢	*Outdoor or indoor swimming pool*
⟿	*Garden*
⚘	*Park*
⚡	*Hotel tennis court*
⚸ 25 à 150	*Equipped conference hall (minimum and maximum capacity)*
⟳	*Hotel garage (additional charge in most cases)*
🅿	*Car park for customers only*
🅿	*Enclosed car park for customers only*
⚡	*Dogs are excluded from all or part of the hotel*
fermé 3 août au 15 sept.	*Dates when closed, as indicated by the hotelier. Where no date or season is shown, establishments are open all year round*

Cuisine

Stars

*Certain establishments deserve to be brought
to your attention for the particularly fine quality
of their cooking.* **Michelin stars** *are awarded
for the standard of meals served.
For each of these restaurants we indicate
three culinary specialities to assist you
in your choice.*

❀❀❀ **Exceptional cuisine, worth a special journey**

*One always eats here extremely well, sometimes
superbly. Fine wines, faultless service, elegant
surroundings. One will pay accordingly!*

❀❀ **Excellent cooking, worth a detour**

*Specialities and wines of first class quality.
This will be reflected in the price.*

❀ **A very good restaurant in its category**

*The star indicates a good place to stop on your journey.
But beware of comparing the star given
to an expensive «de luxe» establishment
to that of a simple restaurant where you can appreciate
fine cuisine at a reasonable price.*

The "Bib Gourmand"

Good food at moderate prices

*You may also like to know of other restaurants
with less elaborate, moderately priced menus
that offer good value for money and serve
carefully prepared meals.
In the guide such establishments are marked* 😋
the **"Bib Gourmand"** *and* Repas *just before
the price of the menu, for example* Repas 20/29.

Please refer to the lists of star-rated restaurants ❀❀❀,
❀❀, ❀ *and the* **"Bib Gourmand"** 😋, *p 32 at 36.*

Prices

*Prices quoted are valid for autumn 2001
and are given in euro (EUR).
They are subject to alteration
if goods and service costs are revised.*

*The rates include tax and service
and no extra charge should appear on your bill,
with the possible exception of visitor's tax.*

*Hotels and restaurants in bold type have supplied
details of all their rates and have assumed
responsibility for maintaining them
for all travellers in possession of this guide.*

*Certain establishments offer special rates apart
from during high season and major exhibitions.
Ask when booking.*

*Your recommendation is self-evident
if you always walk into a hotel Guide in hand.*

Meals

enf. 9	*Price of children's menu*
⌖	*Establishment serving a simple menu for less than 14 €*

Set meals

Repas *(7,90)*	*Price for a 2 course meal, generally served weekday lunchtimes*
13,80 (déj.)	*Set meal served only at lunch time*
16/23	*Lowest* 16 *and highest* 23 *prices for set meals*
15,50/23	*The cheapest set meal* 15,50 *is not served on Saturdays, Sundays or public holidays*
bc	*House wine included*
♉	*Wine served by the glass*
♌	*Table wine by the carafe*

«A la carte» meals

Repas carte
22 à 48

*The first figure is for a plain meal and includes
first course, main dish of the day with vegetables
and dessert.
The second figure is for a fuller meal (with «spécialité»)
and includes 2 main courses, cheese, and dessert
(drinks, not included)*

Rooms

ch 56/95

*Lowest price 56 for a single room and highest price 95
for a double.*

29 ch ☕ 55/114

Price includes breakfast

☕ 6,50

*Price of continental breakfast
(generally served in the bedroom)*

appart.

Enquire at hotel for rates

Half board

1/2 P 54/98

*Lowest and highest prices of half board (room, breakfast
and a meal) per person, per day in the season.
It is advisable to agree on terms with the hotelier
before arriving.*

Deposits

*Some hotels will require a deposit, which confirms
the commitment of customer and hotelier alike.
Make sure the terms of the agreement are clear.*

Credit cards

AE ⑩ VISA GB JCB

*Credit cards accepted by the establishment:
American Express – Diners Club – Carte Bancaire
(includes Eurocard, MasterCard and Visa) – Japan
Credit Bureau*

Glossary of menu terms

This section provides translations and explanations of many terms commonly found on French menus. It will also give visitors some idea of the specialities listed under the "starred" restaurants which we have recommended for fine food. Far be it from us, however, to spoil the fun of making your own inquiries to the waiter, as, indeed, the French do when confronted with a mysterious but intriguing dish!

A

Agneau – Lamb
Aiguillette (caneton or **canard)** – Thin, tender slice of duckling, cut lengthwise
Ail – Garlic
Andouillette – Sausage made of pork or veal tripe
Artichaut – Artichoke
Avocat – Avocado pear

B

Ballotine – A variety of galantine (white meat moulded in aspic)
Bar – Sea bass (see Loup au Fenouil)
Barbue – Brill
Baudroie – Burbot
Béarnaise – Sauce made of butter, eggs, tarragon, vinegar served with steaks and some fish dishes
Belons – Variety of flat oyster with delicate flavor
Beurre blanc – "White butter", a sauce made of butter wellwhipped with vinegar and shallots, served with pike and other fish
Bœuf bourguignon – Beef stewed in red wine
Bordelaise (à la) – Red wine sauce with shallots and bone marrow
Boudin grillé – Grilled pork blood-sausage
Bouillabaisse – A soup of fish and, sometimes, shellfish, cooked with garlic, parsley, tomatoes, olive oil, spices, onions and saffron. The fish and the soup are served separately. A Marseilles speciality
Bourride – Fish chowder prepared with white fish, garlic, spices, herbs and white wine, served with aïoli
Brochette (en) – Skewered

C

Caille – *Quail*

Calamar – *Squid*

Canard à la rouennaise – *Roast or fried duck, stuffed with its liver*

Canard à l'orange – *Roast duck with oranges*

Canard aux olives – *Roast duck with olives*

Carré d'agneau – *Rack of lamb (loin chops)*

Cassoulet – *Casserole dish made of white beans, condiments, served (depending on the recipe) with sausage, pork, mutton, goose or duck*

Cèpes – *Variety of mushroom*

Cerfeuil – *Chervil*

Champignons – *Mushrooms*

Charcuterie d'Auvergne – *A region of central France, Auvergne is reputed to produce the best country-prepared pork-meat specialities, served cold as a first course*

Charlotte – *A moulded sponge cake although sometimes made with vegetables*

Chartreuse de perdreau – *Young partridge cooked with cabbage*

Châtaigne – *Chestnuts*

Châteaubriand – *Thick, tender cut of steak from the heart of the fillet or tenderloin*

Chevreuil – *Venison*

Chou farci – *Stuffed cabbage*

Choucroute garnie – *Sauerkraut, an Alsacian speciality, served hot and "garnished" with ham, frankfurters, bacon, smoked pork, sausage and boiled potatoes. A good dish to order in a* brasserie

Ciboulette – *Chives*

Civet de gibier – *Game stew with wine and onions* (civet de lièvre = jugged hare)

Colvert – *Wild duck*

Confit de canard or d'oie – *Preserved duck or goose cooked in its own fat sometimes served with* cassoulet

Coq au vin – *Chicken (literally, "rooster") cooked in red wine sauce with onions, mushrooms and bits of bacon*

Coques – *Cockles*

Coquilles St-Jacques – *Scallops*

Cou d'oie farci – *Stuffed goose neck*

Coulis – *Thick sauce*

Couscous – *North African dish of semolina (crushed wheat grain) steamed and served with a broth of chick-peas and other vegetables, a spicy sauce, accompanied by chicken, roast lamb and sausage.*

Crêpes – *Thin, light pancakes*

Crevettes – *Shrimps*

Croustades – *Small moulded pastry (puff pastry)*

Crustacés – *Shellfish*

D

Daube (Bœuf en) – *Beef braised with carrots and onions in red wine sauce*
Daurade – *Sea bream*

E

Écrevisses – *Fresh water crayfish*
Entrecôte marchand de vin – *Rib steak in a red wine sauce with shallots*
Escalope de veau – *(Thin) veal steak, sometimes served* panée, *breaded, as with* Wiener Schnitzel
Escargot – *Snails, usually prepared with butter, garlic and parsley*
Estragon – *Tarragon*

F

Faisan – *Pheasant*
Fenouil – *Fennel*
Feuillantine – *See* feuilleté
Feuilleté – *Flaky puff pastry used for making pies or tarts*
Filet de bœuf – *Fillet (tenderloin) of beef*
Filet mignon – *Small, round, very choice cut of meat*
Flambé(e) – *"Flamed", i.e., bathed in brandy, rum, etc., which is then ignited*
Flan – *Baked custard*
Foie gras au caramel poivré – *Peppered caramelized goose or duck liver*
Foie gras d'oie or de canard – *Liver of fatted geese or ducks, served fresh* (frais) *or in* pâté
Foie de veau – *Calf's liver*
Fruits de mer – *Seafood*

G

Gambas – *Prawns*
Gibier – *Game*
Gigot d'agneau – *Roast leg of lamb*
Gingembre – *Ginger*
Goujon or goujonnette de sole – *Small fillets of fried sole*
Gratin (au) – *Dish baked in the oven to produce thin crust on surface*
Gratinée – *See : onion soup under* soupe à l'oignon
Grenadin de veau – *Veal tournedos*
Grenouilles (cuisses de) – *Frogs' legs, often served* à la provençale
Grillades – *Grilled meats, mostly steaks*

H

Homard – *Lobster*
Homard à l'américaine or à l'armoricaine – *Lobster sauted in butter and olive oil, served with a sauce of tomatoes, garlic, spices, white wine and cognac*
Huîtres – *Oysters*

J

Jambon – *Ham (raw or cooked)*
Jambonnette de barbarie – *Stuffed leg of Barbary duck*
Joue de bœuf – *A very tasty piece of beef, literally the cheek of the beef*
Julienne – *Vegetables, fruit, meat or fish cut up in small sticks*

L

Lamproie – *Lamprey, often served* à la bordelaise
Langoustines – *Large prawns*
Lapereau – *Young rabbit*
Lièvre – *Hare*
Lotte – *Burbot*
Loup au fenouil – *In the south of France, sea bass with fennel*
(same as bar*)*

M

Magret – *Duck steak*
Marcassin – *Young wild boar*
Mariné – *Marinated*
Marjolaine – *A pastry of different flavors often with a chocolate base*
Marmite dieppoise – *Fish soup from Dieppe*
Matelote d'anguilles or de lotte – *Eel or burbot stew with red wine,*
onions and herbs
Méchoui – *A whole roasted lamb*
Merlan – *Whiting*
Millefeuille – *Napoleon, vanilla slice*
Moelle (à la) – *With bone marrow*
Morilles – *Morel mushroom*
Morue fraîche – *Fresh cod*
Mouclade – *Mussels prepared without shells, in white wine and shallots*
wit cream sauce and spices
Moules farcies – *Stuffed mussels (usually filled with butter, garlic and*
parsley)
Moules marinières – *Mussels steamed in white wine, onions and spices*

N

Nage (à la) – *A court-bouillon with vegetables and white wine*
Nantua – *Sauce made with fresh water crayfish tails and served with*
quenelles *fish, seafood, etc.*
Navarin – *Lamb stew with small onions, carrots, turnips and potatoes*
Noisettes d'agneau – *Small, round, choice morsels of lamb*

O

Œufs brouillés – *Scrambled eggs*
Œufs en meurette – *Poached eggs in red wine sauce with bits of bacon*
Œufs sur le plat – *Fried eggs, sunnyside up*

Omble chevalier – *Fish : Char*
Omelette soufflée – *Souffled omelette*
Oseille – *Sorrel*
Oursin – *Sea urchin*

P

Paëlla – *A saffron-flavored rice dish made with a mixture of seafood, sausage, chicken and vegetables*
Palourdes – *Clams*
Panaché de poissons – *A selection of different kinds of fish*
Pannequet – *Stuffed* crêpe
Pâté – *Also called terrine. A common French hors-d'œuvre, a kind of cold, sliced meat loaf which is made from pork, veal, liver, fowl, rabbit or game and seasoned appropriately with spices. Also served hot in pastry crust* (en croûte)
Paupiette – *Usually, slice of veal wrapped around pork or sausage meat*
Perdreau – *Young partridge*
Petit salé – *Salt pork tenderloin, usually served with lentils or cablage*
Petits-gris – *Literally, "small grays"; a variety of snail with brownish, pebbled shell*
Pétoncles – *Small scallops*
Pieds de mouton Poulette – *Sheep's feet in cream sauce*
Pigeonneau – *Young pigeon*
Pintade – *Guinea fowl*
Piperade – *A Basque dish of scrambled eggs and cooked tomato, green pepper and Bayonne ham*
Plateau de fromages – *Tray with a selection of cheeses made from cow's or goat's milk* (see cheeses)
Poireaux – *Leek*
Poivron – *Red or green pepper*
Pot-au-feu – *Beef soup which is served first and followed by a joint of beef cooked in the soup, garnished with vegetables*
Potiron – *Pumpkin*
Poule au pot – *Boiled chicken and vegetables served with a hot broth*
Poulet à l'estragon – *Chicken with tarragon*
Poulet au vinaigre – *Chicken cooked in vinegar*
Poulet aux écrevisses – *Chicken with crayfish*
Poulet de Bresse – *Finest breed of chicken in France, grain-fed*
Pré-salé – *A particularly fine variety of lamb raised on salt marshes near the sea*
Provençale (à la) – *With tomato, garlic and parsley*

Q

Quenelles de brochet – *Fish-balls made of pike;* quenelles *are also made of veal or chicken farcement*
Queue de bœuf – *Oxtail*
Quiche lorraine – *Hot custard pie flavored with chopped bacon and baked in an unsweetened pastry shell*

R

Ragoût – *Stew*
Raie aux câpres – *Skate fried in butter garnished with capers*
Ris de veau – *Sweetbreads*
Rognons de veau – *Veal kidneys*
Rouget – *Red mullet*

S

St-Jacques – *Scallops, as* coquilles St-Jacques
St-Pierre – *Fish : John Dory*
Salade niçoise – *A first course made of lettuce, tomatoes, celery, olives, green pepper, cucumber, anchovy and tuna, seasoned to taste. A favorite hors-d'œuvre*
Sandre – *Pike perch*
Saucisson chaud – *Pork sausage, served hot with potato salad, or sometimes in pastry shel* (en croûte)
Saumon fumé – *Smoked salmon*
Scampi fritti – *French-fried shrimp*
Selle d'agneau – *Saddle of lamb*
Soufflé – *A light, fluffy baked dish made of eggs yolks and whites beaten separately and combined with cheese or fish, for example, to make a first course, or with fruit or liqueur as a dessert*
Soupe à l'oignon – *Onion soup with grated cheese and* croûtons *(small crisp pieces of toasted bread)*
Soupe de poissons – *Fish chowder*
Steak au poivre – *Pepper steak, often served flamed*
Suprême – *Usually refers to poultry or fish served with a white sauce*

T

Tagine – *A stew with either chicken, lamb, pigeons or vegetables*
Tartare – *Raw meat or fish minced up and then mixed with eggs, herbs and other condiments before being shaped into a patty*
Terrine – *See* pâté
Tête de veau – *Calf's head*
Thon – *Tuna*
Tournedos – *Small, round tenderloin steak*
Tourteaux – *Large crab (from Atlantic)*
Tripe à la mode de Caen – *Beef tripe with white wine and carrots*
Truffe – *Truffle*
Truite – *Trout*

V

Volaille – *Fowl*
Vol-au-Vent – *Puff pastry shell filled with chicken, meat, fish, fish-balls* (quenelles) *usually in cream sauce with mushrooms*

Desserts

Baba au rhum – *Sponge cake soaked in rum, sometimes served with whipped cream*
Beignets de pommes – *Apple fritters*
Clafoutis – *Dessert of apples (cherries, or other fruit) baked in batter*
Glace – *Ice cream*
Gourmandises – *Selection of desserts*
Nougat glacé – *Iced nougat*
Pâtisseries – *Pastry, cakes*
Profiteroles – *Small round pastry puffs filled with cream or ice cream and covered with chocolate sauce*
St-Honoré – *Cake made of two kinds of pastry and whipped cream, names after the patron saint of pastry cooks*
Sorbet – *Sherbet*
Soupe de pêches – *Peaches in syrup or in wine*
Tarte aux pommes – *Open apple tart*
Tarte Tatin – *Apple upside-down tart, caramelized and served warm*
Vacherin – *Meringue with ice-cream and whipped cream*

Fromages

Several famous French cheeses
Cow's milk – *Bleu d'Auvergne, Brie, Camembert, Cantal, Comté, Gruyère, Munster, Pont-l'Évêque, Tomme de Savoie*
Goat's milk – *Chabichou, Crottin de Chavignol, Ste-Maure, Selles-sur-Cher, Valençay*
Sheep's milk – *Roquefort*

Fruits

Airelles – *Cranberries*
Cassis – *Blackcurrant*
Cerises – *Cherries*
Citron – *Lemon*
Fraises – *Strawberries*
Framboises – *Raspberries*

Pamplemousse – *Grapefruit*
Pêches – *Peaches*
Poires – *Pears*
Pomme – *Apple*
Pruneaux – *Prunes*
Raisin – *Grapes*

Les Vins / *Wines*

En dehors des grands crus, beaucoup de vins moins connus, souvent proposés au ver ou en pichet, vous procureront aussi de belles satisfactions.

As well as the great vintages, many less famous wines, often served by the glass or carafe, will also give much enjoyment.

Un mets préparé avec une sauce au vin s'accommode si possible du même cru.

A dish with a wine-based sauce should ideally be accompanied by the same wine

Vins et fromages d'une même région s'associent souvent avec succès. Osez parfois les mariages vins blancs/fromages, ils vous réserveront d'étonnantes surprises.

Cheese and wine from the same region usually go together well. White wine with cheese can be a surprisingly good combination.

Il est conseillé de ne pas boire les vins blancs trop froids et les vins rouges trop chambré

White wines should not be served too chilled, nor red wines too warm.

Les Millésimes / *Vintages*

	1989	1990	1991	1992	1993	1994	1995	1996	1997	1998	1999	2000
Alsace												
Bordeaux blanc												
Bordeaux rouge												
Bourgogne blanc												
Bourgogne rouge												
Beaujolais												
Champagne												
Côtes du Rhône *Septentrionales*												
Côtes du Rhône *Méridionales*												
Provence												
Languedoc Roussillon												
Val de Loire *Muscadet*												
Val de Loire *Anjou-Touraine*												
Val de Loire *Pouilly-Sancerre*												

Grandes années   *Bonnes années*   *Années moyennes*

Les Grandes Années du XXe siècle : 1911/1921/1928/1929/1934/1945/1947/1953/1955/1961/1990

Quelques suggestions d'associations Mets & Vins

A few suggestions for complementary Dishes and Wines

Que boire avec ? *What to drink with ?*	Type de vin *Type of wine*	Région vinicole *Region of production*	Appellation *Appellation*
	Blancs secs — *Dry whites*	Alsace Bordeaux Bourgogne Côtes du Rhône Provence Languedoc-Roussillon Val de Loire	Sylvaner/Riesling Entre-deux-Mers Chablis/Mâcon Villages St Joseph Cassis/Palette Picpoul de Pinet Muscadet/Montlouis
	Blancs secs — *Dry whites*	Alsace Bordeaux Bourgogne Côtes du Rhône Provence Corse Languedoc-Roussillon Val de Loire	Riesling Pessac-Léognan/Graves Meursault/Chassagne Montrachet Hermitage/Condrieu Bellet/Bandol Patrimonio Coteaux du Languedoc Sancerre/Menetou-Salon
	Blancs et rouges légers — *Whites and light reds*	Alsace Champagne Bordeaux Bourgogne Beaujolais Côtes du Rhône Provence Corse Languedoc-Roussillon Val de Loire	Tokay-Pinot gris/Pinot noir Coteaux Champenois blanc et rouge Côtes de Bourg/Blaye/Castillon Mâcon/St Romain Beaujolais Villages Tavel (rosé)/Côtes du Ventoux Coteaux d'Aix-en-Provence Coteaux d'Ajaccio/Porto Vecchio Faugères Anjou/Vouvray
	Rouges — *Reds*	Bordeaux/Sud-Ouest Bourgogne Beaujolais Côtes du Rhône Provence Languedoc-Roussillon Val de Loire	Médoc/St Emilion/Buzet Volnay/Hautes Côtes de Beaune Moulin à Vent/Morgon Vacqueyras/Gigondas Bandol/Côtes de Provence Fitou/Minervois Bourgueil/Saumur
	Rouges corsés — *Hearty reds*	Bordeaux/Sud-Ouest Bourgogne Côtes du Rhône Languedoc-Roussillon Val de Loire	Pauillac/St Estèphe/Madiran Pommard/Gevrey-Chambertin Côte Rôtie/Cornas Corbières/Collioure Chinon
	Blancs et rouges — *Whites and reds*	Alsace Bordeaux Bourgogne Beaujolais Côtes du Rhône Languedoc-Roussillon Jura/Savoie Val de Loire	Gewürztraminer St Julien/Pomerol/Margaux Pouilly-Fuissé/Santenay St Amour/Fleurie Hermitage/Châteauneuf-du-Pape St Chinian Vin Jaune/Chignin Pouilly-Fumé/Valençay
	Vins de desserts — *Dessert wines*	Alsace Champagne Bordeaux/Sud-Ouest Bourgogne Jura/Bugey Côtes du Rhône Languedoc-Roussillon Val de Loire	Muscat d'Alsace/Crémant d'Alsace Champagne blanc et rosé Sauternes/Monbazillac/Jurançon Crémant de Bourgogne Vin de Paille/Cerdon Muscat de Beaumes-de-Venise Banyuls/Maury/Muscats/Limoux Coteaux du Layon/Bonnezeaux

Vignobles et Spécialités régionales

Normandie

Andouille de Vire
Demoiselles de Cherbourg à la nage
Sole dieppoise
Tripes à la mode de Caen
Canard à la rouennaise
Poulet Vallée d'Auge
Agneau de pré-salé
Camembert, Livarot, Pont-l'Evêque, Neufchâtel
Tarte aux pommes au calvados
Crêpes à la normande
Douillons

Bretagne

Fruits de mer, crustacés
Huîtres de Belon
Galettes au sarrazin/blé noir
Charcuteries, andouille de Guéméné
St-Jacques à la bretonne
Homard à l'armoricaine
Poissons : bar, turbot, lieu jaune, maquereau, etc.
Cotriade
Kig Ha Farz
Légumes : artichauts, choux-fleurs, etc.
Crêpes, gâteau breton, far, kouing-aman

Val de Loire

Rillettes de Tours
Andouillette au vouvray
Poissons de rivière : brochet, sandre, etc.
Saumon beurre blanc
Gibier de Sologne
Fromages de chèvre : Ste-Maure, Valençay
Crémet d'Angers
Macarons, nougat glacé, pithiviers, tarte tatin

Centre-Auvergne

Cochonnailles
Tripous
Champignons, cèpes, girolles, etc.
Pâté bourbonnais
Aligot
Potée auvergnate
Chou farci
Pounti
Lentilles du Puy
Cantal, St-Nectaire, fourme d'Ambert
Flognarde, Gâteau à la broche

Nord-Picardie

Moules
Poissons : sole, turbot,
Potjevlesch
Ficelle picarde
Flamiche aux poireaux
Gibier d'eau
Waterzoï
Lapin à la bière
Hochepot
Maroilles, Boulette d'Av
Gaufres

Rouen

VAL de LOIRE

Rennes

Nantes Angers *Bourgueil*
Muscadet Anjou Vouvray
Tours
Chinon

Sance

Haut-Poitou

St Pourç

BORDEAUX

Médoc Pomerol *Côtes d'Auverg*
Bordeaux *St Emilion* Clermont-Ferro
Graves *Bergerac*
Monbazillac
Sauternes

Cahors

Madiran *Buzet*
Irouléguy *Fronton* *Gaillac*
Jurançon

LANGUEDOC ROUSSILLON Mont
Minervois
Coteaux du Langued
Corbières Narb
Perpignan
Côtes du Roussill
Bany

Sud-Ouest

Garbure
Ttoro
Jambon de Bayonne
Foie gras
Omelette aux truffes
Pipérade
Lamproie à la bordelaise
Poulet basquaise
Cassoulet
Confit de canard ou d'oie
Cèpes à la bordelaise
Tomme de brebis
Roquefort
Gâteau basque
Pruneaux à l'armagnac

Provence-Méditerranée

Aïoli
Pissaladière
Salade niçoise
Anchois de Collioure
Brandade nîmoise
Bourride sétoise
Bouillabaisse
Loup grillé au fenouil
Petits farcis niçois
Daube provençale
Agneau de Sisteron
Pieds paquets à la marseillaise
Picodon
Crème catalane, calissons, fruits confi

Vineyards and Regional Specialities

Bourgogne

Jambon persillé
Gougère
Escargots de Bourgogne
Oeufs en meurette
Pochouse
Jambon chaud à la crème
Coq au vin
Viande de charolais
Bœuf bourguignon
Epoisses
Poire dijonnaise
Desserts au pain d'épice

Alsace-Lorraine

Charcuterie, presskopf
Quiche lorraine
Tarte à l'oignon
Asperges
Poissons : sandre, carpe, anguille
Grenouilles
Coq au riesling
Spaetezele
Choucroute
Baeckeoffe
Gibiers : biche, chevreuil, sanglier
Munster
Tarte aux mirabelles ou quetches
Kougelhopf, vacherin glacé

Franche-Comté/Jura

Jésus de Morteau
Saucisse de Montbéliard
Croûte aux morilles
Soufflé au fromage
Poissons de lac et rivières : brochet, truite
Grenouilles
Coq au vin jaune
Comté, vacherin, morbier, cancoillotte
Gaudes au maïs

Lyonnais-Pays Bressan

Rosette de Lyon
Grenouilles de la Dombes
Saucisson truffé pistaché
Gâteau de foies blonds
Quenelles de brochet
Tablier de sapeur
Volailles de Bresse à la crème
Poularde demi-deuil
Cardons à la mœlle
Cervelle de canut
Bugnes

Savoie-Dauphiné

Gratin de queues d'écrevisses
Poissons de lac : omble chevalier, perche, féra
Ravioles du Royans
Fondue, raclette, tartiflette
Diots au vin blanc
Fricassée de caïon
Potée savoyarde
Farçon, farcement
Gratin dauphinois
Beaufort, reblochon, tomme de Savoie, St-Marcellin
Gâteau de Savoie, tarte aux myrtilles, gâteau aux noix

Corse

Jambon, figatelli, lonzo, coppa
Langouste
Omelette au brocciu
Civet de sanglier
Chevreau
Fromages de brebis (Niolu)
Flan de châtaignes, fiadone

Reims
Épernay
Côtes de Toul
CHAMPAGNE
ALSACE
Strasbourg
Chablis
BOURGOGNE
Dijon
Colmar
Côte de Nuits
Beaune
Côte de Beaune
Jura
Mâcon
BEAUJOLAIS
Bugey
Savoie
Lyon
Côte Rôtie
Hermitage
CÔTES du RHÔNE
Châteauneuf-*du*-Pape
Tavel
Avignon
Nice
Coteaux d'Aix
PROVENCE
Marseille
Côtes de Provence
Cassis
Bandol
Bastia
Corse
Ajaccio

BORDEAUX	Vignobles
Pomerol	*Vineyards*
Bergerac	
Val de Loire	Spécialités régionales
Rillettes de Tours	*Regional specialities*

Listes thématiques

Les bonnes tables à étoiles

✿ ✿ ✿

179	XXXXX	**Ledoyen** - 8e
180	XXXXX	**Lucas Carton** *(Senderens)* - 8e
179	XXXXX	**Plaza Athénée** - 8e
180	XXXXX	**Taillevent** *(Vrinat)* - 8e
125	XXXX	**Ambroisie (L')** *(Pacaud)* - 4e
160	XXXX	**Arpège** *(Passard)* - 7e
112	XXXX	**Grand Vefour** - 1er
258	XXXX	**Guy Savoy** - 17e
181	XXXX	**Pierre Gagnaire** - 8e

✿ ✿

179	XXXXX	**Ambassadeurs (Les)** - 8e
179	XXXXX	**Bristol** - 8e
179	XXXXX	**"Cinq" (Le)** - 8e
180	XXXXX	**Lasserre** - 8e
180	XXXXX	**Laurent** - 8e
143	XXXXX	**Tour d'Argent** - 5e
181	XXXX	**Astor (L')** - 8e
112	XXXX	**Carré des Feuillants** - 1er
180	XXXX	**Élysées (Les)** - 8e
243	XXXX	**Faugeron** - 16e
112	XXXX	**Gérard Besson** - 1er
160	XXXX	**Le Divellec** - 7e
258	XXXX	**Michel Rostang** - 17e
202	XXXX	**Muses (Les)** - 9e
249	XXXX	**Pré Catelan** - 16e
258	XXX	**Apicius** - 17e
244	XXX	**Jamin** - 16e
244	XXX	**Relais d'Auteuil** - 16e
143	XXX	**Relais Louis XIII** - 6e
285	XXX	**Relais Ste-Jeanne** Cergy-Pontoise Ville Nouvelle

111	✄✄✄✄	**Espadon (L')** - 1er
111	✄✄✄✄	**Meurice (Le)** - 1er
181	✄✄✄	**Chiberta** - 8e
181	✄✄✄✄	**Clovis** - 8e
112	✄✄✄✄	**Drouant** - 2e
112	✄✄✄✄	**Goumard** - 1er
249	✄✄✄✄	**Grande Cascade** - 16e
181	✄✄✄✄	**Marée (La)** - 8e
227	✄✄✄✄	**Montparnasse 25** - 14e
227	✄✄✄✄	**Relais de Sèvres** - 15e
335	✄✄✄✄	**Trois Marches (Les)** Versailles
183	✄✄✄	**Bath's** - 8e
161	✄✄✄	**Cantine des Gourmets** - 7e
113	✄✄✄	**Céladon** - 2e
228	✄✄✄	**Chen-Soleil d'Est** - 15e
286	✄✄✄	**Chiquito** Cergy-Pontoise Ville Nouvelle
282	✄✄✄	**Comte de Gascogne (Au)** Boulogne-Billancourt
183	✄✄✄	**Copenhague** - 8e
258	✄✄✄	**Faucher** - 17e
244	✄✄✄	**Ghislaine Arabian** - 16e
113	✄✄✄	**Gualtiero Marchesi pour le Lotti** - 1er
144	✄✄✄	**Hélène Darroze** - 6e
125	✄✄✄	**Hiramatsu** - 4e
113	✄✄✄	**Il Cortile** - 1er
143	✄✄✄	**Jacques Cagna** - 6e
182	✄✄✄	**Jardin** - 8e
160	✄✄✄	**Jules Verne** - 7e
228	✄✄✄	**Le Duc** - 14e
314	✄✄✄	**Magnolias (Les)** Le Perreux-sur-Marne
143	✄✄✄	**Paris** - 6e
245	✄✄✄	**Passiflore** - 16e
244	✄✄✄	**Pergolèse** - 16e
161	✄✄✄	**Pétrossian** - 7e
245	✄✄✄	**Port Alma** - 16e
213	✄✄✄	**Pressoir (Au)** - 12e
258	✄✄✄	**Sormani** - 17e
303	✄✄✄	**Tastevin** Maisons-Laffitte
259	✄✄✄	**Timgad** - 17e
160	✄✄✄	**Violon d'Ingres** - 7e

182	✕✕✕	**W (Le)** - 8ᵉ
186	✕✕	**Angle du Faubourg (L')** - 8ᵉ
245	✕✕	**Astrance** - 16ᵉ
294	✕✕	**Auberge du Château ''Table des Blot''** Dampierre-en-Yvelines
259	✕✕	**Béatilles (Les)** - 17ᵉ
161	✕✕	**Bellecour** - 7ᵉ
126	✕✕	**Benoît** - 4ᵉ
184	✕✕	**Carpaccio** - 8ᵉ
184	✕✕	**Luna** - 8ᵉ
228	✕✕	**Maison Courtine** - 14ᵉ
185	✕✕	**Marius et Janette** - 8ᵉ
144	✕✕	**Maxence** - 6ᵉ
161	✕✕	**Récamier** - 7ᵉ
246	✕✕	**Tang** - 16ᵉ
310	✕✕	**Truffe Noire** Neuilly-sur-Seine
248	✕	**Ormes (Les)** - 16ᵉ

Le **"Bib Gourmand"**

Pour souper après le spectacle
(Nous indiquons entre parenthèses l'heure limite d'arrivée)

202	XXX	Charlot "Roi des Coquillages" - 9e (0 h)
228	XXX	Dôme (Le) - 14e (0 h 30)
245	XXX	Étoile (L') - 16e (0 h 30)
182	XXX	Fouquet's - 8e (0 h)
113	XXX	Pierre '' A la Fontaine Gaillon '' - 2e (0 h 30)
144	XXX	Procope - 6e (1 h)
183	XXX	Yvan - 8e (0 h)
145	XX	Alcazar - 6e (1 h)
260	XX	Ballon des Ternes - 17e (0 h 30)
126	XX	Blue Elephant - 11e (0 h)
126	XX	Bofinger - 4e (1 h)
203	XX	Brasserie Flo - 10e (0 h 30)
114	XX	Café Drouant - 2e (0 h)
260	XX	Coco et sa Maison - 17e (0 h)
228	XX	Coupole (La) - 14e (1 h)
163	XX	Esplanade (L') - 7e (1 h)
185	XX	Fermette Marbeuf 1900 - 8e (0 h)
164	XX	Françoise (Chez) - 7e (0 h)
115	XX	Gallopin - 2e (0 h)
261	XX	Georges (Chez) - 17e (0 h 30)
203	XX	Grand Café - 9e (jour et nuit)
115	XX	Grand Colbert - 2e (1 h)
214	XX	Grandes Marches (Les) - 12e (1 h)
299	XX	Ile (L') Issy-les-Moulineaux (0 h)
184	XX	Korova - 8e (0 h 30)
144	XX	Marty - 5e (0 h)
202	XX	Petit Riche (Au) - 9e (0 h 15)
114	XX	Pied de Cochon (Au) - 1er (jour et nuit)
203	XX	Terminus Nord - 10e (1 h)

115	XX	Vaudeville - 2e (1 h)
187	XX	Village d'Ung et Li Lam - 8e (0 h)
229	XX	Vin et Marée - 14e (0 h)
246	XX	Zébra Square - 16e (0 h)
187	X	Appart' (L') - 8e (0 h)
188	X	Atelier Renault (L') - 8e (0 h 30)
149	X	Balzar - 5e (0 h)
263	X	Bellagio - 17e (0 h)
205	X	Bistro des Deux Théâtres - 9e (0 h 30)
248	X	Bistrot de l'Étoile Lauriston - 16e (0 h)
116	X	Café Marly - 1er (1 h)
147	X	Dominique - 6e (1 h)
249	X	Gare - 16e (0 h)
204	X	I Golosi - 9e (0 h)
206	X	Michel (Chez) - 10e (0 h)
231	X	O à la Bouche (L') - 14e (0 h)
232	X	Petit Bofinger - 15e (0 h)
232	X	Régalade - 14e (0 h)
146	X	Rotonde - 6e (1 h)
165	X	Thoumieux - 7e (0 h)
117	X	Tour de Montlhéry, Chez Denise - 1er (jour et nuit)
188	X	Xu - 8e (0 h 30)
188	X	Zo - 8e (0 h)

Le plat que vous recherchez

Une andouillette

125	✗✗	Ambassade d'Auvergne - 3ᵉ

125 ✗✗ Ambassade d'Auvergne - 3ᵉ
228 ✗✗ Coupole (La) - 14ᵉ
214 ✗✗ Petit Marguery - 13ᵉ
129 ✗ Anjou-Normandie - 11ᵉ
205 ✗ Catherine (Chez) - 9ᵉ
262 ✗ Caves Petrissans - 17ᵉ
233 ✗ Château Poivre - 14ᵉ
189 ✗ Ferme des Mathurins - 8ᵉ
165 ✗ Fontaine de Mars - 7ᵉ
116 ✗ Georges (Chez) - 2ᵉ
148 ✗ Moissonnier - 5ᵉ
316 ✗ Pouilly Reuilly (Au) à Le Pré St-Gervais
117 ✗ Relais Chablisien - 1ᵉʳ

Du boudin

125 ✗✗ Ambassade d'Auvergne - 3ᵉ
164 ✗✗ D'Chez Eux - 7ᵉ
129 ✗ Anjou-Normandie - 11ᵉ
216 ✗ Auberge Aveyronnaise (L') - 12ᵉ
128 ✗ Bascou (Au) - 3ᵉ
165 ✗ Fontaine de Mars - 7ᵉ
148 ✗ Moissonnier - 5ᵉ
316 ✗ Pouilly Reuilly (Au) à Le Pré St-Gervais
232 ✗ St-Vincent - 15ᵉ

Une bouillabaisse

112 ✗✗✗✗ Goumard - 1ᵉʳ
202 ✗✗✗ Charlot ''Roi des Coquillages'' - 9ᵉ
228 ✗✗✗ Dôme (Le) - 14ᵉ
215 ✗✗ Frégate - 12ᵉ
247 ✗✗ Marius - 16ᵉ
145 ✗✗ Méditerranée - 6ᵉ
146 ✗✗ Toutoune (Chez) - 5ᵉ

Un cassoulet

126	✕✕	Benoît - 4e
164	✕✕	D'Chez Eux - 7e
203	✕✕	Julien - 10e
261	✕✕	Léon (Chez) - 17e
114	✕✕	Pays de Cocagne - 2e
203	✕✕	Quercy - 9e
185	✕✕	Sarladais - 8e
126	✕✕	Sousceyrac (A) - 11e
302	✕✕	St-Pierre à Longjumeau
327	✕✕	Table d'Antan à Ste-Geneviève-des-Bois
214	✕✕	Trou Gascon (Au) - 12e
128	✕	Auberge Pyrénées Cévennes - 11e
118	✕	Dauphin - 1er
231	✕	Gastroquet - 15e
233	✕	Marché (du) - 15e
215	✕	Quincy - 12e
165	✕	Thoumieux - 7e

Une choucroute

126	✕✕	Bofinger - 4e
107	✕✕	Brasserie Le Louvre (H. Louvre) - 1er
228	✕✕	Coupole (La) - 14e
203	✕✕	Terminus Nord - 10e
206	✕	Alsaco Winstub (L') - 9e
149	✕	Balzar - 5e
147	✕	Brasserie Lipp - 6e
117	✕	Café Runtz - 2e

Un confit

324	✕✕✕	Cazaudehore à St-Germain-en-Laye
164	✕✕	D'Chez Eux - 7e
246	✕✕	Paul Chêne - 16e
114	✕✕	Pays de Cocagne - 2e
203	✕✕	Quercy - 9e
185	✕✕	Sarladais - 8e
214	✕✕	Trou Gascon (Au) - 12e
128	✕	Bascou (Au) - 3e
205	✕	Deux Canards (Aux) - 10e
231	✕	Gastroquet - 15e

118	✕	Lescure - 1er
150	✕	Marcel (Chez) - 6^e
233	✕	Marché (du) - 15^e
128	✕	Monde des Chimères - 4^e
165	✕	Thoumieux - 7^e

Un coq au vin

302	✕✕	Bourgogne à Maisons-Alfort
326	✕✕	Coq de la Maison Blanche à St-Ouen
215	✕✕	Marronniers (Les) - 13^e
214	✕✕	Petit Marguery - 13^e
216	✕	Biche au Bois - 12^e
127	✕	Repaire de Cartouche - 11^e
232	✕	St-Vincent - 15^e

Des coquillages, crustacés, poissons

112	✕✕✕✕	Goumard - 1er
160	✕✕✕✕	Le Divellec - 7^e
181	✕✕✕✕	Marée (La) - 8^e
202	✕✕✕	Charlot "Roi des Coquillages" - 9^e
143	✕✕✕	Closerie des Lilas - 6^e
228	✕✕✕	Dôme (Le) - 14^e
228	✕✕✕	Le Duc - 14^e
258	✕✕✕	Pétrus - 17^e
245	✕✕✕	Port Alma - 16^e
260	✕✕	Ballon des Ternes - 17^e
126	✕✕	Bofinger - 4^e
203	✕✕	Brasserie Flo - 10^e
228	✕✕	Coupole (La) - 14^e
259	✕✕	Dessirier - 17^e
215	✕✕	Frégate - 12^e
115	✕✕	Gallopin - 2^e
163	✕✕	Gaya Rive Gauche - 7^e
163	✕✕	Glénan (Les) - 7^e
203	✕✕	Grand Café - 9^e
203	✕✕	Julien - 10^e
184	✕✕	Luna - 8^e
335	✕✕	Marée de Versailles à Versailles
185	✕✕	Marius et Janette - 8^e
144	✕✕	Marty - 5^e
114	✕✕	Pied de Cochon (Au) - 1er
185	✕✕	Stella Maris - 8^e
260	✕✕	Taïra - 17^e
203	✕✕	Terminus Nord - 10^e

Des escargots

Une paëlla

Une grillade

De la tête de veau

247	✂✂	**Petite Tour** - 16ᵉ
203	✂✂	**Quercy** - 9ᵉ
215	✂	**Bistrot de la Porte Dorée** - 12ᵉ
262	✂	**Caves Petrissans** - 17ᵉ
234	✂	**Coteaux (Les)** - 15ᵉ
205	✂	**Pré Cadet** - 9ᵉ

Des tripes

261	✂✂	**Georges (Chez)** - 17ᵉ
129	✂	**Anjou-Normandie** - 11ᵉ
216	✂	**Auberge Aveyronnaise (L')** - 12ᵉ
233	✂	**Château Poivre** - 14ᵉ
128	✂	**Fernandises Chez Fernand (Les)** - 11ᵉ
165	✂	**Thoumieux** - 7ᵉ

Des fromages

| 227 | ✂✂✂✂ | **Montparnasse 25** - 14ᵉ |
| 279 | ✂✂ | **Escargot (A l')** à Aulnay-sous-Bois |

Des soufflés

| 115 | ✂✂ | **Soufflé** - 1ᵉʳ |
| 164 | ✂ | **Cigale** - 7ᵉ |

Cuisine d'Ailleurs

Italienne

113	✗✗✗	Gualtiero Marchesi pour le Lotti - 1er
113	✗✗✗	Il Cortile - 1er
289	✗✗✗	Romantica à Clichy
258	✗✗✗	Sormani - 17e
162	✗✗	Beato - 7e
246	✗✗	Bellini - 16e
184	✗✗	Carpaccio - 8e
202	✗✗	Chateaubriant (Au) - 10e
247	✗✗	Conti - 16e
115	✗✗	Delizie d'Uggiano - 1er
230	✗✗	Fontanarosa - 15e
163	✗✗	Gildo - 7e
246	✗✗	Giulio Rebellato - 16e
185	✗✗	Il Sardo - 8e
260	✗✗	Paolo Petrini - 17e
303	✗✗	Ribot à Maisons-Laffitte
246	✗✗	San Francisco - 16e
186	✗✗	Stresa - 8e
247	✗✗	Vinci - 16e
150	✗	Cafetière - 6e
147	✗	Emporio Armani Caffé - 6e
204	✗	I Golosi - 9e
166	✗	Perron - 7e
272	✗	Vincent (Chez) - 19e

Japonaise

146	✗✗	Inagiku - 5e
115	✗✗	Kinugawa - 1er
186	✗✗	Kinugawa - 8e
186	✗✗	Nobu - 8e
184	✗✗	Shozan - 8e
146	✗✗	Yen - 6e
116	✗	Aki - 2e
166	✗	Miyako - 7e
263	✗	Nagoya - 17e

Libanaise

245	✗✗✗	Pavillon Noura - 16e
187	✗✗	Al Ajami - 8e
246	✗✗	Fakhr el Dine - 16e

Nord-Africaine

183	✗✗✗	El Mansour - 8e
259	✗✗✗	Timgad - 17e
247	✗✗	Essaouira - 16e
127	✗✗	Mansouria - 11e
310	✗✗	Riad à Neuilly-sur-Seine
204	✗✗	Wally Le Saharien - 9e

Dans la tradition, bistrots et brasseries

Les bistrots

Les brasseries

Restaurants
"Nouveaux Concepts"

Restaurants proposant des menus de 15 € à 25 € servis midi et soir

8e arrondissement

187	XX	Al Ajami
187	XX	Village d'Ung et Li Lam
188	X	Cô Ba Saigon
189	X	Shin Jung

9e arrondissement

204	XX	Brasserie Flo
204	XX	Paprika
203	XX	Quercy
206	X	Alsaco Winstub (L')
206	X	Excuse Mogador (L')
205	X	Petit Batailley
205	X	Pré Cadet

11e arrondissement

126	XX	Aiguière (L')
129	X	Anjou-Normandie
128	X	Astier
128	X	Auberge Pyrénées Cévennes
128	X	Fernandises Chez Fernand (Les)

12e arrondissement

215	XX	Frégate
215	XX	Janissaire
216	X	Auberge Aveyronnaise (L')
216	X	Biche au Bois
216	X	Potinière du Lac
216	X	Temps des Cerises

13e arrondissement

215	XX	Marronniers (Les)
217	X	Auberge Etchegorry
216	X	Sukhothaï

14e arrondissement

232	X	Bonne Table (A la)
233	X	Château Poivre
232	X	Gourmands (Les)
231	X	Pascal Champ

Restaurants de plein air

Restaurants servant des repas en terrasse

Marne-la-Vallée

305	XXX	Aigle d'Or (L')
305		Park Side Dinner (H. New-York)
304		Rest. du Golf Hôtel
304		Rest. de l'hôtel Holiday Inn
306		Yacht Club (H. Newport Bay Club)
305		Rest. de l'hôtel Novotel
306		Beaver Creek Tavern (H. Séquoia Lodge)
306		Chuck Wagon Café (H. Cheyenne)
307		Rest. de l'hôtel Relais Mercure
306		Rest. de l'hôtel St-Rémy
304		Rest. de l'hôtel Tulip Inn Paris Bussy
305		Rest. de l'hôtel Ibis

Massy

307		Rest. de l'hôtel Mercure

Maurepas

307		Rest. de l'hôtel Mercure

Mesnil-Amelot (Le)

307		Rest. de l'hôtel Radisson

Meudon

308		Rest. du Mercure Ermitage de Villebo

Montmorency

308	XX	Coeur de la Forêt (Au)
308	X	Maison Jaune

Montreuil

308	XXX	Gaillard

Nanterre

309	XX	Rôtisserie

Neuilly-sur-Seine

311	X	Feuilles Libres (Les)
311	X	Pieds dans l'Eau (Les)
310		Rest. de l'hôtel Courtyard

Nogent-sur-Marne

311		Rest. de l'hôtel Mercure Nogentel
311		Rest. de l'hôtel Campanile

Noisy-le-Grand

312	XX	Amphitryon
312		Rest. de l'hôtel Novotel Atria

Restaurants proposant des menus d'affaires au déjeuner

Restaurants
avec salons particuliers

Restaurants ouverts
en juillet-août

8e arrondissement

9ᵉ arrondissement

202	XXX	Charlot "Roi des Coquillages"
202	XXX	Table d'Anvers
202	XX	16 Haussmann
204	XX	Brasserie Flo
203	XX	Bubbles
203	XX	Grand Café
202	XX	Petit Riche (Au)
204	XX	Wally Le Saharien
205	X	Bistro de Gala
205	X	Bistro des Deux Théâtres

10ᵉ arrondissement

203	XX	Brasserie Flo
203	XX	Julien
203	XX	Terminus Nord

11ᵉ arrondissement

126	XX	Aiguière (L')
126	XX	Blue Elephant
126	XX	Vin et Marée
129	X	Piton des Iles

12ᵉ arrondissement

214	XXX	Oulette (L')
214	XXX	Train Bleu
214	XX	Grandes Marches (Les)
215	XX	Janissaire
215	XX	Sologne
215	X	Bistrot de la Porte Dorée
217	X	Pataquès
216	X	Potinière du Lac

14ᵉ arrondissement

228	XXX	Dôme (Le)
228	XX	Coupole (La)
229	XX	Vin et Marée
232	X	Bistrot du Dôme
231	X	Contre-Allée
233	X	Petites Sorcières (Les)

Restaurants ouverts samedi et dimanche

6e arrondissement

143	✗✗✗	Closerie des Lilas
144	✗✗✗	Procope
145	✗✗	Alcazar
145	✗✗	Méditerranée
145	✗✗	Yugaraj
147	✗	Bouillon Racine
146	✗	Rotonde

7e arrondissement

160	✗✗✗	Jules Verne
161	✗✗✗	Cantine des Gourmets
164	✗✗	Champ de Mars
163	✗✗	Esplanade (L')
164	✗✗	Françoise (Chez)
165	✗	Fontaine de Mars
165	✗	Thoumieux
165	✗	Vin et Marée

8e arrondissement

179	✗✗✗✗✗	Ambassadeurs (Les)
179	✗✗✗✗✗	Bristol
179	✗✗✗✗✗	Le "Cinq"
182	✗✗✗	Fouquet's
182	✗✗✗	Obélisque (L')
185	✗✗	Fermette Marbeuf 1900
185	✗✗	Marius et Janette
187	✗	Appart' (L')
188	✗	Bistrot de Marius
189	✗	Café Indigo
187	✗	Cap Vernet

9e arrondissement

202	✗✗✗	Charlot ''Roi des Coquillages''
203	✗✗	Grand Café
205	✗	Bistro des Deux Théâtres

10e arrondissement

203	✗✗	Brasserie Flo
203	✗✗	Julien
203	✗✗	Terminus Nord

11e arrondissement

| 126 | ✗✗ | Sousceyrac (A) |
| 126 | ✗✗ | Vin et Marée |

ENVIRONS

Antony
277	✗	Tour de Marrakech

Brou-sur-Chantereine
283	✗✗	Lotus de Brou

Carrières-sur-Seine
284	✗✗	Panoramic de Chine

Issy-les-Moulineaux
299	✗✗	Ile (L')

Livry-Gargan
301	✗✗	Petite Marmite

Maisons-Laffitte
303	✗✗✗	Tastevin
303	✗✗	Rôtisserie Vieille Fontaine

Montmorency
308	✗✗	Coeur de la Forêt (Au)

Neuilly-sur-Seine
311	✗✗	Foc Ly

Savigny-sur-Orge
328	✗✗	Ménil (Au)

St-Germain-en-Laye
324	✗✗✗	Cazaudehore
323	✗	Feuillantine

St-Mandé
324	✗✗	Ambassade de Pékin

Viroflay
339	✗✗	Chaumière

Hôtels et Restaurants agréables

Hôtels proposant
des chambres doubles
à moins de 75 €

Hôtels avec salles de conférences

Hôtels avec salles de conférences

7e arrondissement

156	🏨	Montalembert
156	🏨	Pont Royal

8e arrondissement

170	🏨	Bristol
170	🏨	Crillon
170	🏨	Four Seasons George V
170	🏨	Plaza Athénée
170	🏨	Prince de Galles
170	🏨	Royal Monceau
173	🏨	Bedford
172	🏨	California
173	🏨	Château Frontenac
172	🏨	Concorde St-Lazare
171	🏨	Hyatt Regency
172	🏨	Marriott
172	🏨	Napoléon
173	🏨	Queen Elizabeth
171	🏨	Sofitel Arc de Triomphe
172	🏨	Warwick
173	🏨	Élysées Star
173	🏨	François 1er
174	🏨	Résidence du Roy
174	🏨	Sofitel Champs-Élysées
175	🏨	Arcade (L')
175	🏨	Élysées Mermoz
175	🏨	Pershing Hall
175	🏨	Sofitel Marignan

9e arrondissement

194	🏨	Scribe
194	🏨	Ambassador
194	🏨	Millennium Opéra
195	🏨	St-Pétersbourg
196	🏨	Bergère Opéra
198	🏨	Mercure Monty
196	🏨	Opéra Cadet

10e arrondissement

194	🏨	Holiday Inn Paris Opéra
194	🏨	Terminus Nord
197	🏨	Français

Hôtels avec salles de conférences

307	🏨	Relais Mercure
304	🏨	Tulip Inn Paris Bussy
305	🏠	Ibis
306	🏠	Ibis

Massy

| 307 | 🏨 | Mercure |

Maurepas

| 307 | 🏨 | Mercure |

Mesnil-Amelot (Le)

| 307 | 🏨 | Radisson |

Meudon

| 308 | 🏨 | Mercure Ermitage de Villebon |

Montrouge

| 309 | 🏨 | Mercure |

Nanterre

| 309 | 🏨 | Mercure La Défense Parc |
| 309 | 🏨 | Quality Inn |

Neuilly-sur-Seine

| 310 | 🏨 | Courtyard |

Nogent-sur-Marne

| 311 | 🏨 | Mercure Nogentel |
| 311 | 🏠 | Campanile |

Noisy-le-Grand

| 312 | 🏨 | Mercure |
| 312 | 🏨 | Novotel Atria |

Orgeval

| 312 | 🏨 | Moulin d'Orgeval |

Orly (Aéroports de Paris)

| 312 | 🏨 | Hilton Orly |
| 313 | 🏨 | Mercure |

Palaiseau

| 313 | 🏨 | Novotel |

Pantin

| 314 | 🏨 | Mercure Porte de Pantin |

Paris

Hôtels _____
Restaurants _____

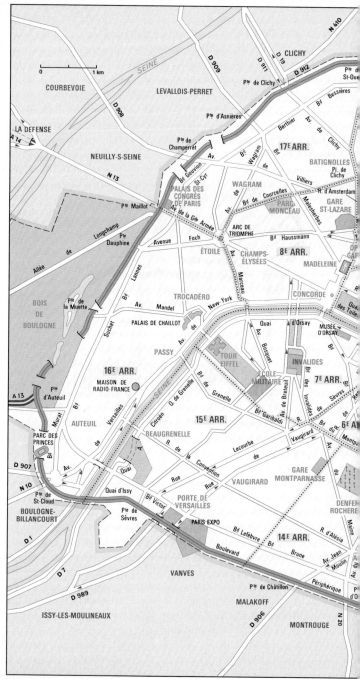

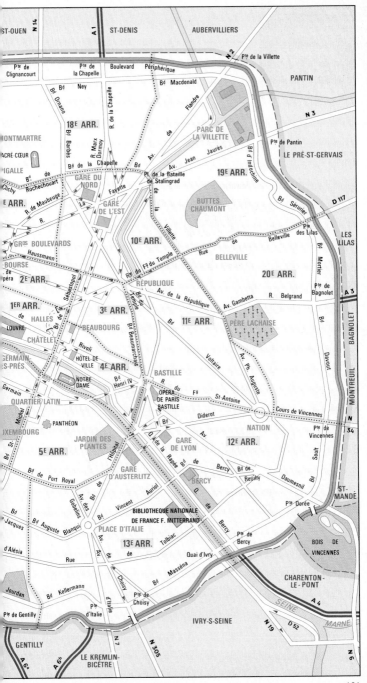

Légende

- • Hôtel
- • Restaurant
- AX 1 Repérage des ressources sur les plans
- 2ᴱ Limite et numéro d'arrondissement
- ═══ Grande voie de circulation
- ▣ Parking
- Ⓜ Station de métro ou de RER
- ⊙ Station de Taxi
- ⊸ Bateau mouche : embarcadère
- ⊸ Batobus : embarcadère

Key

- • Hotel
- • Restaurant
- AX 1 Reference letters locating position on town plan
- 2ᴱ Arrondissement number and boundary
- ═══ Major through route
- ▣ Car park
- Ⓜ Metro or RER station
- ⊙ Taxi rank
- ⊸ Bateau mouche : boarding point
- ⊸ Batobus : boarding point

Opéra - Palais-Royal
Halles - Bourse
Châtelet - Tuileries

1ᵉʳ et 2ᵉ arrondissements

1ᵉʳ : ✉ 75001 - 2ᵉ : ✉ 75002

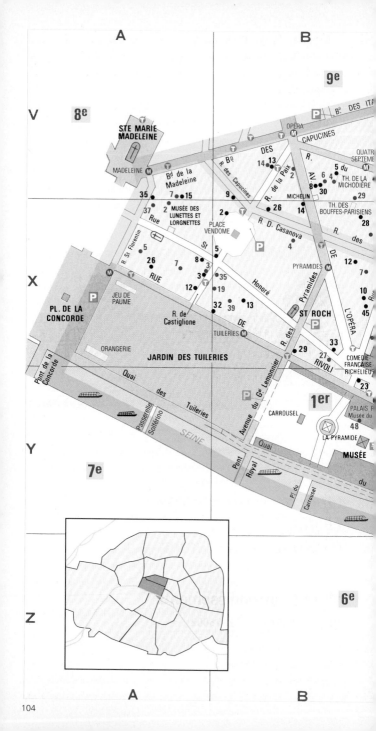

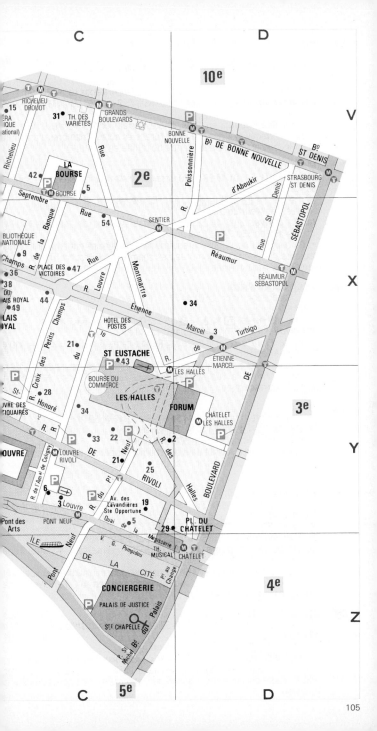

Ritz BX

15 pl. Vendôme (1er) ℘ 01 43 16 30 30, *resa@ritzparis.com, Fax 01 43 16 36 6*
🏠, Ⅰ₆, ▨ – 🛗 🖃 📺 ✆ – 🛎 30 à 80. 🖭 ⓪ ☎ JCB. ✗
voir rest. *L'Espadon* ci-après

Ritz Club (dîner seul.) *(fermé août, dim. et fériés)* **Repas** carte 65 à 80
Bar Vendôme (déj. seul.) **Repas** carte 65 à 75 ♀ – ☎ 32,50 – **133 ch** 630/730
42 appart.

♦ César Ritz inaugura en 1898 "l'hôtel parfait" dont il rêvait. R. Valentino
Proust, Hemingway, Coco Chanel en furent les hôtes. Chambres d'un raffine
ment incomparable. Luxueux centre de remise en forme.

Meurice BX 3

228 r. Rivoli (1er) ℘ 01 44 58 10 10, *reservations@meuricehotel.com, Fax 01 4*
58 10 15
Ⅰ₆ – 🛗 ✕ 🖃 📺 ✆ ⅛ – 🛎 40 à 70. 🖭 ⓪ ☎ JCB. ✗
voir rest. *Le Meurice* ci-après
Jardin d'Hiver ℘01 44 58 10 44 **Repas** *(34)*-42bc (déj.) et carte 44 à 84
☎ 30 – **135 ch** 550/740, 25 appart.

♦ Ce haut lieu de l'élégance entame le 3e millénaire entièrement rénové
toujours plus fastueux. Somptueuses chambres, bel espace fitness et joli
verrière au Jardin d'Hiver.

Inter-Continental AX 1

3 r. Castiglione (1er) ℘ 01 44 77 11 11, *paris@interconti.com, Fax 01 4*
77 14 60
🏠, Ⅰ₆ – 🛗 ✕ 🖃 📺 ✆ ⅛ – 🛎 15 à 350. 🖭 ⓪ ☎ JCB. ✗ rest
234 Rivoli ℘ 01 44 77 10 40 **Repas** carte 48 à 72
Terrasse Fleurie (2 mai-15 sept.) **Repas** carte 45 à 62 – ☎ 30 – **410 c**
600/970, 33 appart.

♦ Glorieux hôtel édifié en 1878. Les chambres déclinent les styles du 19e s.
certaines offrent la vue sur les Tuileries. Superbes salons Napoléon III
Plaisante terrasse d'été.

Costes AX

239 r. St-Honoré (1er) ℘ 01 42 44 50 00, *Fax 01 42 44 50 01*
Ⅿ, 🏠, Ⅰ₆, ▨ – 🛗 🖃 📺 ✆ ⅛. 🖭 ⓪ ☎ JCB
Repas 70/90 ♀ – ☎ 25 – **80 ch** 300/540, 3 duplex.

♦ Style Napoléon III revisité dans des chambres pourpre et or, ravissante cou
à l'italienne et restaurant-bar "branché" : un palace extravagant, adulé par l
jet-set.

Vendôme BX

1 pl. Vendôme (1er) ℘ 01 55 04 55 00, *reservations@hoteldevendome.com*
Fax 01 49 27 97 89
Ⅿ – 🛗 🖃 📺 ✆ ⅛. 🖭 ⓪ ☎ JCB. ✗
Café de Vendôme ℘ 01 55 04 55 55 **Repas** 38(déj.),46/50 ♀
Les Perles de Vendôme ℘01 55 04 55 62 (fermé sam. et dim.) **Repa**
(28)- 35 ♀ – ☎ 28 – **24 ch** 488/840, 5 appart.

♦ Superbe hôtel particulier (18e s.) devenu palace : marbre, équipement
"dernier cri" et beaux meubles anciens. Décor vénitien au Café de Vendôme
cuisine libanaise aux Perles.

Sofitel Castille AV 1

37 r. Cambon (1er) ℘ 01 44 58 44 58, *reservations@castille.com, Fax 01 4*
58 44 00
Ⅿ – 🛗 ✕ 🖃 📺 ✆ – 🛎 30. 🖭 ⓪ ☎ JCB
voir rest. *Il Cortile* ci-après – ☎ 25 – **86 ch** 455/940, 7 appart, 14 duplex.

♦ Côté "Opéra", chaleureux décor inspiré de l'Italie et de la Renaissance ; côt
"Rivoli", cadre chic et sobre à la française, agrémenté de photos du Paris d
Doisneau.

⛣ Louvre BY 23
pl. A. Malraux (1er) ✆ 01 44 58 38 38, *hoteldulouvre@hoteldulouvre.com*,
Fax 01 44 58 38 01
⛲ – ⬍ ✝ ▤ 📺 ✆ ⬆ – 🔔 20 à 80. 🅰🄴 ⓿ 🄶🄱 🄹🄲🄱
Brasserie Le Louvre ✆ 01 42 96 27 98 **Repas** *(25)*-30 ⚏, enf. 12 – ⚏ 21 –
195 ch 420/515.
◆ Un des premiers grands hôtels parisiens, où logea le peintre Pissarro.
Chambres cossues et colorées offrant la vue sur l'avenue de l'Opéra ou le
musée du Louvre.

⛣ Westminster BV 13
13 r. Paix (2e) ✆ 01 42 61 57 46, *resa-westminster@warwickhotels.com*,
Fax 01 42 60 30 66
🛗 – ⬍ ✝ ▤ 📺 ✆ ⬅ – 🔔 15 à 40. 🅰🄴 ⓿ 🄶🄱 🄹🄲🄱
voir rest. **Céladon** ci-après
Petit Céladon (week-end seul.) *(fermé août)* **Repas** 41,16bc – ⚏ 20 – **82 ch**
390/650, 20 appart.
◆ C'est en 1846 que cet élégant hôtel, jadis couvent puis relais de poste,
adopta le nom de son plus fidèle client, le duc de Westminster. Chambres
cossues, appartements luxueux.

⛣ Lotti AX 3
7 r. Castiglione (1er) ✆ 01 42 60 37 34, *hotel.lotti@wanadoo.fr*, Fax 01 40
15 93 56
⬍ ✝ ▤ ch, 📺 ✆ 🅰🄴 ⓿ 🄶🄱 🄹🄲🄱
voir rest. *Gualtiero Marchesi pour le Lotti* ci-après – ⚏ 23 – **129 ch** 315/
530.
◆ Non loin des joailliers de la place Vendôme, un petit "bijou" de l'hôtellerie :
chambres douillettes ornées de meubles de divers styles, confortable salon
sous verrière.

⛢ Royal St-Honoré BX 13
221 r. St-Honoré (1er) ✆ 01 42 60 32 79, *rsh@hotel-royal-st-honore.com*,
Fax 01 42 60 47 44
Ⓜ sans rest – ⬍ ▤ 📺 ✆ ⬆ – 🔔 15. 🅰🄴 ⓿ 🄶🄱 🄹🄲🄱. ✄
⚏ 18 – **67 ch** 280/350, 5 appart.
◆ Immeuble bâti au 19e s. sur l'emplacement de l'ancien hôtel de Noailles.
Chambres personnalisées, très raffinées. Décor Louis XVI dans la salle des
petits-déjeuners.

⛢ Edouard VII BX 14
39 av. Opéra (2e) ✆ 01 42 61 56 90, *info@edouard7hotel.com*, Fax 01 42
61 47 73
sans rest – ⬍ ▤ 📺 ✆ – 🔔 15 à 25. 🅰🄴 ⓿ 🄶🄱 🄹🄲🄱
⚏ 18 – **65 ch** 315/380, 4 appart.
◆ Le prince de Galles Édouard VII aimait séjourner ici lors de ses passages à
Paris. Chambres spacieuses et feutrées. Boiseries sombres et vitraux
décorent le bar.

⛢ Normandy BX 33
7 r. Échelle (1er) ✆ 01 42 60 30 21, *normandy@hotelsparis.fr*, Fax 01 42
60 45 81
⬍ ✝ 📺 ✆ – 🔔 15 à 30. 🅰🄴 ⓿ 🄶🄱 🄹🄲🄱. ✄
Il Palazzo ✆ 01 42 60 91 20 - cuisine italienne - **Repas** carte 53 à 77 –
⚏ 22,87 – **117 ch** 335/442, 4 appart.
◆ Les nostalgiques des palaces d'antan seront séduits par le cachet "rétro"
des chambres et agréablement surpris par le nouveau restaurant italien
Il Palazzo, mariant design et baroque.

Regina　　　　　　　　　　　　　　　　　　　　　BX
2 pl. Pyramides (1er) ☎ 01 42 60 31 10, *reservation@regina-hotel.co*
Fax 01 40 15 95 16
☂ – ⧖ ▤ ☎ ✆ – ▲ 20 à 60. AE ① GB JCB
Repas *(fermé août, sam., dim. et fériés)* 29/49 ♀ – ☲ 16 – **116 ch** 305/4'
15 appart.

◆ De sa création en 1900, cet hôtel a conservé son superbe hall Art nouvea
Chambres riches en mobilier ancien, plus calmes côté patio. Jolie chemin
"Majorelle" au restaurant.

Washington Opéra　　　　　　　　　　　　　　　　　BX
50 r. Richelieu (1er) ☎ 01 42 96 68 06, *hotel@washingtonopera.co*
Fax 01 40 15 01 12
Ⓜ sans rest – ⧖ ▤ ▥ ✆ ⅙. AE ① GB JCB. ⋇
☲ 14 – **36 ch** 214/275.

◆ Ancien hôtel particulier de la marquise de Pompadour. Chambres de st
Directoire ou gustavien. La terrasse du 6e étage offre une belle vue sur
jardin du Palais-Royal.

Opéra Richepanse　　　　　　　　　　　　　　　　　AV
14 r. Richepanse (1er) ☎ 01 42 60 36 00, *richepanseotel@wanadoo.*
Fax 01 42 60 13 03
sans rest – ⧖ ▤ ▥ ✆. AE ① GB JCB
☲ 13 – **35 ch** 257/298, 3 appart.

◆ Hôtel entièrement rénové et meublé dans le style Art déco. Chambres a
tons jaune et bleu, parfois avec poutres apparentes. Au sous-sol, sauna
salle des petits-déjeuners.

Cambon　　　　　　　　　　　　　　　　　　　　AX
3 r. Cambon (1er) ☎ 01 44 58 93 93, *cambon@cybercable.*
Fax 01 42 60 30 59
Ⓜ sans rest – ⧖ ▤ ▥ ✆. AE ① GB JCB. ⋇
☲ 13 – **40 ch** 241/287.

◆ Entre jardin des Tuileries et rue St-Honoré, plaisantes chambres où coh
bitent mobilier contemporain, jolies gravures et tableaux anciens. Clientè
fidèle.

Stendhal　　　　　　　　　　　　　　　　　　　BX
22 r. D. Casanova (2e) ☎ 01 44 58 52 52, *h1610@accor-hotels.cor*
Fax 01 44 58 52 00
sans rest – ⧖ ▤ ▥ ✆. AE ① GB JCB
☲ 16 – **20 ch** 260/328.

◆ Sur les traces du célèbre écrivain, séjournez dans la suite "Rouge et Noi
de cette demeure de caractère. Les chambres, raffinées, déclinent toute ur
symphonie de couleurs.

Mansart　　　　　　　　　　　　　　　　　　　BV
5 r. Capucines (1er) ☎ 01 42 61 50 28, *hotel.mansart@wanadoo.f*
Fax 01 49 27 97 44
sans rest – ⧖ ▥ ✆. AE ① GB JCB. ⋇
☲ 9,15 – **57 ch** 119/275.

◆ Hôtel dont la rénovation rend hommage à Mansart, architecte de Louis XI
Dans le hall, fresques inspirées des jardins de Le Nôtre. Chambres personna
sées.

L'Horset Opéra BV 30
18 r. d'Antin (2e) ☎ 01 44 71 87 00, *lopera@paris-hotels-charm.com*,
Fax 01 42 66 55 54
M sans rest – 🛗 ⇆ 🖃 TV. AE ① GB JCB
55 ch ☲ 222/252.

◆ Tons chauds, mobilier en bois blond et espace caractérisent les chambres de cet hôtel de tradition situé à deux pas du palais Garnier. Atmosphère "cosy" au salon.

Novotel Les Halles CY 2
8 pl. M.-de-Navarre (1er) ☎ 01 42 21 31 31, *H0785@accor-hotels.com*,
Fax 01 40 26 05 79
M – 🛗 ⇆ 🖃 TV 📞 ᴸ – 🔏 15 à 20. AE ① GB JCB
Repas 23 � , enf. 9 – ☲ 14 – **285 ch** 292/437.

◆ Près du Forum des Halles, établissement bien insonorisé, conforme aux normes de la chaîne. Quelques chambres ont vue sur l'église St-Eustache.

États-Unis Opéra BV 8
16 r. d'Antin (2e) ☎ 01 42 65 05 05, *us-opera@wanadoo.fr*, Fax 01 42 65 93 70
sans rest – 🛗 🖃 TV 📞 – 🔏 25. AE ① GB JCB. ⌗
☲ 10 – **45 ch** 116/182.

◆ Cet immeuble des années 1930 propose des chambres rénovées, confortables et feutrées. Petits-déjeuners servis dans un décor Louis XIII. Le bar a des allures de club anglais.

Noailles BV 5
9 r. Michodière (2e) ☎ 01 47 42 92 90, *goldentulip.denoailles@wanadoo.fr*,
Fax 01 49 24 92 71
M sans rest, 🛏 – 🛗 ⇆ TV 📞 ᴸ – 🔏 20. AE ① GB JCB
☲ 14 – **55 ch** 210/240, 6 appart.

◆ Élégance résolument contemporaine derrière une sobre façade ancienne. Décor japonisant dans des chambres de bonne ampleur ; la plupart donnent sur un agréable patio.

Britannique CY 29
20 av. Victoria (1er) ☎ 01 42 33 74 59, *mailbox@hotel-britannique.fr*,
Fax 01 42 33 82 65
sans rest – 🛗 TV. AE ① GB JCB. ⌗
☲ 11 – **40 ch** 124/171.

◆ Créé au 19e s. par une famille anglaise, cet hôtel voisin du Châtelet a conservé son atmosphère "british". Chambres contemporaines agrémentées de reproductions de W. Turner.

Relais du Louvre CY 3
19 r. Prêtres-St-Germain-L'Auxerrois (1er) ☎ 01 40 41 96 42, *au-relais-du-louvre@dial.oleane.com*, Fax 01 40 41 96 44
sans rest – 🛗 🖃 TV 📞. AE ① GB JCB
☲ 10 – **21 ch** 99/244.

◆ Étroite façade du 18e s. abritant un hôtel de caractère. Mobilier de style, couleurs gaies et accessoires de la vie moderne dans des chambres douillettes et raffinées.

Place du Louvre CY 6
21 r. Prêtres-St-Germain-L'Auxerrois (1er) ☎ 01 42 33 78 68, *hotel.place.louvre@wanadoo.fr*, Fax 01 42 33 09 95
sans rest – 🛗 TV. AE ① GB JCB
☲ 9,15 – **20 ch** 87/141.

◆ Plaisantes petites chambres modernes ; certaines bénéficient d'une vue sur le Louvre et St-Germain-l'Auxerrois. Jolie voûte du 14e s. dans la salle des petits-déjeuners.

🏨 **Victoires Opéra**   DX 3
56 r. Montorgueil (2e) ℘ 01 42 36 41 08, *hotel@victoiresopera.cor.*
Fax 01 45 08 08 79
M sans rest – 🛗 📺 📞 ⅋. AE ⓪ GB JCB. ⅋
☐ 15 – **24 ch** 220/275.
* Dans une rue piétonne, commerçante et souvent animée qui fut jadis a
coeur de la Cour des Miracles. Chambres rénovées, contemporaines e
dotées de salles de bains en marbre.

🏨 **Grand Hôtel de Champagne**   CY 1
17 r. J.-Lantier (1er) ℘ 01 42 36 60 00, *champaigne@hotelchampaigneparis.c*
m, Fax 01 45 08 43 33
sans rest – 🛗 ⅋ 📺 📞. AE ⓪ GB JCB
☐ 12 – **43 ch** 138/185.
* Poutres et vieilles pierres mises à nu : les chambres, aménagées dans l
plus vieil immeuble (1562) de la rue, ne manquent pas de caractère. Joli ha
de style Louis XIII.

🏨 **Malte Opéra**   BX 5
63 r. Richelieu (2e) ℘ 01 44 58 94 94, *hotel.malte@astotel.com, Fax 01 4*
86 88 19
sans rest – 🛗 📺 📞 ⅋. AE ⓪ GB JCB. ⅋
☐ 14 – **54 ch** 182/212, 5 duplex.
* Face à la Bibliothèque nationale, belle façade ouvragée abritant de
chambres de tailles variées, meublées dans le style Louis XV. Salon coss•
prolongé d'une verrière.

🏨 **Molière**   BX 1
21 r. Molière (1er) ℘ 01 42 96 22 01, *moliere@worldnet.fr, Fax 01 42 60 48 68*
sans rest – 🛗 📺 📞. AE ⓪ GB JCB. ⅋
☐ 12 – **32 ch** 125/140.
* L'enseigne rend hommage au célèbre auteur de théâtre qui serait né dan
cette rue en 1622. Mobilier de style et charme "provincial" dans des chambre
assez spacieuses.

🏨 **Favart**   BV
5 r. Marivaux (2e) ℘ 01 42 97 59 83, *favart.hotel@wanadoo.fr, Fax 01 4*
15 95 58
sans rest – 🛗 📺 📞. AE ⓪ GB JCB
☐ 3,05 – **37 ch** 83,85/105,95.
* Le peintre Goya séjourna dans ce charmant hôtel. Les chambres de l
façade principale, tournées vers l'Opéra-Comique (autrefois salle Favart) sor
les plus agréables.

🏨 **Louvre Rivoli**   BX 4
20 r. Molière (1er) ℘ 01 42 60 31 20, *louvre@hotelsparis.fr, Fax 01 42 60 32 06*
sans rest – 🛗 📺 📞 ⅋. AE ⓪ GB JCB. ⅋
☐ 15 – **29 ch** 181/212.
* Cet hôtel entièrement rénové bénéficie d'un voisinage apprécié : musé•
du Louvre, Comédie-Française et Palais-Royal. Chambres menues, mai
fraîches et colorées.

🏛 **Ducs de Bourgogne** CY 21
19 r. Pont-Neuf (1er) ℘ 01 42 33 95 64, *mail@hotel-paris-bourgogne.com*,
Fax 01 40 39 01 25
sans rest – 🛗 ▤ 📺 📞 – 🔏 15. 🆎 ⓪ ☒ 🆑. 🛇
🛏 11 – **50 ch** 98/168.
◆ Entre Forum des Halles et Samaritaine : une adresse idéale pour le shopping. En façade, chambres au mobilier de style ; sur l'arrière, cadre fonctionnel. Salon bourgeois.

🏛 **Baudelaire Opéra** BX 28
61 r. Ste Anne (2e) ℘ 01 42 97 50 62, *hotel@cybercable.fr, Fax 01 42 86 85 85*
sans rest – 🛗 📺 📞. 🆎 ⓪ ☒ 🆑. 🛇
🛏 7,50 – **24 ch** 99/130, 5 duplex.
◆ Dans la "rue japonaise" de Paris, établissement disposant de chambres
correctement équipées et bien insonorisées. Décor un peu ancien, que l'on
rajeunit progressivement.

🏛 **Louvre Ste-Anne** BX 12
32 r. Ste-Anne (1er) ℘ 01 40 20 02 35, *ste-anne@worldonline.fr,*
Fax 01 40 15 91 13
sans rest – 🛗 ▤ 📺 📞 ♿. 🆎 ⓪ ☒ 🆑. 🛇
🛏 9,15 – **20 ch** 121,35/181,40.
◆ Chambres un peu petites, mais bien agencées et plaisamment décorées
dans des tons pastel. Petits-déjeuners sous forme de buffet, servis dans une
jolie salle voûtée.

🏛 **Vivienne** CV 31
40 r. Vivienne (2e) ℘ 01 42 33 13 26, *paris@hotel-vivienne.com, Fax 01 40*
41 98 19
sans rest – 🛗 📺. ☒
🛏 6 – **44 ch** 63/84.
◆ Les chambres, de bonne ampleur, dotées d'un mobilier de style ou simplement pratique, sont mansardées au dernier étage ; quelques-unes possèdent
un balcon.

XXXXX **L'Espadon** - Hôtel Ritz BX 2
❀ 15 pl. Vendôme (1er) ℘ 01 43 16 30 80, *food-bev@ritzparis.com,*
Fax 01 43 16 33 75
�############ – ▤. 🆎 ⓪ ☒ 🆑. 🛇
Repas 56,50 (déj.)/141,80 et carte 115 à 160.
◆ Salle à manger submergée d'ors et de drapés, décor éblouissant conser-
vant le souvenir de ses célèbres convives, et plaisante terrasse dans un jardin
fleuri. Tellement "ritzy" !
Spéc. Homard bleu aux jeunes salades. Tronçon de turbot rôti au jus acidulé
et poivre concassé. Rosettes d'agneau en écrin de champignons.

XXXXX **Le Meurice** - Hôtel Meurice BX 32
❀ 228 r. Rivoli (1er) ℘ 01 44 58 10 55, *restauration@meuricehotel.com,*
Fax 01 44 58 10 15
▤. 🆎 ⓪ ☒ 🆑. 🛇
fermé 29 juil. au 25 août – **Repas** 55 (déj.)/95 et carte 80 à 110.
◆ Une pure merveille que cette salle à manger de style Grand Siècle, directement inspirée des Grands Appartements du château de Versailles. Belle
cuisine personnalisée.
Spéc. Langoustines de Bretagne au caramel d'ail doux. Noisette de bar au
sévruga, charlotte aux oursins (automne-hiver). Fine tarte moelleuse choco-
lat-café, glace vanille.

XXXX Grand Vefour
CX 3

17 r. Beaujolais (1er) ℘ 01 42 96 56 27, *grand.vefour@wanadoo.f*
Fax 01 42 86 80 71

📧. AE ⓪ ⒼⒷ Jcb. ⌀

fermé 1er au 7 avril, 2 août au 2 sept., 23 au 31 déc., vend. soir, sam. et dim. – **Repas** 73,17 (déj.)/221,05 et carte 145 à 190.

◆ Dans les jardins du Palais-Royal, les somptueux salons Directoire, décoré de splendides "fixés sous verre", sont mondialement connus. Cuisine inspirée, digne de ce monument historique.

Spéc. Cuisses de grenouilles blondes dorées, panais et moelle en pluches d persil. Filet de sole meunière, fenouil à l'essence d'agrumes et jus au tarama Canard colvert cuit sur son coffre, jus aux figues et feuille de laurier.

XXXX Carré des Feuillants (Dutournier)
BX 3

14 r. Castiglione (1er) ℘ 01 42 86 82 82, Fax 01 42 86 07 71

📧. AE ⓪ ⒼⒷ Jcb

fermé août, sam. midi, dim. et lundi – **Repas** 58 (déj.)/138 et carte 90 à 115.

◆ Ce restaurant occupe le site de l'ancien couvent des Feuillants où Davi peignit le fameux Serment du Jeu de Paume. Cuisine inventive à l'accen gascon et superbe carte des vins.

Spéc. Cèpes marinés à l'huile de noisette, chapeau poêlé et pied en pât chaud (été-automne). Canette fermière de Challans ''sauvageonne'' (avril sept.). Pêche ''dans tous ses états'' (juin à sept.).

XXXX Drouant
BV

pl. Gaillon (2e) ℘ 01 42 65 15 16, *drouantrv@elior.com*, Fax 01 49 24 02 15
voir aussi rest. **Café Drouant** – 📧. AE ⓪ ⒼⒷ Jcb

fermé août, sam. et dim. – **Repas** 53 (déj.)/104 (dîner)et carte 90 à 125 ℤ.

◆ Petites salles Art déco groupées autour d'un majestueux escalier sign Ruhlmann. Le salon Louis XVI, à l'étage, accueille le jury du "Goncourt" depui le 31 octobre 1914.

Spéc. Raviole d'oeuf au coulis de truffe. Fricassée de homard au poivre e gingembre. Filet de veau à la ficelle et chartreuse de légumes.

XXXX Gérard Besson
CX 2

5 r. Coq Héron (1er) ℘ 01 42 33 14 74, *gerard.besson4@libertysurf.f* Fax 01 42 33 85 71

📧. AE ⓪ ⒼⒷ Jcb

fermé lundi midi sauf juil-août, sam. sauf le soir de sept. à juin et dim. – **Repa** *(40)* - 49 (déj.)/95 (dîner)et carte 90 à 120 ℤ.

◆ À deux pas des Halles, restaurant au cadre feutré et élégant, agrémenté de collections d'aiguières anciennes et de coqs en faïence. Cuisine classique subtilement revisitée.

Spéc. Homard de Bretagne. Gibier (1er oct. au 15 déc.). Truffes (15 déc. au 15 mars).

XXXX Goumard
AX 3

9 r. Duphot (1er) ℘ 01 42 60 36 07, *goumard.philippe@wanadoo.fr* Fax 01 42 60 04 54

⬍ 📧. AE ⓪ ⒼⒷ Jcb

fermé 3 au 20 août – **Repas** 40 (déj.)et carte 60 à 95 ℤ.

◆ Élégant cadre Art déco rehaussé de marines et de luminaires Lalique. Le toilettes, vestige de l'ancien décor signé Majorelle, méritent la visite. Belle cuisine de la mer.

Spéc. Saint-Jacques à la plancha (oct. à avril). Turbot de ligne en cocotte au ju de volaille. Biscuit au chocolat, glace pistache.

XXX ✿ **Céladon** - Hôtel Westminster   BV 14
15 r. Daunou (2e) ✆ 01 47 03 40 42, *resa@westminster.hepta.fr*,
Fax 01 42 61 33 78
🍽. AE ⓪ GB JCB
fermé août, sam., dim. et fériés – **Repas** 44,21 (déj.)/57,93 (dîner)
et carte 70 à 100.
♦ Ravissantes salles à manger où mobilier de style Régence, murs vert "céladon" et collection de porcelaines chinoises composent un décor au goût très
sûr. Cuisine classique.
Spéc. Bouquet poêlé au beurre salé, bouillon mousseux au curry (sept. à
déc.). Rouget farci et rôti aux épices chermoula. Petites poires pochées et
caramélisées, crème à la chicorée.

XXX ✿ **Gualtiero Marchesi pour le Lotti** - Hôtel Lotti   AX 3
9 r. Castiglione (1er) ✆ 01 42 60 40 62, *Fax 01 42 60 55 03*
🍽. AE ⓪ GB JCB. ✗
Repas *(25,92)* - 35,06 (déj.), 85,37/112,81 et carte 57 à 100.
♦ Le grand chef lombard supervise la cuisine transalpine de ce restaurant
d'hôtel dont le décor a été refait : tons pastel, fresques façon "Cinquecento"
et calligraphies japonaises.
Spéc. Risotto à l'encre de seiche et sardines. Strates de pâtes au ragoût de
veau. Tiramisu.

XXX **Macéo**   CX 36
15 r. Petits-Champs (1er) ✆ 01 42 97 53 85, *info@maceorestaurant.com*,
Fax 01 47 03 36 93
🍽. GB. ✗
fermé sam. midi et dim. – **Repas** 28,97 (déj.), 35,06/38,11 et carte 45 à 64 ♀.
♦ Étonnant mariage d'un décor Second Empire et d'un mobilier contemporain. Cuisine inventive, quelques plats végétariens et une carte de vins du
monde. Salon-bar convivial.

XXX ✿ **Il Cortile** - Hôtel Sofitel Castille   AV 7
37 r. Cambon (1er) ✆ 01 44 58 45 67, *ilcortile@castille.com, Fax 01 44 58 45 69*
🌤 – 🍽. AE ⓪ GB JCB
fermé sam., dim. et fériés – **Repas** 42 (déj.)et carte 55 à 70.
♦ La salle façon "villa d'Este", l'activité fébrile de la brigade au "piano", le très
beau patio en azulejos et sa fontaine : un joli cadre pour une cuisine italienne
raffinée.
Spéc. Cannelloni à l'encre, chair de tourteau et homard. Piccata de veau au
citron vert. Palet or moelleux au chocolat, noisettes et amandes.

XXX **Pierre '' A la Fontaine Gaillon ''**   BV 6
pl. Gaillon (2e) ✆ 01 47 42 63 22, *Fax 01 47 42 82 84*
🌤 – 🍽. AE ⓪ GB JCB
fermé août, sam. midi et dim. – **Repas** 32 et carte 40 à 68 ♀.
♦ Hôtel particulier du 17e s., jadis demeure du prince de Conti, et sa belle
fontaine restaurée par Visconti. Décor assez fastueux avec boiseries, tableaux
et meubles anciens.

XX **Pierre - Jean-Paul Arabian**   BX 24
10 r. Richelieu (1er) ✆ 01 42 96 09 17, *Fax 01 42 96 09 62*
🍽. AE ⓪ GB JCB
fermé 24 déc. au 2 janv. – **Repas** carte 51 à 90 ♀.
♦ Concept insolite : vous entrez par la boutique de fleurs avant de gagner les
deux salles à manger au charme délicieusement provincial. Cuisine traditionnelle ; bar à vins.

XX **Palais Royal** CX 4
110 Galerie de Valois - Jardin du Palais Royal (1er) *℘* 01 40 20 00 27, *palaisrestℰ*
aol.com, Fax 01 40 20 00 82
△ – AE ① GB
fermé 15 déc. au 30 janv., sam. d'oct. à mai et dim. – **Repas** carte 43 à 80 ♀.
♦ Sous les fenêtres de l'appartement de Colette, salle de restaurant inspiréℰ
du style Art déco et son idyllique terrasse "grande ouverte" sur le jardin du
Palais-Royal.

XX **Chez Pauline** BX
5 r. Villédo (1er) *℘* 01 42 96 20 70, *chezpauline@wanadoo.fr, Fax 01 4:*
27 99 89
▤. AE ① GB JCB
fermé en août, sam.sauf le soir en hiver et dim. – **Repas** *(25)* - 3:
(déj.)/40 et carte 35 à 50 ♨, enf. 15.
♦ Dans une petite rue tranquille, adresse feutrée aménagée à la façon d'uℛ
bistrot du début du 20e s. La salle du premier étage est plus intime. Cuisinℰ
classique.

XX **Café Drouant** BV
pl. Gaillon (2e) *℘* 01 42 65 15 16, *Fax 01 49 24 02 15*
△ – ▤. AE ① GB JCB
fermé août, sam. et dim. – **Repas** 38 et carte 39 à 81 ♀.
♦ Le "petit frère" du restaurant Drouant propose fruits de mer et plat
"canailles" sous un original plafond en staff argenté orné de poissons, coquil
lages et crustacés.

XX **Cabaret** BX
2 pl. Palais Royal (1er) *℘* 01 58 62 56 25, *Fax 01 58 62 56 40*
▤. AE GB
fermé sam. midi et dim – **Repas** carte 44 à 70 ♀.
♦ La salle du sous-sol offre un insolite décor (voilages indiens, bar africain). Å
minuit et demi, le restaurant se transforme en club, les convives en... "beauti
ful people" !

XX **Au Pied de Cochon** CX 4
6 r. Coquillière (1er) *℘* 01 40 13 77 00, *Fax 01 40 13 77 09*
(ouvert jour et nuit), △ – ▦ ▤. AE ① GB
Repas carte 35 à 58 ♀.
♦ Le pied de cochon a fait la célébrité de cette brasserie qui, depuis soℛ
ouverture en 1946, régale aussi les noctambules. Fresques originales eℛ
lustres à motifs fruitiers.

XX **Aristippe** CY 2
8 r. J. J. Rousseau (1er) *℘* 01 42 60 08 80, *aristippe@wanadoo.fr, Fax 01 4:*
60 11 13
AE GB JCB
fermé 1er au 21 août, sam. midi et dim. – **Repas** 30 (déj.)/39 et carte 41 à 57 ♀
♦ Salle à manger de caractère avec ses vieilles poutres peintes en blanc, se
murs de briques, ses tomettes et son bar qui était à l'origine un poulailler
Cuisine de la mer.

XX **Pays de Cocagne** CX 5
-Espace Tarn- 111 r. Réaumur (2e) *℘* 01 40 13 81 81, *Fax 01 40 13 87 70*
▤. AE ① GB JCB
fermé 12 au 25 août, sam. midi, dim. et fériés – **Repas** *(14,95)* - 27,10.
49 bc et carte 35 à 55 ♀.
♦ Situé à l'étage de la maison du Tarn, restaurant au cadre contemporaiℛ
rehaussé de tableaux d'artistes régionaux. Cuisine du Sud-Ouest et vins dℰ
Gaillac exclusivement.

XX **Kinugawa** BX 39
9 r. Mont Thabor (1er) ℰ 01 42 60 65 07, *Fax 01 42 60 45 21*
🍽 **AE ⓪ GB JCB** 🏱
fermé 24 déc. au 7 janv. et dim. – **Repas** 26 (déj.), 86/107 et carte 80 à 110 ♈.
♦ À l'étage, cuisine japonaise servie dans une salle à manger contemporaine très "nippone" : tableaux, lignes épurées et sobres tonalités. Bar à sushis au rez-de-chaussée.

XX **Gallopin** CV 5
40 r. N.-D.-des-Victoires (2e) ℰ 01 42 36 45 38, *Fax 01 42 36 10 32*
🍽 **AE ⓪ GB**
fermé dim. – **Repas** 25,50/30,50 bc et carte 28 à 58 ♈.
♦ Arletty, Raimu et le précieux décor victorien ont fait la renommée de cette brasserie située face au palais Brongniart. Belle verrière dans la salle du fond. Cuisine appétissante.

XX **Delizie d'Uggiano** AX 2
18 r. Duphot (1er) ℰ 01 40 15 06 69, *losapiog@wanadoo.fr, Fax 01 40 15 03 90*
AE ⓪ GB JCB
fermé sam. midi et dim. – **Repas** 36/49 et carte 34 à 46 ♈.
♦ Atmosphère décontractée dans ce restaurant italien. À l'étage, salle à manger au joli décor inspiré de la Toscane. Au rez-de-chaussée, bar à vins et épicerie fine.

XX **Grand Colbert** CX 9
2 r. Vivienne (2e) ℰ 01 42 86 87 88, *le.grand.colbert@wanadoo.fr, Fax 01 42 86 82 65*
🍽 **AE ⓪ GB JCB**
Repas 24,40 et carte 31 à 53 ♈.
♦ Belle brasserie parisienne du 19e s. qui, après restauration, a retrouvé son faste d'antan : mosaïques, fresques, lustres, miroirs et cuivres brillent de mille feux !

XX **Saudade** CY 25
34 r. Bourdonnais (1er) ℰ 01 42 36 30 71, *Fax 01 42 36 27 77*
🍽 **AE GB JCB** 🏱
fermé dim. – **Repas** 19,66 (déj.)et carte 24 à 54.
♦ Pour un repas au Portugal... en plein Paris, rendez-vous dans cette salle de restaurant décorée d'azulejos. Plats typiques et vins lusitaniens à déguster au son du fado.

XX **Soufflé** BX 19
36 r. Mont-Thabor (1er) ℰ 01 42 60 27 19, *c_rigaud@club-internet.fr, Fax 01 42 60 54 98*
🍽 **AE ⓪ GB JCB**
fermé dim. et fériés – **Repas** 28,20/35,83 et carte 40 à 50 ♈.
♦ À deux pas des Tuileries, cet accueillant petit restaurant est pour ainsi dire une institution en matière de... "soufflé" : un menu lui est entièrement dédié !

XX ·**Vaudeville** CV 42
29 r. Vivienne (2e) ℰ 01 40 20 04 62, *Fax 01 49 27 08 78*
AE ⓪ GB JCB
Repas 21,04 bc (déj.)/30,18 bc et carte 42 à 55 ♈, enf. 8,84.
♦ Face à la Bourse, cette grande brasserie au cadre Art déco patiné est la "cantine" de nombreux journalistes et, peut-être, de vaudevillistes des théâtres alentour.

X **Chez Georges** CX
1 r. Mail (2e) ℘ 01 42 60 07 11
AE **GB**
fermé 29 juil. au 19 août, dim. et fériés – **Repas** carte 45 à 65.
♦ Derrière la place des Victoires, ce bistrot parisien typique a conservé s
décor d'origine : zinc, banquettes, stucs et miroirs ; on s'immerge dans
Paris des années 1900.

X **Willi's Wine Bar** CX
13 r. Petits-Champs (1er) ℘ 01 42 61 05 09, *info@williswinebar.co*
Fax 01 47 03 36 93
GB . ⌘
fermé dim. – **Repas** 25 (déj.)/38,11 ⌘.
♦ Bar à vins convivial composé d'un long comptoir en chêne et d'une pet
salle agrémentée de poutres et d'affiches. Cuisine simple et nombreux cr
attentivement sélectionnés.

X **L'Atelier Berger** CY
49 r. Berger (1er) ℘ 01 40 28 00 00, *contact@atelierberger.co.*
Fax 01 40 28 10 65
AE **GB**
fermé 11 au 18 août et dim. – **Repas** 32.
♦ Face au jardin des Halles, sobre salle à manger (à l'étage) où
clientèle du quartier apprécie un menu-carte au goût du jour. Bar et fum
au rez-de-chaussée.

X **Baan Boran** BX
☜ 43 r. Montpensier (1er) ℘ 01 40 15 90 45, *Fax 01 40 15 90 45*
▤ **AE** **GB**
fermé sam midi et dim. – **Repas** 11,50 (déj.)et carte 28 à 35.
♦ Escale asiatique face au théâtre du Palais-Royal : spécialités thaïlandais
préparées au "wok" et servies dans un cadre actuel rehaussé de tableaux c
pays de Siam.

X **Bistrot St-Honoré** BX
10 r. Gomboust (1er) ℘ 01 42 61 77 78, *Fax 01 42 61 77 78*
AE **GB** **JCB**
fermé août, 24 déc. au 2 janv., sam. soir et dim. – **Repas** 23 et carte 35 à 52
♦ Atmosphère vivante et décontractée dans ce petit bistrot fleurant bon
Bourgogne : fresques en façade, cuisine et vins rendent hommage à
"patrie" du maître des lieux.

X **Café Marly** BY
93 r. Rivoli - Cour Napoléon (1er) ℘ 01 49 26 06 60, *Fax 01 49 26 07 06*
☂ – ▤ **AE** **①** **GB**
Repas carte 31 à 57.
♦ Sous les arcades du Grand Louvre, attablés en terrasse face à la Pyramic
ou dans le cadre Napoléon III relooké des salles à manger : et si l'oeuvre d'ar
c'était vous ?

X **Aki** BV
2 bis r. Daunou (2e) ℘ 01 42 61 48 38, *Fax 01 47 03 37 52*
AE **GB** **JCB** . ⌘
fermé vacances de Pâques, août, sam. midi et dim. – **Repas** 24,50 (déj
30,50/58,50 et carte 40 à 55.
♦ Murs habillés de lettres nippones stylisées et mobilier design côté, sash
mis, sushis et tempuras côté cuisine : un bonheur ("aki" en japonais) c
restaurant !

✕ Café Runtz   CV 15
16 r. Favart (2e) 🕿 01 42 96 69 86, *Fax 01 40 20 92 95*
AE **O** **GB**
fermé 5 au 12 mai, 27 juil. au 25 août, sam. (sauf le soir d'oct. à juin), dim. et
fériés – **Repas** 17,54 (déj.), 21,96/33,54 et carte 30 à 40.
◆ Cette "winstub" parisienne servant une authentique cuisine alsacienne a
gardé son joli décor 1900. Une sympathique adresse où souper après un
spectacle à l'Opéra-Comique.

✕ Pierrot   DX 3
18 r. Étienne Marcel (2e) 🕿 01 45 08 00 10
▤ **AE** **GB**
fermé août, 1er au 7 janv. et dim. – **Repas** carte 28 à 34 ♀.
◆ Ce chaleureux bistrot présente, sur l'ardoise de suggestions du jour, saveurs et produits de l'Aveyron. Petite terrasse dressée sur un trottoir animé
du quartier du Sentier.

✕ Mellifère   BU 2
8 r. Monsigny (2e) 🕿 01 42 61 21 71, *Fax 01 42 61 31 71*
AE **GB**
Repas *(19,67)* - 22,71 et carte 29 à 37.
◆ Une colonie d'abeilles fréquente avec assiduité cette ruche aussi animée
que le théâtre des Bouffes Parisiens voisin. Cuisine "bistrotière" sans esbroufe
et plats basques.

✕ L'Ardoise   AX 7
28 r. Mont-Thabor (1er) 🕿 01 42 96 28 18
GB
fermé août, 23 déc. au 3 janv., lundi et mardi – **Repas** 29 ♀.
◆ Une ardoise présente le menu du jour et d'autres recouvrent les originales
tables de cette salle à manger toute jaune, égayée de vieilles photos de la
Bresse.

✕ Relais Chablisien   CY 5
4 r. B. Poirée (1er) 🕿 01 45 08 53 73, *Fax 01 45 08 53 73*
▤ **GB** **🕱**
fermé 1er au 21 août, sam. et dim. – **Repas** carte 28 à 39 ♀.
◆ Cette maison de tanneur du 17e s. proche des quais mijote une cuisine
traditionnelle aux légers accents bourguignons. Boiseries et pierres
d'époque ; ambiance conviviale.

✕ Tour de Montlhéry, Chez Denise   CY 22
5 r. Prouvaires (1er) 🕿 01 42 36 21 82, *Fax 01 45 08 81 99*
(ouvert jour et nuit) – **▤**. **GB**
fermé 14 juil. au 19 août , sam. et dim. – **Repas** carte 35 à 53.
◆ Typique bistrot du quartier où l'on sert, de jour comme de nuit et dans la
bonne humeur, de solides plats qui n'auraient pas déplu aux forts des Halles.
Une institution !

✕ Chez La Vieille "Adrienne"   CY 33
1 r. Bailleul (1er) 🕿 01 42 60 15 78, *Fax 01 42 33 85 71*
AE **GB** **JCB**
fermé 10 au 18 août, sam., dim. et le soir sauf jeudi – **Repas** (prévenir)
26 et carte 40 à 45.
◆ Maison du 16e s. abritant un bistrot patiné : zinc, poutres et vieilles photos.
Généreuse cuisine traditionnelle, spécialités de rognons et foies de veau.
Ambiance bon enfant.

✂ **Souletin**   CX

6 r. Vrillière (1er) ✆ 01 42 61 43 78, *Fax 01 42 61 43 78*
GB

fermé sam. midi, dim. et fériés – **Repas** 30,49 ♈.

◆ Sympathique bistrot proche des prestigieuses boutiques de la place d
Victoires. Goûteuse cuisine basque dans la salle à manger décorée à la mo
du pays de Soule.

✂ **Lescure**   AX

7 r. Mondovi (1er) ✆ 01 42 60 18 91
▤. GB

fermé 1er au 23 août, 24 déc. au 1er janv., sam. et dim. – **Rep**
19,82 et carte 25 à 35 ♈.

◆ Auberge rustique voisine de la place de la Concorde. On y déguste
coude à coude, à la table commune, une cuisine "bistrotière" et de copieus
spécialités limousines.

✂ **Dauphin**   BX

167 r. St-Honoré (1er) ✆ 01 42 60 40 11, *Fax 01 42 60 01 18*
AE ① GB JCB

Repas 22,10 (déj.)/30,94 et carte 31 à 44.

◆ Cuisine du Sud-Ouest mise au goût du jour, avec des spécialités préparé
"à la plancha" : levez le rideau sur ce bistrot parisien "pur jus" voisin de
Comédie-Française.

✂ **Issé**   AX

56 r. Ste-Anne (2e) ✆ 01 42 96 67 76, *Fax 01 42 96 82 63*
▤. GB

fermé 5 au 19 août, 23 déc. au 6 janv., lundi midi, sam. midi et dim. – **Rep**
23/30,49 et carte 48 à 80.

◆ Entourée de restaurants asiatiques, cette adresse se distingue par
cuisine japonaise mêlant finesse et savoir-faire. Sushis et sashimis sont ser
dans un décor épuré.

République
Nation - Bastille
Ile St-Louis - Beaubourg

3e, 4e et 11e arrondissements

3e : ✉ 75003 - 4e : ✉ 75004 - 11e : ✉ 75011

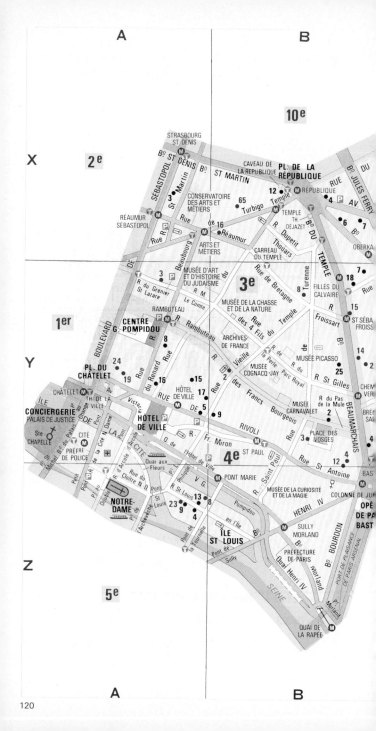

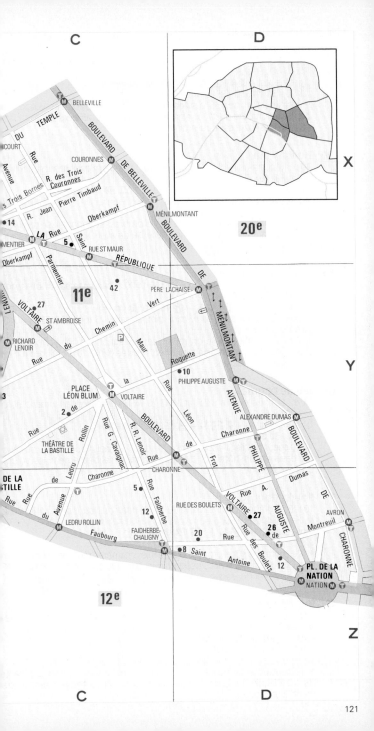

Pavillon de la Reine   BY

28 pl. Vosges (3ᵉ)   ℘ 01 40 29 19 19,   *pavillon@club-internet*
Fax 01 40 29 19 20

sans rest – ▮▮ ▤ 📺 📞 🚗. ΑΕ ⓪ ⒼⒷ Ⓙ𝒸ʙ

▭ 20 – **31 ch** 330/385, 14 appart, 10 duplex.

◆ Derrière l'un des 36 pavillons en brique de la place des Vosges, de
bâtisses, dont une du 17ᵉ s., abritant des chambres raffinées (lits à baldaqu
colombages) côté cour ou jardin (privé).

Holiday Inn   BX

10 pl. République (11ᵉ) ℘ 01 43 14 43 50, *holiday.inn.paris.republique@war
oo.fr, Fax 01 47 00 32 34*

Ⓜ, 𝄢 – ▮▮ ⇋ ▤ 📺 📞 ⅋ – ♨ 25 à 150. ΑΕ ⓪ ⒼⒷ Ⓙ𝒸ʙ
Au 10 de la République : Repas 14,48/45, enf. 9,91 – ▭ 25,15 – **318**
305/478.

◆ Ce bel édifice du 19ᵉ s. abrite des chambres fonctionnelles ; réservez-
une s'ouvrant sur la vaste cour intérieure de style Napoléon III. Restaura
Belle Époque.

Villa Beaumarchais   BY

5 r. Arquebusiers (3ᵉ)   ℘ 01 40 29 14 00,   *beaumarchais@hotelsparis*
Fax 01 40 29 14 01

Ⓜ sans rest – ▮▮ ⇋ ▤ 📺 📞 ⅋ – ♨ 15. ΑΕ ⓪ ⒼⒷ Ⓙ𝒸ʙ
Repas *(fermé en août, sam. midi, dim. et lundi)* 25 (déj.), 30/53 ℤ – ▭ 2
50 ch 305/488.

◆ Adresse confidentielle en retrait de l'animation du boulevard Beaum
chais. Chambres à l'ambiance raffinée, inspirée par le 18ᵉ s. Joli jardin d'hiv
aménagé en restaurant.

Jeu de Paume   AZ

54 r. St-Louis-en-l'Île (4ᵉ)   ℘ 01 43 26 14 18,   *info@jeudepaumehotel.co*
Fax 01 40 46 02 76

sans rest, 𝄢 – ▮▮ 📺 📞 – ♨ 25. ΑΕ ⓪ ⒼⒷ Ⓙ𝒸ʙ
▭ 14 – **30 ch** 151/263.

◆ Au coeur de l'île St-Louis, cette halle du 17ᵉ s., jadis vouée au jeu de paum
est devenue un hôtel de caractère utilisant malicieusement les volume
Original et calme.

Bourg Tibourg   AY

19 r. Bourg Tibourg (4ᵉ) ℘ 01 42 78 47 39, *hotel.du.bourg.tibourg@wanado
fr, Fax 01 40 29 07 00*

sans rest – ▮▮ ▤ 📺 📞 ⅋. ΑΕ ⓪ ⒼⒷ Ⓙ𝒸ʙ. ⊗
▭ 12 – **30 ch** 170/270.

◆ Ce charmant hôtel propose d'agréables chambres rénovées et personna
sées par différents styles : néogothique, baroque ou orientaliste. Une peti
perle au coeur du Marais.

Bretonnerie   AY

22 r. Ste-Croix-de-la-Bretonnerie (4ᵉ) ℘ 01 48 87 77 63, *hotel@bretonnerie.
m, Fax 01 42 77 26 78*

sans rest – ▮▮ 📺 📞. ⒼⒷ. ⊗
fermé 29 juil. au 27 août

▭ 9,50 – **22 ch** 108/140, 4 appart, 3 duplex.

◆ Élégant hôtel particulier (17ᵉ s.) au coeur du Marais. Poutres apparente
lits à baldaquin, mobilier de style Louis XIII ou actuel agrémentent divers
ment les chambres.

🏛 **Little Palace** AX 3
4 r. Salomon de Caus (3e) ☏ 01 42 72 08 15, *littlepalacehotel@compuserve.co
m, Fax 01 42 72 45 81*
Ⓜ – 🛗 ⇄ ▤ 📺 📞. 💳 ⓞ 🇬🇧 JCB. 🚭
Repas *(fermé 26 juil. au 19 août, vend. soir, sam. et dim.)* carte 30 à 42 ♈ –
⚏ 11 – **57 ch** 153/190.
♦ Ce bel immeuble 1900 s'élève sur un joli square au coeur du Sentier des
affaires. Préférer les chambres des 5e et 6e étages côté façade, avec balcon et
vue sur Paris.

🏛 **Caron de Beaumarchais** BY 9
12 r. Vieille-du-Temple (4e) ☏ 01 42 72 34 12, *Fax 01 42 72 34 63*
sans rest – 🛗 ▤ 📺 📞. 💳 ⓞ 🇬🇧. 🚭
⚏ 9 – **19 ch** 128/142.
♦ Le père de Figaro vécut dans cette rue du Marais historique ; la décoration
bourgeoise de ce charmant établissement lui rend un hommage fidèle. Petites chambres douillettes.

🏛 **Méridional** CY 3
36 bd Richard Lenoir (11e) ☏ 01 48 05 75 00, *hotel.meridional@wanadoo.fr,
Fax 01 43 57 42 85*
sans rest – 🛗 📺 📞. 💳 ⓞ 🇬🇧
⚏ 6,87 – **36 ch** 121,96/137,21.
♦ L'hôtel longe le boulevard (squares) qui couvre le canal St-Martin depuis
1860. Intérieur rénové : hall-salon avec fauteuils de cuir et meubles en chêne
cérusé dans les chambres.

🏛 **Beaubourg** AY 8
11 r. S. Le Franc (4e) ☏ 01 42 74 34 24, *hltbeaubourg@hotellerie.net,
Fax 01 42 78 68 11*
sans rest – 🛗 📺 📞. 💳 ⓞ 🇬🇧 JCB
⚏ 6 – **28 ch** 101/113.
♦ Derrière le Centre Georges-Pompidou, accueillantes chambres parfois
assorties de poutres et pierres apparentes ; celles donnant sur la cour sont
plus calmes.

🏛 **Axial Beaubourg** AY 16
11 r. Temple (4e) ☏ 01 42 72 72 22, *axial@axialbeaubourg.com,
Fax 01 42 72 03 53*
sans rest – 🛗 ▤ 📺 📞. 💳 ⓞ 🇬🇧 JCB. 🚭
⚏ 8 – **39 ch** 98/160.
♦ Près de l'Hôtel de Ville et de son célèbre Bazar. Hall contemporain, tons
beige et marron dans des chambres rafraîchies, petit-déjeuner dans un caveau du 15e s.

🏛 **Meslay République** BX 12
3 r. Meslay (3e) ☏ 01 42 72 79 79, *hotel.meslay@wanadoo.fr,
Fax 01 42 72 76 94*
sans rest – 🛗 📺 📞. 💳 ⓞ 🇬🇧 JCB. 🚭
⚏ 7,20 – **39 ch** 115/131.
♦ À deux pas de la place de la République, belle façade ouvragée abritant des
chambres au confort actuel et bien insonorisées. Cave voûtée pour les petits-
déjeuners.

🏛 **Verlain** CX 5
97 r. St-Maur (11e) ☏ 01 43 57 44 88, *verlain@3and1hotels.com,
Fax 01 43 57 32 06*
sans rest – 🛗 ▤ 📺 📞. 💳 ⓞ 🇬🇧 JCB
⚏ 7,62 – **38 ch** 92,38/112,35.
♦ Hôtel proche des cafés et restaurants "branchés" de la rue Oberkampf.
Chambres au décor des années 1980 : moquettes murales et mobilier en pin.
Accueil personnalisé.

🏨 **Lutèce**   AZ
65 r. St-Louis-en-l'Ile (4e) ℰ 01 43 26 23 52, *hotel.lutece@free*
Fax 01 43 29 60 25
sans rest – ⌷ ▤ TV ✆. AE GB. ⅏
☎ 10 – **23 ch** 122/148.

◆ La clientèle américaine apprécie particulièrement le charme rustique
cette hostellerie ancrée sur l'île St-Louis. Chambres plaisantes et assez calm

🏨 **Deux Iles**   AZ
59 r. St-Louis-en-l'Ile (4e) ℰ 01 43 26 13 35, *Fax 01 43 29 60 25*
sans rest – ⌷ ▤ TV ✆. AE GB. ⅏
☎ 10 – **17 ch** 127/149.

◆ À quelques pas du glacier le plus couru de la capitale, chambres confo
tables, salons très "cosy" et patio fleuri : aurez-vous seulement l'envie
vous éloigner d'ici ?

🏨 **Croix de Malte**   BY
5 r. Malte (11e) ℰ 01 48 05 09 36, *H2752-gm@accor-hotels.co*
Fax 01 43 57 02 54
sans rest – ⌷ ᠄⊁ TV. AE ① GB JCB
☎ 8 – **29 ch** 95/105.

◆ Ambiance un brin tropicale dans cet établissement au nom cheva
resque : mobilier actuel et coloré, (faux) perroquet et salle des petits-déje
ners façon jardin d'hiver.

🏨 **Grand Hôtel Français**   DZ
223 bd Voltaire (11e) ℰ 01 43 71 27 57, *Fax 01 43 48 40 05*
sans rest – ⌷ TV ✆. AE ① GB JCB
☎ 6,10 – **40 ch** 83,85/114,34.

◆ Immeuble d'angle de style haussmannien dans un quartier popula
typiquement parisien. Chambres fonctionnelles, sans fioriture, m
récemment rénovées.

🏨 **Beaumarchais**   BY
3 r. Oberkampf (11e) ℰ 01 53 36 86 86, *hotel.beaumarchais@libertysurf.*
Fax 01 43 38 32 86
sans rest – ⌷ TV. AE GB JCB
☎ 9 – **31 ch** 69/99.

◆ Les petites chambres, peintes dans des couleurs éclatantes et dotées (
meubles contemporains, ne manquent pas de charme. Verdoyante co
intérieure, bienvenue l'été.

🏨 **Prince Eugène**   DZ
247 bd Voltaire (11e) ℰ 01 43 71 22 81, *hotelprinceeugene@wanadoo.*
Fax 01 43 71 24 71
sans rest – ⌷ TV. AE ① GB JCB
☎ 6 – **35 ch** 63,48/68,48.

◆ L'enseigne rend honneur au fils adoptif de Napoléon I. Chambres a
tuelles, munies d'un double vitrage efficace ; celles du 6e étage, mansardée
sont plus grandes.

🏨 **Nord et Est**   BX
49 r. Malte (11e) ℰ 01 47 00 71 70, *Fax 01 43 57 51 16*
sans rest – ⌷ TV. AE ① GB JCB. ⅏
fermé août et 24 déc. au 2 janv.
☎ 5,34 – **45 ch** 53,36/59,46.

◆ Ni luxe inutile, ni aménagements dernier cri, mais une ambiance véritabl
ment familiale et chaleureuse qui fidélise les clients de cet hôtel proche de
République.

🏠 **Grand Prieuré** BX 7
20 r. Grand Prieuré (11e) 🌮 01 47 00 74 14, *Fax 01 49 23 06 64*
sans rest – 🛗 📺. 🅐🅔 🅞 🅖🅑 🅙🅒🅑. 🚫
☲ 5 – **32 ch** 54,90/62,60.
◆ Vous passerez des nuits sans histoire dans cette rue assez tranquille parallèle au canal St-Martin. Accueil aimable et chambres un brin démodées, mais bien tenues.

🏠 **Lyon-Mulhouse** BY 4
8 bd Beaumarchais (11e) 🌮 01 47 00 91 50, *hotelyonmulhouse@wanadoo.fr,*
Fax 01 47 00 06 31
sans rest – 🛗 📺 📞. 🅐🅔 🅞 🅖🅑 🅙🅒🅑
☲ 5 – **40 ch** 55/83.
◆ Établissement apprécié pour son emplacement à deux pas de la place de la Bastille et du Marais. Chambres rénovées par étapes ; préférez celles sur l'arrière, plus calmes.

🏠 **Nice** AY 5
42 bis r. Rivoli (4e) 🌮 01 42 78 55 29, *Fax 01 42 78 36 07*
sans rest – 🛗 📺 📞. 🅖🅑
☲ 6 – **23 ch** 60/95.
◆ Bibelots, gravures, tapis kilims et meubles anciens tant dans les chambres que dans les salons : une atmosphère particulière pour compenser les nuisances sonores de la rue.

🍴🍴🍴🍴 **L'Ambroisie** (Pacaud) BY 3
🏵🏵🏵 9 pl. des Vosges (4e) 🌮 01 42 78 51 45
📖. 🅐🅔 🅖🅑. 🚫
fermé août, vacances de fév., dim. et lundi – **Repas** carte 155 à 200.
◆ Sous les arcades de la place des Vosges, un décor royal et une cuisine enchantueuse touchant à la perfection : l'ambroisie n'est-elle pas l'exquise nourriture des dieux de l'Olympe ?
Spéc. Feuillantine de langoustines aux graines de sésame, sauce au curry. Suprêmes de pigeon de Bresse au jus tranché, cuisses en pastilla. Tarte fine sablée au chocolat, glace à la vanille.

🍴🍴🍴 **Hiramatsu** AZ 8
🏵 7 quai Bourbon (4e) 🌮 01 56 81 08 80, *paris@hiramatsu.co.jp,*
Fax 01 56 81 08 81
📖. 🅐🅔 🅞 🅖🅑
fermé 4 au 26 août, 22 déc. au 6 janv., dim. et lundi – **Repas** (nombre de couverts limité, prévenir) 45,70 (déj.)/92 et carte 85 à 105.
◆ Raffinement à la japonaise au service d'une talentueuse cuisine française. Élégante minisalle mariant poutres, pierres et mobilier contemporain. Superbe carte des vins.
Spéc. Aiguillettes de pigeonneau au foie gras. Noix de veau au sésame, sauce vin jaune au curry. Cassonade brûlée de café corsé.

🍴🍴 **Ambassade d'Auvergne** AY 3
🏵 22 r. Grenier St-Lazare (3e) 🌮 01 42 72 31 22, *info@ambassade-auvergne.com,*
Fax 01 42 78 85 47
📖. 🅐🅔 🅖🅑 🅙🅒🅑
Repas 25,92 et carte 35 à 40.
◆ De vrais ambassadeurs d'une province riche de traditions et de saveurs : cadre et meubles auvergnats, produits, recettes et vins du "pays", fouchtra !

XX Bofinger
BY

5 r. Bastille (4e) ☎ 01 42 72 87 82, Fax 01 42 72 97 68
▤, ᴬᴱ ⓞ ⒼⒷ

Repas *(20)* - 30,50 bc et carte 35 à 57.

* Illustres clients et remarquable décor font de cette brasserie créée en 18
un lieu de mémoire consacré. Coupole délicatement ouvragée et, à l'étag
salle décorée par Hansi.

XX Blue Elephant
CY

43 r. Roquette (11e) ☎ 01 47 00 42 00, Fax 01 47 00 45 44
▤, ᴬᴱ ⓞ ⒼⒷ

fermé sam. midi – **Repas** 18,29 (déj.), 25,15/48 et carte 34 à 53 ◊.

* Végétation luxuriante, mobilier de rotin, cascade, personnel en costum
exotique et cuisine thaï vous emportent vers le "pays des hommes libre
Dépaysement garanti !

XX L'Aiguière
DZ

37 bis r. Montreuil (11e) ☎ 01 43 72 42 32, patrick-masbatin1@libertysurf.co
Fax 01 43 72 96 36
▤, ᴬᴱ ⓞ ⒼⒷ ᴶᶜᴮ

fermé sam. midi et dim. – **Repas** 22,50 bc/45 bc et carte 41 à 58.

* Camaïeu de jaunes et tissus chatoyants composent un joli cadre d'inspir
tion gustavienne. Collection d'aiguières. Cuisine évoluant au gré des saison
Belle carte des vins.

XX Benoît
AY
☼

20 r. St-Martin (4e) ☎ 01 42 72 25 76, Fax 01 42 72 45 68
▤, ᴬᴱ

fermé août – **Repas** 38 (déj.)et carte 60 à 90 Ⓨ.

* Fi des fast-foods du quartier ! Poussez la porte de ce bistrot chic et anim
tenu par la même famille depuis 1912, pour savourer une cuisine "à l'a
cienne" soignée.

Spéc. Tête de veau sauce ravigote. Cassoulet. Gibier (saison)

XX A Sousceyrac
CZ

35 r. Faidherbe (11e) ☎ 01 43 71 65 30, Fax 01 40 09 79 75
▤, ᴬᴱ ⓞ ⒼⒷ

fermé août – **Repas** 30 et carte 40 à 50 Ⓨ.

* Une maison de tradition où l'on déguste, entre autres, le cassoulet et
lièvre à la royale dans un cadre au charme désuet. Depuis 1923, la convivial
est de rigueur !

XX Dôme du Marais
BY

53 bis r. Francs-Bourgeois (4e) ☎ 01 42 74 54 17, Fax 01 42 77 78 17
ᴬᴱ ⒼⒷ

fermé 15 au 31 août, 1er au 8 janv., dim. et lundi – **Repas** *(18,29)* - 23 (déj
28/38 et carte 39 à 44 Ⓨ.

* On dresse les tables sous le joli dôme de l'ancienne salle des ventes d
Crédit municipal et dans une seconde salle d'esprit jardin d'hiver. Cuisine a
goût du jour.

XX Vin et Marée
DZ

276 bd Voltaire (11e) ☎ 01 43 72 31 23, vin.maree@wanadoo.
Fax 01 40 24 00 23
▤, ᴬᴱ ⒼⒷ

Repas carte 30 à 37 Ⓨ.

* Comme pour les autres "Vin et Marée", les produits de la mer sont
découvrir chaque jour sur l'ardoise. L'arrière-salle au décor marin offre un
échappée sur les cuisines.

XX **Mansouria** CZ 12
11 r. Faidherbe (11ᵉ) ℘ 01 43 71 00 16, *Fax 01 40 24 21 97*
🍽. ⓖⓑ. 🚫
fermé 12 au 19 août, lundi midi, mardi midi et dim. – **Repas** 29/
43,50 bc et carte 35 à 45.
♦ Tenu par une ancienne ethnologue, figure parisienne de la cuisine marocaine. Fins et parfumés, les plats sont préparés par des femmes et servis dans
un décor mauresque.

XX **Les Jumeaux** BY 14
73 r. Amelot (11ᵉ) ℘ 01 43 14 27 00
ⓖⓑ
fermé en août, sam. midi, dim. et lundi – **Repas** *(23,50)* - 29 ⵢ.
♦ Jumeaux et flamands, les patrons de ce restaurant proche du Cirque
d'Hiver concoctent une cuisine du marché. La salle à manger est égayée de
tableaux contemporains.

XX **Les Amognes** DZ 8
243 r. Fg St-Antoine (11ᵉ) ℘ 01 43 72 73 05, *Fax 01 43 28 77 23*
ⓖⓑ
fermé 1ᵉʳ au 19 août, 24 déc. au 2 janv., lundi midi, sam. midi et dim. – **Repas**
30 ⵢ.
♦ Cuisine au goût du jour jouant la carte de la simplicité et touche rustique
dans la salle à manger ; pour un total bien-être, évitez les tables du milieu.

X **Bistrot du Dôme** BY 12
2 r. Bastille (4ᵉ) ℘ 01 48 04 88 44, *Fax 01 48 04 00 59*
🍽. ⒶⒺ ⓖⓑ
Repas carte 32 à 47.
♦ Décor de Slavik et rez-de-chaussée éclairé par les grappes de raisin d'une
simili-treille, ce restaurant, jadis voué au caviar, propose aujourd'hui des
produits de la mer.

X **Pamphlet** BY 8
38 r. Debelleyme (3ᵉ) ℘ 01 42 72 39 24, *Fax 01 42 72 12 53*
🍽. ⓖⓑ
fermé 8 au 27 août, 1ᵉʳ au 15 janv., sam. midi et dim. – **Repas** *(20)* - 27.
♦ Un décor rustique agrémenté d'affiches évoquant la tauromachie, un
menu-carte journalier et quelques plats du Sud-Ouest : c'est la province en
plein Marais !

X **Repaire de Cartouche** BY 15
99 r. Amelot (11ᵉ) ℘ 01 47 00 25 86, *Fax 01 43 38 85 91*
ⓖⓑ
fermé 25 juil. au 25 août, dim. et lundi – **Repas** 21 (déj.)et carte 28 à 32.
♦ Cartouche, l'impétueux bandit d'honneur, se réfugia près d'ici entre deux
mauvais coups : les fresques du restaurant retracent son épopée. Copieuse
cuisine traditionnelle.

X **Péché Mignon** CY 42
5 r. Guillaume Bertrand (11ᵉ) ℘ 01 43 57 68 68, *Fax 01 49 83 91 62*
ⒶⒺ
fermé août, dim. soir et lundi – **Repas** *(18,29)* - 26 et carte 30 à 38, enf. 15,24.
♦ Le restaurant aurait pu s'appeler "Aux Deux Frères" : l'un est aux fourneaux
et mitonne une cuisine au goût du jour, l'autre vous accueille dans une salle
sobrement aménagée.

☆ Auberge Pyrénées Cévennes BX

106 r. Folie-Méricourt (11e) ☎ 01 43 57 33 78
▤. 🄰🄴 🄶🄱
fermé 29 juil. au 22 août, 1er au 7 janv., sam. midi et dim. – Re
25 et carte 33 à 40.
♦ Files de jambons et saucissons suspendus, nappes à petits carrea
tables accolées, cuisine "canaille" et ambiance chaleureuse : pisse-vinai
s'abstenir !

☆ Astier CX

44 r. J.-P. Timbaud (11e) ☎ 01 43 57 16 35
fermé vacances de Pâques, août, Noël au Jour de l'An, sam. et dim. – Re
(prévenir) 19,50 (déj.)/23,50.
♦ Une sympathique ambiance règne dans ce typique bistrot. Tables en f
mica, service débordé et atmosphère bruyante. Cuisine du marc
richissime carte des vins.

☆ Au Bascou BX

38 r. Réaumur (3e) ☎ 01 42 72 69 25, Fax 01 42 72 69 25
🄰🄴 🄶🄱
fermé 28 juil. au 27 août, 23 déc. au 1er janv., sam. midi, lundi midi et din
Repas carte 29 à 34 ♈.
♦ Venez découvrir dans ce bistrot aux murs joliment patinés les chau
accents de la cuisine basque. Produits du terroir reçus en direct du pa
Accueil enthousiaste.

☆ C'Amelot BY

50 r. Amelot (11e) ☎ 01 43 55 54 04, Fax 01 43 14 77 05
🄶🄱
fermé août, sam. midi, dim. et lundi – **Repas** 30 ♈.
♦ Au C'amelot de la rue Amelot, on ne débite pas de boniments pour sédu
le client. On se contente de mitonner de bons p'tits plats et l'succès est là.

☆ Monde des Chimères AZ

69 r. St-Louis-en-l'Ile (4e) ☎ 01 43 54 45 27, Fax 01 43 29 84 88
🄶🄱
fermé dim. et lundi – **Repas** (9,90) - 13,60 (déj.)/25,15 et carte 39 à 63.
♦ Charmant cadre "17e s. campagnard" et gentillesse de l'accueil font
succès de cette adresse de l'île St-Louis. Les petits plats mitonnés sont lo
d'être chimériques !

☆ Grizzli Café AY

7 r. St-Martin (4e) ☎ 01 48 87 77 56
🕮 – 🄰🄴 🄶🄱
Repas carte 29 à 41 ♈.
♦ Ce café-restaurant propose, au rez-de-chaussée, un cadre de bistrot 19
rafraîchi mais préservé ; à l'étage, décor résolument contemporain. Cuisi
au goût du jour.

☆ Les Fernandises Chez Fernand BX

19 r. Fontaine au Roi (11e) ☎ 01 48 06 16 96
🄶🄱
fermé août, dim. et lundi – **Repas** 16,77 (déj.)/20,58 et carte 30 à 40.
♦ Dans son bistrot, Fernand propose une cuisine traditionnelle à l'écart c
modes. Au mur, fresque représentant la barricade dressée dans cette mêm
rue durant la Commune.

✗ **Clos du Vert Bois** BX 65
13 r. Vert Bois (3ᵉ) ℘ 01 42 77 14 85
AE GB JCB
fermé 1ᵉʳ au 25 août, sam. midi et lundi – **Repas** *(16,62)* - 20,59/
44,98 et carte 43 à 56.
◆ Petite adresse toute simple derrière le conservatoire des Arts et Métiers,
dans l'ancien clos du **Temple**. Décor sans fioriture et carte classique.

✗ **Anjou-Normandie** CY 27
13 r. Folie-Méricourt (11ᵉ) ℘ 01 47 00 30 59, *Fax 01 47 00 30 59*
GB. ✦
fermé août, sam. et dim. – **Repas** (déj. seul.) *(12,80)* - 17,50/20 et carte 27 à 38
♈.
◆ Deux salles à manger rustiques dont une, plus animée, sert les plats du
jour. Cuisine traditionnelle généreuse et spécialité d'andouillette, préparée
"maison".

✗ **Piton des Iles** DY 10
174 r. Roquette (11ᵉ) ℘ 01 43 48 61 89
AE GB
fermé lundi midi et dim. – **Repas** 11 (déj.)et carte 16 à 20 ♈.
◆ Nostalgiques des pitons des Neiges et de la Fournaise, retrouvez l'île de la
Réunion dans cette ti'case... parisienne proposant les plats du pays dans un
cadre simple.

✗ **Balibar** BY 4
9 r. St-Sabin (11ᵉ) ℘ 01 47 00 25 47, *Fax 01 43 14 98 32*
AE ① GB JCB
fermé août et dim. – **Repas** (diner seul.) carte 33 à 42.
◆ Un nom qui fait rêver, une cuisine thaïe parfumée, un original décor
asiatico-chic : le concept a toutes les chances de fonctionner dans ce quartier
pétulant et noctambule !

St-Germain-des-Prés
Quartier Latin - Luxembourg
Jardin des Plantes

5ᵉ et 6ᵉ arrondissements

5ᵉ : ✉ 75005 - 6ᵉ : ✉ 75006

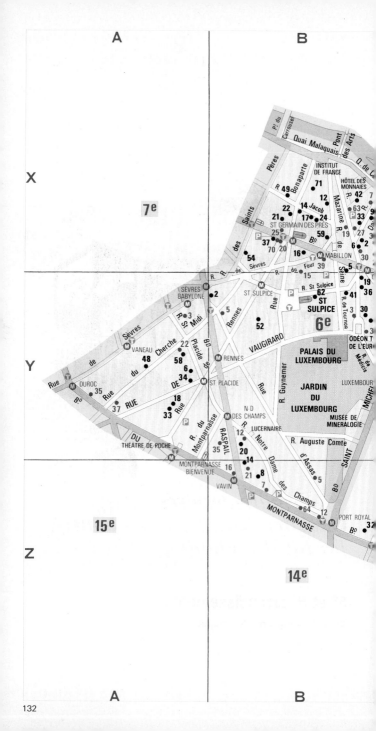

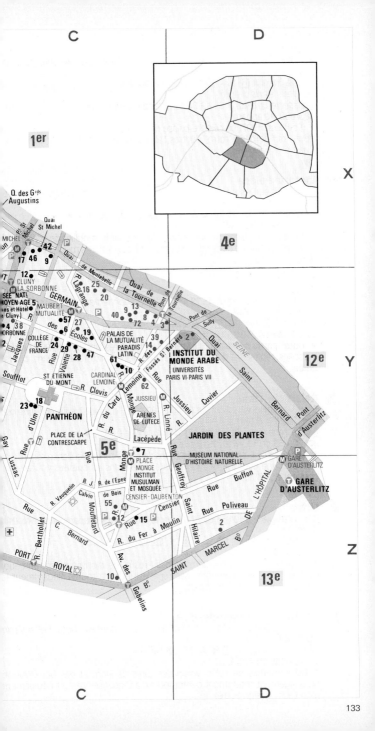

C   D

1er

X

O. des Grds
Augustins

Quai
St Michel

4e

MICHEL
17 46 9   42

Q̲uai̲ de Montebello

12
CLUNY
LA SORBONNE
SEE NAT'L   GERMAIN
MOYEN-AGE 5   16
es et Hôtel   MAUBERT   20
Cluny)   MUTUALITE
SORBONNE   38   57   27
4   6   19
2   COLLEGE   24   29   28   47
DE   61
FRANCE   Rue   Vallette
10
Soufflot   ST ETIENNE   CARDINAL
DU MONT   LEMOINE
R. Clovis   62

25

Quai de
la Tournelle

13
40   8   72   4
9   3

PALAIS DE
LA MUTUALITE   39
PARADIS   14
LATIN

Fossés St Bernard

R. des

Pont de
Sully

Quai

Saint

2

INSTITUT DU
MONDE ARABE
UNIVERSITÉS
PARIS VI·PARIS VII

SEINE

Bernard   Pont

12e
Y

23   18
PANTHÉON

PLACE DE LA
CONTRESCARPE

R.   R.

Rue d'Ulm

Gay   Lussac

Rue

R. Berthollet

PORT

C. Bernard

ROYAL

Rue Vauquelin

R. J   R. de l'Epee
Calvin   de Bois
55
12
10

JUSSIEU

ARÈNES
DE LUTECE   Lacépède

5e   7

PLACE
MONGE
INSTITUT
MUSULMAN
ET MOSQUÉE
CENSIER · DAUBENTON

15   Censier

R. du Fer à Moulin

Av. des   Gobelins

Jussieu

Monge

Cuvier

JARDIN DES PLANTES

MUSEUM NATIONAL
D'HISTOIRE NATURELLE

Rue   Buffon

Geoffroy

Saint   Rue   Poliveau

Hilaire   2

MARCEL   Bd

SAINT

13e

d'Austerlitz

P
GARE
D'AUSTERLITZ

GARE
D'AUSTERLITZ

Z

L'HÔPITAL   DE

C   D

Lutétia BY
45 bd Raspail (6ᵉ) ✆ 01 49 54 46 46, *lutetia-paris@lutetia-paris.co*
Fax 01 49 54 46 00
₤ – ▮ ✄ ▤ 📺 ✆ – ♨ 300. AE ① GB JCB
voir rest. **Paris** ci-après
Brasserie Lutétia ✆01 49 54 46 76 **Repas** 29/35 ♈, enf. 10 – ☲ 21 – **240**
380/600, 10 appart.
♦ Édifié en 1907, ce célèbre palace de la rive gauche n'a rien perdu de so
éclat : raffinement "rétro", lustres Lalique, sculptures de César, Arman, et
Chambres rénovées.

Victoria Palace AY
6 r. Blaise-Desgoffe (6ᵉ) ✆ 01 45 49 70 00, *victoria@club-internet.*
Fax 01 45 49 23 75
sans rest – ▮ ✄ ▤ 📺 ✆ & ⟺ – ♨ 20. AE ① GB JCB
☲ 16 – **62 ch** 280/345.
♦ Petit palace au charme indéniable : tissus choisis, mobilier de style et sall
de bains en marbre dans les chambres, tableaux, velours rouge et porcelaine
dans les salons.

Aubusson BX
33 r. Dauphine (6ᵉ) ✆ 01 43 29 43 43, *reservationherve@hoteldaubusson.co*
, Fax 01 43 29 12 62
sans rest – ▮ ✄ ▤ 📺 ✆ & ⟺. AE ① GB JCB
☲ 20 – **47 ch** 250/390, 3 studios.
♦ Hôtel particulier du 17ᵉ s. rénové : chambres personnalisées, parque
Versailles, tapisseries d'Aubusson… et premier café littéraire de Paris, conver
en bar.

Relais Christine BX
3 r. Christine (6ᵉ) ✆ 01 40 51 60 80, *contact@relais-christine.cor*
Fax 01 40 51 60 81
M ⌂ sans rest – ▮ ✄ ▤ 📺 ✆ ⟺ – ♨ 20. AE ① GB JCB
☲ 20 – **35 ch** 315/410, 16 duplex.
♦ Les chambres élégantes et actuelles de cet hôtel particulier se répartisser
autour d'une cour intérieure. Petit-déjeuner dans les cuisines voûtées d'u
couvent du 13ᵉ s.

Littré AY 3
9 r. Littré (6ᵉ) ✆ 01 53 63 07 07, *hotellittre@hotellitreparis.com*, *Fax 01 4*
44 88 13
sans rest – ▮ ✄ ▤ 📺 ✆ – ♨ 25. AE ① GB JCB. ✁
☲ 13 – **79 ch** 222/321, 11 appart.
♦ À mi-chemin de Saint-Germain-des-Prés et de Montparnasse, immeubl
classique dont les chambres, assez spacieuses, sont toutes élégamment ré
novées. Confortable bar anglais.

Bel Ami St-Germain-des-Prés BX 2
7 r. St-Benoit (6ᵉ) ✆ 01 42 61 53 53, *contact@hotel-bel-ami.com*
Fax 01 49 27 09 33
M sans rest – ▮ ▤ 📺 ✆ &. AE ① GB JCB
☲ 16 – **115 ch** 270/420.
♦ Bel immeuble du 19ᵉ s. voisin des cafés de Flore et des Deux Magots
Aménagement résolument contemporain à tendance "zen" et équipement
high-tech : design et très "in".

Buci　　　　　　　　　　　　　　　　　　　　　　　　BX 59
22 r. Buci (6e) ☎ 01 55 42 74 74, *hotelbuci@wanadoo.fr, Fax 01 55 42 74 44*
M sans rest – 📶 ☰ 📺 ✆ ⚹. 🅰🅴 ⓪ ☒ 🏧. ❄
☲ 14 – **24 ch** 240/315.

◆ L'hôtel a vue sur le marché animé de cette rue pittoresque. Ciels de lit, meubles de style anglais... Des chambres rénovées et parfaitement insonorisées. Piano-bar.

L'Abbaye　　　　　　　　　　　　　　　　　　　　　　BY 52
10 r. Cassette (6e) ☎ 01 45 44 38 11, *hotel.abbaye@wanadoo.fr, Fax 01 45 48 07 86*
⚘ sans rest – 📶 ☰ 📺 ✆. 🅰🅴 ☒. ❄
42 ch ☲ 253,07, 4 duplex.

◆ Le charme d'hier, le confort d'aujourd'hui : installées dans un ancien couvent du 17e s., coquettes chambres tournées ou non vers le patio. Les duplex possèdent une terrasse.

L'Hôtel　　　　　　　　　　　　　　　　　　　　　　BX 71
13 r. Beaux Arts (6e) ☎ 01 44 41 99 00, *reservation@l-hotel.com, Fax 01 43 25 64 31*
🛁 – 📶 ☰ 📺 ✆. 🅰🅴 ⓪ ☒ 🏧. ❄
Repas *(fermé août, dim. et lundi) (20,58)* - carte 30 à 54 ☲ – ☲ 16,77 – **16 ch** 259,16/594,60, 4 appart.

◆ Vertigineux "puits de lumière", décor exubérant - entre baroque et Empire - signé Garcia : l'Hôtel, unique, cultive la nostalgie avec bonheur. Oscar Wilde s'éteignit le 9 novembre 1900 dans la chambre n° 13.

Relais St-Germain　　　　　　　　　　　　　　　　　BY 19
9 carrefour de l'Odéon (6e) ☎ 01 44 27 07 97, *Fax 01 46 33 45 30*
M sans rest – 📶 cuisinette ☰ 📺 ✆. 🅰🅴 ⓪ ☒ 🏧
18 ch ☲ 196,66/266,79, 4 studios.

◆ Trois immeubles du 18e s. abritant un hôtel raffiné dont les fenêtres s'ouvrent sur la statue de Danton. Poutres patinées, étoffes chatoyantes et meubles anciens.

Madison　　　　　　　　　　　　　　　　　　　　　　BX 16
143 bd St-Germain (6e) ☎ 01 40 51 60 00, *resa@hotel-madison.com, Fax 01 40 51 60 01*
M sans rest – 📶 ☰ 📺. 🅰🅴 ⓪ ☒ 🏧
54 ch ☲ 150/305.

◆ Camus aimait fréquenter cet établissement dont la moitié des chambres offrent une perspective sur l'église St-Germain-des-Prés. Élégant salon Louis-Philippe.

Relais Médicis　　　　　　　　　　　　　　　　　　BY 14
23 r. Racine (6e) ☎ 01 43 26 00 60, *relais medicis@wanadoo.fr, Fax 01 40 46 83 39*
M sans rest – 📶 ☰ 📺 ✆. 🅰🅴 ⓪ ☒ 🏧. ❄
16 ch ☲ 188/258.

◆ Une touche provençale égaye les chambres de cet hôtel proche du théâtre de l'Odéon ; celles donnant sur le patio sont plus au calme. Meubles chinés chez les antiquaires.

Villa Panthéon　　　　　　　　　　　　　　　　　　CY 24
41 r. Écoles (5e) ☎ 01 53 10 95 95, *pantheon@hotelsparis.fr, Fax 01 53 10 95 96*
M sans rest – 🚭 ☰ 📺 ✆ ⚹. 🅰🅴 ⓪ ☒ 🏧
☲ 26 – **59 ch** 252/426.

◆ Parquet, tentures colorées, mobilier en bois exotique et lampes d'inspiration Liberty : réception, chambres et bar (bon choix de whiskys) sont décorés dans l'esprit "british".

Left Bank St-Germain
BX

9 r. Ancienne Comédie (6e) ℰ 01 43 54 01 70, *lb@paris-hotels-charm.co*
Fax 01 43 26 17 14
sans rest – |⧉| 🖾 📺. 🖭 ⓘ ⒼⒷ ⒿⒸⒷ. ⊗
31 ch ⊒ 206/251.

◆ Damas, toile de Jouy, meubles de style Louis XIII et colombages préside au décor de cet immeuble du 17e s. Quelques chambres offrent u échappée sur Notre-Dame.

Holiday Inn St-Germain-des-Prés
AY

92 r. Vaugirard (6e) ℰ 01 49 54 87 00, *holiday-inn.psg@wanadoo.*
Fax 01 49 54 87 01
Ⓜ sans rest – |⧉| ↤ 🖾 📺 ₺ ⌀ – 🏛 60. 🖭 ⓘ ⒼⒷ ⒿⒸⒷ
⊒ 14 – **134 ch** 215/260.

◆ Ouvert dans les années 1980, cet établissement aux chambres actuelles bien équipées a su fidéliser une clientèle d'affaires. Bar de style Art déco.

Angleterre
BX

44 r. Jacob (6e) ℰ 01 42 60 34 72, *anglotel@wanadoo.fr, Fax 01 42 60 16 93*
sans rest – |⧉| 📺 ℰ. 🖭 ⓘ ⒼⒷ ⒿⒸⒷ. ⊗
⊒ 9,15 – **23 ch** 125/210, 4 appart.

◆ Hemingway fut séduit par cet hôtel aménagé dans l'ancienne ambassac d'Angleterre (18e s.). Chambres au charme désuet ; petits-déjeuners ser dans un patio fleuri.

Villa
BX

29 r. Jacob (6e) ℰ 01 43 26 60 00, *hotel@villa-saintgermain.co*
Fax 01 46 34 63 63
Ⓜ sans rest – |⧉| ↤ 🖾 📺 ℰ. 🖭 ⓘ ⒼⒷ ⒿⒸⒷ
⊒ 13 – **31 ch** 225/400.

◆ Au cœur du quartier des galeries. Les murs datent du 19e s., mais l'intérie est résolument contemporain : meubles design, couleurs vives ou tons past plus reposants.

St-Grégoire
AY

43 r. Abbé Grégoire (6e) ℰ 01 45 48 23 23, *hotel@saintgregoire.cor*
Fax 01 45 48 33 95
Ⓜ sans rest – |⧉| 🖾 📺 ℰ. 🖭 ⓘ ⒼⒷ ⒿⒸⒷ. ⊗
⊒ 12 – **20 ch** 145/236.

◆ Cet établissement vaut pour son accueillant décor bourgeois. Deu chambres bénéficient d'une petite terrasse verdoyante. Sympathique sal des petits-déjeuners voûtée.

Millésime Hôtel
BX

15 r. Jacob (6e) ℰ 01 44 07 97 97, *reservation@millesimehotel.cor*
Fax 01 46 34 55 97
ℬ sans rest – |⧉| 🖾 📺 ℰ. 🖭 ⓘ ⒼⒷ ⒿⒸⒷ
⊒ 12 – **22 ch** 150/210.

◆ Tons ensoleillés, mobilier et tissus choisis apportent une note chaleureus aux ravissantes chambres de cet hôtel rénové. Bel escalier du 17e et joli patio.

Résidence Henri IV
CY

50 r. Bernardins (5e) ℰ 01 44 41 31 81, *hotel.residence.henri4@wanadoo.*
Fax 01 46 33 93 22
Ⓜ sans rest – |⧉| cuisinette 📺 ℰ. 🖭 ⓘ ⒼⒷ ⒿⒸⒷ. ⊗
⊒ 8 – **8 ch** 145, 5 appart.

◆ Immeuble de 1879 dont les chambres, refaites, conservent leur charm d'antan : moulures, frises et cheminées en marbre. Toutes donnent sur u square ombragé.

🏨 **Rives de Notre-Dame** CX 42
15 quai St-Michel (5ᵉ) ℘ 01 43 54 81 16, *hotel@rivesdenotredame.com*,
Fax 01 43 26 27 09
Ⓜ sans rest, ≼ – ⓘ 🖿 📺 ✆ – ⚄ 15. ₳ ⓞ ⒼⒷ ⒿⒸⒷ
⚏ 10,70 – **10 ch** 213/381.
✦ Maison du 16ᵉ s. superbement conservée, dont les spacieuses chambres de style provençal s'ouvrent sur la Seine et Notre-Dame. Agréable salon sous verrière.

🏨 **Au Manoir St-Germain-des-Prés** BX 37
153 bd St-Germain (6ᵉ) ℘ 01 42 22 21 65, *msg@paris-hotels-charm.com*,
Fax 01 45 48 22 25
sans rest – ⓘ 🖿 📺 ✆. ₳ ⓞ ⒼⒷ ⒿⒸⒷ. ⚘
33 ch ⚏ 168/222.
✦ Chambres bourgeoises habillées de toile de Jouy et de boiseries peintes. Au pied de l'hôtel : le Flore et les Deux Magots, les deux célèbres cafés germanopratins.

🏨 **Ste-Beuve** BY 20
9 r. Ste-Beuve (6ᵉ) ℘ 01 45 48 20 07, *saintebeuve@wanadoo.fr*,
Fax 01 45 48 67 52
Ⓜ sans rest – ⓘ 🖿 📺 ✆. ₳ ⓞ ⒼⒷ ⒿⒸⒷ. ⚘
⚏ 12,96 – **22 ch** 122/222.
✦ L'endroit ressemble à une maison particulière : ambiance intime, sofas moelleux, flambées dans la cheminée... Les chambres mêlent avec goût l'ancien et le contemporain.

🏨 **Panthéon** CY 23
19 pl. Panthéon (5ᵉ) ℘ 01 43 54 32 95, *hotel.pantheon@wanadoo.fr*,
Fax 01 43 26 64 65
sans rest, ≼ – ⓘ 🖿 📺. ₳ ⓞ ⒼⒷ ⒿⒸⒷ. ⚘
⚏ 12 – **36 ch** 183.
✦ Réservez l'une des chambres rénovées - de style "cosy" ou d'inspiration Louis XVI - avec vue sur le dôme du "temple de la Renommée". Petits-déjeuners dans une salle voûtée.

🏨 **Jardins du Luxembourg** BY 43
5 imp. Royer-Collard (5ᵉ) ℘ 01 40 46 08 88, *jardinslux@wanadoo.fr*,
Fax 01 40 46 02 28
Ⓜ ⚲ sans rest – ⓘ 🖿 📺. ₳ ⓞ ⒼⒷ ⒿⒸⒷ. ⚘
⚏ 9 – **26 ch** 130/140.
✦ Sigmund Freud séjourna dans cet hôtel situé dans une impasse voisine du Luxembourg. Élégantes chambres contemporaines. Un comptoir de brasserie 1900 décore la réception.

🏨 **Tour Notre-Dame** CY 5
20 r. Sommerard (5ᵉ) ℘ 01 43 54 47 60, *tour-notre-dame@magic.fr*,
Fax 01 43 26 42 34
sans rest – ⓘ 🖿 📺 ✆. ₳ ⓞ ⒼⒷ ⒿⒸⒷ
⚏ 10 – **48 ch** 152/243.
✦ Très bel emplacement pour cet hôtel quasiment accolé au musée de Cluny. Chambres refaites, habillées de toiles de Jouy. Préférez celles donnant sur l'arrière, plus calmes.

🏨 **Villa des Artistes** BZ 8
9 r. Grande Chaumière (6ᵉ) ℘ 01 43 26 60 86, *hotel@villa-artistes.com*,
Fax 01 43 54 73 70
Ⓜ ⚲ sans rest – ⓘ 📺 ✆. ₳ ⓞ ⒼⒷ ⒿⒸⒷ. ⚘
⚏ 8,50 – **59 ch** 120/205.
✦ L'enseigne rend hommage aux artistes qui ont fait l'histoire du quartier Montparnasse. Chambres agréables, donnant souvent sur la cour. Verrière pour les petits-déjeuners.

🏨 Relais St-Sulpice
BY

3 r. Garancière (6e)   ℘ 01 46 33 99 00,   *relaisstsulpice@wanadoo.*

Fax 01 46 33 00 10

Ⓜ ⌛ sans rest – 🛗 ✦ 🖵 📺 ﺬ. 🅰🅴 ⓪ 🆖 🆓. ⌘

🖵 10 – **26 ch** 155/190.

♦ Tendance "ethnique" d'une décoration très actuelle mêlant esprit africa et asiatique : ce séduisant hôtel dont la façade date du 19e s. penche résolu ment pour l'exotisme.

🏨 Grand Hôtel St-Michel
CY

19 r. Cujas (5e)   ℘ 01 46 33 33 02,   *grand.hotel@st.michel.co*

Fax 01 40 46 96 33

sans rest – 🛗 🖵 📺 ﺬ. 🅰🅴 ⓪ 🆖 🆓

🖵 10 – **45 ch** 160, 7 appart.

♦ Cet immeuble haussmannien récemment rénové abrite des chambre feutrées, garnies de meubles peints. Salon de style Napoléon III ; salle voûtée pour les petits-déjeuners.

🏨 Fleurie
BX

32 r. Grégoire de Tours (6e) ℘ 01 53 73 70 00, *bonjour@hotel-de-fleurie.tm.f*

Fax 01 53 73 70 20

sans rest – 🛗 🖵 📺 📞. 🅰🅴 ⓪ 🆖. ⌘

🖵 9 – **29 ch** 145/274.

♦ Pimpante façade du 18e s. agrémentée de "statues nichées". Chambre bourgeoises aux tonalités douces, agrémentées de quelques boiserie Sympathique accueil familial.

🏨 St-Germain-des-Prés
BX

36 r. Bonaparte (6e) ℘ 01 43 26 00 19, *hotel-saint-germain-des-pres@wanad o.fr, Fax 01 40 46 83 63*

sans rest – 🛗 ✦ 🖵 📺 📞. 🅰🅴 🆖

🖵 8 – **30 ch** 150/245.

♦ Tissus à motif floral et poutres apparentes égayent la plupart de chambres, plus au calme côté cour. La salle des petits-déjeuners s'ouvre su un petit massif de fleurs.

🏨 Saints-Pères
BX 5

65 r. des Sts-Pères (6e) ℘ 01 45 44 50 00, *hotelsts.peres@wanadoo.fr*

Fax 01 45 44 90 83

sans rest – 🛗 🖵 📺. 🅰🅴 🆖. ⌘

🖵 11 – **36 ch** 120/195, 3 appart.

♦ Hôtel particulier édifié au temps de Louis XIV et bâtisses du 19e s. autou d'une verdoyante cour intérieure. Le joyau caché : la "chambre à la fresque" (1658).

🏨 Royal St-Michel
CX 17

3 bd St-Michel (5e) ℘ 01 44 07 06 06, *hotel.royal.st.michel@wanadoo.fr*

Fax 01 44 07 36 25

Ⓜ sans rest – 🛗 ✦ 🖵 📺 📞. 🅰🅴 ⓪ 🆖 🆓

🖵 10 – **39 ch** 175/200.

♦ Sur le "Boul' Mich", face à la fontaine Saint-Michel, c'est toute l'ambiance du Quartier latin que l'on découvre aux portes de cet hôtel rénové ; chambres fonctionnelles.

🏨 Notre Dame
CX 9

1 quai St-Michel (5e) ℘ 01 43 54 20 43, *hotel.lenotredame@libertysurf.fr*

Fax 01 43 26 61 75

sans rest, ≼ – 🛗 ✦ 🖵 📺. 🅰🅴 ⓪ 🆖. ⌘

🖵 6 – **23 ch** 150/199, 3 duplex.

♦ Les douillettes petites chambres de cet hôtel sont toutes refaites, climati sées et bien équipées ; la majorité bénéficie d'une vue sur la cathédrale Notre-Dame.

Relais St-Jacques　　　　　　　　　　　　　　　　　　CZ **2**
3 r. Abbé de l'Épée (5e) ℘ 01 53 73 26 00, *sanevers@wanadoo.fr*, *Fax 01 43 26 17 81*
sans rest – 🛗 📺 ⅏ – 🛎 20. 🖭 ⓞ ⅏ ⅏. ⅏
☐ 11 – **23 ch** 186/224.
◆ Chambres de style Directoire ou d'inspiration lusitanienne, salle des petits-déjeuners sous verrière, salon Louis XV et bar 1925... Un inventaire (chic) à la Prévert !

St-Christophe　　　　　　　　　　　　　　　　　　　　CY **7**
17 r. Lacépède (5e) ℘ 01 43 31 81 54, *saintchristophe@wanadoo.fr*, *Fax 01 43 31 12 54*
sans rest – 🛗 📺. 🖭 ⓞ ⅏
☐ 8 – **31 ch** 102/114.
◆ Le naturaliste Lacépède a donné son nom à la rue, rappelant la proximité du Jardin des Plantes. Petites chambres d'esprit rustique ; toutes sont non-fumeurs.

Sully St-Germain　　　　　　　　　　　　　　　　　　CY **28**
31 r. Écoles (5e) ℘ 01 43 26 56 02, *sully@sequanahotels.com*, *Fax 01 43 29 74 42*
Ⓜ sans rest, ⅏ – 🛗 📺. 🖭 ⓞ ⅏ ⅏. ⅏
☐ 12 – **58 ch** 145/200.
◆ Est-ce le voisinage du musée du Moyen Âge ? Toujours est-il que l'établissement présente un décor d'inspiration médiévale. Salon sous verrière ; fitness.

Parc St-Séverin　　　　　　　　　　　　　　　　　　　CY **12**
22 r. Parcheminerie (5e) ℘ 01 43 54 32 17, *hotel.parc.severin@wanadoo.fr*, *Fax 01 43 54 70 71*
sans rest – 🛗 📺. 🖭 ⓞ ⅏ ⅏. ⅏
☐ 9,15 – **27 ch** 91,50/175,30.
◆ L'hôtel est au cœur du Quartier latin. Les chambres des derniers étages bénéficient d'une terrasse, parfois très spacieuse, avec vue sur l'église St-Séverin.

Jardin de Cluny　　　　　　　　　　　　　　　　　　　CY **57**
9 r. Sommerard (5e) ℘ 01 43 54 22 66, *hotel.decluny@wanadoo.fr*, *Fax 01 40 51 03 36*
sans rest – 🛗 📺 📞. 🖭 ⓞ ⅏ ⅏. ⅏
☐ 10 – **40 ch** 125/185.
◆ Chambres fonctionnelles, garnies de meubles en rotin. Salle des petits-déjeuners voûtée, agrémentée d'une "Dame à la Licorne" (l'originale est à deux pas, au musée de Cluny).

Libertel Quartier Latin　　　　　　　　　　　　　　　CY **10**
9 r. Écoles (5e) ℘ 01 44 27 06 45, *H2782@accor-hotels.com*, *Fax 01 43 25 36 70*
Ⓜ sans rest – 🛗 📺 ⅏. 🖭 ⓞ ⅏ ⅏
☐ 13 – **29 ch** 210/242.
◆ Hommage à l'érudition en cet hôtel sis en plein Quartier latin : chambres d'une agréable sobriété, décorées de portraits et citations de Colette, Gide ou Prévert ; bibliothèque.

Jardin de l'Odéon　　　　　　　　　　　　　　　　　　BY **30**
7 r. Casimir Delavigne (6e) ℘ 01 53 10 28 50, *hotel@jardindelodeon.com*, *Fax 01 43 25 28 12*
Ⓜ sans rest – 🛗 📺 ⅏. 🖭 ⅏
☐ 9 – **41 ch** 113/181.
◆ En façade, les chambres offrent une échappée sur le théâtre de l'Odéon ; cinq sont dotées d'une terrasse. Petits-déjeuners servis dans le patio en été. Joli salon Art déco.

🏨 **Prince de Conti** BX

8 r. Guénégaud (6e) ✆ 01 44 07 30 40, *Fax 01 44 07 36 34*
sans rest – 📵 ✂ 🖹 📺 ⅙. 🆎 ⓪ ⬛ ᴶᶜᴮ
🛏 12,96 – **26 ch** 210/310.

◆ Immeuble du 18e s. jouxtant l'hôtel de la Monnaie : un emplacement idé
pour courir les fameuses galeries d'art germanopratines. Chambres et salo
décorés à l'anglaise.

🏨 **Clos Médicis** BY

56 r. Monsieur Le Prince (6e) ✆ 01 43 29 10 80, *message@closmedicis.con*
Fax 01 43 54 26 90
Ⓜ sans rest – 📵 🖹 📺 ☏ ⅙. 🆎 ⓪ ⬛ ᴶᶜᴮ
🛏 10 – **38 ch** 125/220.

◆ L'hôtel est entouré par les magnifiques demeures de cette rue "princière
Son décor aux couleurs vives ne laisse guère supposer que les murs datent c
1773.

🏨 **Odéon Hôtel** BY

3 r. Odéon (6e) ✆ 01 43 25 90 67, *odeon@odeonhotel.fr, Fax 01 43 25 55 98*
Ⓜ sans rest – 📵 ✂ 🖹 📺 ☏. 🆎 ⓪ ⬛ ᴶᶜᴮ. ✇
🛏 10 – **33 ch** 120/240.

◆ La façade ainsi que les poutres et murs en pierres apparentes de
chambres témoignent de l'ancienneté de la maison (17e s.). Salles de bair
égayées d'azulejos.

🏨 **Grands Hommes** CY

17 pl. Panthéon (5e) ✆ 01 46 34 19 60, *hotel-grands-hommes@wanadoo.f*
Fax 01 43 26 67 32
sans rest, ⟨ – 📵 🖹 📺 – ⚒ 20. 🆎 ⓪ ⬛ ᴶᶜᴮ. ✇
🛏 9 – **32 ch** 198/381.

◆ Posté face au Panthéon, plaisant hôtel rénové dans le style Directoir
(meubles chinés). Plus de la moitié des chambres a vue sur la dernièr
demeure des "grands hommes".

🏨 **de l'Odéon** BY 4

13 r. St-Sulpice (6e) ✆ 01 43 25 70 11, *hotelodeon@wanadoo.f*
Fax 01 43 29 97 34
sans rest – 📵 🖹 📺 ☏. 🆎 ⓪ ⬛ ᴶᶜᴮ
🛏 11 – **29 ch** 145/237.

◆ L'intérieur de cette maison du 16e s. est pour le moins éclectique : lit
anciens en cuivre ou à baldaquin, bibelots chinés dans les brocantes, etc
Minijardin luxuriant.

🏨 **Prince de Condé** BX 1

39 r. Seine (6e) ✆ 01 43 26 71 56, *Fax 01 46 34 27 95*
sans rest – 📵 ✂ 🖹 📺. 🆎 ⓪ ⬛ ᴶᶜᴮ
🛏 12,96 – **12 ch** 210/310.

◆ Chambres "cosy" récemment rénovées et cave-salon voûtée élégammen
décorée. Les esthètes apprécieront les nombreuses galeries de peinture
installées dans la rue.

🏨 **Régent** BX

61 r. Dauphine (6e) ✆ 01 46 34 59 80, *hotel.leregent@wanadoo.fr*
Fax 01 40 51 05 07
sans rest – 📵 🖹 📺. 🆎 ⓪ ⬛ ᴶᶜᴮ. ✇
🛏 10,67 – **25 ch** 121,96/182,94.

◆ Façade longiligne datant de 1769. Les chambres sont feutrées et bien
équipées. Salle des petits-déjeuners en sous-sol, avec murs en pierres
apparentes.

Select
CY **32**

1 pl. Sorbonne (5e) ✆ 01 46 34 14 80, *select.hotel@wanadoo.fr, Fax 01 46 34 51 79*

M sans rest – |‡| ▤ TV ✆. AE ⓓ GB JCB

☕ 6 – **68 ch** 137.

◆ Hôtel résolument contemporain au coeur du Paris estudiantin. Salon aménagé autour d'un verdoyant patio sous verrière. Quelques vues sur les toits depuis certaines chambres.

Albe
CX **46**

1 r. Harpe (5e) ✆ 01 46 34 09 70, *albehotel@wanadoo.fr, Fax 01 40 46 85 70*

sans rest – |‡| ▤ TV ✆. AE ⓓ GB JCB. ✗

☕ 10 – **45 ch** 103/148.

◆ Les murs en pierres apparentes s'harmonisent plaisamment avec la décoration moderne de l'hôtel. Quartier latin, île de la Cité... Paris est à vos pieds !

Agora St-Germain
CY **19**

42 r. Bernardins (5e) ✆ 01 46 34 13 00, *agorastg@club-internet.fr, Fax 01 46 34 75 05*

sans rest – |‡| ▤ TV ✆. AE ⓓ GB JCB. ✗

☕ 8 – **39 ch** 107/142.

◆ Le décor de cet hôtel voisin de l'église St-Nicolas-du-Chardonnet date des années 1980. Chambres plus calmes côté cour. Salle des petits-déjeuners de style Louis XIII.

Bréa
BZ **14**

14 r. Bréa (6e) ✆ 01 43 25 44 41, *brea.hotel@wanadoo.fr, Fax 01 44 07 19 25*

sans rest – |‡| TV ✆. AE ⓓ GB. ✗

fermé 21 au 25 déc.

☕ 10 – **23 ch** 146/168.

◆ Deux bâtiments reliés par une verrière aménagée en un plaisant salon-jardin d'hiver. Ambiance méditerranéenne dans les chambres, plutôt spacieuses et bien équipées.

Ferrandi
AY **48**

92 r. Cherche-Midi (6e) ✆ 01 42 22 97 40, *hotel.ferrandi@wanadoo.fr, Fax 01 45 44 89 97*

sans rest – |‡| ▤ TV ✆. AE ⓓ GB JCB

☕ 10 – **42 ch** 105/220.

◆ Face au charmant musée Hébert, demeure cossue du 19e s. abritant des chambres bourgeoisement décorées et bien insonorisées. Salons de style Restauration.

Dacia-Luxembourg
CY **4**

41 bd St-Michel (5e) ✆ 01 53 10 27 77, *info@hoteldacia.com, Fax 01 44 07 10 33*

sans rest – |‡| ▤ TV ✆. AE ⓓ GB JCB. ✗

☕ 8 – **38 ch** 100/130.

◆ Nombreuses rénovations dans cet établissement chaleureux du Quartier latin. Beaux jetés de lit en piqué blanc dans des chambres bien équipées (deux avec baldaquin).

Marronniers
BX **17**

21 r. Jacob (6e) ✆ 01 43 25 30 60, *Fax 01 40 46 83 56*

sans rest – |‡| ▤ TV ✆. GB. ✗

☕ 12 – **37 ch** 180/200.

◆ Tapi au fond d'une verdoyante cour de la belle rue Jacob, l'hôtel abrite de ravissantes petites chambres. Salle des petits-déjeuners en rez-de-jardin, sous une véranda.

🏠 **Pierre Nicole**   BZ
39 r. Pierre Nicole (5e) ☎ 01 43 54 76 86, *Fax 01 43 54 22 45*
🕏 sans rest – |‡| 📺 📞. AE ① GB. ⅏
🖵 6 – **33 ch** 60/70.
◆ L'enseigne rend hommage au moraliste de Port-Royal. Chambres p
tiques, plus ou moins spacieuses. Vous pourrez jogger dans les jardins
l'Observatoire, tout proches.

🏠 **St-Jacques**   CY
35 r. Écoles (5e) ☎ 01 44 07 45 45, *hotelsaintjacques@wanadoo.*
Fax 01 43 25 65 50
sans rest – |‡| 📺 📞. AE ① GB JCB. ⅏
🖵 6,10 – **35 ch** 67,84/102,14.
◆ La rénovation progressive des chambres préserve le cachet ancien
l'établissement : moulures, cheminées et meubles de style. Salle des peti
déjeuners ornée d'une fresque.

🏠 **Maxim**   CZ
28 r. Censier (5e) ☎ 01 43 31 16 15, *Fax 01 43 91 93 87*
sans rest – |‡| ⅏ 📺. AE ① GB JCB
🖵 8 – **36 ch** 105/115.
◆ La Mosquée, le Jardin des Plantes, le marché de la "Mouffe" : un Pa
insolite s'offre à vous à deux pas de ces petites bonbonnières tapissées
toile de Jouy.

🏠 **Familia**   CY
11 r. Écoles (5e) ☎ 01 43 54 55 27, *familia.hotel@libertysurf.*
Fax 01 43 29 61 77
sans rest – |‡| 📺. AE ① GB JCB. ⅏
🖵 6,10 – **30 ch** 68,60/106.
◆ Des "sépias" représentant des monuments de Paris ornent les petite
chambres. Salle des petits-déjeuners familiale, agrémentée d'une biblio
thèque d'ouvrages anciens.

🏠 **Dauphine St-Germain**   BX 3
36 r. Dauphine (6e) ☎ 01 43 26 74 34, *Fax 01 43 26 49 09*
sans rest – |‡| ⅏ 📧 📺 📞. AE ① GB JCB
🖵 14 – **30 ch** 170/210.
◆ Les grands couturiers tiennent boutique dans le lacis de ruelles voisinar
cet immeuble du 17e s. Atmosphère d'autrefois, mais confort actuel. Salles d
bains en marbre.

🏠 **Sèvres Azur**   AY 5
22 r. Abbé-Grégoire (6e) ☎ 01 45 48 84 07, *sevres.azur@wanadoo.f*
Fax 01 42 84 01 55
sans rest – |‡| 📺. AE ① GB JCB
🖵 7 – **31 ch** 74/89.
◆ Près du Bon Marché, hôtel aux chambres colorées, parfois pourvues de lit
en cuivre. Rue calme et insonorisation efficace : Morphée vous tend les bras

🏠 **California**   CY
32 r. Écoles (5e) ☎ 01 46 34 12 90, *california@sequanahotels.com*
Fax 01 46 34 75 52
sans rest – |‡| ⅏ 📧 📺. AE ① GB. ⅏
🖵 10 – **44 ch** 120/200.
◆ Chambres standardisées, bien tenues et progressivement rénovées. Mur
en pierre blonde et sièges Louis XIII dans la salle des petits-déjeuners aména
gée au sous-sol.

Tour d'Argent (Terrail)   CY 3
ⵯⵯⵯⵯ
❀❀ 15 quai Tournelle (5e) ℘ 01 43 54 23 31, *Fax 01 44 07 12 04*
⪕ Notre-Dame – 🍽. 🆎 ⓪ ☒ 🃏
fermé lundi – Repas 59,46 (déj.)/182,94 et carte 130 à 190.
◆ On régale ici les têtes couronnées, et les autres, depuis le 16e s. ! Salle à manger "en plein ciel", au 6e étage : vue unique sur Notre-Dame et la Seine. Un lieu mythique !
Spéc. Quenelles de brochet ''André Terrail''. Caneton ''Tour d'Argent''. Flambée de pêche.

Jacques Cagna   BX 29
ⵯⵯⵯ
❀ 14 r. Grands Augustins (6e) ℘ 01 43 26 49 39, *Fax 01 43 54 54 48*
🍽. 🆎 ⓪ ☒ 🃏
fermé 3 au 27 août, sam. midi, lundi midi et dim. – Repas 41 (déj.)/80 et carte 85 à 125.
◆ Dans l'une des plus anciennes maisons du vieux Paris, confortable salle à manger ornée de poutres massives, boiseries du 16e s. et tableaux flamands. Cuisine raffinée.
Spéc. Foie gras de canard poêlé aux fruits confits caramélisés. Pigeon de Vendée à la chartreuse verte. Gibier (saison).

Paris - Hôtel Lutétia   BY 2
ⵯⵯⵯ
❀ 45 bd Raspail (6e) ℘ 01 49 54 46 90, *lutetia-paris@lutetia-paris.com,* Fax 01 49 54 46 00
🍽. 🆎 ⓪ ☒ 🃏
fermé août, sam., dim. et fériés – Repas 45 (déj.), 60/121 et carte 70 à 100.
◆ Fidèle au style de l'hôtel, la salle de restaurant Art déco, signée Sonia Rykiel, reproduit l'un des salons du paquebot Normandie. Talentueuse cuisine au goût du jour.
Spéc. Cannelloni de foie gras de canard à la truffe noire. Turbot cuit sur le sel de Guérande et aux algues bretonnes. Jarret de veau en cocotte aux pommes fondantes et champignons des bois.

Relais Louis XIII (Martinez)   BX 4
ⵯⵯⵯ
❀❀ 8 r. Grands Augustins (6e) ℘ 01 43 26 75 96, *rl13@free.fr, Fax 01 44 07 07 80*
🍽. 🆎 ☒ 🃏. ⌗
fermé 5 au 27 août, dim. et lundi – Repas 41 (déj.)/89 et carte 100 à 120.
◆ Maison (16e s.) aménagée dans les murs de l'ancien couvent des Grands-Augustins. Trois salles intimes de style Louis XIII (tableaux, balustres, tissus rayés). Belle cuisine au goût du jour.
Spéc. Ravioli de homard, foie gras, estragon et crème de cèpes. Pavé de gros turbot sauvage en cocotte, petits oignons, champignons et oeuf meurette. Assiette ''tout chocolat''

Closerie des Lilas   BZ 12
ⵯⵯⵯ
171 bd Montparnasse (6e) ℘ 01 40 51 34 50, *closerie@club-internet.fr,* Fax 01 43 29 99 94
🍸 – 🆎 ⓪ ☒ 🃏
Repas 42,70 bc (déj.)et carte 50 à 67
Brasserie : Repas carte 30 à 50 ♎.
◆ Le Tout-Paris artistique et littéraire a fait la renommée de la maison. La terrasse du restaurant est agréable, et le bar désaltère toujours quelques plumes bien trempées.

Hélène Darroze

BY

£3   4   r.   d'Assas   (6ᵉ)   ☎ 01 42 22 00 11,   *helene.darroze@wanadoo.*
Fax 01 42 22 25 40

📧. **AE** **GB**

fermé dim. et lundi – **Repas** 59,50/109,75 et carte 65 à 100

Salon : Repas *(22,10)*28,20bc et carte 30 à 45 ♀.

♦ L'ambassadrice de la gastronomie du Sud-Ouest "tient salon" entre Bo
Marché et Luxembourg dans un décor contemporain haut en couleur. Cuisine
délicieusement personnalisée.

Spéc. Soupe de lièvre, quenelles, râble rôti et crème glacée au foie gr
(saison). Foie gras de canard des Landes grillé au feu de bois. Baba au vie
armagnac

Procope

BX

13 r. Ancienne Comédie (6ᵉ) ☎ 01 40 46 79 00, *de.procope@blanc.ne*
Fax 01 40 46 79 09

📧. **AE** **①** **GB**. ❄

Repas 22 (déj.)/27,90 et carte 36 à 55.

♦ Un monument historique ! Le plus vieux café littéraire de Paris accueille
dans ses salons de caractère, gens de théâtre, artistes et touristes. Cuisine
traditionnelle.

Lapérouse

BX

51 quai Grands Augustins (6ᵉ) ☎ 01 43 26 68 04, *Fax 01 43 26 99 39*

📧. **AE** **①** **GB**

fermé 25 juil. au 20 août, sam. midi et dim. – **Repas** 29,7
(déj.)/83,85 et carte 65 à 98.

♦ Fondé en 1766, rendez-vous du Tout-Paris dès la fin du 19ᵉ s. et réput
pour ses petits salons discrets, ce restaurant bénéficie d'un nouvel élan, ma
l'esprit demeure.

Mavrommatis

CZ 5

42 r. Daubenton (5ᵉ) ☎ 01 43 31 17 17, *Fax 01 43 36 13 08*

📧. **AE** **GB** **JCB**. ❄

fermé lundi – **Repas** 27,45 et carte 34 à 49 ♀.

♦ Toutes les saveurs de la Grèce dans votre assiette ! Pas de folklore, mai
un cadre sobre, élégant et confortable rehaussé par un éclairage soigné
Terrasse d'été.

Marty

CZ 1

20 av. Gobelins (5ᵉ) ☎ 01 43 31 39 51, *restaurant.marty@wanadoo.fr*
Fax 01 43 37 63 70

📧. **AE** **①** **GB** **JCB**

Repas 33 et carte 37 à 58 ♀.

♦ Cette grande brasserie au plaisant cadre des années 1930 est, à midi, la
"cantine" des journalistes du Monde, venus en voisin. Produits de la mer, carte
des vins fournie.

Maxence (Van Laer)

AY 35

£3   9 bis bd Montparnasse (6ᵉ) ☎ 01 45 67 24 88, *Fax 01 45 67 10 22*

📧. **AE** **GB** **JCB**

fermé 1ᵉʳ au 15 août – **Repas** *(22,86)* - 28,96 (déj.)/57,93 et carte 60 à 80 ♀.

♦ Un chaud dégradé de tons brun, orangé et jaune égaye les murs de cet
élégant restaurant contemporain. Atmosphère très agréable, cuisine de
saison personnalisée.

Spéc. Tempura de langoustines. Pigeon rôti, sauce bécasse, cromesquis de
foie gras. Grande assiette de chocolat corsé.

144

XX **Atelier Maître Albert** CY 20
1 r. Maître Albert (5ᵉ) ℘ 01 46 33 13 78, *Fax 01 44 07 01 86*
▤. **AE** GB
fermé 5 au 20 août, dim. et fêtes – **Repas** *(24 bc)* - 34.
◆ Le cadre et l'atmosphère d'un manoir provincial en plein Quartier latin !
Cheminée médiévale et rôtissoire contemporaine réchauffent la vaste mais
intime salle à manger.

XX **Ziryab** DY 2
à l'Institut du Monde Arabe, 1 r. Fossés-St-Bernard (5ᵉ) ℘ 01 53 10 10 20,
Fax 01 44 07 30 98
≤ Paris, 🏠 – ▤. **AE** ① GB 🇯🇨🇧. ℘
fermé dim. soir et lundi – **Repas** carte 44 à 49.
◆ Situé au dernier étage de l'IMA, ce lumineux restaurant au cadre design et
sa terrasse panoramique offrent une superbe vue sur Notre-Dame et la Seine.
Cuisine orientale.

XX **Méditerranée** BY 3
2 pl. Odéon (6ᵉ) ℘ 01 43 26 02 30, *Fax 01 43 26 18 44*
▤. **AE** GB
Repas *(25)* - 29 et carte 38 à 67 ℤ.
◆ Cette institution naguère fréquentée par Balthus, Chaplin et O. Welles a
conservé son riche décor : fresques de Bérard et Vertès, lithographies de
Cocteau... Cuisine iodée.

XX **Bastide Odéon** BY 33
7 r. Corneille (6ᵉ) ℘ 01 43 26 03 65, *bastide.odeon@wanadoo.fr*,
Fax 01 43 26 03 65,
Fax 01 44 07 28 93
▤. **AE** GB
fermé 5 au 30 août, 30 déc. au 7 janv., dim. et lundi – **Repas** *(26)* - 32.
◆ Proche du Luxembourg, agréable et confortable salle de restaurant dont
le décor rappelle l'intérieur d'une bastide provençale. Spécialités méditerranéennes.

XX **Yugaraj** BX 7
14 r. Dauphine (6ᵉ) ℘ 01 43 26 44 91, *Fax 01 46 33 50 77*
▤. **AE** ① GB 🇯🇨🇧
fermé août, jeudi midi et lundi – **Repas** 15,09 (déj.), 27,44/
44,21 et carte 32 à 54.
◆ Boiseries, panneaux décoratifs, soieries et objets d'art anciens donnent à
ce haut lieu de la gastronomie indienne des airs de musée. Carte très bien
renseignée.

XX **Alcazar** BX 19
62 r. Mazarine (6ᵉ) ℘ 01 53 10 19 99, *atlanticblue@wanadoo.fr*,
Fax 01 53 10 23 23
▤. **AE** ① GB 🇯🇨🇧. ℘
Repas *(22)* - 25 bc (déj.)et carte 39 à 60.
◆ Le cabaret froufroutant de J.-M. Rivière s'est converti en vaste restaurant
"branché" au cadre design. Tables avec vue sur les fourneaux. Cuisine au goût
du jour.

XX **Chez Maître Paul** BY 27
🍴 12 r. Monsieur-le-Prince (6ᵉ) ℘ 01 43 54 74 59, *chezmaitrepaul@aol.com*,
Fax 01 43 54 43 74
▤. **AE** ① GB. ℘
fermé 20 au 27 déc., dim. et lundi en juil.-août – **Repas** 26/
31 bc et carte 32 à 51.
◆ Façade anodine dans une rue où souffle l'esprit du Quartier latin. La salle
est d'une grande sobriété décorative, mais recettes et vins du Jura rem-
portent tous les suffrages.

XX **Chez Toutoune** CY

5 r. Pontoise (5e) ✆ 01 43 26 56 81, *cheztoutoune@wanadoo.*
Fax 01 40 46 80 34

AE GB JCB

fermé lundi – **Repas** 22,56 (déj.)/33,23 ♈.

◆ "Toutoune" (ainsi appelle-t-on la patronne) a fait entrer le soleil de Provence dans son restaurant : chaudes tonalités, accent chantant et cuisine du Midi.

XXX **Inagiku** CY

14 r. Pontoise (5e) ✆ 01 43 54 70 07, *Fax 01 40 51 74 44*

▤. AE GB

fermé 6 au 19 août et dim. – **Repas** 14,99 (déj.), 27,22/65,33 et carte 35 à 4'

◆ L'étonnant spectacle des chefs-cuisiniers qui préparent et cuisent devant vous les plats traditionnels japonais vaut le coup d'oeil. Cadre typique, service prévenant.

XX **Yen** BX :

22 r. St-Benoît (6e) ✆ 01 45 44 11 18, *OKFIH@wanadoo.fr, Fax 01 45 44 19 48*

▤. AE GB JCB

fermé lundi midi et dim. – **Repas** carte 15 à 40.

◆ Deux salles à manger au décor japonais très épuré, un peu plus chaleureux à l'étage. La carte fait la part belle à la spécialité du chef : le soba (nouilles de sarrasin).

X **Rotonde** BZ '

105 bd Montparnasse (6e) ✆ 01 43 26 68 84, *Fax 01 46 34 52 40*

▤. AE GB JCB

Repas 22/30 et carte 35 à 45.

◆ Pour souper après le spectacle (les théâtres de la rue de la Gaîté sont à deux pas) : cette typique brasserie parisienne du début du 20e s. vous recevra même après minuit !

X **Café des Délices** BZ

87 r. Assas (6e) ✆ 01 43 54 70 00, *Fax 01 43 26 42 05*

▤. AE GB

fermé 29 juil. au 20 août, sam. midi et dim. – **Repas** (14) - carte environ 33.

◆ Ce "café" là n'est pas sur le port de Tunis, mais sa cuisine marie tout de même parfums et épices. Tissus, couleurs et bois décorent cet endroit que l'on fréquente avec délice.

X **Quai V** CY

25 quai Tournelle (5e) ✆ 01 43 54 05 17, *Fax 01 43 29 74 93*

▤. GB

fermé 5 au 26 août, sam. midi, lundi midi et dim. – **Repas** 22 b (déj.)/37,50 et carte 50 à 55.

◆ Sur les quais de Seine, ce petit restaurant aux couleurs ensoleillées et au mobilier en bois peint propose une cuisine traditionnelle et méridionale.

X **Marlotte** AY :

55 r. Cherche-Midi (6e) ✆ 01 45 48 86 79, *infos@lamarlotte, Fax 01 45 44 34 8*

▤. AE ① GB JCB

fermé 5 au 20 août et dim. – **Repas** carte 35 à 40.

◆ Près du Bon Marché, sympathique adresse de quartier où l'on croise éditeurs et politiciens. Salle des repas tout en longueur, décor rustique et cuisine traditionnelle.

✂ **L'Épi Dupin**   AY 3
11 r. Dupin (6ᵉ) 🕿 01 42 22 64 56, *lepidupin@wanadoo.fr, Fax 01 42 22 30 42*
🍴 – AE GB. ✗✗

fermé 27 juil. au 20 août, lundi midi, sam. et dim. – Repas (nombre de couverts limité, prévenir) *(17,50)* - 28,20.

◆ Poutres et pierres pour le caractère, tables serrées pour la convivialité et délicieux petits plats pour se régaler : ce restaurant de poche a conquis le quartier du Bon Marché.

✂ **Dominique**   BZ 21
19 r. Bréa (6ᵉ) 🕿 01 43 27 08 80, *restaurant.dominique@mageos.com, Fax 01 43 27 03 76*
▤ AE ① GB ᴊᴄʙ

fermé 22 juil. au 20 août, dim. et lundi – **Repas** (dîner seul.) 40/55 et carte 30 à 49.

◆ À la fois bar à vodkas, épicerie et restaurant : un haut lieu de la cuisine russe à Paris. Dégustations de zakouskis côté bistrot, dîner aux chandelles dans la salle du fond.

✂ **Brasserie Lipp**   BX 70
151 bd St-Germain (6ᵉ) 🕿 01 45 48 53 91, *lipp@magic.fr, Fax 01 45 44 33 20*
▤ AE ① GB
Repas carte 32 à 52.

◆ Fondée en 1880, cette brasserie est une véritable institution germanopratine. Choisissez la salle du rez-de-chaussée pour admirer céramiques, plafonds peints et... célébrités !

✂ **Les Bookinistes**   BX 56
53 quai Grands Augustins (6ᵉ) 🕿 01 43 25 45 94, *bookinistes@guysavoy.com, Fax 01 43 25 23 07*
▤ AE ① GB ᴊᴄʙ
fermé sam. midi et dim. – **Repas** 24,39 (déj.).

◆ Face aux bouquinistes des quais, une cuisine originale dans un cadre moderniste créé par le jazzman D. Humair : mobilier design, lampes colorées et peintures abstraites.

✂ **Bouillon Racine**   CY 17
3 r. Racine (6ᵉ) 🕿 01 44 32 15 60, *bouillon.racine@wanadoo.fr, Fax 01 44 32 15 61*
AE GB
Repas 20 (déj.)/27,29 et carte 27 à 43 ♈, enf. 8
***L'Arrière Cuisine** (fermé lundi)* **Repas** carte 16 à 28 ♈.

◆ Le décor Art nouveau de cet ancien "bouillon" (restaurant économique) a conservé tout son lustre, notamment dans la salle du 1ᵉʳ étage. Saveurs belges et bonnes bières.

✂ **L'Espadon Bleu**   BX 31
25 r. Grands Augustins (6ᵉ) 🕿 01 46 33 00 85
▤ AE ① GB ᴊᴄʙ
fermé 2 au 27 août, dim. et lundi – **Repas** *(22)* - 26 (déj.)/36.

◆ Sympathique maison spécialisée dans les produits de la mer. Les espadons, bien sûr de la fête, ornent les murs de pierres apparentes et les tables en mosaïque.

✂ **Emporio Armani Caffé**   BX 20
149 bd St-Germain (6ᵉ) 🕿 01 45 48 62 15, *maximori@aol.com, Fax 01 45 48 53 17*
▤ AE ① GB
fermé dim. – **Repas** carte 35 à 50.

◆ Au premier étage de la boutique du grand couturier, un "caffé" chic à l'italienne, sobre et confortable, à la clientèle très "rive gauche". Cuisine transalpine.

✗ **Les Délices d'Aphrodite** CZ
4 r. Candolle (5ᵉ) ℘ 01 43 31 40 39, *Fax 01 43 36 13 08*
▤. 🄰🄴 ᴳᴮ ᴶᶜᴮ. ⅋
fermé dim. – **Repas** 14,65 (déj.)et carte 26 à 39 ♀.
♦ Bistrot de poche à l'atmosphère "vacances" : photos de paysages he
niques, plafond tapissé de lierre et cuisine grecque embaumant l'hu
d'olive.

✗ **Joséphine ''Chez Dumonet''** AY
117 r. Cherche-Midi (6ᵉ) ℘ 01 45 48 52 40, *Fax 01 42 84 06 83*
🄰🄴 ᴳᴮ
fermé en août, sam. et dim. – **Repas** carte 39 à 46.
♦ Authentique représentant des années folles avec zinc, banquettes et d
cor de bistrot patiné. On y propose une belle carte des vins et une cuisi
traditionnelle.

✗ **Allard** BX
41 r. St-André-des-Arts (6ᵉ) ℘ 01 43 26 48 23, *Fax 01 46 33 04 02*
▤. 🄰🄴 ⓞ ᴳᴮ ᴶᶜᴮ. ⅋
fermé 5 au 26 août et dim. – **Repas** *(22,87)* - 30,49 et carte 46 à 73.
♦ Toute l'atmosphère conviviale du Quartier latin est présente dans ce b
trot 1900. Zinc d'époque, gravures et tableaux illustrant des scènes de la
bourguignonne.

✗ **Moissonnier** CY
🕭 28 r. Fossés-St-Bernard (5ᵉ) ℘ 01 43 29 87 65, *Fax 01 43 29 87 65*
ᴳᴮ
fermé 1ᵉʳ août au 1ᵉʳ sept., dim. et lundi – Repas 22,90 (déj.)et carte 31 à 4
♦ Le décor typique de ce bistrot n'a pas changé depuis des lustres : z
rutilant, murs patinés, banquettes... Cuisine d'ascendance lyonnaise et "po
de beaujolais.

✗ **Bistrot de la Catalogne** BX
4 cour du Commerce St-André (6ᵉ) ℘ 01 55 42 16 19, *office.tourisme.cata*
ne@infotourisme.com, Fax 01 55 42 16 33
fermé dim. et lundi – **Repas** *(14,03)* - carte environ 27,44.
♦ La Maison de la Catalogne occupe cette bâtisse du 18ᵉ s. nichée dans u
ruelle pavée. Ambiance très décontractée, formules tapas et autres spécia
tés de la province.

✗ **Bauta** BZ
129 bd Montparnasse (6ᵉ) ℘ 01 43 22 52 35, *Fax 01 43 22 10 99*
🄰🄴 ⓞ ᴳᴮ ᴶᶜᴮ
fermé sam. midi et dim. – **Repas** 38 bc (déj. seul.)et carte 47 à 61.
♦ Décoration foisonnante à base de "bautas" (masques), gravures et bibelo
évoquant la Cité des Doges et son célèbre carnaval. Cuisine "cent pour ce
vénitienne.

✗ **Coco de Mer** DZ
34 bd St-Marcel (5ᵉ) ℘ 01 47 07 06 64, *frichot@seychelles-saveurs.co*
Fax 01 47 07 41 88
🄰🄴 ᴳᴮ
fermé en août, lundi midi et dim. – **Repas** 20/26 ♀.
♦ Mare de la grisaille ? Direction les Seychelles : ti-punch pieds nus dans
sable fin de la véranda et recettes des îles d'où l'on fait arriver le poiss
chaque semaine.

✗ **Casa Corsa** BX 27
25 r. Mazarine (6ᵉ) ℘ 01 44 07 38 98, *Fax 01 43 54 14 79*
▤. 🆎 ⓞ ☺. ✗
fermé août, lundi midi et dim. – **Repas** *(20)* - carte 30 à 50.
♦ L'enseigne vous dit l'essentiel ! Dans ce bistrot gorgé de soleil, les produits de l'Île de Beauté sont copieusement servis et les garçons ont l'accent de là-bas !

✗ **Au Moulin à Vent** CY 39
20 r. Fossés-St-Bernard (5ᵉ) ℘ 01 43 54 99 37, *Fax 01 40 46 92 23*
☺. ✗
fermé 2 au 31 août, 23 déc.au 2 janv., sam. midi, dim. et lundi – **Repas** carte 38 à 52.
♦ Depuis 1948, rien n'a changé dans ce bistrot parisien ; le joli décor "rétro" s'est patiné avec les ans et la cuisine traditionnelle s'est enrichie de spécialités de viandes.

✗ **Rôtisserie d'en Face** BX 8
2 r. Christine (6ᵉ) ℘ 01 43 26 40 98, *rotisface@aol.fr, Fax 01 43 54 22 71*
▤. 🆎 ⓞ ☺ ⒿⒸⒷ
fermé sam. midi et dim. – **Repas** *(22,70)* - 25,70 (déj.)/39.
♦ En face de quoi ? Du restaurant de Jacques Cagna qui a créé ici un sympathique "bistrot de chef". Cadre aux tons ocre, sobrement élégant. Ambiance décontractée.

✗ **Les Bouchons de François Clerc** CY 16
12 r. Hôtel Colbert (5ᵉ) ℘ 01 43 54 15 34, *Fax 01 46 34 68 07*
🆎 ☺ ⒿⒸⒷ
fermé sam. midi et dim. – **Repas** *(25,61)* - 40,86.
♦ Caves voûtées ou salle du rez-de-chaussée ornée d'une rôtissoire : vins à prix coûtant et bonne humeur à tous les étages dans cette maison du vieux Paris (17ᵉ s.) !

✗ **Rôtisserie du Beaujolais** CY 4
19 quai Tournelle (5ᵉ) ℘ 01 43 54 17 47, *Fax 01 56 24 43 71*
▤. ☺
fermé lundi – **Repas** carte 31 à 48.
♦ Cette rôtisserie au décor de bistrot offre un plaisant coup d'oeil sur les quais de la Seine. Plats traditionnels, quelquefois lyonnais, et belle sélection de beaujolais.

✗ **Buisson Ardent** CY 62
25 r. Jussieu (5ᵉ) ℘ 01 43 54 93 02, *Fax 01 46 33 34 77*
🏠 – 🆎 ☺
fermé 1ᵉʳ août au 2 sept., sam. et dim. – **Repas** 14,50 (déj.)/27 et carte 26 à 35 ♀.
♦ Ambiance bon enfant en ce petit restaurant de quartier fréquenté à midi par les professeurs de la fac de Jussieu située juste en face. Fresques originales datant de 1923.

✗ **Balzar** CY 38
49 r. Écoles (5ᵉ) ℘ 01 43 54 13 67, *Fax 01 44 07 14 91*
▤. 🆎 ☺
Repas carte 24 à 46.
♦ Une "institution" à deux pas de la Sorbonne : cette brasserie est devenue, avec son immuable cadre 1930, la "cantine" des universitaires et intellectuels du Quartier latin.

X **Cafetière** BX

21 r. Mazarine (6e) ℘ 01 46 33 76 90, *Fax 01 43 25 76 90*

📇. GB

fermé août, 25 déc. au 2 janv., dim. et lundi – **Repas** 24 (déj.)et carte 31 à
• Cadre de bistrot égayé d'une originale collection de vieilles cafetiè
émaillées. La salle située à l'étage est plus grande et plus calme. Cuisin
dominante italienne.

X **Ma Cuisine** (5e) CY

26 bd St-Germain (5e) ℘ 01 40 51 08 27, *Fax 01 40 51 08 52*

GB

fermé dim. – **Repas** 24,39 et carte 31 à 39 ℤ.
• L'enseigne revendique une cuisine traditionnelle "maison", mitonnée
le patron. Salle à manger fraîchement égayée de tons pastel et d'un mob
bistrot.

X **Marmite et Cassolette** BZ

157 bd Montparnasse (6e) ℘ 01 43 26 26 53, *Fax 01 43 26 43 40*

GB

fermé sam. midi et dim. – **Repas** *(15)* - 19 et carte 25 à 30 ℤ.
• Restaurant familial situé entre l'Observatoire et le jardin du Luxembou
Mobilier bistrot, lambris, tons ensoleillés et véranda. Cuisine traditionnelle
du Sud-Ouest.

X **Reminet** CY

3 r. Grands Degrés (5e) ℘ 01 44 07 04 24

GB

fermé 12 août au 1er sept., 18 fév. au 3 mars, mardi et merc. – **Repas**
(déj.)/17 (sauf week-end) et carte 32 à 48.
• À deux pas des quais et de Notre-Dame, salle de restaurant tout
longueur, dont le cadre bistrot s'égaye de jeux de lumière créés par lustr
bougies et miroirs.

X **Chez Marcel** BY

7 r. Stanislas (6e) ℘ 01 45 48 29 94

GB

fermé août, sam. et dim. – **Repas** *(13)* - carte 27 à 43 ℤ.
• Une vraie adresse de quartier avec son décor patiné par le temps (ba
quettes, cuivres, vieux bibelots) et son esprit "bouchon". Généreuse cuis
aux accents lyonnais.

X **Ze Kitchen** BX

4 r. Grands Augustins (6e) ℘ 01 44 32 00 32, *Fax 01 44 32 00 33*

📇. AE ① GB JCB

fermé sam. midi et dim. – **Repas** carte 31 à 36.
• Ze Kitchen est "Ze" adresse "branchée" des quais rive gauche : cadre épu
égayé d'oeuvres d'artistes contemporains, mobilier design et cuisine "mod
élaborée sous vos yeux.

X **Palanquin** BX

12 r. Princesse (6e) ℘ 01 43 29 77 66, *info@lepalanquin.com*

📇. GB

fermé 5 au 18 août, lundi midi et dim. – **Repas** 11,89 (déj.), 19,6
25,61 et carte 32 à 39.
• Point de "palanquin", mais quelques notes orientales rappelant que da
ce cadre rustique aux pierres et poutres apparentes, on savoure une cuisi
vietnamienne.

✗ **Table de Fès**   BY 12
5 r. Ste-Beuve (6e) ℘ 01 45 48 07 22
GB
fermé 27 juil. au 31 août et dim. – **Repas** (dîner seul.) carte 37 à 50.
♦ Derrière la discrète devanture, deux petites salles de restaurant au cadre soigné, agrémenté d'objets provenant du Maroc. Authentique cuisine du pays.

✗ **Petit Pontoise**   CY 40
9 r. Pontoise (5e) ℘ 01 43 29 25 20, *Fax 01 43 25 35 93*
🔲. AE GB
fermé dim. soir et lundi – **Repas** carte 25 à 36 ♊.
♦ Sympathique bistrot de quartier voisin des quais de la Seine. Les clients fidèles apprécient le style "années 1950" du décor et l'ardoise de suggestions du jour.

✗ **Lhassa**   CY 27
13 r. Montagne Ste-Geneviève (5e) ℘ 01 43 26 22 19, *Fax 01 42 17 00 08*
GB
fermé lundi – **Repas** *(9,90)* - 10,67 (déj.), 12,95/20,73 et carte 25 à 38 ♨.
♦ Comme son nom le laisse deviner, petit restaurant entièrement dédié au Tibet : tissus colorés, objets artisanaux, photos du dalaï-lama et plats typiques du pays.

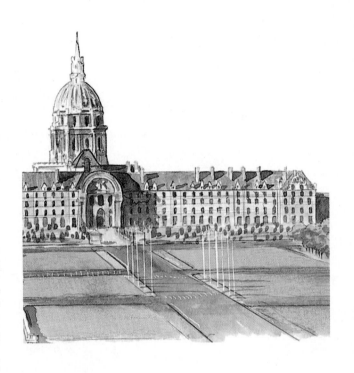

Tour Eiffel
École Militaire
Invalides

7ᵉ arrondissement

7ᵉ : ✉ 75007

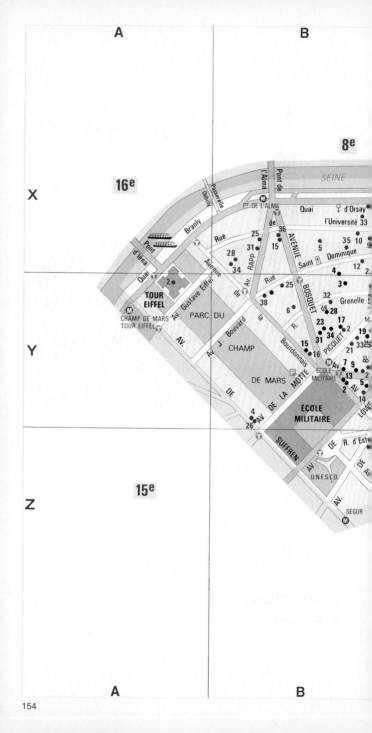

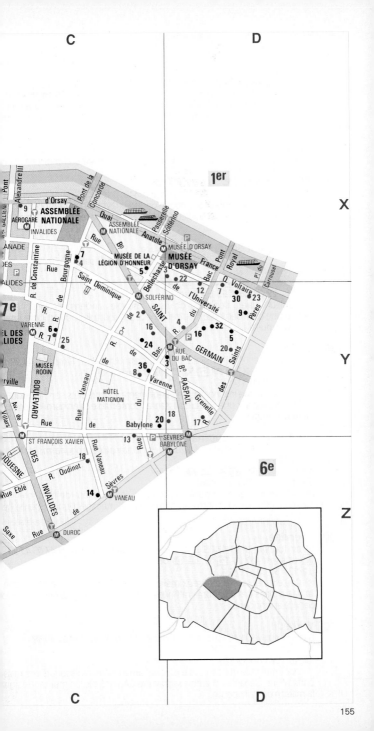

1er

X

d'Orsay
ASSEMBLÉE
NATIONALE
AÉROGARE
INVALIDES

9

Pont Alexandre III
Pont de la Concorde

Quai
ASSEMBLÉE
NATIONALE
Anatole

Passerelle Solférino

MUSÉE D'ORSAY

MUSÉE
D'ORSAY

ANADE

DES

ALIDES

P

7e

EL DES
LIDES

rville

Rue

MUSÉE DE LA
LÉGION D'HONNEUR

5

Bd

Bellechasse

3

22

de
l'Université

12
7

France Pont

Bac

Q

Voltaire

30

23

9

R. de Constantine

Rue de Bourgogne

Saint Dominique

7
4

SOLFÉRINO

SAINT

de

2

16

de

Bac

24

36
8

3

Varenne

R.

R.

R.

R. 1

VARENNE

6

25

MUSÉE
RODIN

BOULEVARD

Vaneau

Rue

Rue

HÔTEL
MATIGNON

du

de

Babylone

20

18

13

Rue

P

SÈVRES
BABYLONE

ST FRANÇOIS XAVIER

Rue Vaneau

18

R. Oudinot

Sèvres

14

VANEAU

Rue

de

INVALIDES

Saxe

Rue

DUROC

Av. de Villars

DES

IQUESNE

Rue Eblé

R.

4

16

32

20

5

RUE
DU BAC

Bd

RASPAIL

GERMAIN

des

Saints Pères

Grenelle

R.

des

17

P

Y

6e

Z

France Pont Royal

Pont Carrousel

Pont Royal
D
7 r. Montalembert   ℰ 01 42 84 70 00,   hpr@hotel-pont-royal.c
Fax 01 42 84 71 00
M, ⚓ – ⧗ 🖿 📺 ☎ ⚐ – 🍴 40. AE ① ⚋ JCB. ✸ rest
Repas (fermé août, sam. et dim.) carte 30 à 67 ♀ – ⚌ 26 – **75 ch** 350/400
  ♦ Tons audacieux et bois acajou tant dans les chambres qu'au restaurant
peut vouloir vivre la bohème germanopratine tout en appréciant le cor
d'un hôtel rénové !

Montalembert
D
3 r. Montalembert   ℰ 01 45 49 68 68,   welcome@hotel-montalember
Fax 01 45 49 69 49
M, ☂ – ⧗ 🖿 📺 ☎ – 🍴 25. AE ① ⚋ JCB
Repas carte 45 à 75 – ⚌ 20 – **48 ch** 350/440, 8 appart.
  ♦ Sobres et élégantes chambres de deux types : contemporaines à
meubles design et cuirs moelleux ou Louis-Philippe avec mobilier en marc
terie fine.

Duc de Saint-Simon
C
14 r. St-Simon   ℰ 01 44 39 20 20,   duc.de.saint.simon@wanado
Fax 01 45 48 68 25
⅋ sans rest – ⧗ 📺 ☎. AE ⚋. ✸
⚌ 14 – **29 ch** 220/255, 5 appart.
  ♦ Couleurs gaies, boiseries, objets et meubles anciens : l'atmosphère
celle d'une belle demeure d'autrefois. Accueil courtois et quiétude ajoute
la qualité du lieu.

Cayré
D
4 bd Raspail   ℰ 01 45 44 38 88, reservations@kkhotels.fr, Fax 01 45 44 98 1
M sans rest – ⧗ ⤬ 🖿 📺 ☎. AE ① ⚋ JCB
⚌ 17 – **120 ch** 314/337.
  ♦ Espace, bonne insonorisation et équipements complets sont les atouts
cet hôtel situé sur une avenue passante. Confortable salon garni de profo
fauteuils grèges.

Bourgogne et Montana
C
3 r. Bourgogne   ℰ 01 45 51 20 22,   bmontana@bourgogne-montana.co
Fax 01 45 56 11 98
sans rest – ⧗ 🖿 📺 ☎. AE ① ⚋ JCB
28 ch ⚌ 155/350, 4 appart.
  ♦ Raffinement et esthétisme imprègnent chaque pièce de ce discret hô
daté du 18e s. Les chambres du dernier étage ménagent une superbe pe
pective sur le Palais-Bourbon.

Tourville
BY
16 av. Tourville   ℰ 01 47 05 62 62, hotel@tourville.com, Fax 01 47 05 43 90
M sans rest – ⧗ 🖿 📺 ☎. AE ① ⚋ JCB
⚌ 12 – **30 ch** 175/310.
  ♦ Couleurs acidulées, heureux mélange de mobilier moderne et de style
tableaux dans des chambres raffinées. Salon décoré par l'atelier David Hic
Service attentionné.

Verneuil
DY
8 r. Verneuil   ℰ 01 42 60 82 14, verneuil@noos.fr, Fax 01 42 61 40 38
sans rest – ⧗ 📺. AE ① ⚋. ✸
⚌ 10 – **26 ch** 115/175.
  ♦ Vieil immeuble du "carré rive gauche" aménagé dans l'esprit d'une mais
particulière. Élégantes chambres (gravures). Au n° 5 bis, un mur tagué sign
la maison de Gainsbourg.

🏨 Lenox Saint-Germain DY **5**

9 r. Université ℰ 01 42 96 10 95, *hotel@lenoxsaintgermain.com*, *Fax 01 42 61 52 83*

sans rest – 🛗 ▤ 📺 📞. ᴀᴇ ⓞ ᴳᴮ ᴶᴄᴮ. ⌘

⌸ 9 – **34 ch** 117/196.

◆ Un luxe discret s'est glissé dans ces chambres, pas très grandes mais joliment aménagées. Fresques "égyptiennes" dans la salle des petits-déjeuners. Bar de style Art déco.

🏨 Bellechasse CX **5**

8 r. Bellechasse ℰ 01 45 50 22 31, *Fax 01 45 51 52 36*

Ⓜ sans rest – 🛗 ⇥ 📺 📞 ᴋ. ᴀᴇ ⓞ ᴳᴮ ᴶᴄᴮ

⌸ 13 – **41 ch** 189/252.

◆ L'élégant décor de cet hôtel fait largement référence à l'époque Empire : le palais de la Légion d'honneur n'est pas loin. Les chambres ont vue sur les jardins environnants.

🏨 Eiffel Park Hôtel BY **3**

17 bis r. Amélie ℰ 01 45 55 10 01, *reservation@eiffelpark.com*, *Fax 01 47 05 28 68*

Ⓜ sans rest – 🛗 ▤ 📺. ᴀᴇ ⓞ ᴳᴮ ᴶᴄᴮ. ⌘

⌸ 9 – **36 ch** 153/183.

◆ Les meubles peints "à l'ancienne" et les objets chinois et indiens vous plongeront dans une atmosphère exotique. Terrasse au dernier étage, très agréable l'été.

🏨 Cadran BY **23**

10 r. Champ-de-Mars ℰ 01 40 62 67 00, *lecadran@worldnet.fr*, *Fax 01 40 62 67 13*

Ⓜ sans rest – 🛗 ⇥ ▤ 📺 📞. ᴀᴇ ⓞ ᴳᴮ. ⌘

⌸ 9 – **42 ch** 145/159.

◆ À deux pas du marché animé de la rue Clerc. Chambres modernes rehaussées de quelques touches d'inspiration Louis XVI. Salon en cuir agrémenté d'une cheminée du 17ᵉ s.

🏨 Muguet BY **19**

11 r. Chevert ℰ 01 47 05 05 93, *muguet@wanadoo.fr*, *Fax 01 45 50 25 37*

Ⓜ sans rest – 🛗 ⇥ ▤ 📺 📞. ᴀᴇ ᴳᴮ

⌸ 7,50 – **48 ch** 83/100.

◆ Adresse nichée dans une rue tranquille. Teintes pastel et mobilier de style rustique. Chambres mansardées au dernier étage ; trois ont vue sur la tour Eiffel ou les Invalides.

🏨 Les Jardins d'Eiffel BX **4**

8 r. Amélie ℰ 01 47 05 46 21, *paris@hoteljardinseiffel.com*, *Fax 01 45 55 28 08*

Ⓜ sans rest – 🛗 ⇥ ▤ 📺 📞 🚗. ᴀᴇ ⓞ ᴳᴮ ᴶᴄᴮ

⌸ 11 – **80 ch** 110/150.

◆ Dans une rue calme, établissement récemment agrandi où l'on choisira plutôt les chambres de l'annexe, gaiement colorées et donnant parfois sur le jardin intérieur.

🏨 Relais Bosquet BY **31**

19 r. Champ-de-Mars ℰ 01 47 05 25 45, *hotel@relaisbosquet.com*, *Fax 01 45 55 08 24*

Ⓜ sans rest – 🛗 ▤ 📺 📞. ᴀᴇ ⓞ ᴳᴮ ᴶᴄᴮ

⌸ 9,50 – **40 ch** 144,80/160.

◆ Cet hôtel discret dissimule un intérieur joliment meublé dans le style Directoire. Chambres rénovées, toutes décorées avec le même souci du détail, et délicates attentions.

Timhôtel Invalides
BX
35 bd La Tour Maubourg ℰ 01 45 56 10 78, *invalides@timhotel*
Fax 01 47 05 65 08
M̄ sans rest – 🛗 ⇥ 🖵 📺 📞 AE ① GB JCB
☲ 10 – **30 ch** 180/260.

♦ Dominante de rouge brique et de blanc, meubles de style Louis XVI
reproductions de tableaux impressionnistes caractérisent les chambr
récemment rafraîchies.

Londres Eiffel
BY
1 r. Augereau ℰ 01 45 51 63 02, *info@londres-eiffel.com, Fax 01 47 05 28 5*
sans rest – 🛗 📺 📞 AE ① GB JCB. ⌘
☲ 6,86 – **30 ch** 93/115.

♦ Près des allées du Champ-de-Mars, hôtel aux couleurs ensoleillées et
l'ambiance "cosy". À l'annexe, les chambres sont plus simples mais p
calmes.

St-Germain
CY
88 r. Bac ℰ 01 49 54 70 00, *info@hotel-saint-germain.fr, Fax 01 45 48 26 89*
sans rest – 🛗 📺 📞 AE GB. ⌘
☲ 11 – **29 ch** 150/170.

♦ Empire, Louis-Philippe, design, objets anciens, peintures contemporaine
le charme de la diversité. Confortable bibliothèque, patio agréable en été.

Splendid
BY
29 av. Tourville ℰ 01 45 51 29 29, *splendid@club-internet.fr, Fax 01*
18 94 60
M̄ sans rest – 🛗 📺 📞 ♿. AE ① GB
☲ 8,50 – **48 ch** 106/197.

♦ Immeuble haussmannien abritant d'élégantes chambres garnies d'
sobre mobilier contemporain. Certaines ont vue sur la tour Eiffel.

Sèvres Vaneau
CZ
86 r. Vaneau ℰ 01 45 48 73 11, *Fax 01 45 49 27 74*
sans rest – 🛗 ⇥ 📺. AE ① GB JCB
☲ 13 – **39 ch** 169/184.

♦ Chambres décorées avec goût : cheminées, gravures anciennes, to
roses, motifs cachemire et médaillons ; les autres viennent d'être rénové
dans un esprit contemporain.

La Bourdonnais
BY
111 av. La Bourdonnais ℰ 01 47 05 45 42, *otlbourd@club-internet.*
Fax 01 45 55 75 54
sans rest – 🛗 ☰ 📺 📞. AE ① GB JCB
☲ 8 – **57 ch** 110/140, 3 appart.

♦ Il règne une atmosphère "vieille France" dans cet hôtel bourgeoiseme
aménagé. Chambres de tailles variées, insonorisées et bien tenues. Accu
familial.

Derby Eiffel Hôtel
BY
5 av. Duquesne ℰ 01 47 05 12 05, *info@derbyeiffelhotel.cor*
Fax 01 47 05 43 43
sans rest – 🛗 ☰ 📺. AE ① GB. ⌘
☲ 10,67 – **43 ch** 114/145.

♦ L'enseigne et le décor soigné évoquent le cheval : le matin vous verre
côté place, les cavaliers s'entraîner dans la somptueuse cour d'honneur d
l'École Militaire.

Varenne
CY **6**
44 r. Bourgogne ☎ 01 45 51 45 55, *info@hotelvarenne.com*, *Fax 01 45 51 86 63*
☺ sans rest – 📶 🖿 📺. 🅰🅴 🅶🅱
☐ 9 – **24 ch** 105/124.
• Situation tranquille pour ces chambres sobres et confortables. En été, les petits-déjeuners sont servis dans la courette tapissée de vigne vierge.

Beaugency
BY **17**
21 r. Duvivier ☎ 01 47 05 01 63, *infos@hotel-beaugency.com*, *Fax 01 45 51 04 96*
sans rest – 📶 🖿 📺 📞. 🅰🅴 🅾 🅶🅱. ⅛
☐ 7,50 – **30 ch** 84/112.
• Dans une rue paisible, hôtel dont les chambres aux tons pastel sont meublées en bois cérusé. Salle des petits-déjeuners ornée d'une fresque marine.

Champ-de-Mars
BY **34**
7 r. Champ-de-Mars ☎ 01 45 51 52 30, *stg@club-internet.fr*, *Fax 01 45 51 64 36*
sans rest – 📶 📺 📞. 🅶🅱. ⅛
☐ 6,50 – **25 ch** 66/76.
• Entre Champ-de-Mars et Invalides, petite adresse à l'atmosphère anglaise : façade vert sapin, chambres "cosy", décoration soignée style "Liberty". Un véritable "cocoon" !

Bersoly's
DY **30**
28 r. Lille ☎ 01 42 60 73 79, *bersolys@wanadoo.fr*, *Fax 01 49 27 05 55*
sans rest – 📶 🖿 📺 📞. 🅰🅴 🅾 🅶🅱
fermé août
☐ 10 – **16 ch** 97/122.
• Nuits impressionnistes dans un immeuble du 17e s. : chaque chambre rend hommage à un peintre dont les oeuvres sont exposées au musée d'Orsay voisin (Renoir, Gauguin...).

France
BY **5**
102 bd La Tour Maubourg ☎ 01 47 05 40 49, *hoteldefrance@wanadoo.fr*, *Fax 01 45 56 96 78*
sans rest – 📶 📺 📞. 🅰🅴 🅾 🅶🅱 🅼. ⅛
☐ 7 – **60 ch** 64/81.
• À côté de l'École Militaire, hôtel composé de deux bâtiments abritant des chambres progressivement revues et bien tenues. Côté rue, elles donnent sur l'Hôtel des Invalides.

L'Empereur
BY **10**
2 r. Chevert ☎ 01 45 55 88 02, *contact@hotelempereur.com*, *Fax 01 45 51 88 54*
sans rest, ≼ – 📶 📺. 🅰🅴 🅾 🅶🅱 🅼. ⅛
☐ 7 – **38 ch** 75/85.
• Oublié, Waterloo ! La postérité a choisi : face au Dôme des Invalides qui abrite le tombeau de Napoléon, chambres rénovées dans le style Empire.

Lévêque
BY **28**
29 r. Clerc ☎ 01 47 05 49 15, *info@hotel-leveque.com*, *Fax 01 45 50 49 36*
sans rest – 📶 📺 📞. 🅰🅴 🅶🅱. ⅛
☐ 7 – **50 ch** 53/91.
• Située dans une pittoresque rue piétonne, petite affaire récemment rajeunie, idéale pour découvrir le Paris traditionnel. Salle des petits-déjeuners de style bistrot.

🏨 **Chomel**   CY
15 r. Chomel ✆ 01 45 48 55 52, *chomel@cybercable.fr*, Fax 01 45 48 89 76
sans rest – 📶 🖼 📺 ✆. AE ⓞ ⒼⒷ ⒿⒸⒷ. ⅏
☲ 10 – **23 ch** 140/220.
♦ Derrière le Bon Marché, dans le quartier des grands couturiers, chamb
douillettes et tranquilles, idéales pour un séjour "très mode" version r
gauche.

XXXXX **Arpège** (Passard)   CY
❀❀❀ 84 r. Varenne ✆ 01 45 51 47 33, *arpege.passard@wanadoo.fr*, Fax 01
18 98 39
🖼. AE ⓞ ⒼⒷ ⒿⒸⒷ
fermé sam. et dim. – **Repas** 214 et carte 140 à 225.
♦ Élégance contemporaine : bois précieux et décor de verre signé Laliq
assortie à l'éblouissante cuisine "légumière" d'un chef poète du terroir.
triomphe du potager !
Spéc. Homard de l'archipel de Chausey. Légumes de pleine terre du
d'Anjou. Cuisine des fruits.

XXXX **Le Divellec**   BX
❀❀ 107 r. Université ✆ 01 45 51 91 96, *ledivellec@noos.fr*, Fax 01 45 51 31 75
🖼. AE ⓞ ⒼⒷ ⅏
fermé 20 juil. au 20 août, sam. et dim. – **Repas** 53/69 (déj.)et carte 80 à 140
♦ Cadre nautique chic : décor d'ondes sur verre dépoli, vivier à homar
tonalité bleu-blanc. Belle cuisine de la mer à base de produits ver
directement de l'Atlantique.
Spéc. Homard à la presse avec son corail. Brouillade de pibales aux pimer
d'Espelette et brunoise de chorizo (janv. à mars). Turbot braisé aux truffes.

XXX **Jules Verne**   AY
❀ 2e étage Tour Eiffel, ascenseur privé pilier sud ✆ 01 45 55 61 4
Fax 01 47 05 29 41
< Paris – 🖼. AE ⓞ ⒼⒷ ⒿⒸⒷ. ⅏
fermé 18 mars au 22 avril – **Repas** 49 (déj.)/110 et carte 95 à 120.
♦ Le décor de Slavik s'efface humblement devant le spectacle de la Vi
lumière. Pour que le voyage soit vraiment extraordinaire, réservez une tab
près des baies.
Spéc. Ravioli de Saint-Jacques à la vapeur. Rouget barbet farci de légumes
jus de truffes. Tarte soufflée au citron vert.

XXX **Violon d'Ingres** (Constant)   BY
❀ 135 r. St-Dominique ✆ 01 45 55 15 05, *violondingres@wanadoo.*
Fax 01 45 55 48 42
🖼. AE ⒼⒷ
fermé sam. et dim. – **Repas** 60,97 (déj.)/89,94 (dîner)et carte 75 à 90.
♦ Des boiseries réchauffent l'atmosphère de cette salle devenue le rende
vous élégant de gourmets attirés par la cuisine très personnelle du virtuo
qui officie au "piano".
Spéc. Œufs mollets roulés à la mie de pain, toasts de beurre truffés. S
prême de bar croustillant aux amandes. Pommes soufflées, mousseline
gère à la réglisse.

XXX **Cantine des Gourmets**   BY 16
113 av. La Bourdonnais ℘ 01 47 05 47 96, *la.cantine@le-bourdonnais.com,*
Fax 01 45 51 09 29

📖. **AE** **GB**

Repas 42 (déj.)/80 et carte 75 à 100 ♀.

◆ Tons paille, fleurs blanches et jeux de miroirs : décor cossu et ambiance
feutrée dans deux agréables salles à manger. Accueil charmant. Cuisine au
goût du jour.

Spéc. Foie gras de canard chaud. Saint-Pierre et coquillages au jus de cidre
(oct. à mars). Carré et épaule d'agneau des Alpilles, cébettes aux épices et
citron confit.

XXX **Pétrossian**   BX 6
144 r. Université ℘ 01 44 11 32 32, *Fax 01 44 11 32 35*

AE **①** **GB** **JCB**

fermé 12 août au 3 sept., dim. et lundi – **Repas** 44 (déj.)/136 et carte 70 à 110.

◆ Les Pétrossian régalent les Parisiens du caviar de la Caspienne depuis 1920.
À l'étage de la boutique, l'élégant restaurant et sa cuisine inventive ont acquis
leur propre identité.

Spéc. Les "Coupes du Tsar". Rouget poivré et blin soufflé. "Teaser" de goûts
et saveurs (dessert).

XXX **Maison des Polytechniciens**   DX 3
12 r. Poitiers ℘ 01 49 54 74 54, *info@maison-des-x.com, Fax 01 49 54 74 84*

AE **①** **GB**

fermé 29 juil. au 28 août, 23 déc. au 7 janv., sam., dim. et fériés – **Repas**
33,54/59,46 et carte 63 à 92.

◆ Même si les "corpsards" l'apprécient, nul besoin de sortir de la botte pour
fréquenter la salle à manger du bel hôtel de Poulpry (1703), à deux pas du
musée d'Orsay.

XXX **Petit Laurent**   CY 8
38 r. Varenne ℘ 01 45 48 79 64, *Fax 01 45 44 15 95*

AE **①** **GB**

fermé août, lundi midi, sam. midi et dim. – **Repas** 29/43 et carte 45 à 70 ♀.

◆ Ce restaurant feutré et discret est situé dans une rue bordée de magnifiques hôtels particuliers abritant ministères et ambassades. Cuisine au goût
du jour.

XX **Bellecour** (Goutagny)   BX 9
22 r. Surcouf ℘ 01 45 51 46 93, *Fax 01 45 50 30 11*

📖. **AE** **①** **GB**

fermé août, sam. et dim. – **Repas** 40.

◆ On se croirait presque place Bellecour avec les "lyonnaiseries" revisitées
d'une carte par ailleurs très au goût du jour, mais le décor ensoleillé évoque
davantage la Provence.

Spéc. Quenelle de brochet. Lasagne champêtre de gibier (15 oct. au 15 janv.).
Lièvre à la cuillère (15 oct. au 15 janv.).

XX **Récamier**   DY 17
4 r. Récamier ℘ 01 45 48 86 58, *Fax 01 42 22 84 76*

☂ – 📖. **AE** **①** **GB** **JCB**

fermé dim. – **Repas** carte 55 à 80.

◆ Adresse "littéraire" où se retrouvent auteurs et éditeurs. La terrasse, au
calme d'une impasse sans voitures, est très agréable. Cuisine classique à
l'accent bourguignon.

Spéc. Oeufs en meurette. Mousse de brochet sauce Nantua. Gigue de chevreuil sauce Grand Veneur (saison)

XX **Maison de l'Amérique Latine**   CY
217   bd   St-Germain   *ℰ* 01 49 54 75 10,   *commercial@mal217.c*
Fax 01 40 49 03 94
💬, 🍴 – **AE** **GB**, ✂

fermé août, 20 déc. au 1er janv., sam., dim. et le soir d'oct. à avril – **Re**
37 et carte 39 à 49.
♦ Cet hôtel particulier du 18e s. est réputé pour son idyllique terrasse c
verte sur un beau jardin. Cuisine au goût du jour et petit choix de v
sud-américains.

XX **Beato**   BX
8 r. Malar *ℰ* 01 47 05 94 27, *beato.rest@wanadoo.fr, Fax 01 45 55 64 41*
▤ **AE** **GB** **JCB**

fermé 28 juil. au 18 août, 22 déc. au 1er janv. et dim. – **Repas** *(21)* - 23 (d
et carte 35 à 54 ⱅ.
♦ Fresques, colonnes pompéiennes et sièges néo-classiques : décor ital
version bourgeoise pour un restaurant chic. Plats de Milan, de Rome
d'ailleurs.

XX **Tante Marguerite**   CX
5   r.   Bourgogne   *ℰ* 01 45 51 79 42,   *tante.marguerite@wanadoo.*
Fax 01 47 53 79 56
▤ **AE** **①** **GB**, ✂

fermé août, sam. et dim. – **Repas** 32 (déj.)/36,60 et carte 46 à 76 ⱅ.
♦ Du même cru que le Tante Louise du 8e arrondissement, la deuxièr
"antenne" parisienne de Bernard Loiseau : cadre feutré, plats bourgeois
déjà beaucoup de succès.

XX **Ferme St-Simon**   CY
6   r.   St-Simon   *ℰ* 01 45 48 35 74,   *fermestsimon@wanadoo.*
Fax 01 40 49 07 31
▤ **AE** **①** **GB**

fermé 3 au 18 août, sam. midi et dim. – **Repas** 27,
(déj.)/30,18 et carte 42 à 61.
♦ Poutres, boiseries et miroirs forment le cadre de caractère de ce resta
rant décoré de "têtes composées" d'Arcimboldo. Ambiance gaie. Cuisine
goût du jour.

XX **Vin sur Vin**   BX
20 r. Monttessuy *ℰ* 01 47 05 14 20
▤ **GB**

fermé 1er au 21 août, 23 déc. au 3 janv., sam. midi, lundi midi et dim.
Repas carte 46 à 64.
♦ Lorsque le patron parle de ses "crus" comme d'une femme aimée, allez, c
lui donnerait presque vingt sur vingt ! Ambiance intime, service amical e
complice.

XX **Bamboche**   CY
15 r. Babylone *ℰ* 01 45 49 14 40, *ccolliot@club-internet.fr, Fax 01 45 49 14 4*
▤ **GB**

fermé sam. midi et dim. – **Repas** 29 (déj.)/50 et carte 54 à 71 ⱅ.
♦ Plaisante adresse gourmande à deux pas du Bon Marché. Le sobre déco
contemporain des salles à manger contraste avec la créativité d'une cuisir
savoureuse. Service attentif.

XX **Les Glénan** CY 7
54 r. Bourgogne ℰ 01 45 51 61 09, *les-glenan@voila.fr*, Fax 01 45 51 27 34
▤. 𝐀𝐄 ⒼⒷ
fermé août,23 au 28 déc., sam.et dim. – **Repas** *(22,10)* - 27,44 et carte 45 à 58
♉, enf. 15.
♦ L'enseigne rend hommage à l'archipel breton et à sa fameuse école de
voile. Produits de la mer et décor tout en bleu pour jolis coups de fourchettes
"marins".

XX **Gildo** BY 32
153 r. Grenelle ℰ 01 45 51 54 12, *Fax 01 45 51 54 12*
▤. 𝐀𝐄 ⒼⒷ 𝐉𝐂𝐁
fermé 25 juil. au 25 août, vacances de Noël, lundi midi et dim. – **Repas**
25,76 (déj.)et carte 43 à 53.
♦ Cette façade discrète renferme toutes les saveurs de l'Italie - avec une
spécialité "maison" : les scampi - arrosées de vins transalpins. Sans oublier
"l'espresso".

XX **Thiou** BX 33
3 r. Surcouf ℰ 01 40 62 96 50, *Fax 01 40 62 96 70*
𝐀𝐄 ⒼⒷ
fermé août, sam. midi et dim. – **Repas** *(25,92)* - carte 39 à 51 ♉.
♦ Thiou est le surnom de la patronne de ce restaurant tout juste ouvert et
déjà fort prisé des célébrités. Petites salles aux tons vifs et à l'ambiance
"cosy". Cuisine thaïlandaise.

XX **Télégraphe** DY 12
41 r. de Lille ℰ 01 42 92 03 04, *leblancala@aol.com*, Fax 01 42 92 02 77
🌲 – ▤. 𝐀𝐄 ⓪ ⒼⒷ
fermé 1er au 23 août, sam. midi et dim. – **Repas** 23 (déj.)/30 et carte 51 à 69 ♉.
♦ Maison des dames des PTT de 1905 rénovée dans le style viennois de la
Belle Époque. Bar apprécié à l'heure de l'apéritif. Jardin de charme pris
d'assaut en été.

XX **Gaya Rive Gauche** DY 4
44 r. Bac ℰ 01 45 44 73 73, *Fax 01 45 44 73 73*
𝐀𝐄 ⒼⒷ
fermé 27 juil. au 26 août, dim. et lundi – **Repas** 30,50 bc (déj.)et carte 69 à 77
♉.
♦ Une clientèle très "rive gauche" fréquente ce restaurant de frais produits
de la mer. Décoration marine de bon ton et sur la table, vaisselle signée Jean
Cocteau.

XX **New Jawad** BX 25
12 av. Rapp ℰ 01 47 05 91 37, *Fax 01 45 50 31 27*
▤. 𝐀𝐄 ⓪ ⒼⒷ
Repas 16/24 et carte 20 à 45.
♦ Ces murs, jadis "étoilés", offrent toujours un cadre cossu et un service
attentif. La cuisine, elle, a changé de continent : direction l'Inde et le Pakistan.

XX **L'Esplanade** BY 27
52 r. Fabert ℰ 01 47 05 38 80, *Fax 01 47 05 23 75*
𝐀𝐄 ⒼⒷ
Repas carte 41 à 67 ♉.
♦ Belle situation face aux Invalides pour le dernier-né des frères Costes.
Chaudes tonalités corail, or et noir, et décor de boulets et canons inspiré par
l'illustre voisinage.

XX **D'Chez Eux** BY

2 av. Lowendal ☎ 01 47 05 52 55, *Fax 01 45 55 60 74*
📧. **AE** **O** **GB**

fermé 28 juil. au 22 août et dim. – **Repas** *(28)* - 34 (déj.)et carte 39 à 50.

• Les fidèles adorent ces copieuses assiettes inspirées de l'Auvergne ou d Sud-Ouest, et l'ambiance "auberge provinciale", avec nappes à carreaux serveurs en blouse !

XX **Tan Dinh** DX

60 r. Verneuil ☎ 01 45 44 04 84, *Fax 01 45 44 36 93*
fermé 1er août au 1er sept. et dim. – **Repas** carte 40 à 45.

• Rencontre surprenante à deux pas du musée d'Orsay : une cuisi vietnamienne au goût du jour alliée à une riche carte de vins frança Hommage à Marguerite Duras ?

XX **Chez Françoise** CX

Aérogare des Invalides ☎ 01 47 05 49 03, *pm@chezfrançoise.co* *Fax 01 45 51 96 20*
🍸 – **AE** **O** **GB** **JCB**

Repas *(24,09)* - 28,97 et carte 36 à 62 ™, enf. 10,52.

• Le chef et son équipage vous souhaitent la bienvenue à bord de "cantine" des parlementaires du Palais-Bourbon. Cuisine de brasserie, cad des années 1950.

XX **Champ de Mars** BY

17 av. La Motte-Picquet ☎ 01 47 05 57 99, *Fax 01 44 18 94 69*
AE **O** **GB** **JCB**

fermé 15 juil. au 22 août, mardi midi et lundi – Repas 25,' bc/30,19 bc et carte 28 à 46.

• Le cadre provincial pieusement conservé, le service sans folâtrerie et carte traditionnelle : un îlot au charme très "vieille France"... à deux pas d Invalides.

X **Cigale** DY

11 bis r. Chomel ☎ 01 45 48 87 87, *Fax 01 45 48 87 87*
GB. ✄

fermé sam. midi et dim. – **Repas** carte environ 47 ™.

• Ce discret petit bistrot de quartier, tout juste rénové, propose un impre sionnant choix de soufflés salés et sucrés. Les autres plats s'élaborent e fonction du marché.

X **Les Olivades** BZ

41 av. Ségur ☎ 01 47 83 70 09, *Fax 01 42 73 04 75*
AE **GB**

fermé 13 au 16 août, sam. midi, lundi midi et dim. – Repas 28 et carte 40 à 5

• Un lieu qui fleure bon l'huile d'olive, avec son appétissante cuisine d'insp ration méridionale. La salle à manger, fraîche, est ensoleillée de motifs pro vençaux.

X **Bistrot de Paris** DY

33 r. Lille ☎ 01 42 61 15 84, *ecorail@noos.fr, Fax 01 49 27 06 09*
AE **GB**

Repas *(22,40)* - 29,70 et carte 40 à 50 ™, enf. 9,10.

• Cet ancien "bouillon" eut André Gide pour pensionnaire. Le décor 190 revu par Slavik scintille de cuivres et miroirs. Tables serrées, cuisine "bistro tière".

※ **Nabuchodonosor**   BX 36
6 av. Bosquet ℘ 01 45 56 97 26, Fax 01 45 56 98 44
▣, **AE** **GB**
fermé 3 au 25 août, sam. midi, dim. et fériés – **Repas** *(18,29)* - carte 32 à 56 ♌.
♦ L'enseigne célèbre la plus grosse bouteille de champagne existante. Murs
terre de Sienne, panneaux de chêne et nabuchodonosors à titre de décor.
Cuisine du marché.

※ **P'tit Troquet**   BY 6
28 r. Exposition ℘ 01 47 05 80 39, Fax 01 47 05 80 39
GB, ⌘
fermé 1er au 23 août, 23 déc. au 2 fév., sam. midi, lundi midi et dim. – **Repas**
(nombre de couverts limité, prévenir) 26,50 ♌.
♦ Pour sûr, il est p'tit, ce bistrot ! Mais que d'atouts il renferme : cadre
coquet agrémenté de vieilles "réclames", ambiance sympathique, goûteuse
cuisine du marché.

※ **Vin et Marée**   BY 26
71 av. Suffren ℘ 01 47 83 27 12, vin.maree@wanadoo.fr, Fax 01 43 06 62 35
AE **GB**
Repas carte 29 à 43.
♦ Cadre moderne d'inspiration brasserie (banquettes, miroirs et cuivres) aux
couleurs marines. La carte, présentée sur ardoise, propose uniquement des
produits de la mer.

※ **Thoumieux**   BX 12
79 r. St-Dominique ℘ 01 47 05 49 75, Fax 01 47 05 36 96
avec ch – ▣ rest, **TV**, **AE** **GB**
Repas 30,49 bc et carte 33 à 46 – ⌴ 7,62 – **10 ch** 129,57/144,82.
♦ Authentique brasserie parisienne : vaste salle à manger aux tables alignées,
avec banquettes rouges et miroirs. Côté cuisine, les préparations "en pincent"
pour le Sud-Ouest.

※ **Clos des Gourmets**   BX 31
16 av. Rapp ℘ 01 45 51 75 61, Fax 01 47 05 74 20
GB
fermé 1er au 20 août, dim. et lundi – **Repas** 27 (déj.)/30.
♦ Nombre d'habitués apprécient cette adresse discrète, tout juste redéco-
rée dans des tons ensoleillés. La carte, appétissante, varie en fonction du
marché.

※ **Maupertu**   BY 35
94 bd La Tour Maubourg ℘ 01 45 51 37 96, Fax 01 53 59 94 83
GB, ⌘
fermé 10 au 25 août, vacances de fév., sam. et dim. – **Repas** *(21)* - 27,50.
♦ Ce restaurant vous installera face aux Invalides, dans une salle-véranda aux
murs ensoleillés ou à l'une des tables disposées sur le trottoir. Cuisine
d'inspiration provençale.

※ **Fontaine de Mars**   BY 25
129 r. St-Dominique ℘ 01 47 05 46 44, Fax 01 47 05 11 13
⌂ – **AE** **GB**
Repas carte 30 à 36 ♌.
♦ L'enseigne de ce plaisant bistrot des années 1930 agrémenté d'arcades
évoque la jolie fontaine voisine dédiée au dieu guerrier. Copieuse cuisine
traditionnelle.

※ **Chez Collinot**   CZ 18
1 r. P. Leroux ℘ 01 45 67 66 42
GB
fermé août, sam. et dim. – **Repas** *(18,29)* - 22,87.
♦ Accueil tout sourire et atmosphère conviviale en cette petite adresse à
allure de bistrot, où vous attend une cuisine de ménage "bien de chez nous".

✗ Au Bon Accueil   B✗

14 r. Monttessuy ✆ 01 47 05 46 11

▤. ⅏

fermé 10 au 25 août, sam. et dim. – **Repas** 25,20 (déj.)/28,20 (dî●
et carte 40 à 50.

◆ À l'ombre de la tour Eiffel, on sert une appétissante cuisine au goût
jour, sensible au rythme des saisons. Deux salles à manger, de style bar à ●
ou "à la romaine".

✗ Florimond   B✗

19 av. La Motte-Picquet ✆ 01 45 55 40 38, *Fax 01 45 55 40 38* – ⅏

fermé 2 au 27 août, 23 déc. au 2 janv., sam. midi et dim. – **Repas** 17●
(déj.)/27,40 et carte 30 à 45.

◆ Baptisée du nom du jardinier de Monet à Giverny, une adresse placée s●
le signe de la simplicité et du naturel. Poutres, zinc et cuisine du marché
font foi.

✗ Perron   D✗

6 r. Perronet ✆ 01 45 44 71 51, *Fax 01 45 44 71 51* – ⅏ ⅏

fermé 6 au 23 août et dim. – **Repas** carte 26 à 45.

◆ Discrète trattoria au cœur de Saint-Germain-des-Prés. Cadre rustique a●
pierres et poutres apparentes. Cuisine italienne à dominante sarde et vé
tienne.

✗ Miyako   B✗

121 r. Université ✆ 01 47 05 41 83, *Fax 01 45 55 13 18*

▤. ⅏ ⅏

fermé 4 au 26 août et dim. – **Repas** 10 (déj.), 13,80/25 et carte 21 à 40.

◆ Dans le quartier du Gros-Caillou, un petit voyage culinaire au pays du So
Levant, avec des brochettes au charbon de bois et les inévitables - et t
prisés - sushis.

✗ Calèche   D✗

8 r. Lille ✆ 01 42 60 24 76, *lacaleche@yahoo.fr, Fax 01 47 03 31 10*

▤. ⅏ ⅿ ⅏ ⅉⅭⅮ

fermé 5 au 28 août, 26 déc. au 1ᵉʳ janv., sam et dim. – **Repas** 15,5●
27,50 et carte 33 à 45 ⅀.

◆ Proche du musée d'Orsay, maison du 18ᵉ s. à l'atmosphère agréableme
surannée, que fréquentent éditeurs et antiquaires du quartier, adeptes de
cuisine de grand-mère.

✗ Léo Le Lion   B✗

23 r. Duvivier ✆ 01 45 51 41 77 – ⅏

fermé août, 25 déc. au 1ᵉʳ janv., dim. et lundi – **Repas** carte 28 à 45.

◆ Bistrot des années 1930 agrémenté de gravures anciennes et d'un gril
feu de bois. Sur l'ardoise, découvrez les appétissantes suggestions ●
moment et... rugissez de plaisir !

✗ Apollon   B✗

24 r. J. Nicot ✆ 01 45 55 68 47, *Fax 01 47 05 13 60*

fermé dim. – **Repas** *(13,47 bc)* - 21,04 et carte 27 à 39 ⅀.

◆ L'enseigne ne vous convainc pas de l'hellénisme de ce restaurant ? Voy●
la salle à manger, sobrement décorée dans les tons bleus, et goûtez donc à
cuisine si typique !

✗ Bistrot du 7ᵉ   B✗

56 bd La Tour-Maubourg ✆ 01 45 51 93 08, *Fax 01 45 50 33 24*

⅏ ⅏

fermé sam. midi et dim. midi – **Repas** 12 (déj.)/16 ⅀.

◆ Bistrot "à la bonne franquette" : service sans tralala, cadre rustique, cuisi●
simple à prix "mini". La recette fonctionne à merveille, à portée de canon d
Invalides.

Champs-Élysées - Concorde _____
Madeleine _____
St-Lazare - Monceau _____

8e arrondissement

8e : ✉ 75008

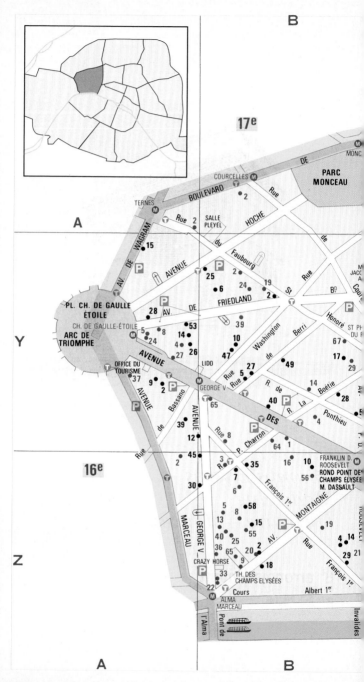

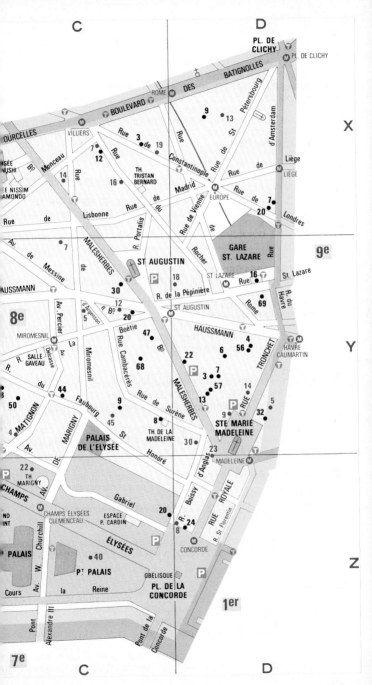

Plaza Athénée   BZ

25 av. Montaigne ℘ 01 53 67 66 65, *reservation@plaza-athenee-paris.cc*
Fax 01 53 67 66 66

🌸, **Ⅰ6** – 📶 ⇆ ☰ 📺 📞 – 🛎 20 à 60. 🖭 ⓪ ⒢⒝ ⋺⒞⒝.
voir rest. *Plaza Athénée* ci-après

Relais-Plaza ℘ 01 53 67 64 00 *(fermé août)* **Repas** 40 ♉
La Cour Jardin (terrasse) ℘ 01 53 67 66 02 *(mai-sept.)* **Repas** carte 62 à 8ₑ
⌸ 32 – **121 ch** 508/808, 66 appart.

♦ Mata Hari, Rockefeller, A. Briand... Le "cardex" du Plaza fut dès l'origine
véritable bottin mondain ! Patio verdoyant, luxueux aménagements, et st
1930 au Relais Plaza.

Bristol   CY

112   r.   Fg   St-Honoré   ℘ 01 53 43 43 00,   *resa@hotel-bristol.co*
Fax 01 53 43 43 01

Ⅰ6, 🔲, ⌖ – 📶, ☰ ch, 📺 📞 🚗 – 🛎 30 à 60. 🖭 ⓪ ⒢⒝ ⋺⒞⒝. ⫸
voir rest. *Bristol* ci-après – ⌸ 30 – **152 ch** 540/710, 26 appart.

♦ Palace de 1925 agencé autour d'un magnifique jardin. Luxueus
chambres, principalement de style Louis XV ou Louis XVI, et exceptionne
piscine "bateau" au dernier étage.

Four Seasons George V   AY

31   av.   George   V   ℘ 01 49 52 70 00,   *par.reservations@fourseasons.co*
Fax 01 49 52 70 20

Ⅰ6, 🔲 – 📶 ⇆ ☰ 📺 📞 ⅙ – 🛎 30 à 400. 🖭 ⓪ ⒢⒝ ⋺⒞⒝
voir rest. *Le Cinq* ci-après – ⌸ 38 – **184 ch** 570/870, 61 appart.

♦ Le célèbre palace a rouvert ses portes après d'immenses travaux €
rénovation. Le décor intérieur, superbe, se réfère désormais au 18ᵉ
Chambres luxueuses. Belle oeuvres d'art.

Crillon   DZ

10 pl. Concorde ℘ 01 44 71 15 00, *crillon@crillon.com*, *Fax 01 44 71 15 02*

Ⅰ6 – 📶 ⇆ ☰ 📺 📞 – 🛎 30 à 60. 🖭 ⓪ ⒢⒝ ⋺⒞⒝
voir rest. *Les Ambassadeurs* et *L'Obélisque* ci-après – ⌸ 30 – **114 c**
550/725, 43 appart.

♦ Les salons de cet ancien hôtel particulier du 18ᵉ s. ont conservé le
fastueuse ornementation. Les chambres, habillées de boiseries, sont magr
fiques. Le palace à la française !

Prince de Galles   BZ ₄

33 av. George-V ℘ 01 53 23 77 77, *hotel_prince_de_galles@sheraton.cor*
Fax 01 53 23 78 78

🌸 – 📶 ⇆ ☰ 📺 📞 – 🛎 25 à 100. 🖭 ⓪ ⒢⒝ ⋺⒞⒝. ⫸ rest
Jardin des Cygnes ℘ 01 53 23 78 50 **Repas** 44(déj.), 47/49,50 ♉ – ⌸ 24,50
138 ch 570/700, 30 appart.

♦ C'est à l'intérieur que ce luxueux hôtel de l'entre-deux-guerres dévoile sc
style Art déco, à l'image du patio en mosaïque. Chambres décorées avec u
goût sûr.

Royal Monceau   BY ₂

37   av.   Hoche   ℘ 01 42 99 88 00,   *royalmonceau@jetmultimedia.f*
Fax 01 42 99 89 90

Ⅰ6, 🔲 – 📶 ⇆ ☰ 📺 📞 – 🛎 25 à 100. 🖭 ⓪ ⒢⒝ ⋺⒞⒝. ⫸
voir rest. *Le Jardin* et *Carpaccio* ci-après – ⌸ 26 – **156 ch** 442/488, 47 ap
part.

♦ Marbre, cristal, escalier monumental... Le spacieux hall-salon est le joyau d
ce palace des années 1920. Chambres raffinées. Centre de remise en form
complet. Squash.

Lancaster BY 27
7 r. Berri ℘ 01 40 76 40 76, *reservations@hotel-lancaster.fr,*
Fax 01 40 76 40 00
🏠, ↳ – 📶 ✎ 🍴 📺 📞. 🅰🅴 ⓞ GB. ⚠
Repas (résidents seul.) carte 50 à 75 – ☲ – **49 ch** 400/545, 11 appart.
◆ B. Pastoukhoff payait ses séjours en peignant des tableaux, contribuant à enrichir l'élégant décor de cet ancien hôtel particulier qu'appréciait aussi Marlène Dietrich.

Vernet AY 9
25 r. Vernet ℘ 01 44 31 98 00, *hotelvernet@jetmultimedia.fr,*
Fax 01 44 31 85 69
📶 ✎ 📺 📞. 🅰🅴 ⓞ GB 🅹🅲🅱
voir rest. *Les Élysées* ci-après – ☲ 32 – **42 ch** 340/535, 9 appart.
◆ Belle façade en pierres de taille, agrémentée de balcons en fer forgé, d'un immeuble des années folles. Chambres de style Empire ou Louis XVI. Grill-bar "branché".

Sofitel Astor CY 68
11 r. d'Astorg ℘ 01 53 05 05 05, *hotelastor@aol.com, Fax 01 53 05 05 30*
Ⓜ, ↳ – 📶 ✎, ✎ ch, 📺 📞 ♿. 🅰🅴 ⓞ GB 🅹🅲🅱. ⚠ rest
voir rest. *L'Astor* ci-après – ☲ 25 – **129 ch** 298/590, 5 appart.
◆ Styles Regency et Art déco revisités : un mariage pour le meilleur seulement, qui a donné naissance à un hôtel "cosy" apprécié d'une clientèle sélecte.

San Régis BZ 4
12 r. J. Goujon ℘ 01 44 95 16 16, *message@hotel-sanregis.fr,*
Fax 01 45 61 05 48
📶 ✎ 📺 📞. 🅰🅴 ⓞ GB 🅹🅲🅱. ⚠
Repas *(fermé août)* carte 48 à 69 ♈ – ☲ 20 – **33 ch** 290/518, 11 appart.
◆ Bel hôtel particulier de 1857 fraîchement remanié : jolies chambres garnies de meubles chinés ici et là ; petit salon-bibliothèque aménagé en salle à manger feutrée.

Sofitel Le Faubourg CZ 20
15 r. Boissy d'Anglas ℘ 01 44 94 14 14, *h1295@accor-hotels.com,*
Fax 01 44 94 14 28
Ⓜ, ↳ – 📶 ✎ ✎ 📺 📞 ♿ 🚗. 🅰🅴 ⓞ GB 🅹🅲🅱. ⚠
Café Faubourg ℘01 44 94 14 24 **Repas** carte 40 à 64 ♈ – ☲ 23 – **154 ch** 425/670, 7 appart, 3 duplex.
◆ Ce Sofitel du "faubourg" occupe deux demeures des 18ᵉ et 19ᵉ s. Chambres équipées "high-tech", élégant restaurant, bar dans l'esprit des années 1930 et salon sous verrière.

Sofitel Arc de Triomphe BY 6
14 r. Beaujon ℘ 01 53 89 50 50, *h1296@accor-hotels.com, Fax 01 53 89 50 51*
📶 ✎ ✎ 📺 📞 ♿ – 🅰 40. 🅰🅴 ⓞ GB
voir rest. *Clovis* ci-après – ☲ 25,91 – **135 ch** 445/750.
◆ L'hôtel a récemment fait peau neuve. L'immeuble est haussmannien, la décoration s'inspire du 18ᵉ s. et les aménagements sont du 21ᵉ s. (réservez l'étonnant "concept room").

Hyatt Regency DY 22
24 bd Malsherbes ℘ 01 55 27 12 34, *madeleine.concierge@paris.hyatt.com, Fax 01 55 27 12 35*
Ⓜ, ↳ – 📶 ✎ ✎ 📺 📞 ♿ – 🅰 20. 🅰🅴 ⓞ GB 🅹🅲🅱. ⚠ rest
Café M : **Repas** carte 41 à 46 ♈ – ☲ 25 – **81 ch** 530/620, 5 appart.
◆ Près de la Madeleine, façade discrète dissimulant un intérieur résolument contemporain, à la fois sobre et chaleureux. Le chic Café M a séduit la clientèle du quartier.

de Vigny   AY

9 r. Balzac ✆ 01 42 99 80 80, *de-vigny@wanadoo.fr, Fax 01 42 99 80 40*

📶 ✕ ☰ ch, 📺 ✆ ☁. 🅰🅴 🅾 🆖 🆓

Repas carte 50 à 80 ⅎ – ☲ 21 – **26 ch** 395/610, 8 appart.

◆ Cet hôtel discret et raffiné, situé près des Champs-Élysées, propose ‹
chambres "cosy" personnalisées. Bureau ancien en guise de réception : o
ici le souci du détail.

Concorde St-Lazare   DY

108 r. St-Lazare ✆ 01 40 08 44 44, *stlazare@concordestlazare-paris.cc*
Fax 01 42 93 01 20

📶 ✕ ☰ 📺 ✆ – 🔏 25 à 150. 🅰🅴 🅾 🆖 🆓

Café Terminus : **Repas** 30/42bc ⅎ, enf. 12,50 – ☲ 22 – **251 ch** 300/4
11 appart.

◆ Ce "palace ferroviaire" (il jouxte la gare St-Lazare) inauguré en 1889 vient
faire peau neuve. Son hall majestueux - un joyau de l'école Eiffel - est jolime
relooké.

Marriott   BY

70 av. Champs-Élysées ✆ 01 53 93 55 00, *Fax 01 53 93 55 01*

Ⓜ, 🍴, 🛗 – 📶 ✕ ☰ 📺 ✆ ☁. – 🔏 15 à 165. 🅰🅴 🅾 🆖 🆓. ✖ re
Pavillon ✆01 53 93 55 44 *(fermé dim. soir et sam.)* **Rep**
52bc (déj.) et carte 60 à 70 ⅎ, enf. 20 – ☲ 22 – **174 ch** 670/760, 18 appart.

◆ Un Américain à Paris : efficacité d'outre-Atlantique et confort ouaté
chambres donnant pour partie sur les Champs. Le Pavillon ? Un restaura
français façon Oncle Sam.

Balzac   AY

6 r. Balzac ✆ 01 44 35 18 00, *hbalzac@cybercable.fr, Fax 01 44 35 18 05*

Ⓜ – 📶, ☰ ch, 📺 ✆. 🅰🅴 🅾 🆖 🆓

voir rest. *Pierre Gagnaire* ci-après – ☲ 21 – **56 ch** 395/545, 14 appart.

◆ L'écrivain s'éteignit au n° 22 de la rue. Élégantes chambres, salon sc
verrière. Posez vos valises et, comme Eugène de Rastignac, partez à
conquête de Paris !

Warwick   BY

5 r. Berri ✆ 01 45 63 14 11, *cesa.whparis@warwickhotels.co*
Fax 01 45 63 75 81

Ⓜ – 📶 ✕ ☰ 📺 ✆ – 🔏 30 à 110. 🅰🅴 🅾 🆖 🆓. ✖ rest

voir rest. *Le W* ci-après – ☲ 28 – **147 ch** 420/570.

◆ L'hôtel a ouvert ses portes en 1981. Ses chambres, fonctionnelles
dotées de balcons, ont séduit une clientèle d'affaires internationale. Spacie
salon.

Napoléon   AY

40 av. Friedland ✆ 01 56 68 43 21, *napoleon@hotelnapoleonparis.co*
Fax 01 47 66 82 33

📶, ☰ ch, 📺 ✆ – 🔏 15 à 80. 🅰🅴 🅾 🆖 🆓

Repas (déj. seul.) carte 30 à 48 ⅎ – ☲ 18,30 – **102 ch** 320/550.

◆ À deux pas de l'Étoile chère à l'Empereur, autographes, figurines et t
bleaux évoquent sans fausse note l'épopée napoléonienne. Chambres (
style Directoire ou Empire.

California   BY ‹

16 r. Berri ✆ 01 43 59 93 00, *eg@hroy.com, Fax 01 45 61 03 62*

🍴 – 📶 ✕ ☰ 📺 ✆ – 🔏 20 à 100. 🅰🅴 🅾 🆖 🆓. ✖ ch

Repas *(fermé août, sam. et dim.)* (déj. seul.) *(27)* - 31/43 ⅎ – ☲ 21 – **161 c**
430/470, 13 duplex.

◆ Les esthètes seront comblés : plusieurs milliers de tableaux ornent l‹
murs de cet ancien palace des années 1920. Autre collection : les 200 whiskie
du piano-bar !

Château Frontenac   BZ 7
54 r. P. Charron ℰ 01 53 23 13 13, *hotel@hfrontenac.com, Fax 01 53 23 13 01*
sans rest – |≜| ▤ 📺 ☎ – 🕰 25. 🖭 ⓞ ☒
☲ 15 – **104 ch** 205/295, 6 appart.
◆ Bel immeuble au coeur du Triangle d'Or. Chambres de style Louis XV, salles
de bains en marbre ou en travertin. Salle des petits-déjeuners revêtue de
boiseries claires.

Bedford   DY 7
17 r. de l'Arcade ℰ 01 44 94 77 77, *contact@hotel-bedford.com,*
Fax 01 44 94 77 97
|≜| ▤ 📺 ☎ – 🕰 15 à 50. 🖭 ☒ ᴊᴄʙ. ✗ rest
Repas *(fermé sam. et dim.)* (déj. seul.) (26) - 32 - ☲ – **134 ch** 162/180,
11 appart.
◆ Demandez une chambre rénovée. Au réveil, vous petit-déjeunerez dans
une salle 1900 ornée d'une profusion de motifs décoratifs en stuc et d'une
belle verrière.

Queen Elizabeth   BZ 30
41 av. Pierre-1er-de-Serbie ℰ 01 53 57 25 25, *reservation@hotel-queen.com,*
Fax 01 53 57 25 26
|≜| ▤ 📺 ☎ – 🕰 30. 🖭 ⓞ ☒ ᴊᴄʙ
Repas *(fermé août, sam. et dim.)* (déj. seul.) 27 – ☲ 19 – **48 ch** 290/455,
12 appart.
◆ Hall et salon habillés de boiseries et agrémentés de tableaux anciens.
Quelques chambres rénovées dans le style classique, plus calmes côté jardin.

Montaigne   BZ 18
6 av. Montaigne ℰ 01 47 20 30 50, *contact@hotel-montaigne.com,*
Fax 01 47 20 94 12
Ⓜ sans rest – |≜| ▤ 📺 ☎ ♿. 🖭 ⓞ ☒ ᴊᴄʙ
☲ 17 – **29 ch** 245/385.
◆ Grilles en fer forgé, belle façade fleurie et gracieux décor "cosy" font la
séduction de cet hôtel. L'avenue est conquise par les boutiques des grands
couturiers.

Élysées Star   AY 2
19 r. Vernet ℰ 01 47 20 41 73, *star@easynet.fr, Fax 01 47 23 32 15*
Ⓜ sans rest – |≜| ✗ ▤ 📺 ☎ – 🕰 30. 🖭 ⓞ ☒ ᴊᴄʙ
☲ 20 – **38 ch** 280/650, 4 appart.
◆ Une jolie marquise agrémente la pimpante façade de cet édifice en angle
de rue. Meubles de style dans les chambres. Salon feutré, avec piano-bar et
cheminée d'ambiance.

François 1er   AY 39
7 r. Magellan ℰ 01 47 23 44 04, *hotel@francois1er.fr, Fax 01 47 23 93 43*
Ⓜ sans rest – |≜| ✗ ▤ 📺 ☎ – 🕰 15. 🖭 ⓞ ☒ ᴊᴄʙ
☲ 21 – **40 ch** 300/457.
◆ Marbre mexicain, moulures, bibelots chinés, meubles anciens et tableaux à
foison : un nouveau décor - luxueux et très réussi - signé Rochon. Copieux
petit-déjeuner (buffet).

Bradford Élysées   BY 17
10 r. St-Philippe-du-Roule ℰ 01 45 63 20 20, *hotel.bradford@astotel.com,*
Fax 01 45 63 20 07
sans rest – |≜| ✗ ▤ 📺. 🖭 ⓞ ☒ ᴊᴄʙ
☲ 21 – **50 ch** 258/304.
◆ Cheminées en marbre, moulures, lits en laiton, décor "rétro" et cage
d'ascenseur centenaire mariant acajou et fer forgé : un conservatoire de
l'irrésistible charme parisien.

🏨 **Royal** AY

33 av. Friedland 🖉 01 43 59 08 14, *rh@royal-hotel.com, Fax 01 45 63 69 92*
Ⓜ sans rest – 🛗 ▤ 📺 ☏. 🖭 ⓞ ☒ JCB
☲ 20 – **58 ch** 260/400.

❖ Les chambres rénovées bénéficient d'une excellente insonorisation d'un joli décor actuel ; certaines ménagent une perspective sur l'Arc Triomphe.

🏨 **Sofitel Champs-Élysées** BZ

8 r. J. Goujon 🖉 01 40 74 64 64, *H1184-RE@accor-hotels.co*
Fax 01 40 74 79 66
Ⓜ, 🍽 – 🛗 ⇆ ▤ 📺 ☏ ⇔ – 🏛 15 à 150. 🖭 ⓞ ☒ JCB
Les Signatures 🖉 01 40 74 64 94 *(déj. seul.)(fermé 1er au 18 août, 25 déc.*
1er janv., sam. et dim.) **Repas** *(30)*-et carte 40 à 51 ♀ – ☲ 23 – **40 ch** 435/560.

❖ Hôtel particulier Second Empire partagé avec la Maison des Centraliens Chambres revues dans le style contemporain ; équipements "dernier cr Centre d'affaires.

🏨 **Élysées-Ponthieu et Résidence** BY

24 r. Ponthieu 🖉 01 53 89 58 58, *Fax 01 53 89 59 59*
sans rest – 🛗 cuisinette ⇆ 📺 ♿. 🖭 ⓞ ☒ JCB
☲ 13 – **91 ch** 185/305, 6 appart.

❖ Les chambres, plus spacieuses dans la partie "Résidence", offrent diff rents niveaux de confort, mais toutes disposent du même équipement pra tique. Bar anglais.

🏨 **Powers** BZ 3

52 r. François 1er 🖉 01 47 23 91 05, *contact@hotel-powers.con*
Fax 01 49 52 04 63
sans rest – 🛗 ▤ 📺 ☏. 🖭 ⓞ ☒ JCB
☲ 13 – **55 ch** 100/300.

❖ L'homme aux "Clefs d'Or" - le concierge - est un peu l'âme de la maison : a réponse à tout et c'est lui qui vous conduira jusqu'à de spacieuse chambres bourgeoises.

🏨 **Résidence du Roy** BZ 2

8 r. François 1er 🖉 01 42 89 59 59, *rdr@residence-du-roy.con*
Fax 01 40 74 07 92
Ⓜ sans rest – 🛗 cuisinette ▤ 📺 ☏ ♿ ⇔ – 🏛 25. 🖭 ⓞ ☒ JCB
☲ 18, 28 appart 405, 4 studios, 3 duplex.

❖ Toutes les chambres, actuelles et plutôt spacieuses, sont équipées de cuisinettes permettant de séjourner à Paris tout en continuant à faire "comme à la maison".

🏨 **Chateaubriand** BY 1

6 r. Chateaubriand 🖉 01 40 76 00 50, *chateaubriand@copatel.com*
Fax 01 40 76 09 22
sans rest – 🛗 ▤ 📺 ☏. 🖭 ⓞ ☒ JCB
☲ 16 – **28 ch** 306/336.

❖ Près des Champs-Élysées, à deux pas du Lido, cet hôtel abrite des chambres au décor feutré, dotées de salles de bains en marbre. "Tea time" vers 17 heures.

🏨 **Résidence Monceau** CX 12

85 r. Rocher 🖉 01 45 22 75 11, *residencemonceau@wanadoo.fr*
Fax 01 45 22 30 88
sans rest – 🛗 📺 ♿. 🖭 ⓞ ☒ JCB. ⌇
☲ 9 – **51 ch** 122.

❖ Entre parc Monceau et gare St-Lazare, établissement moderne aux chambres peu spacieuses mais fonctionnelles. Bar design ouvrant sur un agréable petit patio.

🏨 **Pershing Hall** BZ **3**
49 r. P. Charon ℰ 01 58 36 58 00, *info@pershinghall.com*, Fax 01 58 36 58 01
Ⓜ – |♦| ▤ TV ✆ ♿ – 🍴 60. AE ◐ GB JCB
Repas *(fermé dim.)* 39 et carte 40 à 60 – ☲ 26 – **26 ch** 380/720, 6 appart.
♦ Demeure du général Pershing, club de vétérans et enfin hôtel de charme imaginé par Andrée Putman. Intérieur chic, insolite jardin vertical : à peine ouvert et déjà parti comme une fusée.

🏨 **L'Arcade** DY **13**
7 r. de l'Arcade ℰ 01 53 30 60 00, *contact@hotel-arcade.fr*, Fax 01 40 07 03 07
Ⓜ sans rest – |♦| ▤ TV ✆ – 🍴 25. AE GB JCB
☲ 9 – **37 ch** 132/169, 4 duplex.
♦ Marbre et boiseries dans le hall et les salons, coloris tendres et mobilier choisi dans les chambres font le charme de cet hôtel élégant et discret, proche de la Madeleine.

🏨 **Monna Lisa** BY **28**
97 r. La Boétie ℰ 01 56 43 38 38, *contact@hotelmonnalisa.com*, Fax 01 45 62 39 90
Ⓜ – |♦| ▤ TV ✆. AE ◐ GB JCB. ⚹
Caffe Ristretto - cuisine italienne *(fermé 3 au 25 août, sam. et dim.)* **Repas** 30,49 ☡ – ☲ 16,77 – **22 ch** 221,05/237,82.
♦ Récemment ouvert, ce bel hôtel aménagé dans un immeuble de 1860 est une véritable vitrine du design transalpin. Le gracieux Caffe Ristretto propose ses spécialités italiennes.

🏨 **Lavoisier** CY **47**
21 r. Lavoisier ℰ 01 53 30 06 06, *info@hotellavoisier.com*, Fax 01 53 30 23 00
Ⓜ sans rest – |♦| ▤ TV ✆ ♿. AE ◐ GB JCB. ⚹
☲ 12 – **30 ch** 199/305.
♦ Chambres contemporaines, petit salon-bibliothèque "cosy" faisant office de bar, salle voûtée pour les petits-déjeuners : l'hôtel vient de faire peau neuve.

🏨 **Sofitel Marignan Élysées** BZ **10**
12 r. Marignan ℰ 01 40 76 34 56, *H2801@accor-hotels.com*, Fax 01 40 76 34 34
sans rest – |♦| ✝ ▤ TV ✆ – 🍴 15 à 50. AE ◐ GB JCB
☲ 25 – **57 ch** 450/600, 16 duplex.
♦ Chambres très "cosy" et soigneusement décorées ; certaines sont en duplex, d'autres offrent une terrasse avec vue sur les toits de Paris et la Tour Eiffel.

🏨 **Élysées Mermoz** CY **50**
30 r. J. Mermoz ℰ 01 42 25 75 30, *elymermoz@worldnet.fr*, Fax 01 45 62 87 10
Ⓜ sans rest – |♦| ▤ TV ✆ ♿ – 🍴 15. AE ◐ GB JCB
☲ 7,70 – **22 ch** 126/156, 5 appart.
♦ Couleurs ensoleillées ou camaïeu de gris dans les chambres, boiseries sombres et lave bleue dans les salles de bains, salon en rotin sous verrière : un hôtel "cosy".

🏨 **Franklin Roosevelt** BZ **58**
18 r. Clément-Marot ℰ 01 53 57 49 50, *franklin@iway.fr*, Fax 01 47 20 44 30
sans rest – |♦| TV ♿. AE GB. ⚹
☲ 15 – **48 ch** 180/285.
♦ Bois précieux et marbre utilisés à profusion pour les rénovations des chambres des 5e et 6e étages et des espaces communs : un hôtel au charme victorien. Agréable bar.

🏨 Queen Mary
9 r. Greffulhe ℰ 01 42 66 40 50, hotelqueenmary@wanadoo   DY
Fax 01 42 66 94 92
Ⓜ sans rest – |❖| 🗐 📺 AE ① GB JCB ⛝
🛏 14 – **36 ch** 125/165.
◆ Établissement raffiné à l'esprit "british", où vous bénéficierez d'un accu
personnalisé : une carafe de Xérès est offerte en cadeau de bienven
Agréable patio.

🏨 Vignon
23 r. Vignon ℰ 01 47 42 93 00, h-vignon@club-internet.fr, Fax 01   DY
42 04 60
Ⓜ sans rest – |❖| 🗐 📺 ✆ ⴵ. AE ① GB
🛏 12 – **30 ch** 185/305.
◆ À deux pas de la place de la Madeleine et de ses luxueuses épiceries fin
Établissement entièrement refait : chambres actuelles et élégante salle d
petits-déjeuners.

🏨 Relais Mercure Opéra Garnier
4 r. de l'Isly ℰ 01 43 87 35 50, H1913@accor-hotels.com, Fax 01   DY
87 03 29
Ⓜ sans rest – |❖| ⟳ 🗐 📺 ✆. AE ① GB JCB
🛏 13 – **140 ch** 190/230.
◆ Pratique Relais Mercure situé entre la gare St-Lazare et les gran
magasins. Chambres fonctionnelles et petits-déjeuners sous forme de bu
fet. Jardinet intérieur.

🏨 Étoile Friedland
177 r. Fg St-Honoré ℰ 01 45 63 64 65, friedlan@paris-honotel.cor   BY
Fax 01 45 63 88 96
sans rest – |❖| 🗐 📺 ✆ ⴵ. AE ① GB JCB ⛝
🛏 16,72 – **40 ch** 244/275.
◆ Près de la salle Pleyel, petites chambres pratiques et correctement inson
risées, dotées de lits en laiton et de salles de bains en marbre ; hall et salc
vivement colorés.

🏨 Élysées Céramic
34 av. Wagram ℰ 01 42 27 20 30, cerotel@aol.com, Fax 01 46 22 95 83   AY
sans rest – |❖| 🗐 📺 ✆. AE ① GB JCB
🛏 10 – **57 ch** 160/207.
◆ La façade Art nouveau en grès cérame (1904) est une merveille d'architec
ture. L'intérieur n'est pas en reste, avec des meubles et un décor inspirés d
même style.

🏨 Atlantic
44 r. Londres ℰ 01 43 87 45 40, reserv@atlantic-hotel.fr, Fax 01 4   DX 2
93 06 26
sans rest – |❖| 🗐 📺 ✆. AE ① GB JCB ⛝
🛏 9 – **86 ch** 95/150.
◆ Ondulations, tableaux et maquettes de bateaux... Quelques discrète
touches marines animent le décor contemporain de cet hôtel. Salon et ba
sous une vaste verrière.

🏨 **L'Élysée**   CY **9**
12 r. Saussaies ℘ 01 42 65 29 25, *hotel-de-l-elysee@wanadoo.fr,*
Fax 01 42 65 64 28
sans rest – 🛗 🔲 📺 📞. 🆎 ⓪ ⒢⒝ 🅹🅲🅱. ⌘
⌁ 10 – **32 ch** 105/220.
◆ La décoration de cet établissement qui jouxte le ministère de l'Intérieur
décline toute une gamme de styles des 18ᵉ et 19ᵉ s. Chambres bien tenues.

🏨 **Astoria**   DX **9**
42 r. Moscou ℘ 01 42 93 63 53, *hotel.astoria@astotel.com, Fax 01 42 93 30 30*
sans rest – 🛗 ⤢ 🔲 📺. 🆎 ⓪ ⒢⒝ 🅹🅲🅱. ⌘
⌁ 14 – **86 ch** 154/181.
◆ Cet hôtel du quartier de l'Europe semble plaire à la clientèle d'affaires.
Salon agrémenté de tableaux modernes. Salle des petits-déjeuners sous
verrière.

🏨 **Flèche d'or**   DX **7**
29 rue d'Amsterdam ℘ 01 48 74 06 86, *hotel-de-la-fleche-dor@wanadoo.fr,*
Fax 01 48 74 06 04
sans rest – 🛗 🔲 📺 📞. 🆎 ⓪ ⒢⒝
⌁ 6,90 – **61 ch** 129,60/144,85.
◆ L'enseigne de cet hôtel proche de la gare St-Lazare évoque un célèbre
train de luxe. Chambres bien tenues et salon aussi confortable qu'une voiture
Pullman de la Flèche d'Or !

🏨 **Mayflower**   BY **47**
3 r. Chateaubriand ℘ 01 45 62 57 46, *Fax 01 42 56 32 38*
sans rest – 🛗 📺. 🆎 ⒢⒝
⌁ 10 – **24 ch** 135/166.
◆ Chambres aux harmonieux tons pastel et salles de bains en marbre. La salle
des petits-déjeuners est égayée d'une fresque évoquant la destinée des
Pilgrim Fathers.

🏨 **West-End**   BZ **15**
7 r. Clément-Marot ℘ 01 47 20 30 78, *contact@hotel-west-end.com,*
Fax 01 47 20 34 42
sans rest – 🛗 🔲 📺 📞. 🆎 ⓪ ⒢⒝
⌁ 16 – **50 ch** 165/260.
◆ Au coeur du Triangle d'Or, loin du "smog" du West End, hôtel garni de
meubles provenant d'un palace de la capitale. Hall et salon habillés de boiseries et de marbre.

🏨 **Cordélia**   DY **56**
11 r. Greffulhe ℘ 01 42 65 42 40, *hotelcordelia@wanadoo.fr,*
Fax 01 42 65 11 81
sans rest – 🛗 🔲 📺 📞. 🆎 ⓪ ⒢⒝. ⌘
⌁ 12 – **30 ch** 168.
◆ Les petites chambres de cet hôtel proche de la Madeleine ont été récemment refaites dans des tons chaleureux (rouge et jaune). Salon intime avec
cheminée et boiseries.

🏨 **Comfort St-Augustin**   CY **30**
9 r. Roy ℘ 01 42 93 32 17, *hotelsa@gofornet.com, Fax 01 42 93 19 34*
sans rest – 🛗 🔲 📺 📞. 🆎 ⓪ ⒢⒝ 🅹🅲🅱. ⌘
⌁ 10 – **62 ch** 120/214.
◆ Immeuble haussmannien à proximité de l'église St-Augustin. Les
chambres, aux tons pastel, sont peu à peu rénovées. Bar d'inspiration Art
déco.

🏨 **Fortuny**   DY
35 r. de l'Arcade   ℰ 01 42 66 42 08,   *info@hotel-fortuny.cc*
Fax 01 42 66 00 32
sans rest – 📶 ☰ 📺 📞. 🆎 ⓪ 🆖 JCB. ⚶
🛏 9 – **30 ch** 145/150.

♦ Chambres fonctionnelles équipées de salle de bains en marbre. Pet
déjeuners sous forme de buffet dans une salle égayée d'une fresque à su
bucolique.

🏨 **Pavillon Montaigne**   CY
34 r. J. Mermoz   ℰ 01 53 89 95 00, *Fax 01 42 89 33 00*
Ⓜ sans rest – 📶 ☰ 📺 📞. 🆎 ⓪ 🆖 JCB. ⚶
🛏 8 – **18 ch** 130/165.

♦ Salle des petits-déjeuners et réception ne sont pas très spacieuses mais
chambres - récemment rénovées - sont ravissantes et très actuelles. U
bonne petite adresse.

🏨 **New Orient**   CX
16 r. Constantinople   ℰ 01 45 22 21 64,   *new.orient.hotel@wanadoo*
Fax 01 42 93 83 23
sans rest – 📶 📺. 🆎 ⓪ 🆖. ⚶
🛏 7 – **30 ch** 69/102.

♦ Façade fleurie, meubles chinés, décor "cosy" des petites chambres
charmant accueil franco-allemand font l'attrait de cette délicieuse maison
poupée.

🏨 **Alison**   CY
21 r. de Surène   ℰ 01 42 65 54 00,   *hotel.alison@wanadoo.fr, Fax 01*
65 08 17
sans rest – 📶 📺. 🆎 ⓪ 🆖 JCB. ⚶
🛏 7 – **35 ch** 75/135.

♦ Hôtel familial dans une rue calme proche du théâtre de la Madeleine. H
agrémenté de tableaux contemporains et chambres fonctionnelles tapissé
de papier japonais.

🏨 **Newton Opéra**   DY
11 bis r. de l'Arcade   ℰ 01 42 65 32 13,   *newtonopera@easynet.*
Fax 01 42 65 30 90
sans rest – 📶 ☰ 📺 📞. 🆎 ⓪ 🆖. ⚶
🛏 12 – **31 ch** 150/183.

♦ Petites chambres égayées de tons vifs, plaisant salon de lecture et accu
personnalisé : une carafe de Mandarine impériale vous attend en cadeau
bienvenue.

🏨 **Madeleine Haussmann**   DY
10 r. Pasquier   ℰ 01 42 65 90 11, *3hotels@hotels.com, Fax 01 42 68 07 93*
sans rest – 📶 ☰ 📺 📞. 🆎 ⓪ 🆖 JCB
🛏 7 – **36 ch** 114/125.

♦ Chambres pas très spacieuses, mais rigoureusement entretenues et ga
nies d'un mobilier de bonne facture. Salle voûtée pour les petits-déjeuners

🏨 **Comfort Malesherbes**   CY
11 pl. St-Augustin   ℰ 01 42 93 27 66,   *hotelmalesherbes@gofornet.co*
Fax 01 42 93 27 51
sans rest – 📶 ☰ 📺 📞. 🆎 ⓪ 🆖 JCB. ⚶
🛏 11 – **24 ch** 117/168.

♦ Chambres douillettes aux tons jaune et bleu ou jaune et rouille, pour
plupart tournées vers le dôme de l'église Saint-Augustin construite par Vict
Baltard.

XXXX **Le ''Cinq''** - Hôtel Four Seasons George V   AY 12

31 av. George V ℘ 01 49 52 71 54, *Fax 01 49 52 71 81*

⟨symbols⟩ – ▤. **AE ⓘ** ⊙ᴮ **JCB**. ⟨symbol⟩

Repas 60 (déj.)/200 et carte 100 à 150.

♦ Ravissante salle de restaurant - majestueuse évocation du Grand Trianon - ouverte sur un ravissant jardin intérieur. Ambiance raffinée et talentueuse cuisine classique.

Spéc. Blanc-manger au caviar d'Aquitaine (printemps). Fricassée de langoustines à la coriandre, lasagne au vieux parmesan. Lièvre à la royale (saison).

XXXX **Les Ambassadeurs** - Hôtel Crillon   DZ 24

10 pl. Concorde ℘ 01 44 71 16 16, *restaurants@crillon.com, Fax 01 44 71 15 02*

▤. **AE ⓘ** ⊙ᴮ **JCB**. ⟨symbol⟩

Repas 62 (déj.)/135 et carte 120 à 175.

♦ Cette splendide salle à manger dont les ors et les marbres se reflètent dans d'immenses glaces est l'ancienne salle de bal d'un hôtel particulier du 18e s. Cuisine raffinée.

Spéc. Turbot rôti aux agrumes, jus de poulet et vinaigre balsamique. Aiguillette de canette au pain d'épice. Vacherin ''comme en Alsace''.

XXXX **Ledoyen**   CZ 40

carré Champs-Élysées (1er étage) ℘ 01 53 05 10 01, *Fax 01 47 42 55 01*

▤ **P**. **AE** ⊙ᴮ. ⟨symbol⟩

fermé 29 juil. au 26 août, sam., dim. et fériés – **Repas** 58 (déj.), 119/192 bc et carte 120 à 160 ⟨symbol⟩.

♦ Pavillon néo-classique édifié en 1848 à la place d'une célèbre guinguette des Champs. Décor Napoléon III classé, vue sur les jardins dessinés par Hittorff et séduisante cuisine ''terre et mer''.

Spéc. Grosses langoustines bretonnes croustillantes. Blanc de turbot braisé, pommes rattes au beurre de truffe. Millefeuille de fines ''krampouz'' craquantes au citron.

XXXX **Plaza Athénée** - Hôtel Plaza Athénée   BZ 2

25 av. Montaigne ℘ 01 53 67 65 00, *adpa@alain-ducasse.com, Fax 01 53 67 65 12*

▤. **AE ⓘ** ⊙ᴮ **JCB**. ⟨symbol⟩

fermé 12 juil. au 19 août, 20 au 30 déc., lundi midi, mardi midi, merc. midi, sam., dim. et fériés – **Repas** 190/250 et carte 165 à 225.

♦ Le somptueux décor Régence cher aux habitués du ''Plaza'' a été relooké par P. Jouin dans un esprit ''design et organza'' : insolite mariage de styles, et cuisine... de grand chef !

Spéc. Langoustines rafraîchies, nage réduite, caviar osciètre. Volaille de Bresse, chapelure d'herbes et jus perlé. Coupe glacée de saison.

XXXX **Bristol** - Hôtel Bristol   CY 44

112 r. Fg St-Honoré ℘ 01 53 43 43 40, *resa@hotel-bristol.com, Fax 01 53 43 43 01*

⟨symbols⟩ – ▤. **AE ⓘ** ⊙ᴮ **JCB**. ⟨symbol⟩

Repas 60/120 et carte 100 à 145.

♦ Avec sa forme ovale et ses splendides boiseries, la salle à manger d'hiver ressemble à un petit théâtre. Celle d'été s'ouvre largement sur le magnifique jardin de l'hôtel.

Spéc. Macaroni farcis d'artichaut, truffe et foie gras de canard, gratinés au vieux parmesan. Poularde de Bresse en vessie parfumée au Vin Jaune. Biscuit mi-cuit au chocolat.

XXXXX **Taillevent** (Vrinat) B
🕸🕸🕸 15 r. Lamennais ℘ 01 44 95 15 01, *mail@taillevent.com, Fax 01 42 25 95 18*
🍽, 🆎 ⓞ ⓖⓑ ⒿⒸⒷ, ✼

fermé 27 juil. au 26 août, sam., dim. et fériés – **Repas** (nombre de couv
limité, prévenir) 130 et carte 105 à 130 ⬢.

◆ Le célèbre maître queux médiéval a prêté son nom à ce restaurant sis d
l'hôtel particulier du duc de Morny. Boiseries et œuvres d'art côté dé
cuisine exquise et cave somptueuse côté table.
Spéc. Quenelles de volaille aux écrevisses. Foie de canard poêlé au bany
Beignet au chocolat.

XXXXX **Lucas Carton** (Senderens) D
🕸🕸🕸 9 pl. Madeleine ℘ 01 42 65 22 90, *lucas.carton@lucascarton.c*
Fax 01 42 65 06 23
🍽, 🆎 ⓞ ⓖⓑ ⒿⒸⒷ, ✼

fermé août, Noël au Jour de l'An, lundi midi, sam. midi et dim. – **Repas**
(déj.)/131 et carte 140 à 250.

◆ Sycomore, érable, citronnier : les magnifiques boiseries Art nouv
signées Majorelle sont ornées de miroirs et d'appliques à motif végé
Association mets et vins sublimée.
Spéc. Homard à la vanille "Bourbon de Madagascar". Foie gras de canard
Landes au chou, à la vapeur. Canard Apicius rôti au miel et aux épices.

XXXXX **Lasserre** B
🕸🕸 17 av. F.-D.-Roosevelt ℘ 01 43 59 53 43, *Fax 01 45 63 72 23*
🍽, 🆎 ⓞ ⓖⓑ ⒿⒸⒷ, ✼

fermé 4 août au 2 sept., dim. et lundi – **Repas** 55 (déj.)/130 et carte 110 à
⬢.

◆ Ce pavillon édifié en 1945 est une institution du Paris gourmand. Dan
salle à manger néo-classique, étonnant toit ouvrant décoré d'une saraba
de danseuses.
Spéc. Galette de truffe noire au céleri (mi-déc. à fin mars). Bar de ligne
croûte blonde aux citrons confits. Tarte soufflée pralinée au gingembre
cacao amer

XXXXX **Laurent** C
🕸🕸 41 av. Gabriel ℘ 01 42 25 00 39, *info@le-laurent.com, Fax 01 45 62 45 21*
🍴 – 🆎 ⓞ ⓖⓑ, ✼
fermé sam. midi, dim. et fériés – **Repas** 65/130 et carte 100 à 180.

◆ Le pavillon à l'antique bâti par Hittorff, d'élégantes terrasses ombragée
une cuisine de grande tradition : un petit coin de paradis dans les Jardins
Champs-Élysées.
Spéc. Araignée de mer dans ses sucs en gelée, crème de fenouil. Foie gras
canard aux haricots noirs pimentés. Variation sur le chocolat.

XXXXX **Les Élysées** - Hôtel Vernet A
🕸🕸 25 r. Vernet ℘ 01 44 31 98 98, *hotelvernet@jetmultimedi*
Fax 01 44 31 85 69
🍽, 🆎 ⓞ ⓖⓑ ⒿⒸⒷ, ✼

fermé 22 juil. au 25 août, lundi midi, sam., dim. et fériés – **Repas**
(déj.)/150 et carte 115 à 160.

◆ Cuisine inventive et maîtrisée, aux saveurs subtiles, à déguster sou
splendide verrière Belle Époque signée Eiffel, qui baigne la salle à mar
d'une douce lumière.
Spéc. Epeautre "comme un risotto" et râpée de truffe noire (déc. à fév.).
de ligne à l'étouffé, cèpes, cébettes et artichauts violets. Gnocchi d'her
fraîches, pain grillé aux noix et sorbet à l'huile d'olive

XXXX **Pierre Gagnaire** - Hôtel Balzac   AY 26
❀❀❀ 6 r. Balzac 🖉 01 58 36 12 50, *p.gagnaire@wanadoo.fr, Fax 01 58 36 12 51*
🖥, AE ⓞ GB

fermé 15 au 31 juil., vacances de Toussaint, de fév., dim. midi, sam. et fériés –
Repas 83,85 (déj.)/182,94 et carte 155 à 215.
   ◆ La fantaisie n'est pas dans le décor, sobrement contemporain, mais dans
l'assiette. Magie des saveurs, surprises gustatives, géniales inspirations...
La poésie aux fourneaux !
Spéc. Langoustines bretonnes : grillées, en tartare et mousseline, sabayon au
macvin. Coffre de canard rôti entier, crumble de mangue, peau laquée et
cuisse en terrine. Biscuit soufflé au chocolat pur Caraïbes.

XXXX **L'Astor** - Hôtel Sofitel Astor   CY 68
❀❀ 11 rue d'Astorg 🖉 01 53 05 05 20, *hotelastor@aol.com, Fax 01 53 05 05 30*
🖥, AE ⓞ GB JCB

fermé 5 août au 2 sept., sam. et dim. – **Repas** 49,55 bc (déj.)/99,09
bc et carte 85 à 125 ℣.
   ◆ Décor contrasté : salons et élégante salle ovale aux tons clairs, mobilier en
bois foncé de style Directoire. Héritière et créative, la savoureuse cuisine a
conquis son public.
Spéc. Araignée de mer à la crème de chou fleur et caviar. Lièvre à la royale
(oct. à déc.).Pomme verte en cristalline, crème croustillante au thé.

XXXX **La Marée**   AX 2
❀ 1 r. Daru 🖉 01 43 80 20 00, *Fax 01 48 88 04 04*
🖥, AE ⓞ GB

fermé 26 juil. au 28 août, sam. midi et dim. – **Repas** carte 80 à 100 ℣.
   ◆ Jolie façade à colombages, vitraux, tableaux flamands et boiseries chaleureuses composent le décor raffiné et luxueux de ce restaurant où l'on sert
une belle cuisine de la mer.
Spéc. Croustillant de langoustines à la sauce aigre douce.Petite marmite
tropézienne.Millefeuille chaud caramélisé aux amandes.

XXXX **Chiberta**   AY 24
❀ 3   r.   Arsène-Houssaye   🖉 01 53 53 42 00,   *info@lechiberta.com,*
Fax 01 45 62 85 08
🖥, AE ⓞ GB

fermé août, sam. midi et dim. – **Repas** 44,21 (déj.)/89,94 et carte 70 à 110 ℣.
   ◆ L'esprit des années 1970, conservé, a été rajeuni par un décor japonisant
préservant l'intimité : le restaurant idéal pour un repas d'affaires. Cuisine au
goût du jour.
Spéc. Cuisses de grenouilles poêlées à l'ail doux. Saint-Pierre serti à la feuille
de laurier. Truffe noire de Provence cuite au champagne, à la croque au sel
(mi-nov. à fin fév.)

XXXX **Clovis** - Hôtel Sofitel Arc de Triomphe   BY 6
❀ 14 r. Beaujon 🖉 01 53 89 50 53, *h1296@accor-hotels.com, Fax 01 53 89 50 51*
🖥, AE ⓞ GB

fermé 24 juil. au 24 août, 24 déc. au 2 janv., sam., dim. et fériés – **Repas**
45,42/88,42 et carte 62 à 76 ℣.
   ◆ Esprit classique revisité (tons beige et brun) pour le décor, service attentif
et souriant, cuisine raffinée : les gourmets du quartier en ont fait leur
"cantine".
Spéc. Duo de foie gras de canard, figues vigneronnes. Tournedos de lotte
grillé, tranches de lomo, blettes braisées. Coeur de filet de boeuf normand
aux câpres.

XXX Maison Blanche CY
15 av. Montaigne (6ᵉ étage) ℘ 01 47 23 55 99, *Fax 01 47 20 09 56*
≤, 斎 – |♦| 圁. 砸 ⓞ ☒
fermé sam. midi et dim. midi – **Repas** carte 78 à 83.

♦ Sur le toit du théâtre des Champs-Élysées, loft-duplex dont l'immen
verrière est tournée sur le dôme doré des Invalides. Design épuré côté déco
influences languedociennes côté cuisine.

XXX Jardin - Hôtel Royal Monceau BY
❀ 37 av. Hoche ℘ 01 42 99 98 70, *Fax 01 42 99 89 94*
斎 – 圁. 砸 ⓞ ☒ ⁊ᴄʙ. ⁊ᴄ̶ʙ̶
fermé sam. et dim. – **Repas** 61 (déj.)/99,13 et carte 90 à 110.

♦ Entourée d'un joli jardin fleuri, la moderne coupole de verre abr
une élégante salle à manger où l'on déguste une subtile cuisine méditerr
néenne.

Spéc. ''Fougassette'' de jeunes légumes à la purée d'écrevisses (été). Bar
ligne braisé en feuille de figue (automne). Filet de veau de lait rôti, chicons
jus de truffe et vieux jambon (printemps et hiver).

XXX Fouquet's BY
99 av. Champs Élysées ℘ 01 47 23 50 00, *fouquets@lucienbarriere.cor*
Fax 01 47 23 50 55
斎 – 砸 ⓞ ☒ ⁊ᴄʙ
Repas 50 et carte 65 à 78.

♦ Ce célébrissime établissement qui vient de fêter son 100ᵉ anniversaire f
le Q.G. des as en biplan avant de devenir celui de stars du 7ᵉ art tels Raim
Guitry et Pagnol.

XXX Le W - Hôtel Warwick BY
❀ 5 r. Berri ℘ 01 45 61 82 08, *lerestaurantw@warwickhotels.cor*
Fax 01 45 63 75 81
圁. 砸 ⓞ ☒ ⁊ᴄʙ. ⁊ᴄ̶
fermé 28 juil. au 2 sept., 20 déc. au 6 janv., sam. et dim. – **Repas**
(déj.)/55 et carte 60 à 85.

♦ ''W'' pour Warwick : dans le chaleureux décor contemporain du restaurar
discrètement installé au sein de l'hôtel, vous dégusterez une belle cuisir
ensoleillée.

Spéc. Champignons sauvages et foie gras de canard poêlé. Saint-Jacques au
topinambours et patate douce. Côte épaisse de cochon en croûte de sel.

XXX L'Obélisque - Hôtel Crillon DZ
6 r. Boissy d'Anglas ℘ 01 44 71 15 15, *restaurants@crillon.cor*
Fax 01 44 71 15 02
圁. 砸 ⓞ ☒ ⁊ᴄʙ
fermé 27 juil. au 26 août – **Repas** 48.

♦ Salle agrémentée de boiseries, glaces et verre gravé, où les mètres carre
seraient presque moins nombreux que les convives : normal, la cuisine e
goûteuse et soignée !

XXX Marcande CY
52 r. Miromesnil ℘ 01 42 65 19 14, *info@marcande.com*, *Fax 01 42 65 76 85*
斎 – ☒
fermé 5 au 19 août, 25 déc. au 2 janv., sam. et dim. – **Repa**
38,11 et carte 49 à 78 ⁊.

♦ Discret restaurant fréquenté par une clientèle d'affaires. Salle à mange
contemporaine tournée vers l'agréable patio-terrasse, qui marche fort au
beaux jours.

Copenhague
✿ 142 av. Champs-Élysées (1ᵉʳ étage) ✆ 01 44 13 86 26, *flor.*
fr, Fax 01 44 13 89 44
🌮 – 🍽. AE GB
fermé 29 juil. au 25 août, sam. midi, dim. et fê
73 et carte 60 à 95
Flora Danica : Repas 30 et carte 44 à 68 ₤.
◆ La Maison du Danemark abrite "la" table scandinave de Paris. Élégant design danois côté décor et grandes baies vitrées offrant une vue sur l'animation des Champs-Élysées.
Spéc. Assiette gourmande ''Copenhague''. Noisettes de renne frottées de poivre noir, rôties au sautoir. Rhubarbe confite et sorbet, gâteau aux amandes (avril à sept.)

El Mansour   BZ 8
7 r. Trémoille ✆ 01 47 23 88 18, *Fax 01 40 70 13 53*
🍽. AE GB
fermé 11 au 19 août, lundi midi et dim. – **Repas** 42,69 bc (déj.), 53,36 bc/68,60 bc.
◆ Salle à manger revêtue de chaleureuses boiseries et égayée de petites notes orientales : un restaurant marocain feutré au coeur du Triangle d'Or.

Yvan   BY 13
1bis r. J. Mermoz ✆ 01 43 59 18 40, *Fax 01 42 89 30 95*
🍽. AE ① GB JCB
fermé sam. midi et dim. – **Repas** 29,73 (déj.)/43,45 et carte 50 à 80.
◆ Cadre raffiné égayé de belles compositions florales, lumière tamisée et clientèle "B.C.B.G." : un restaurant très "in" à côté du Rond-Point des Champs-Élysées.

Bath's   BZ 5
✿ 9 r. La Trémoille ✆ 01 40 70 01 09, *restaurantbath@wanadoo.fr, Fax 01 40 70 01 22*
🍽. AE GB
fermé 2 août au 2 sept., 23 au 26 déc., sam., dim. et fériés – **Repas** 30 (déj.)/70 (dîner)et carte 65 à 90 ₤.
◆ Un décor chic et discret, une belle collection de vieux bordeaux rouges, une appétissante carte aux accents auvergnats : c'est "bath" quand un "bougnat" monte à Paris !
Spéc. Crème de lentilles, bonbons de foie gras et truffes. Cassoulet de homard. Côte de veau du Limousin, macaroni rôtis aux morilles hachées.

Indra   BY 29
10 r. Cdt-Rivière ✆ 01 43 59 46 40, *Fax 01 42 25 00 32*
🍽. AE ① GB
fermé sam. midi et dim. – **Repas** 34 (déj.), 38/58 et carte 41 à 51.
◆ Murs en patchwork, boiseries finement ouvragées, belle mise en place... Un lieu ravissant et une carte explorant le patrimoine culinaire de l'Union indienne.

Spoon   BZ 56
14 r. Marignan ✆ 01 40 76 34 44, *spoonfood@aol.com, Fax 01 40 76 34 37*
🍽. AE ① GB JCB. 🚫
fermé 22 juil. au 19 août, 23 déc. au 1ᵉʳ janv., sam. et dim. – **Repas** carte 54 à 89.
◆ Boiseries de wengé, tons pastel, mobilier design et carte modulable offrant une ribambelle de plats et vins venus des quatre coins du monde : entrez dans le temps de la "fusion food".

Rue Balzac AY

3 r. Balzac ✆ 01 53 89 90 91, *rostang@relaischateaux.fr, Fax 01 53 89 90 94*

AE ① GB

fermé 13 au 19 août, sam. midi et dim. midi – **Repas** carte 43 à 51 ♀.

♦ Une des adresses "tendance" du moment puisque promue par Johnny e
personne. Immense salle à manger style appartement bourgeois. Cuisine a
goût du jour.

XX **Carpaccio** - Hôtel Royal Monceau
☼ 37 av. Hoche ✆ 01 42 99 98 90

AE ① GB JCB

fermé 20 juil. au 26 août – **Repas** carte 55 à 91.

♦ Franchissez le hall de l'hôtel Royal Monceau pour vous attabler dans u
plaisant décor évoquant la "Sérénissime". Lustres en verre de Muran
Goûteuse cuisine italienne.

Spéc. Gnocchi verts au parmesan. Tagliatelle au ragoût de veau. Pigeon rô
sur polenta et truffes noires.

XX **Luna** CX
☼ 69 r. Rocher ✆ 01 42 93 77 61, *Fax 01 40 08 02 44*

AE GB

fermé 6 au 27 août et dim. – **Repas** carte 53 à 73 ♀.

♦ Sobre cadre Art déco et fine cuisine aux saveurs iodées, nourries d
arrivages quotidiens de belles marées du littoral atlantique. Le baba ? Il vo
laissera... "baba" !

Spéc. Grosses gambas rôties à l'huile de vanille. Cassolette de homard au la
fumé. "Vrai baba" de Zanzibar.

XX **Tante Louise** DY
41 r. Boissy-d'Anglas ✆ 01 42 65 06 85, *tante.louise@wanadoo.*
Fax 01 42 65 28 19

AE ① GB JCB

fermé août, sam. et dim. – **Repas** carte 44 à 68 ♀.

♦ L'enseigne évoque la "Mère" parisienne qui tenait naguère ce restaurant a
discret cadre Art déco. Carte traditionnelle agrémentée de spécialités bou
guignonnes.

XX **Shozan** BZ
11 r. de la Trémoille ✆ 01 47 23 37 32, *Fax 01 47 23 67 30*

AE ① GB JCB

fermé 1er au 29 août, sam. et dim. – **Repas** *(25,50)* - 30 (déj.), 60,5
75,50 et carte 59 à 65 ♀.

♦ Côté décor : lumière tamisée, boiseries exotiques, cadre contempora
épuré. Côté cuisine : la tradition française alliée aux dernières tendanc
nipponnes.

XX **Korova** BZ
33 r. Marbeuf ✆ 01 53 89 93 93, *info@korova.fr, Fax 01 53 89 93 94*

AE GB JCB

fermé 1er au 15 août, sam. midi et dim. midi – **Repas** *(30,33)* - carte 41 à 69 ♀.

♦ La nouvelle "cantine" du showbiz est un clin d'oeil au Korova Milkbar
film Orange mécanique. Intérieur design "rythmé" par un variateur d'écl
rage chromatique. Plats du monde.

XX **Grenadin** CX
46 r. Naples ✆ 01 45 63 28 92, *Fax 01 45 61 24 76*

AE GB

fermé sam. midi, lundi soir et dim. – **Repas** 33,54/40,86 et carte environ 60
♦ Près du parc Monceau, deux intimes petites salles égayées de tablea
modernes. Cuisine au goût du jour, avec une mention spéciale pour le "mil
feuille minute" !

XX **Hédiard**   DY 9

21 pl. Madeleine ℘ 01 43 12 88 99, *restaurant@hediard.fr, Fax 01 43 12 88 98*
🍴 AE ① GB. 🍽

fermé 25 déc. au 1er janv. et dim. – **Repas** carte 41 à 58 ♈.

◆ Décor colonial et cuisine du monde aux mille épices : vous êtes conviés à un "safari" culinaire... au 1er étage de cette épicerie de luxe, sur la place de la Madeleine.

XX **Sarladais**   DY 18

2 r. Vienne ℘ 01 45 22 23 62, *Fax 01 45 22 23 62*
🍴 GB JCB

fermé 4 au 13 mai, 3 août au 3 sept., sam. sauf le soir d'oct. à avril, dim. et fériés – **Repas** 33 ♈.

◆ Entre l'église St-Augustin et la gare St-Lazare, quelques solides spécialités périgourdines servies "à la bonne franquette" dans une sympathique ambiance provinciale.

XX **Fermette Marbeuf 1900**   BZ 13

5 r. Marbeuf ℘ 01 53 23 08 00, *Fax 01 53 23 08 09*
🍴 AE ① GB

Repas *(23,20 bc)* - 27,90 et carte 36 à 54 ♈.

◆ Le sidérant décor Art nouveau de la salle à manger-verrière, où vous réserverez votre table, a été retrouvé par hasard lors de travaux de rénovation.

XX **Marius et Janette**   BZ 33

❁ 4 av. George-V ℘ 01 47 23 41 88, *Fax 01 47 23 07 19*
🍽 – 🍴 AE ① GB JCB

Repas 51,84 bc et carte 60 à 90.

◆ L'enseigne évoque l'Estaque et les films de Robert Guédiguian. Élégant décor façon "yacht", agréable terrasse sur l'avenue, et la "grande bleue" dans vos assiettes.

Spéc. Poissons crus. Merlan frit sauce tartare (mai à mi-oct.). Saint-Jacques poêlées aux cèpes (oct.à fév.).

XX **Stella Maris**   AY 5

4 r. Arsène Houssaye ℘ 01 42 89 16 22, *stella.maris.paris@wanadoo.fr, Fax 01 42 89 16 01*
🍴 AE ① GB JCB. 🍽

fermé 10 au 22 août, sam. midi, lundi midi et dim. – **Repas** 42,70 (déj.)/103,68 et carte 75 à 85.

◆ Cuisine classique actualisée en harmonie avec le plaisant et très épuré décor de ce restaurant situé à deux pas de l'Arc de Triomphe. Accueil charmant.

XX **Il Sardo**   CY 7

11 rTreilhard ℘ 01 45 61 09 46
🍴 AE GB

fermé août, sam. midi, dim. et fériés – **Repas** carte 25 à 49 ♈.

◆ Le soleil est autant sur les murs que dans les assiettes de cette sympathique trattoria tenue par une famille sarde. Fresque et bibelots évoquent l'île de la mer Tyrrhénienne.

XX **Les Bouchons de François Clerc "Étoile"**   AY 8

6 r. Arsène Houssaye ℘ 01 42 89 15 51, *siegebouchons@wanadoo.fr, Fax 01 42 89 28 67*
🍴 AE GB JCB. 🍽

fermé sam. midi et dim. – **Repas** 40,86 ♈.

◆ Le dernier-né des "Bouchons" de François Clerc met en vedette les produits de la mer, servis dans un décor évoquant le monde marin. Bon choix de vins à prix coûtant.

XX **Stresa** BZ
7 r. Chambiges ✆ 01 47 23 51 62
▤. AE ⓓ GB. ✈
fermé août, 20 déc. au 3 janv., sam. et dim. – **Repas** (prévenir) carte 42 à 7
◆ Trattoria du Triangle d'Or fréquentée par une clientèle très jet-set. Tablea de Buffet, compressions de César... les artistes aussi apprécient cette cuisi italienne.

XX **Berkeley** CY
7 av. Matignon ✆ 01 42 25 72 25, *Fax 01 45 63 30 06*
☂ – ▤. AE ⓓ GB JCB
Repas carte 38 à 45 ♀.
◆ L'incontournable J. Garcia a métamorphosé cette vénérable brasserie une adresse "mode" : décor de salle des ventes - Christie's est à deux pas - de bibliothèque feutrée.

XX **Bistrot du Sommelier** CY
97 bd Haussmann ✆ 01 42 65 24 85, *bistrot-du-sommelier@noos*, *Fax 01 53 75 23 23*
▤. AE GB
fermé 27 juil. au 25 août, 21 déc. au 1er janv., sam. et dim. – **Repas** 38,11 (dé 59,46 bc/99,09 bc.
◆ Le bistrot de P. Faure-Brac, honoré du titre de meilleur sommelier monde en 1992, compose un hymne à Bacchus, nourri du feu roulant dives bouteilles.

XX **Nobu** BZ
15 r. Marbeuf ✆ 01 56 89 53 53, *Fax 01 56 89 53 54*
▤. AE ⓓ GB JCB
fermé dim. midi et sam. – **Repas** carte environ 90 ♀.
◆ Après New York et Londres, Nobu s'installe à Paris. Fusion d'une cuisi japonisante et sud-américaine tendance "light", décor minimaliste, serveu "cools" et... prix V.I.P. !

XX **Kinugawa** BY
4 r. St-Philippe du Roule ✆ 01 45 63 08 07, *Fax 01 42 60 45 21*
▤. AE ⓓ GB JCB. ✈
fermé 24 déc. au 7 janv. et dim. – **Repas** 26 (déj.), 86/107 et carte 80 à 110
◆ Cette discrète façade proche de l'église St-Philippe-du-Roule dissimule intérieur japonisant où l'on vous soumettra une longue carte de spécialit nipponnes.

XX **L'Angle du Faubourg** BY
✿ 195 r. Fg St-Honoré ✆ 01 40 74 20 20, *Fax 01 40 74 20 21*
▤. AE ⓓ GB JCB
fermé 27 juil. au 20 août, sam. et dim. – **Repas** 35/73 et carte 50 à 60 ♀.
◆ À l'angle des rues du Faubourg-St-Honoré et Balzac. Ce "bistrot" modern qui n'a pas l'âme faubourienne, propose une cuisine classique habileme actualisée. Cadre épuré.
Spéc. Lomo de thon rôti aux épices. Joues de veau braisées, gratin macaroni aux artichauts. Entremets au chocolat, glace à l'amande amère.

XX **Les Bouchons de François Clerc** BZ
7 r. Boccador ✆ 01 47 23 57 80, *Fax 01 47 23 74 54*
AE GB JCB
fermé sam. midi et dim. – **Repas** *(25,75)* - 40,86 ♀.
◆ Le succès de ces fameux "bouchons" ? Les vins à prix coûtant, permetta d'accompagner son repas de grands crus sans trop bourse délier. Bistrot ch d'esprit Belle Époque.

XX **Al Ajami** BY 8
58 r. François 1er ℘ 01 42 25 38 44, *Fax 01 42 25 38 39*
🍴. 𝔸𝔼 ⓞ 𝔾𝔹. 🚫
Repas *(16,62)* - 19,67/28,81 et carte 30 à 52 ℃.
♦ L'ambassade de la cuisine traditionnelle libanaise. Plats mitonnés de père en fils depuis 1920. Décor orientalisant, ambiance familiale et clientèle d'habitués.

XX **Village d'Ung et Li Lam** CY 25
10 r. J. Mermoz ℘ 01 42 25 99 79, *Fax 01 42 25 12 06*
🍴. 𝔸𝔼 ⓞ 𝔾𝔹 𝙅𝘾𝘽
fermé sam. midi et dim. midi – **Repas** 18 (déj.), 22/29 et carte environ 35 ℃, enf. 12.
♦ Ung et Li vous accueillent dans un cadre asiatique original : aquariums suspendus et sol en pâte de verre avec inclusions de sable. Cuisine sino-thaïlandaise.

XX **Pichet de Paris** BY 64
68 r. P. Charron ℘ 01 43 59 50 34, *Fax 01 42 89 68 91*
🍴. 𝔸𝔼 ⓞ 𝔾𝔹
fermé sam. sauf le soir de sept. à avril et dim. – **Repas** carte 50 à 90.
♦ Hommes politiques et vedettes du spectacle se retrouvent dans l'arrière-salle de cette pseudo-brasserie où poissons, coquillages et crustacés se taillent la part du lion.

XX **Bistro de l'Olivier** AZ 2
13 r. Quentin Bauchart ℘ 01 47 20 78 63, *Fax 01 47 20 74 58*
🍴. 𝔸𝔼 𝔾𝔹
Repas (nombre de couverts limité, prévenir) 32,01 et carte 61 à 66 ℃.
♦ Carrés provençaux et vieilles affiches évoquant le Sud égayent la salle à manger très actuelle de ce restaurant situé près de l'avenue George-V. Cuisine méditerranéenne.

XX **Market,** CY 4
15 r. Matignon ℘ 01 56 43 40 90, *Fax 01 43 59 10 87*
🍴. 𝔸𝔼 𝔾𝔹
Repas 39 (déj.)et carte 45 à 65 ℃.
♦ Emplacement prestigieux, décor de bois brut et de pierre, masques africains logés dans des niches et cuisine métissée (française, italienne et asiatique) : une adresse "trendy".

X **Cap Vernet** AY 37
82 av. Marceau ℘ 01 47 20 20 40, *capvernet@guysavoy.com, Fax 01 47 20 95 36*
☂ – 🍴. 𝔸𝔼 ⓞ 𝔾𝔹 𝙅𝘾𝘽
Repas carte 42 à 58.
♦ Salle à manger "transatlantique" en bleu-blanc-chrome, parcourue de coursives et bastingages, et ambiance feutrée autour d'une cuisine tournée vers l'océan.

X **L'Appart'** BY 4
9 r. Colisée ℘ 01 53 75 16 34, *restapart@aol.com, Fax 01 53 76 15 39*
🍴. 𝔸𝔼 𝔾𝔹 𝙅𝘾𝘽
Repas 29/39,60 ℃.
♦ Salon, bibliothèque ou cuisine ? Choisissez une des pièces de cet "appartement" reconstitué pour déguster une cuisine au goût du jour. Brunch dominical.

✗ **Saveurs et Salon** DY
3 r. Castellane ℰ 01 40 06 97 97, *Fax 01 40 06 98 06*
◼. **AE** **GB**
fermé sam. midi et dim. – **Repas** 30 ◊.
◆ Minisalle au cadre contemporain ou coquet caveau en pierres apparent
au sous-sol : une ancienne boutique de prêt-à-porter élégamme
transformée en restaurant.

✗ **L'Atelier Renault** BY
53 av. Champs Élysées ℰ 01 49 53 70 70, *Fax 01 49 53 70 71*
◼
Repas 28 et carte 35 à 42, enf. 8.
◆ Design et transparence sont les maîtres mots de ce décor comme suspe
du au-dessus de l'espace événementiel de la marque automobile. Cuisi
dans l'air du temps.

✗ **Cô Ba Saigon** BY
181 r. Fg St-Honoré ℰ 01 45 63 70 37, *Fax 01 42 25 18 31*
◼. **AE** **GB**
fermé 27 juil. au 18 août, sam. midi en juil.-août et dim. – **Repas** 14,
(déj.)/22,87 et carte 23 à 30.
◆ La belle Cô Ba fut représentée sur un timbre-poste émis en Indochi
coloniale. Intérieur en noir et rouge agrémenté de photos du pays et cuisi
vietnamienne.

✗ **Zo** CY
13 r. Montalivet ℰ 01 42 65 18 18, *restzo@club-internet.fr, Fax 01 42 65 10*
◼. **AE** **GB** **JCB**
fermé 9 au 19 août, sam. midi et dim. midi – **Repas** *(15)* - carte 35 à 40.
◆ Zoom sur ce Zo pour drôles de zèbres : décor entre le zist et le zest, car
zappant d'une cuisine à l'autre et clientèle de zouaves certainement p
zombies. Et zou !

✗ **Xu** BZ
19 r. Bayard ℰ 01 47 20 82 24, *Fax 01 47 20 20 21*
◼. **AE** **①** **GB**
fermé 13 au 20 août et dim. soir – **Repas** carte 34 à 56.
◆ Ce lieu singulier, dont le nom vietnamien signifie printemps, est une d
adresses "in" du moment. Étonnante décoration pop'art imaginée par
sculpteur Pira. Cuisine du monde.

✗ **Bistrot de Marius** BZ
6 av. George V ℰ 01 40 70 11 76
🏠 – **AE** **①** **GB**. ⅛
Repas carte 33 à 54.
◆ Cette sympathique "annexe" de "Marius et Janette" offre un cadre prove
çal vivement coloré. Petites tables serrées, dressées simplement. Cuisine de
mer.

✗ **Rocher Gourmand** CX
89 r. Rocher ℰ 01 40 08 00 36, *Fax 01 40 08 05 29*
GB
fermé 27 juil. au 27 août, sam. midi et dim. – **Repas** *(25)* - 30/45.
◆ Rendez-vous des gourmands de la rue du Rocher, ce sympathique pe
restaurant au cadre pimpant propose une cuisine au goût du jour relevée
mille épices.

✗ **Daru** BX 2
19 r. Daru ℰ 01 42 27 23 60, *Fax 01 47 54 08 14*
📧. 🆎 ᴳᴮ
fermé août, dim. et fériés – **Repas** carte 45 à 80.
♦ Fondée en 1918, la maison Daru fut la première épicerie russe de Paris. Elle continue de régaler ses hôtes de zakouskis, blinis et caviars, dans un décor en rouge et noir.

✗ **Ferme des Mathurins** DY 5
17 r. Vignon ℰ 01 42 66 46 39, *Fax 01 42 66 00 27*
⓪ ᴳᴮ ᴶᶜᴮ
fermé août, dim. et fériés – Repas 27,45/36,60 et carte 45 à 50.
♦ Une atmosphère très "vieille France"... à côté de la Madeleine. L'avant-salle, avec son antique zinc, est réservée aux non-fumeurs. Plats "bistrotiers" fleurant bon le terroir.

✗ **Maline** BY 14
40 r. Ponthieu ℰ 01 45 63 14 14, *Fax 01 48 78 35 30*
ᴳᴮ
fermé 1er au 8 mai, sam. et dim. – **Repas** 28,20 et carte 21 à 37 ♈.
♦ L'enseigne rend hommage à un poème de Rimbaud, chanté par Léo Ferré. Deux petites salles toutes blanches, avec sièges en fer forgé. Cuisine traditionnelle.

✗ **Version Sud** BY 24
3 r. Berryer ℰ 01 40 76 01 40, *Fax 01 40 76 03 96*
📧. 🆎 ⓪ ᴳᴮ ᴶᶜᴮ. 🚭
fermé 5 au 19 août, sam. midi et dim. – **Repas** (prévenir) carte 36 à 47 ♈.
♦ Le patio sous une verrière, la "bodega" andalouse ou l'intérieur mauresque : trois atmosphères ensoleillées pour une cuisine venue du bassin méditerranéen.

✗ **Café Indigo** BZ 36
12 av. George V ℰ 01 47 20 89 56, *Fax 01 47 20 76 16*
📧. 🆎 ⓪ ᴳᴮ ᴶᶜᴮ
Repas carte 34 à 56.
♦ Près du Lido, un café-restaurant jeune et actuel, mariant boiseries sombres et coloris vifs. Courte carte façon "bistrot" et propositions du jour sur ardoise.

✗ **Boucoléon** CX 19
10 r. Constantinople ℰ 01 42 93 73 33, *claval.jeremy@fnac.net,*
Fax 01 42 93 17 44
ᴳᴮ. 🚭
fermé 1er au 18 août, sam. et dim. – Repas (nombre de couverts limité, prévenir) carte 24 à 35.
♦ Ce plaisant petit bistrot de quartier connaît un franc succès grâce à une cuisine du marché bien troussée et à prix doux. C'est l'ardoise qui annonce les festivités.

✗ **Shin Jung** DX 13
7 r. Clapeyron ℰ 01 45 22 21 06
fermé sam. midi, dim. midi et fériés – **Repas** *(11,30)* - 13,50/29 et carte 28 à 45 ♈.
♦ Salle de restaurant un rien zen, dont les murs sont agrémentés de calligraphies. Cuisine sud-coréenne et spécialités de poissons crus. Accueil sympathique.

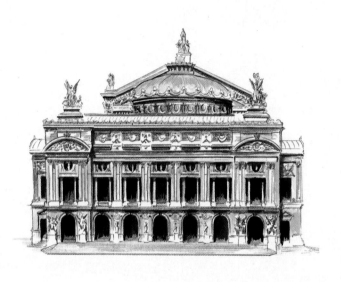

Opéra - Grands Boulevards _____
Gare de l'Est - Gare du Nord _____
République - Pigalle _____

9e et 10e arrondissements

9e : ✉ 75009 - 10e : ✉ 75010

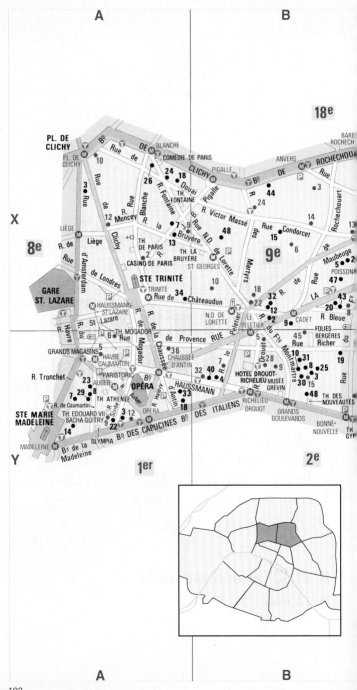

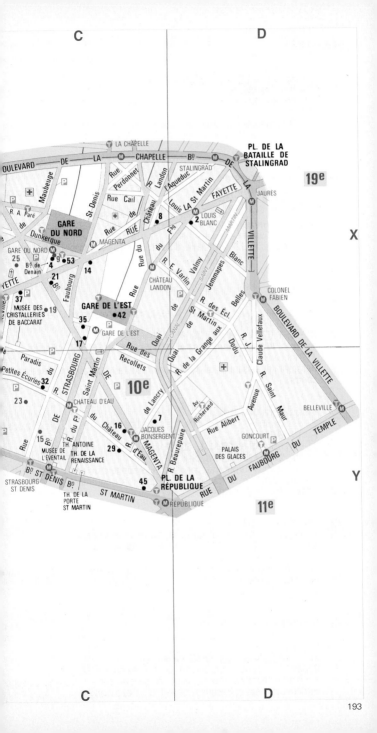

Scribe AY
1 r. Scribe (9e) 📞 01 44 71 24 24, *scribe.reservation@wanadoo*
Fax 01 42 65 39 97
M – 📶 ⚡ 🖥 📺 📞 ♿ – 🅰 50. 🆎 ⓪ 🅶🅱 JCB
voir rest. **Les Muses** ci-après
Jardin des Muses : Repas 29 (déj.) et carte 29 à 50 ♈ – ☕ 24 – **206 ch** 41
705, 11 appart.
◆ Cet immeuble haussmannien abrite un hôtel apprécié pour son luxe c
cret. En 1895, le public y découvrait en première mondiale le cinématograp
des Frères Lumière.

Millennium Opéra BY
12 bd Haussmann (9e) 📞 01 49 49 16 00, *opera@mill-cop.co*
Fax 01 49 49 17 00
M, 🍴 – 📶 ⚡, 🖥 ch, 📺 📞 ♿ – 🅰 80. 🆎 ⓪ 🅶🅱 JCB
Brasserie Haussmann 📞 01 49 49 16 64 Repas (26)-36 ♈ – ☕ 25 – **150**
400/500, 13 appart.
◆ Cet hôtel de 1927 n'a rien perdu de son lustre des années folles. Chambr
garnies de meubles Art déco et décorées avec un goût sûr. Équipemer
modernes.

Ambassador BY
16 bd Haussmann (9e) 📞 01 44 83 40 40, *ambass@concorde-hotels.co*
Fax 01 42 46 19 84
📶 ⚡ 🖥 📺 📞 – 🅰 110. 🆎 ⓪ 🅶🅱 JCB
voir rest. **16 Haussmann** ci-après – ☕ 23 – **292 ch** 360/450, 4 appart.
◆ Panneaux de bois peint, lustres en cristal, meubles et objets ancie
décorent cet élégant hôtel des années 1920. Les chambres offrent espace
confort.

Villa Opéra Drouot BY
2 r. Geoffroy Marie (9e) 📞 01 48 00 08 08, *drouot@hotelsparis.f*
Fax 01 48 00 80 60
M sans rest – 📶 🖥 📺 📞 ♿. 🆎 ⓪ 🅶🅱 JCB
☕ 18 – **27 ch** 390/442, 3 duplex.
◆ Laissez-vous surprendre par le subtil mélange d'un décor baroque et d
confort "dernière tendance" en ces chambres agrémentées de tenture
velours, soieries et boiseries.

Terminus Nord CX
12 bd Denain (10e) 📞 01 42 80 20 00, *Fax 01 42 80 63 89*
M sans rest – 📶 ⚡ 📺 📞 ♿ – 🅰 70. 🆎 ⓪ 🅶🅱 JCB
☕ 13 – **236 ch** 216/229.
◆ Rénové depuis peu, cet hôtel de 1865 a retrouvé son éclat d'antan. Vitrau
Art nouveau, décor "british" et atmosphère "cosy" lui donnent un air de bel
demeure victorienne.

Holiday Inn Paris Opéra BY 1
38 r. Échiquier (10e) 📞 01 42 46 92 75, *information@hi-parisopera.con*
Fax 01 42 47 03 97
📶 ⚡ 🖥 📺 📞 ♿ – 🅰 60. 🆎 ⓪ 🅶🅱 JCB
Repas (16,76) - 32 bc/35 bc, enf. 10 – ☕ 20 – **92 ch** 228/273.
◆ Grandes chambres sobres, meublées dans le style Art nouveau. Boiserie
verrières colorées et fresques égayent les salles à manger.

Pavillon de Paris AX 3
7 r. Parme (9e) ℘ 01 55 31 60 00, *mail@pavillondeparis.com*,
Fax 01 55 31 60 01
M̄ sans rest – |⌶| ▤ TV ⌣ ₺. AE ① GB
☐ 13,75 – **30 ch** 229/275.
♦ Décor contemporain d'esprit "zen" et technologie de pointe (accès à Internet par la TV, fax et boîte vocale) caractérisent les chambres de cet hôtel sobrement luxueux.

Lafayette BX 2
49 r. Lafayette (9e) ℘ 01 42 85 05 44, *h2802-gm@accor-hotels.com*,
Fax 01 49 95 06 60
M̄ sans rest – |⌶| cuisinette ⇔ TV ⌣ ₺. AE ① GB JCB
☐ 13 – **96 ch** 174/305, 7 appart.
♦ Élégance du beige et du bois dans le hall, esprit "rustique 18e s." dans les chambres tendues de toile de Jouy, cadre de jardin d'hiver pour les petits-déjeuners.

St-Pétersbourg AY 23
33 r. Caumartin (9e) ℘ 01 42 66 60 38, *hotel.st-petersbourg@wanadoo.fr*,
Fax 01 42 66 53 54
|⌶| ▤ TV ⌣ – ⌂ 25. AE ① GB JCB. ⌘ rest
Relais ℘ 01 42 66 85 90 *(fermé août, sam. et dim.)* **Repas** (16)-23 ☐ – **100 ch**
☐ 158/199.
♦ Les chambres, meublées dans le style Louis XVI, sont souvent spacieuses et orientées côté cour. Salon assez cossu, éclairé par une verrière colorée.

Astra AY 29
29 r. Caumartin (9e) ℘ 01 42 66 15 15, *hotel.astra@astotel.com*,
Fax 01 42 66 98 05
sans rest – |⌶| ⇔ ▤ TV ⌣. AE ① GB JCB. ⌘
☐ 21 – **82 ch** 258/304.
♦ Immeuble haussmannien abritant des chambres assez amples et confortables. Le joli salon sous verrière reçoit régulièrement des expositions d'art contemporain.

Richmond Opéra AY 33
11 r. Helder (9e) ℘ 01 47 70 53 20, *paris@richmond-hotel.com*,
Fax 01 48 00 02 10
sans rest – |⌶| ▤ TV ⌣. AE ① GB JCB. ⌘
☐ 10 – **59 ch** 122/143.
♦ Les chambres, spacieuses et élégantes, donnent presque toutes sur la cour. Le salon est bourgeoisement décoré dans le style Empire.

Carlton's Hôtel BX 44
55 bd Rochechouart (9e) ℘ 01 42 81 91 00, *carltons@club-internet.fr*,
Fax 01 42 81 97 04
sans rest – |⌶| TV ⌣. AE ① GB JCB
☐ 8,40 – **108 ch** 122/167,70.
♦ Le point fort de cet établissement est sa position dominante offrant un panorama sur tout Paris. Chambres confortables, bien insonorisées côté boulevard.

Albert 1er CX 14
162 r. Lafayette (10e) ℘ 01 40 36 82 40, *resa@hotel-albert1er-paris.com*,
Fax 01 40 35 72 52
M̄ sans rest – |⌶| ▤ TV ⌣. AE ① GB JCB
☐ 9 – **55 ch** 85/101.
♦ Hôtel dont les chambres, modernes et bien aménagées, sont équipées d'un double vitrage et bénéficient d'efforts constants de rénovation. Atmosphère conviviale.

🏨 **Opéra Cadet**   BX
24   r.   Cadet   (9e)   📞 01 53 34 50 50,   *infos@hotel-opera-cadet.*
Fax 01 53 34 50 60
Ⓜ sans rest – 📶 🔲 📺 📞 🚗 – 🔏 50. 🆎 ⓞ ⒼⒷ ⒿⒸⒷ
🖥 12 – **85 ch** 150/170, 3 appart.
♦ Laissez votre voiture dans le garage, installez-vous dans cet hôtel conten
porain et vivez la capitale à pied. Pour plus de tranquillité, préférez
chambres côté jardin.

🏨 **Bergère Opéra**   BY
34   r.   Bergère   (9e)   📞 01 47 70 34 34,   *hotel.bergere@astotel.co.*
Fax 01 47 70 36 36
sans rest – 📶 🔲 📺 – 🔏 40. 🆎 ⓞ ⒼⒷ ⒿⒸⒷ
🖥 14 – **134 ch** 167/182.
♦ Immeuble du 19e s. doté depuis peu d'un ascenseur panoramique. L
chambres, rénovées par étapes, adoptent un décor plaisant ; certain
donnent sur une cour-jardin.

🏨 **Franklin**   BX
19   r.   Buffault   (9e)   📞 01 42 80 27 27,   *H2779@accor-hotels.co*
Fax 01 48 78 13 04
sans rest – 📶 ↦ 📺 📞. 🆎 ⓞ ⒼⒷ ⒿⒸⒷ
🖥 13 – **68 ch** 151/207.
♦ Dans une rue paisible, chambres garnies d'un élégant mobilier inspiré d
campagnes militaires de l'époque napoléonienne. Insolite trompe-l'oeil naïf
l'accueil.

🏨 **Caumartin**   AY
27   r.   Caumartin   (9e)   📞 01 47 42 95 95,   *h2811@accor-hotels.cor*
Fax 01 47 42 88 19
sans rest – 📶 ↦ 🔲 📺 📞. 🆎 ⓞ ⒼⒷ ⒿⒸⒷ
🖥 12 – **40 ch** 177.
♦ Chambres contemporaines meublées en bois blond et joliment décorée
Agréable salle des petits-déjeuners ornée de peintures hautes en couleur.

🏨 **Grand Hôtel Haussmann**   AY 1
6 r. Helder (9e) 📞 01 48 24 76 10, *ghh@club-internet.fr, Fax 01 48 00 97 18*
sans rest – 📶 🔲 📺 📞. 🆎 ⓞ ⒼⒷ ⒿⒸⒷ. ✗
🖥 10 – **59 ch** 110/148.
♦ Cette façade discrète dissimule un hôtel au décor chaleureux. Le
chambres, de tailles variées, douillettes et personnalisées, donnent presqu
toutes sur l'arrière.

🏨 **Blanche Fontaine**   AX 2
34 r. Fontaine (9e) 📞 01 44 63 54 95, *Fax 01 42 81 05 52*
🅢 sans rest – 📶 ↦ 📺 📞 🚗. 🆎 ⓞ ⒼⒷ ⒿⒸⒷ
🖥 14,48 – **62 ch** 168/206, 4 appart.
♦ À l'écart de l'animation citadine, hôtel dont les chambres, spacieuses, son
régulièrement rafraîchies. Agréable salle des petits-déjeuners.

🏨 **Anjou-Lafayette**   BX 4
4   r.   Ribouttê   (9e)   📞 01 42 46 83 44,   *hotel.anjou.lafayette@wanadoo.f*
Fax 01 48 00 08 97
sans rest – 📶 📺 📞. 🆎 ⓞ ⒼⒷ ⒿⒸⒷ
🖥 10 – **39 ch** 130/145.
♦ Près du verdoyant square Montholon orné de grilles du Second Empire
chambres de bon confort, meublées dans le goût des années 1980, bie
tenues et insonorisées.

🏠 **Touraine Opéra** AX 34

73 r. Taitbout (9e) 📞 01 48 74 50 49, *H2803@accor-hotels.com,*
Fax 01 42 81 26 09
sans rest – |‡| ⥥ TV ✆. AE ① GB JCB
🛏 13 – **39 ch** 151/207.

♦ Chambres élégantes aux tons ocre et vert pastel, décorées de gravures du Paris d'hier et garnies de meubles en bois cérusé. Petits-déjeuners servis dans une cave voûtée.

🏠 **Paris-Est** CX 42

4 r. 8 Mai 1945 (cour d'Honneur gare de l'Est)(10e) 📞 01 44 89 27 00, *hotelpari sest-bestwestern@autogrill.fr, Fax 01 44 89 27 49*
sans rest – |‡| ▤ TV. AE ① GB
🛏 9 – **44 ch** 95/182.

♦ Bien que jouxtant la gare, cet établissement propose des chambres calmes, car tournées vers une arrière-cour ; elles sont anciennes, mais vont être rénovées.

🏠 **Français** CX 35

13 r. 8-Mai 1945 (10e) 📞 01 40 35 94 14, *hotelfrancais@wanadoo.fr,*
Fax 01 40 35 55 40
sans rest – |‡| TV ✆ – 🔬 20. AE ① GB JCB
🛏 7,50 – **71 ch** 73/81.

♦ Hôtel disposant de chambres très bien équipées et peu à peu remises à neuf, plus spacieuses en façade, mais plus tranquilles à l'arrière.

🏠 **Moulin** AX 26

39 r. Fontaine (9e) 📞 01 42 81 93 25, *h2765-gm@accor-hotels.com,*
Fax 01 40 16 09 90
Ⓜ sans rest – |‡| ⥥ TV ✆. AE ① GB JCB
🛏 13 – **50 ch** 161/173.

♦ À deux pas du Moulin-Rouge, chaleureux établissement où règne une atmosphère un tantinet "british". Coquettes chambres soignées, lumineuses côté rue, calmes côté cour.

🏠 **Trois Poussins** BX 48

15 r. Clauzel (9e) 📞 01 53 32 81 81, *h3p@les3poussins.com, Fax 01 53 32 81 82*
Ⓜ sans rest – |‡| cuisinette ⥥ TV ✆ ὐ. AE ① GB JCB. ⌘
🛏 10 – **40 ch** 130/185.

♦ Élégantes chambres offrant plusieurs niveaux de confort. Vue sur Paris depuis les derniers étages. Salle des petits-déjeuners joliment voûtée. Petite cour-terrasse.

🏠 **Celte La Fayette** BX 32

25 r. Buffault (9e) 📞 01 49 95 09 49, *inforesa@hotel-celte-lafayette.com,*
Fax 01 49 95 01 88
sans rest – |‡| TV. AE ① GB JCB
🛏 10 – **50 ch** 114/174.

♦ Dans une rue calme, au coeur du quartier des banques et des assurances. Les chambres, régulièrement rénovées, sobres et modernes, donnent presque toutes sur une cour.

🏠 **Printania** CY 29

19 r. Château d'Eau (10e) 📞 01 42 01 84 20, *printania@hotelprintania.fr,*
Fax 01 42 39 55 12
sans rest – |‡| TV ✆. AE ① GB JCB. ⌘
🛏 8 – **51 ch** 95/125.

♦ Hôtel situé dans une rue commerçante. La plupart des chambres, pas très grandes mais confortables, s'ouvrent sur un patio ; quelques terrasses au dernier étage.

🏨 Pavillon République Les Halles

CV

9 r. Pierre Chausson (10ᵉ) ℘ 01 40 18 11 00, *republique@hotelsparis* Fax 01 40 18 11 06

sans rest – ⤢ 📺 📞 ♿, 🅰🅴 ⓪ ☒ 🅹🅲🅱

🖵 11 – **58 ch** 153/200.

✦ Au gré de vos envies, choisissez les chambres de style Art déco ou ce offrant une ambiance romantique ; presque toutes donnent sur une arriè cour.

🏨 Monterosa

AX

30 r. La Bruyère (9ᵉ) ℘ 01 48 74 87 90, Fax 01 42 81 01 12

Ⓜ sans rest – 🛗 📺. 🅰🅴 ⓪ ☒

🖵 8 – **36 ch** 80/116,50.

✦ Dans une rue paisible de la Nouvelle Athènes, chambres de différen tailles, fonctionnelles et bien insonorisées. Décoration simple, mais ensem bien tenu.

🏨 Mercure Monty

BY

5 r. Montyon (9ᵉ) ℘ 01 47 70 26 10, Fax 01 42 46 55 10

sans rest – 🛗 ⤢ ▤ 📺 📞 – ⚄ 50. 🅰🅴 ⓪ ☒ 🅹🅲🅱

🖵 11 – **70 ch** 152/160.

✦ Belle façade des années 1930, cadre Art déco à l'accueil et équipeme standard de la chaîne caractérisent ce Mercure situé dans la perspective Folies Bergère.

🏨 Pré

BX

10 r. P. Sémard (9ᵉ) ℘ 01 42 81 37 11, Fax 01 40 23 98 28

sans rest – 🛗 📺 📞. 🅰🅴 ⓪ ☒

🖵 9 – **40 ch** 85/115.

✦ Chambres modernes joliment colorées, salon garni de canapés Chester field, salle des petits-déjeuners et bar de style bistrot.

🏨 Résidence du Pré

BX

15 r. P. Sémard (9ᵉ) ℘ 01 48 78 26 72, *reservation@leshotelsdupre.co* Fax 01 42 80 64 83

sans rest – 🛗 ⤢ 📺 📞. 🅰🅴 ⓪ ☒ 🅹🅲🅱. ⌀

🖵 9 – **40 ch** 75/90.

✦ Non loin de son frère jumeau, cet hôtel propose des chambres de mêr confort que celui-ci. Salon, salle des petits-déjeuners et coin bar au cac contemporain.

🏨 Sudotel Grands Boulevards

BY

42 r. Petites-Écuries (10ᵉ) ℘ 01 42 46 91 86, *info@sudotel.co* Fax 01 40 22 90 85

sans rest – 🛗 ▤ 📺 ♿. 🅰🅴 ⓪ ☒ 🅹🅲🅱

🖵 10 – **49 ch** 114/174.

✦ Comme l'indique l'enseigne, les Grands Boulevards sont proches, mais plupart des chambres donnent sur une cour. Joli mobilier et tonalités harm nieuses.

🏨 Gotty

BY

11 r. Trévise (9ᵉ) ℘ 01 47 70 12 90, *hotelgotty@hotelgottyopera.* Fax 01 47 70 21 26

sans rest – 🛗 📺 📞. 🅰🅴 ⓪ ☒ 🅹🅲🅱

🖵 8,39 – **44 ch** 115,86/135,68.

✦ Chambres de style rustique, insonorisées ; quelques-unes sont tournè côté cour. Tons chauds et poutres dans la salle des petits-déjeuners.

🏨 **Acadia**
BY **31**

4 r. Geoffroy Marie (9ᵉ) ☎ 01 40 22 99 99, *astotel@astotel.com*,
Fax 01 40 22 01 82

Ⓜ sans rest – |♯| 🔳 📺 🐾 ♿. 🗚 ⓞ ☸ 🇯🇨🇧. ✗

⌧ 14 – **36 ch** 167/182.

◆ Dans un quartier animé - de nuit comme de jour - ce petit immeuble abrite des chambres bien équipées et bénéficiant d'un double vitrage. Tenue sans reproche.

🏨 **Axel**
BY **10**

15 r. Montyon (9ᵉ) ☎ 01 47 70 92 70, *h2954-gm@accor-hotels.com*,
Fax 01 47 70 43 37

sans rest – |♯| ⑭ 🔳 📺. 🗚 ⓞ ☸ 🇯🇨🇧

⌧ 9,91 – **38 ch** 125/145.

◆ Dans cet hôtel situé au coeur d'un quartier très animé le soir, demandez l'une des nombreuses chambres donnant côté cour. Aménagements fonctionnels.

🏨 **Paix République**
CY **45**

2 bis bd St-Martin (10ᵉ) ☎ 01 42 08 96 95, *hotelpaix@wanadoo.fr*,
Fax 01 42 06 36 30

sans rest – |♯| 📺. 🗚 ⓞ ☸ 🇯🇨🇧. ✗

⌧ 7 – **45 ch** 106/197.

◆ Plus calmes côté rue que côté boulevard, chambres aux tons pastel garnies de meubles rustiques ou en bois stratifié. Profonds sièges en cuir dans le coin salon.

🏨 **Trinité Plaza**
AX **7**

41 r. Pigalle (9ᵉ) ☎ 01 42 85 57 00, *trinite.plaza@wanadoo.fr*,
Fax 01 45 26 41 20

sans rest – |♯| 📺 🐾. 🗚 ⓞ ☸ 🇯🇨🇧

⌧ 6 – **42 ch** 104/118.

◆ À l'angle d'une impasse et de la rue Pigalle. Les chambres, insonorisées mais déjà anciennes, devraient prochainement bénéficier d'une rénovation.

🏨 **Corona**
BY **48**

8 cité Bergère (9ᵉ) ☎ 01 47 70 52 96, *hotelcoronaopera@regetel.com*,
Fax 01 42 46 83 49

🕭 sans rest – |♯| 📺 🐾 ♿. 🗚 ⓞ ☸ 🇯🇨🇧

⌧ 12 – **56 ch** 151/191, 4 appart.

◆ Dans un calme et pittoresque passage, petit immeuble à la façade ornée d'une élégante marquise. Chambres dotées d'un mobilier en loupe d'orme. Accueillant salon.

🏨 **Montréal**
AY **7**

23 r. Godot-de-Mauroy (9ᵉ) ☎ 01 42 65 99 54, *hmontreal@magic.fr.*,
Fax 01 49 24 07 33

sans rest – |♯| ⑭ 📺 🐾. 🗚 ⓞ ☸ 🇯🇨🇧. ✗

⌧ 6 – **12 ch** 113/120, 6 appart.

◆ Bien situé entre Madeleine et Opéra, établissement progressivement rénové, dont les chambres sont meublées et décorées avec soin. Isolation phonique correcte.

🏨 Alba
BX
34 ter r. La Tour d'Auvergne (9e) ℘ 01 48 78 80 22, *Fax 01 42 85 23 13*
🐾 sans rest – 📶 cuisinette 📺 📞. 🅰🅴 ⓞ 🆖 🇯🇨🇧. ✂
☑ 7 – **24 ch** 90/121.

♦ Au fond d'une impasse, hôtel où vécut, dans les années 1930, le tromp
tiste L. Armstrong. Chambres offrant plusieurs niveaux de confort.

🏨 Peyris
BY
10 r. Conservatoire (9e) ℘ 01 47 70 50 83, *peyris@club-internet*
Fax 01 40 22 95 91
📶, 🖃 ch, 📺. 🅰🅴 ⓞ 🆖 🇯🇨🇧. ✂ rest
Repas *(fermé sam. midi et dim.)* 15/24 – ☑ 10 – **50 ch** 84/122.

♦ Les chambres se dotent peu à peu d'aménagements fonctionnels et
décors aux tons jaune et bleu. Salon garni d'un mobilier Napoléon III. Accu
aimable.

🏨 Comfort Gare du Nord
CX
33 r. St-Quentin (10e) ℘ 01 48 78 02 92, *hgn-nordotel@wanadoo*
Fax 01 45 26 88 31
sans rest – 📶 📺 📞. 🅰🅴 ⓞ 🆖. ✂
☑ 10 – **47 ch** 75/120.

♦ Établissement proposant des chambres meublées simplement mais sp
cieuses, très bien tenues et insonorisées. Agréables salles de bains. Coque
salle des petits-déjeuners.

🏨 Amiral Duperré
AX
32 r. Duperré (9e) ℘ 01 42 81 55 33, *h2756@accor-hotels.co*
Fax 01 44 63 04 73
Ⓜ sans rest – 📶 🔄 📺 📞. 🅰🅴 ⓞ 🆖 🇯🇨🇧
☑ 8 – **52 ch** 101,62/131,11.

♦ Batailles navales peintes en trompe-l'oeil et reproductions de gravur
marines dans le hall. Mobilier de style Art déco dans des chambres pas tr
grandes.

🏨 Riboutté-Lafayette
BX
5 r. Riboutté (9e) ℘ 01 47 70 62 36, *Fax 01 48 00 91 50*
sans rest – 📶 📺 📞. 🅰🅴 ⓞ 🆖 🇯🇨🇧
☑ 6 – **24 ch** 77.

♦ Il règne une atmosphère provinciale dans ces salons décorés de bibelo
de plantes vertes et de fleurs. Chambres simples, agrémentées de meubl
chinés dans les brocantes.

🏨 Relais du Pré
BX
16 r. P. Sémard (9e) ℘ 01 42 85 19 59, *Fax 01 42 85 70 59*
sans rest – 📶 📺 📞. 🅰🅴 ⓞ 🆖
☑ 9 – **34 ch** 78/95.

♦ Proche de ses deux grands frères, cet hôtel propose les mêmes chambr
- modernes et pimpantes - que ses aînés. Bar et salon contemporains, ass
"cosy".

🏨 Ibis Gare de l'Est
CX
197 r. Lafayette (10e) ℘ 01 44 65 70 00, *Fax 01 44 65 70 07*
Ⓜ – 📶 🔄, 🖃 ch, 📺 📞 ♿ 🚗. 🅰🅴 ⓞ 🆖. ✂ rest
Repas *(dîner seul.)* 14,78 ☑ – ☑ 6 – **165 ch** 69.

♦ Espace et équipements modernes sont les atouts de cet Ibis. Les chambr
du dernier étage, côté rue, offrent une vue sur le Sacré-Coeur. À table, pla
alsaciens.

🏨 **Aulivia Opéra** CY **32**
4 r. Petites Écuries (10e) 𝒫 01 45 23 88 88, *hotel.aulivia@astotel.com*, *Fax 01 45 23 88 89*
sans rest – 🛗 ▤ 📺 ✆. 💳 ⓪ 🆚 🇯🇨🇧. ⌨
⌨ 10 – **31 ch** 106/151.
♦ Chambres fonctionnelles, bien équipées et toutes identiques dans un quartier animé fleurant bon les épices ; préférez celles sur l'arrière, plus au calme.

🏨 **Strasbourg-Mulhouse** CX **17**
87 bd Strasbourg (10e) 𝒫 01 42 09 12 28, *h2753-gm@accor-hotels.com*, *Fax 01 42 09 48 12*
sans rest – 🛗 ⤢ 📺. 💳 ⓪ 🆚 🇯🇨🇧. ⌨
⌨ 8 – **31 ch** 115.
♦ Cet hôtel joliment meublé offre peu d'espace, mais bénéficie d'agencements astucieux. Les chambres, à l'atmosphère "cosy", sont plus calmes sur l'arrière.

🏨 **Ibis Lafayette** CX **37**
122 r. Lafayette (10e) 𝒫 01 45 23 27 27, *Fax 01 42 46 73 79*
sans rest – 🛗 ⤢ ▤ 📺 ✆ ♿. 💳 ⓪ 🆚
⌨ 6,02 – **70 ch** 89.
♦ Établissement où vous séjournerez dans des chambres équipées de meubles standard et correctement insonorisées ; les plus plaisantes ouvrent sur un petit jardin.

🏨 **Campanile Gare du Nord** DX **2**
232 r. Fg St-Martin (10e) 𝒫 01 40 34 38 38, *Fax 01 40 34 38 50*
sans rest – 🛗 ⤢ 📺 ✆. 💳 ⓪ 🆚
⌨ 6,50 – **91 ch** 72/81.
♦ Immeuble moderne abritant des chambres fonctionnelles pourvues d'un double vitrage. Cour verdoyante où l'on sert les petits-déjeuners à la belle saison. Agréable coin bar.

🏨 **Suède** CX **21**
106 bd Magenta (10e) 𝒫 01 40 36 10 12, *h2743-gm@accor-hotels.com*, *Fax 01 40 36 11 98*
sans rest – 🛗 ⤢ 📺 ✆. 💳 ⓪ 🆚 🇯🇨🇧. ⌨
⌨ 8 – **52 ch** 99/115.
♦ Sur un boulevard à forte circulation, hôtel dont les petites chambres aux tons pastel, égayées d'un mobilier peint, sont correctement insonorisées.

🏨 **Capucines** AY **14**
6 r. Godot de Mauroy (9e) 𝒫 01 47 42 25 05, *capucines@pariscityhotel.com*, *Fax 01 42 68 05 05*
sans rest – 🛗 📺. 💳 ⓪ 🆚. ⌨
⌨ 6,86 – **45 ch** 99,09/129,58.
♦ Ambiance Art déco dans le hall. Chambres joliment colorées, offrant différents niveaux de confort ; la moitié d'entre elles donnent sur une cour. Accueil aimable.

🏨 **Gilden Magenta** CY **7**
35 r. Yves Toudic (10e) 𝒫 01 42 40 17 72, *hotel.gilden.magenta@multi-micro.com*, *Fax 01 42 02 59 66*
sans rest – 🛗 📺. 💳 ⓪ 🆚
⌨ 6 – **32 ch** 55/71.
♦ À deux pas, l'Hôtel du Nord veille toujours sur le canal-St-Martin. Chambres simples et bien tenues ; certaines ouvrent de plain-pied sur un patio. Accueil chaleureux.

XXXX **Les Muses** - Hôtel Scribe   AY
❀❀ 1 r. Scribe (9ᵉ) ✆ 01 44 71 24 26, *Fax 01 44 71 24 64*
🗌. **AE ① ⊖⊟ JCB**
fermé août, sam. et dim. – **Repas** 44 (déj.), 60/95 et carte 55 à 65 ♀.
◆ Au sous-sol de l'hôtel, salle de restaurant agrémentée d'une fresque et
quelques toiles évoquant le quartier de l'Opéra au 19ᵉ s. Séduisante ta
traditionnelle.
Spéc. Pinces de tourteau décortiquées, bavaroise d'avocat au caviar d'Ac
taine. Gibier (oct. à déc.). Feuilleté aux amandes à la crème praliné

XXX **Table d'Anvers**   BX
2   pl.   d'Anvers   (9ᵉ)   ✆ 01 48 78 35 21,   *conticini@latabledanvers*
Fax 01 45 26 66 67
🗌. **AE ⊖⊟ JCB**
fermé sam. midi et dim. – **Repas** 41 (déj.)/53 (dîner sauf vend. et sa
et carte 90 à 110 ♀.
◆ À quelques volées d'escalier du Sacré-Coeur, ce restaurant contempor
propose une cuisine inventive dans un décor égayé de boiseries claires et
toiles modernes.

XXX **Charlot ''Roi des Coquillages''**   AX
12 pl. Clichy (9ᵉ) ✆ 01 53 20 48 00, *de.charlot@blanc.net, Fax 01 53 20 48 0*
🗌. **AE ① ⊖⊟**
Repas *(23,17)* - 27,90 (déj.)et carte 37 à 63 ♀.
◆ Une pléiade de célébrités ont laissé un souvenir de leur visite à ce resta
rant dont la salle à manger d'inspiration Art déco surplombe la place Clic
Produits de la mer.

XX **Au Chateaubriant**   CX
23 r. Chabrol (10ᵉ) ✆ 01 48 24 58 94, *Fax 01 42 47 09 75*
🗌. **AE ⊖⊟ JCB**
fermé août, dim. et lundi – **Repas** 26,03 ♀.
◆ Ambiance feutrée, tables joliment dressées, collection de tablea
contemporains et cuisine d'inspiration italienne font la personnalité de
restaurant.

XX **16 Haussmann** - Hôtel Ambassador   BY
16 bd Haussmann (9ᵉ) ✆ 01 44 83 40 40, *Fax 01 42 46 19 84*
🗌. **AE ① ⊖⊟**
fermé sam. midi et dim. – **Repas** 36,59 ♀.
◆ Bleu "parisien", jaune doré, bois blond-roux, sièges rouges signés Starck
larges baies vitrées donnant sur le boulevard, dont l'animation fait partie
décor.

XX **Au Petit Riche**   BY
25 r. Le Peletier (9ᵉ) ✆ 01 47 70 68 68, *Fax 01 48 24 10 79*
🗌. **AE ① ⊖⊟ JCB**
fermé dim. – **Repas** *(22,10)* - 25,15 (déj.)/27,45 et carte 30 à 48 ♀, enf. 11,50.
◆ Gracieux salons-salles à manger de la fin du 19ᵉ s., agrémentés de miro
et chapelières. Peut-être serez-vous assis à la place favorite de Chevalier
de Mistinguett ?

XX **Bistrot Papillon**   BX
6 r. Papillon (9ᵉ) ✆ 01 47 70 90 03, *Fax 01 48 24 05 59*
🗌. **AE ① ⊖⊟ JCB**
*fermé 3 au 25 août, 4 au 13 mai, sam. sauf le soir d'oct. à avril et dim. de ma
sept.* – **Repas** 27 et carte 35 à 47 ♀.
◆ Il règne une atmosphère provinciale dans ce restaurant aux murs habill
de boiseries ou tendus de tissu. Carte classique complétée de plats choi
selon le marché.

XX **Julien** CY 15
16 r. Fg St-Denis (10e) ✆ 01 47 70 12 06, *Fax 01 42 47 00 65*
▤. AE ◯ GB
Repas 21,50 bc (déj.)/30,50 bc et carte 28 à 43 ♀, enf. 9,50.
* Cet ancien "bouillon" datant de 1903 présente un éblouissant décor Art nouveau associant courbes, contre-courbes, motifs floraux et figures allégoriques en pâte de verre.

XX **Grand Café** AY 4
4 bd Capucines (9e) ✆ 01 43 12 19 00, *Fax 01 43 12 19 09*
(ouvert jour et nuit) – ▤. AE ◯ GB
Repas 27,90 et carte 40 à 55 ♀.
* L'héritier du Grand Café où naquit, à quelques pas de là, le cinéma des frères Lumière, s'est offert un chatoyant décor Art nouveau tout coloré de verre et de céramique.

XX **Quercy** BX 14
36 r. Condorcet (9e) ✆ 01 48 78 30 61, *Fax 01 48 78 16 29*
AE ◯ GB JCB
fermé août, dim. et fériés – **Repas** *(19,50)* - 23,20 et carte 30 à 44.
* Accueil jovial, ambiance chaleureuse et cuisine roborative font le succès de cette "fermette". Des tableaux de peintres du Lot agrémenteront votre repas quercinois.

XX **Grange Batelière** BY 28
16 r. Grange Batelière (9e) ✆ 01 47 70 85 15, *Fax 01 47 70 85 15*
▤. AE ◯ GB
fermé 5 au 19 août, sam. midi et dim. – **Repas** 26,53/30,34 ♀.
* À deux pas de Drouot, petit bistrot datant de 1876. Le cadre, rénové, a gardé son cachet d'origine, l'ambiance est "sympa" et la carte des vins fournie : adjugé ! Vendu !

XX **Bubbles** AY 9
6 r. Édouard VII (9e) ✆ 01 47 42 77 95, *Fax 01 47 42 31 32*
🍽 – ▤. AE ◯ GB. ❌
fermé sam. midi, lundi soir et dim. – **Repas** 25,14 (déj.)/38,11 et carte 43 à 50 ♀.
* Dans un passage luxueux et calme où l'on dresse une vaste terrasse, bar à champagne (200 références) au décor design original et coloré. Cuisine goûteuse. Pétillant !

XX **Brasserie Flo** CY 23
7 cour Petites-Écuries (10e) ✆ 01 47 70 13 59, *Fax 01 42 47 00 80*
▤. AE ◯ GB JCB
Repas *(21,50)* - 29 bc (déj.)/30,50 bc ♀.
* Au sein de la pittoresque cour des Petites-Écuries. Le beau décor de boiseries sombres, vitres colorées et panneaux-peints évoquant l'Alsace date du début du 20e s.

XX **Terminus Nord** CX 9
23 r. Dunkerque (10e) ✆ 01 42 85 05 15, *Fax 01 40 16 13 98*
▤. AE ◯ GB
Repas *(21,50 bc)* - 30,50 bc et carte 28 à 50.
* Haut plafond, fresques, affiches et sculptures se reflètent dans les miroirs de cette brasserie où Art déco et Art nouveau s'unissent pour le meilleur. Clientèle cosmopolite.

XX Brasserie Flo
AY
Magasin du Printemps (6e étage), 64 bd Haussmann (9e) ✆ 01 42 82 58
Fax 01 42 82 51 88
▤. AE ⓓ GB
fermé dim. et fériés – **Repas** (déj. seul.) 21,65 bc/36,13 bc et carte 28 à 43.
◆ Après le shopping, offrez-vous un déjeuner dans un cadre chaleureux confortable. À l'heure du café, poussez la porte d'à côté et admirez la b coupole.

XX Paprika
BX
28 av. Trudaine (9e) ✆ 01 44 63 02 91, *Fax 01 44 63 09 62*
AE GB JCB
fermé 1er au 20 août – **Repas** 13 (déj.), 19,80/38 ♀.
◆ L'Âne Rouge, ex-célèbre cabaret, se consacre désormais à la cuisine hc groise. Le soir, la musique tzigane pourrait vous entraîner à veiller très tard

XX Wally Le Saharien
BX
36 r. Rodier (9e) ✆ 01 42 85 51 90, *Fax 01 45 86 08 35*
▤. GB.
fermé lundi midi et dim. – **Repas** 40,39 et carte 35 à 51.
◆ Cette rue sans charme particulier dissimule une oasis au décor de "Mille une nuits". Cuisine nord-africaine, dont l'authentique "couscous saharie (sans légumes).

X Cotriade
BX
62 r. Fg Montmartre (9e) ✆ 01 42 80 39 92, *Fax 01 42 80 53 38*
AE ⓓ GB JCB
fermé 1er au 18 août, sam. midi et dim. – **Repas** 20 (déj.)/26 ♀.
◆ Ce restaurant fait souffler une petite brise de mer sur ce quartier d'affai animé : cadre sobre et frais et spécialités de poissons dont la fameu cotriade bretonne.

X Petite Sirène de Copenhague
AX
47 r. N.-D. de Lorette (9e) ✆ 01 45 26 66 66
GB.
fermé 29 juil. au 20 août, 3 au 10 fév., dim. et lundi – **Repas** (prévenir) (déj.)/27 et carte 37 à 57.
◆ Une sobre salle à manger - murs chaulés, éclairage tamisé à la mo danoise - pour des recettes originaires de la patrie d'Andersen.

X L'Oenothèque
BX
20 r. St-Lazare (9e) ✆ 01 48 78 08 76, *loenotheque@free.fr, Fax 01 40 16 10*
▤. AE ⓓ GB JCB
fermé 10 août au 1er sept., sam. et dim. – **Repas** 27,50 et carte 32 à 57.
◆ Une fois sélectionnés le ou les crus sur l'intarissable carte des vins, chois sez les plats qui les accompagneront le mieux. Cuisine du marché propos sur ardoise.

X I Golosi
BY
6 r. Grange Batelière (9e) ✆ 01 48 24 18 63, *i.golosi@wanadoo.*
Fax 01 45 23 18 96
▤. GB
fermé août, sam. soir et dim. – **Repas** carte 28 à 42 ♀.
◆ Au 1er étage, design italien dont le "minimalisme" est compensée par jovialité du service. Au rez-de-chaussée, café, boutique et coin dégustatic Cuisine transalpine.

✗ **Pré Cadet** BY 45

10 r. Saulnier (9e) ☏ 01 48 24 99 64, *Fax 01 47 70 55 96*

▤. ᴬᴱ ◑ ⒼⒷ ᴊᴄᴮ

fermé 1ᵉʳ au 8 mai, 4 au 24 août, Noël au Jour de l'An, sam. midi et dim. –
Repas (nombre de couverts limité, prévenir) 25.

◆ Sympathie, convivialité et plats ''canailles'' dont la tête de veau, orgueil de la maison, font le succès de cette petite adresse voisine des ''Folies''. Belle carte de cafés.

✗ **Bistro de Gala** BY 5

45 r. Fg Montmartre (9e) ☏ 01 40 22 90 50, *Fax 01 40 22 98 30*

▤. ᴬᴱ ◑ ⒼⒷ

fermé sam. midi et dim. midi – **Repas** (26) - 29/34.

◆ Fou de "cinoche", le patron a décoré sa salle d'affiches de films sur le thème de la "bouffe". La cuisine, qui tient le premier rôle, varie au gré du marché.

✗ **Bistro des Deux Théâtres** AX 2

18 r. Blanche (9e) ☏ 01 45 26 41 43, *Fax 01 48 74 08 92*

▤. ᴬᴱ ⒼⒷ

Repas 28,81.

◆ Un cadre typiquement parisien, une ambiance sympathique et animée, et avec un peu de chance, une célébrité du monde du théâtre à la table voisine : on s'y presse !

✗ **Aux Deux Canards** BY 6

8 r. Fg Poissonnière (10e) ☏ 01 47 70 03 23, *Fax 01 47 70 18 85*

▤. ᴬᴱ ⒼⒷ

fermé 29 juil. au 25 août, 1ᵉʳ au 6 janv., sam. midi, lundi midi et dim. –
Repas carte 28 à 30.

◆ Il faut sonner pour entrer dans ce "resto" qui cultive le style bistrot. La cuisine suit les caprices du marché, mais le canard à l'orange est toujours de la partie.

✗ **Chez Catherine** AY 36

65 r. Provence (9e) ☏ 01 45 26 72 88, *Fax 01 45 80 96 88*

◑ ⒼⒷ

fermé août, 1ᵉʳ au 5 janv., lundi soir, sam. et dim. – **Repas** carte 44 à 61.

◆ Ce sympathique bistrot de quartier proche de l'opéra Garnier est apprécié pour son plaisant cadre "rétro" et pour les goûteuses préparations de Catherine.

✗ **Petit Batailley** BY 15

26 r. Bergère (9e) ☏ 01 47 70 85 81, *fantaisie@net.up.com*

ᴬᴱ ⒼⒷ

fermé 15 août au 1ᵉʳ sept., 20 au 27 déc., sam. midi et dim. – **Repas** 24,39 et carte 39 à 47.

◆ Ici, point de "Folies" - elles se trouvent dans une rue parallèle -, mais la quiétude d'un restaurant à l'accueil souriant et à la cuisine traditionnelle simple.

✗ **Relais Beaujolais** BX 18

3 r. Milton (9e) ☏ 01 48 78 77 91

ⒼⒷ

fermé août, sam., dim. et fériés – **Repas** carte 25 à 35 🍷.

◆ Cet authentique bistrot propose spécialités lyonnaises et vins choisis du Beaujolais dans une ambiance conviviale. Rue Milton, le Paradis perdu... retrouvé.

✗ **Chez Michel**   CX
   10 r. Belzunce (10e) ℘ 01 44 53 06 20, *Fax 01 44 53 61 31*
   GB

   fermé août, dim. et lundi – **Repas** 18,29 (déj.)/29,73 ♀.
   ◆ Accueil aimable, charmante atmosphère provinciale et cuisine du march
   largement influencée par la Bretagne : petite adresse de quartier où seule
   place coûte cher.

✗ **L'Alsaco Winstub**   BX
   10 r. Condorcet (9e) ℘ 01 45 26 44 31, *Fax 01 42 85 11 05*
   AE GB

   fermé 14 juil. à début sept., sam. midi, lundi midi et dim. – **Repas** 2
   30 bc et carte 28 à 45 ♀.
   ◆ Une plongée dans le terroir alsacien. Cuisine, carte des vins, boiseri
   peintes, mobilier rustique, vaisselle : tout ici, jusqu'aux nappes, évoque l'un
   vers de L'Ami Fritz.

✗ **L'Excuse Mogador**   AY
   ⊚ 21 r. Joubert (9e) ℘ 01 42 81 98 19
   GB

   fermé août, sam. et dim. – **Repas** (déj. seul.) 14/18 et carte 19 à 32 ♀.
   ◆ Le shopping boulevard Haussmann, ça creuse ! Les plats traditionnels se
   vis dans cette salle à manger agrémentée d'un zinc du 19e s. sauront vou
   requinquer.

Bastille - Nation _____
Gare de Lyon - Bercy _____
Gare d'Austerlitz _____
Place d'Italie _____

12ᵉ et 13ᵉ arrondissements

12ᵉ : ✉ 75012 - 13ᵉ : ✉ 75013

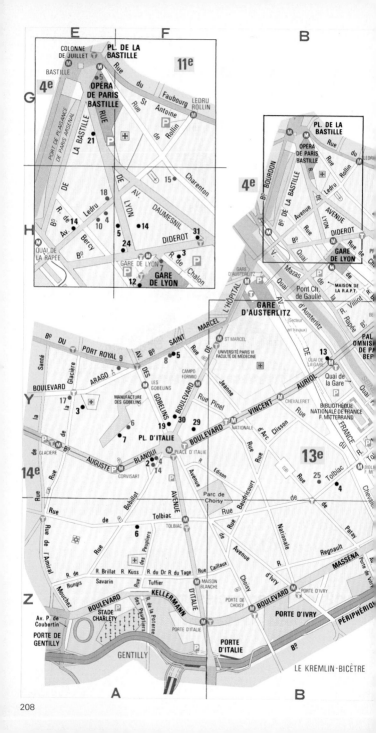

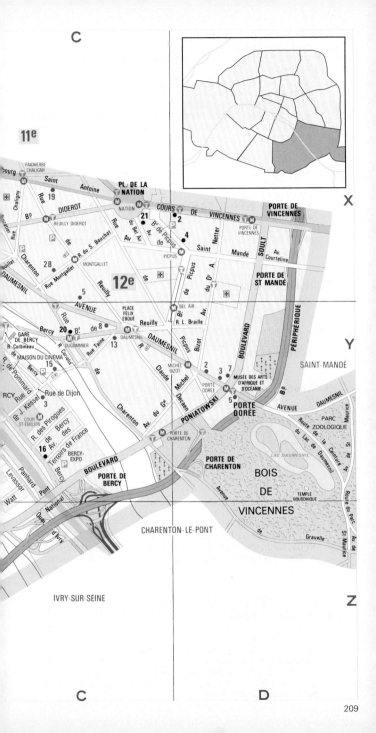

🏨 **Sofitel Paris Bercy** CY
1 r. Libourne (12e) ℰ 01 44 67 34 00, h2192@accor-hotels.cc
Fax 01 44 67 34 01
Ⓜ, 🏠, ♨ – ⃓ ⤨ 🔲 📺 ☎ ♿ ⟵ – ♨ 250. 🆎 ⓪ ⒼⒷ ⒿⓒⒷ
Café Ké ℰ 01 44 67 34 71 **Repas** (20)- 28 ♈, enf. 12,50 – ☕ 21 – **376**
345/500, 10 appart, 10 studios.
♦ Centre de convention "dernier cri", chambres contemporaines (celles (
derniers étages ont vue sur Paris) et élégant restaurant : ce Sofitel ne manc
pas d'atouts.

🏨 **Novotel Gare de Lyon** FH
2 r. Hector Malot (12e) ℰ 01 44 67 60 00, h1735@accor-hotels.cc
Fax 01 44 67 60 60
Ⓜ, 🏠, 🔳 – ⃓ ⤨ 🔲 📺 ☎ ♿ ⟵ – ♨ 75. 🆎 ⓪ ⒼⒷ ⒿⓒⒷ
Repas 15,50 ♈, enf. 9,15 – ☕ 12,96 – **253 ch** 175/230.
♦ Bâtiment récent en arc de cercle, donnant sur une place calme. H
résolument moderne couplant béton brut et acier. Chambres fonctionnell
parfois avec terrasse.

🏨 **Holiday Inn Bastille** FH
11 r. Lyon (12e) ℰ 01 53 02 20 00, resa.hinn@guichard.fr, Fax 01 53 02 20 0
Ⓜ sans rest – ⃓ ⤨ 🔲 📺 ☎ ♿ – ♨ 75. 🆎 ⓪ ⒼⒷ ⒿⓒⒷ
☕ 14 – **125 ch** 152.
♦ Bel immeuble (1913) situé entre la gare de Lyon et la Bastille. Dans
chambres habillées de boiseries et de belles tentures cohabitent meubles
style et modernes.

🏨 **Novotel Bercy** CY
85 r. Bercy (12e) ℰ 01 43 42 30 00, h0935@accor-hotels.co
Fax 01 43 45 30 60
Ⓜ, 🏠 – ⃓ ⤨ 🔲 📺 ☎ ♿ – ♨ 80. 🆎 ⓪ ⒼⒷ
Repas carte environ 27 ♈, enf. 9,15 – ☕ 12,96 – **129 ch** 146/222.
♦ Les chambres de ce Novotel ont adopté les nouvelles normes de la chaîn
Agréable salle à manger dont les baies vitrées et la terrasse s'ouvrent sur
parc de Bercy.

🏨 **Holiday Inn Bibliothèque de France** BY
21 r. Tolbiac (13e) ℰ 01 45 84 61 61, tolbiac@club-internet.co
Fax 01 45 84 43 38
Ⓜ – ⃓ ⤨, 🔲 ch, 📺 ☎ ♿ – ♨ 25. 🆎 ⓪ ⒼⒷ ⒿⓒⒷ. ⌀ rest
Repas (dîner seul.) carte 32 à 44, enf. 13 – ☕ 12 – **69 ch** 185/212.
♦ Dans une rue passante, à 20 m de la station de métro, immeuble abrita
des chambres confortables, meublées en stratifié et équipées d'un doub
vitrage.

🏨 **Mercure Pont de Bercy** BY
6 bd Vincent Auriol (13e) ℰ 01 45 82 48 00, h0934@accor-hotels.co
Fax 01 45 82 19 16
Ⓜ sans rest – ⃓ 🔲 📺 ☎ – ♨ 35. 🆎 ⓪ ⒼⒷ ⒿⓒⒷ
☕ 13 – **89 ch** 136/144.
♦ Belles chambres aménagées dans l'esprit des cabines de bateau ; que
ques-unes ont une terrasse, d'autres ont vue... sur le métro aérien ! Tout
sont très bien insonorisées.

🏬 **Mercure Place d'Italie** AY 2
25 bd Blanqui (13ᵉ) ℘ 01 45 80 82 23, *H1191@accor-hotels.com, Fax 01 45 81 45 84*
Ⓜ sans rest – 🛗 ⇆ 🍽 ▦ 📺 📞 ⚹ – 🔬 20. 🅰🅴 ⓞ 🅶🅱 ⌹🅲🅱
💻 11 – **50 ch** 183/201.
♦ À proximité de la Manufacture des Gobelins, cet établissement propose des chambres progressivement rénovées, fonctionnelles, chaleureuses et isolées du bruit.

🏬 **Mercure Gare de Lyon** FH 1
2 pl. Louis Armand (12ᵉ) ℘ 01 43 44 84 84, *H2217@accor-hotels.com, Fax 01 43 47 41 94*
Ⓜ sans rest – 🛗 ⇆ 🍽 ▦ 📺 📞 ⚹ – 🔬 15 à 90. 🅰🅴 ⓞ 🅶🅱 ⌹🅲🅱
💻 13 – **315 ch** 146/154.
♦ Cet hôtel récent est veillé par le beffroi de la gare de Lyon, construite en 1899. Chambres rénovées, meublées en bois cérusé et bien insonorisées.

🏨 **Pavillon Bastille** EG 21
65 r. Lyon (12ᵉ) ℘ 01 43 43 65 65, *hotel-pavillon@akamail.com, Fax 01 43 43 96 52*
sans rest – 🛗 ⇆ 📺 📞. 🅰🅴 ⓞ 🅶🅱 ⌹🅲🅱
💻 12 – **25 ch** 130.
♦ Ancien hôtel particulier devancé d'une petite cour fleurie agrémentée d'une fontaine du 17ᵉ s. Hall et chambres portent les couleurs de la Provence.

🏨 **Paris Bastille** EG 27
67 r. Lyon (12ᵉ) ℘ 01 40 01 07 17, *infos@hotelparisbastille.com, Fax 01 40 01 07 27*
Ⓜ sans rest – 🛗 ▦ 📺 📞 – 🔬 25. 🅰🅴 ⓞ 🅶🅱
💻 12 – **37 ch** 134/199.
♦ Confort actuel, camaïeux de gris et meubles en bois clair caractérisent les chambres de cet hôtel situé face à l'Opéra. Vous dormirez plus tranquille côté cour.

🏨 **Relais Mercure Bercy** CY 18
77 r. Bercy (12ᵉ) ℘ 01 53 46 50 50, *h0941@accor-hotels.com, Fax 01 53 46 50 99*
Ⓜ, 🛋 – 🛗 ⇆ 🍽 ▦ 📺 📞 ⚹ – 🔬 40. 🅰🅴 ⓞ 🅶🅱 ⌹🅲🅱
Repas *(16)* - 21 🍷, enf. 8 – 💻 10 – **364 ch** 126/132.
♦ Chambres colorées et bien équipées, restaurant dans l'esprit des bouchons lyonnais et terrasse offrant une vue sur le parc de Bercy et la "T.G.B." (bibliothèque F.-Mitterrand).

🏨 **Résidence Vert Galant** AY 7
43 r. Croulebarbe (13ᵉ) ℘ 01 44 08 83 50, *Fax 01 44 08 83 69*
🦐 sans rest – 📺 📞. 🅰🅴 ⓞ 🅶🅱 ⌹🅲🅱. 🚫
💻 7 – **15 ch** 80/90.
♦ Dans un environnement calme, accueillante résidence aux chambres coquettes, donnant toutes sur un jardin bordé de ceps de vignes où l'on petit-déjeune en été.

🏨 **Terminus-Lyon** FH 24
19 bd Diderot (12ᵉ) ℘ 01 56 95 00 00, *terminuslyon@free.fr, Fax 01 43 44 09 00*
sans rest – 🛗 📺 📞. 🅰🅴 ⓞ 🅶🅱 ⌹🅲🅱. 🚫
💻 7,50 – **60 ch** 89/95.
♦ Terminus, tout le monde descend ! Face à la gare de Lyon, hôtel familial dont les chambres sont sobrement aménagées, bien tenues et pourvues d'un double vitrage.

🏠 Slavia

AY

51 bd St-Marcel (13ᵉ) 🖉 01 43 37 81 25, *Fax 01 45 87 05 03*
sans rest – 🛗 📺 ☏. 𝗔𝗘 ⓞ 𝗚𝗕 𝗝𝗖𝗕. ⚡
🛏 6,10 – **37 ch** 60,50/84, 6 appart.
◆ Immeuble ancien situé sur un boulevard passant entre la gare d'Auster
et la Manufacture des Gobelins. Le hall et les chambres attendent une p
chaine rénovation.

🏠 Manufacture

AY

8 r. Philippe de Champagne (13ᵉ) 🖉 01 45 35 45 25, *lamanufacturehot@aol*
m, Fax 01 45 35 45 40
Ⓜ sans rest – 🛗 ▤ 📺 ☏. 𝗔𝗘 ⓞ 𝗚𝗕 𝗝𝗖𝗕
🛏 7 – **57 ch** 119/128.
◆ Accueil cordial, élégant mobilier contemporain et couleurs chatoyan
compensent le manque d'ampleur des chambres. Ambiance provençale da
la salle des petits-déjeuners.

🏠 Ibis Gare de Lyon Diderot

FH

31 bis bd Diderot (12ᵉ) 🖉 01 43 46 12 72, *h32110@accor-hotels.co*
Fax 01 43 41 68 01
Ⓜ sans rest – 🛗 ⤢ ▤ 📺 ☏ ♿ – 🏋 25. 𝗔𝗘 ⓞ 𝗚𝗕
🛏 6 – **89 ch** 87.
◆ Aménagements flambant neufs et bonne isolation phonique caractérise
cet hôtel situé face au viaduc des Arts (ateliers-boutiques d'artisans) et à
promenade plantée.

🏠 Bercy Gare de Lyon

CY

209 r. Charenton (12ᵉ) 🖉 01 43 40 80 30, *bercy@hotelsparis*
Fax 01 43 40 81 30
Ⓜ sans rest – 🛗 📺 ☏ ♿ – 🏋 20. 𝗔𝗘 ⓞ 𝗚𝗕 𝗝𝗖𝗕. ⚡
🛏 10 – **48 ch** 137/168.
◆ Cet immeuble d'angle construit en 1997 se trouve juste à côté de l'origi
viaduc des Arts et de sa promenade plantée. Petites chambres fonctionnel
et bien tenues.

🏠 Lux Hôtel Picpus

DX

74 bd Picpus (12ᵉ) 🖉 01 43 43 08 46, *lux-hotel@wanadoo*
Fax 01 43 43 05 22
sans rest – 🛗 📺. 𝗚𝗕
🛏 5,50 – **38 ch** 43/60.
◆ Immeuble en pierres de taille proche de la Nation et du pittoresq
cimetière de Picpus. Les chambres, pas très grandes, sont parfois personna
sées par des tissus colorés.

🏠 Ibis Gare de Lyon

EH

43 av. Ledru-Rollin (12ᵉ) 🖉 01 53 02 30 30, *H1937@accor-hotels.co*
Fax 01 53 02 30 31
Ⓜ sans rest – 🛗 ⤢ ▤ 📺 ☏ ♿ 🚗 – 🏋 25
🛏 6 – **119 ch** 84.
◆ Ibis disposant de chambres de bonne taille, meublées dans le nouve
style de la chaîne ; certaines sont de plain-pied avec un jardinet où l'on sert l
petits-déjeuners en été.

🏠 Ibis Place d'Italie

AY

25 av. Stephen Pichon (13ᵉ) 🖉 01 44 24 94 85, *Fax 01 44 24 20 70*
Ⓜ sans rest – 🛗 ⤢ 📺 ☏ ♿ 🚗. 𝗔𝗘 ⓞ 𝗚𝗕
🛏 6 – **58 ch** 75.
◆ Architecture contemporaine dans une rue assez calme. Les chambre
meublées selon l'ancien concept Ibis, sont bien tenues et équipées d'
double vitrage.

🏠 **Agate** — DX **2**
8 cours Vincennes (12ᵉ) ℘ 01 43 45 13 53, *agate-hotel@wanadoo.fr,*
Fax 01 43 42 09 39
sans rest – 🛗 📺 🅰🅴 ⒼⒷ. ⌧
🛏 5,35 – **43 ch** 52/69.
✦ Sur un cours fréquenté, hôtel disposant de chambres simples et bien insonorisées ; deux étages sont rénovés. En été, le petit-déjeuner est servi dans la minicour intérieure.

🏠 **Ibis Italie Tolbiac** — AZ **6**
177 r. Tolbiac (13ᵉ) ℘ 01 45 80 16 60, *h0923@accor-hotels.com,*
Fax 01 45 80 95 80
Ⓜ sans rest – 🛗 ⤧ 📺 ℆ ⅙. 🅰🅴 � ⒼⒷ
🛏 6 – **60 ch** 75.
✦ Nouveaux aménagements dans les chambres (petites et pratiques) de cet établissement doté d'une bonne insonorisation. Petit-déjeuner servi sous forme de buffet.

🏠 **Touring Hôtel Magendie** — AY **3**
6 r. Corvisart (13ᵉ) ℘ 01 43 36 13 61, *magendie@vvf-vacances.fr,*
Fax 01 43 36 47 48
Ⓜ sans rest – 🛗 📺 ⅙ – 🛝 30. ⒼⒷ
🛏 5,34 – **112 ch** 56/65.
✦ Dans une rue tranquille, hôtel aux petites chambres meublées en bois stratifié, bien insonorisées. Un effort particulier est fait pour les personnes à mobilité réduite.

🏠 **Nouvel H.** — CX **21**
24 av. Bel Air (12ᵉ) ℘ 01 43 43 01 81, *nouvelhotel@wanadoo.fr,*
Fax 01 43 44 64 13
sans rest – 📺 ℆. 🅰🅴 ⓓ ⒼⒷ
🛏 7 – **28 ch** 58/91.
✦ Établissement dont les chambres, simples mais correctement aménagées, sont décorées dans différentes tonalités. Agréable patio où prendre le petit-déjeuner à la belle saison.

🏠 **Arts** — AY **30**
8 r. Coypel (13ᵉ) ℘ 01 47 07 76 32, *arts@escapade-paris.com,*
Fax 01 43 31 18 09
sans rest – 🛗 📺. 🅰🅴 ⒼⒷ. ⌧
🛏 5 – **37 ch** 47/61.
✦ Cet hôtel fréquenté par une clientèle d'habitués est à deux pas de la place d'Italie. Préférez une chambre rénovée ; les autres sont assez modestes. Prix sages... pour Paris !

XXX **Au Pressoir** (Seguin) — DY **2**
❀ 257 av. Daumesnil (12ᵉ) ℘ 01 43 44 38 21, *Fax 01 43 43 81 77*
▤. 🅰🅴 ⒼⒷ ⒿⒸⒷ
fermé août, sam. et dim. – **Repas** 65,55 et carte 66 à 96 ⅀.
✦ Ambiance feutrée, service ouaté et cuisine classique : une adresse séduisante pour les nostalgiques des restaurants cossus de province. Terrasse vitrée, agréable à midi.
Spéc. Millefeuille de champignons aux truffes (hiver). Fricassée de homard aux girolles. Lièvre à la royale (oct.-nov.)

XXX Train Bleu
FH
Gare de Lyon (12e) ℘ 01 43 43 09 06, *isabell.car@compass-group.*
Fax 01 43 43 97 96
AE ⓪ GB JCB
Repas (1er étage) 40 et carte 45 à 60 ♀.
◆ Ce superbe et exceptionnel buffet de gare inauguré en 1901 est à v
absolument : profusion de dorures, de stucs et de fresques évoquant
mythique ligne PLM. Plats de brasserie.

XXX L'Oulette
CY
15 pl. Lachambeaudie (12e) ℘ 01 40 02 02 12, *info@l-oulette.co*
Fax 01 40 02 04 77
🏡 – AE ⓪ GB JCB
fermé sam. et dim. – **Repas** 27 (déj.)/44 bc et carte 45 à 54 ♀.
◆ Dans le quartier du nouveau Bercy, ce restaurant résolument contemp
rain propose une cuisine inventive aux accents du Sud-Ouest. Terrasse abrit
derrière des thuyas.

XX Au Trou Gascon
CY
40 r. Taine (12e) ℘ 01 43 44 34 26, *Fax 01 43 07 80 55*
🍽 AE ⓪ GB JCB
fermé août, 29 déc. au 6 janv., sam. midi et dim. – **Repas** 36 (dé
et carte 50 à 65.
◆ Le décor de cet ancien bistrot 1900 marie moulures d'époque, mobili
design et tons gris. À la carte, produits des Landes, de la Chalosse et d
l'océan.

XX Les Grandes Marches
EG
6 pl. Bastille (12e) ℘ 01 43 42 90 32, *Fax 01 43 44 80 02*
🍽 AE ⓪ GB JCB
Repas 30,50 et carte 46 à 60 ♀.
◆ Zinc brossé, meubles design, chauds velours et éclairage étudié : voici
brasserie du nouveau millénaire, signée par le couple Portzampac. Fruits c
mer à l'honneur.

XX Gourmandise
DY
271 av. Daumesnil (12e) ℘ 01 43 43 94 41, *Fax 01 43 45 59 78*
🍽 AE GB JCB
fermé août, dim. soir et lundi – **Repas** (23) - 28 et carte 39 à 61.
◆ Murs "blanc cassé", rideaux saumon, lustres d'inspiration Art déco e
sièges Restauration : décor apprêté en ce restaurant où le service e
prévenant.

XX Petit Marguery
AY
9 bd. Port-Royal (13e) ℘ 01 43 31 58 59
AE ⓪ GB JCB, ✄
fermé août, 23 déc. au 3 janv., dim. et lundi – **Repas** 25,15 (déj.)/33,54.
◆ Véranda, première salle ou salle du fond ? Chaque espace possède so
charme. Amabilité et copieuse cuisine "anti-mode" confortent le succès de c
bistrot décontracté.

XX Traversière
FH 1
40 r. Traversière (12e) ℘ 01 43 44 02 10, *Fax 01 43 44 64 20*
AE ⓪ GB JCB
fermé 29 juil. au 25 août, 25 déc. au 1er janv., dim. soir et lundi – **Repas** 2
(déj.), 27/37,50 et carte 40 à 45, enf. 12.
◆ Ce restaurant de quartier vous accueille dans une aimable atmosphèr
d'auberge provinciale : décor agreste, tables serrées et chaises paillée
Cuisine traditionnelle soignée.

XX **Les Marronniers**   AY 17
53 bis bd Arago (13e) ℘ 01 47 07 58 57, *Fax 01 47 07 46 09*
🍽. **AE** GB
fermé août, sam. midi et dim. soir – **Repas** 22,87/28,20 et carte 30 à 38 ⅔.
  ♦ Confiez votre automobile au voiturier et attablez-vous dans la chaleureuse
salle à manger rustique ou sur la terrasse-trottoir abritée du trafic par une
haie de troènes.

XX **Sologne**   CY 8
164 av. Daumesnil (12e) ℘ 01 43 07 68 97, *Fax 01 43 44 66 23*
🍽. **AE** GB
fermé sam. midi et dim. – **Repas** 28,75 ⅔.
  ♦ Accueil aimable, sage décor contemporain et cuisine traditionnelle
complétée de gibiers en saison : ce petit restaurant ne manque pas d'atouts
pour séduire.

XX **Janissaire**   CX 5
22 allée Vivaldi (12e) ℘ 01 43 40 37 37, *Fax 01 43 40 38 39*
� – **AE** ① GB. ✻
fermé sam. midi et dim. – **Repas** 10,52 (déj.)/22,10 et carte 25 à 34 ⅄.
  ♦ L'ambiance et la cuisine sont placées sous le signe de la Turquie, comme
l'indique l'enseigne désignant un soldat d'élite de l'infanterie ottomane.

XX **Frégate**   EH 4
30 av. Ledru-Rollin (12e) ℘ 01 43 43 90 32
🍽. **AE** GB
fermé 3 au 26 août, sam. et dim. – **Repas** 25/30 ⅔.
  ♦ Ce restaurant vous accueille dans une salle à manger contemporaine
réchauffée de belles boiseries blondes. Cuisine vouée aux produits de la mer.

X **L'Avant Goût**   AY 14
26 r. Bobillot (13e) ℘ 01 53 80 24 00, *Fax 01 53 80 00 77*
🍽. GB. ✻
fermé 1er au 7 mai, 7 au 27 août, 1er au 7 janv., dim. et lundi – **Repas** (nombre
de couverts limité, prévenir) 26/40,40 ⅔.
  ♦ Ce bistrot moderne est souvent bondé. Les raisons du succès ? Goûteuse
cuisine du marché, belle carte des vins et ambiance décontractée vous en
donnent un avant-goût.

X **Jean-Pierre Frelet**   CX 28
25 r. Montgallet (12e) ℘ 01 43 43 76 65, *frelet@infonie.fr*
🍽. GB
fermé août, vacances de fév., sam. midi et dim. – **Repas** *(17)* - 24 (dîner)
et carte 26 à 40 ⅔.
  ♦ Un décor volontairement dépouillé, des tables serrées invitant à la convivialité et une généreuse cuisine du marché font le charme de ce restaurant
de quartier.

X **Bistrot de la Porte Dorée**   DY 7
5 bd Soult (12e) ℘ 01 43 43 80 07, *Fax 01 43 43 80 07*
🍽. GB
Repas 31 bc.
  ♦ Cadre et atmosphère d'un petit restaurant de province "monté" dans la
capitale. Miroirs, trombines de vedettes du showbiz et fresque à thème
culinaire égayent les murs.

X **Quincy**   EH 10
28 av. Ledru-Rollin (12e) ℘ 01 46 28 46 76, *Fax 01 46 28 46 76*
🍽
fermé 10 août au 10 sept., sam., dim. et lundi – **Repas** carte 40 à 69.
  ♦ Une ambiance chaleureuse règne dans ce bistrot rustique où vous est
servie une cuisine roborative qui, comme "Bobosse", le jovial patron, ne
manque pas de caractère.

✗ **Anacréon**   AY

53 bd St-Marcel (13e) ℰ 01 43 31 71 18, *Fax 01 43 31 94 94*

🍴 AE ① GB JCB

fermé 4 au 13 mai, août, merc. midi, dim. et lundi – Repas 19 (déj.)/30.

 ◆ Enseigne à la gloire du poète bachique grec. Salle à manger confortab
service bon enfant et cuisine traditionnelle où pointe une touc
d'originalité.

✗ **Chez Jacky**   BY

109 r. du Dessous-des-Berges (13e) ℰ 01 45 83 71 55, *Fax 01 45 86 57 73*

🍴 GB

fermé 27 juil. au 26 août, 21 au 28 déc., sam. et dim. – Rep
30 et carte 43 à 69.

 ◆ Égaré dans le "chinatown" parisien, ce restaurant affirme son statut d'a
berge provinciale bien française. Cuisine traditionnelle servie avec une gran
gentillesse.

✗ **Potinière du Lac**   DY

4 pl. E. Renard (12e) ℰ 01 43 43 39 98, *Fax 01 43 43 32 43*

GB

fermé dim. soir, mardi soir et lundi – Repas (18) - 22/33 ♀.

 ◆ L'atout principal de cette adresse est sa véranda grande ouverte sur le bc
de Vincennes. Atmosphère "bistrot". Spécialités de produits de la mer. Sal
de thé.

✗ **Biche au Bois**   EH

45 av. Ledru-Rollin (12e) ℰ 01 43 43 34 38

AE ① GB

fermé 20 juil. au 20 août, sam. et dim. – Repas 20,20 et carte 25 à .
♀, enf. 14.

 ◆ Salle de bistrot au décor un brin désuet et à l'atmosphère bruyante
enfumée, mais service attentionné et copieuse cuisine traditionne
privilégiant le gibier en saison.

✗ **Sukhothaï**   AY

12 r. Père Guérin (13e) ℰ 01 45 81 55 88

GB

fermé 1er au 15 août et dim. – Repas 8,84 (déj.), 14,48/17,53 et carte 18 à 27
 ◆ L'enseigne évoque l'ancienne capitale d'un royaume thaïlandais (13
14e s.). Cuisine chinoise et thaï servie sous l'oeil bienveillant c
Bouddha (sculptures artisanales).

✗ **Temps des Cerises**   CX

216 r. Fg St-Antoine (12e) ℰ 01 43 67 52 08, *resto.tdc@free.*
Fax 01 43 67 60 91

🍴 AE ① GB JCB

fermé 5 au 25 août, 22 au 31 déc. et lundi – Repas 16,77/38,11 ♀.

 ◆ Restaurant de quartier dont la salle à manger, intime, accueille régulière
ment des expositions de tableaux. À l'étage, deux petits salons. Cuisir
traditionnelle.

✗ **L'Auberge Aveyronnaise**   CY

40 r. Lamé (12e) ℰ 01 43 40 12 24, *Fax 01 43 40 12 15*

🍴 AE GB

fermé 14 juil. au 15 août, dim. soir et lundi – Repas (14,79) - 19,82/21,34 ♀.

 ◆ Nappes à carreaux rouges et blancs et tables dressées sans chichi dans c
bistrot-brasserie moderne. Comme le suggère l'enseigne, on y sert de
spécialités aveyronnaises.

✂ **Pataquès**   BY   6

40 bd Bercy (12ᵉ) ℘ 01 43 07 37 75, *Fax 01 43 07 36 64*

AE ⓪ GB

fermé dim. – **Repas** 26 ₤.

◆ Ce bistrot est la "cantine" du ministère de l'Économie et des Finances. Plats méditerranéens et cadre coloré font vite oublier le pataquès des énièmes réformes de la fiscalité...

✂ **Auberge Etchegorry**   AY   6

41 r. Croulebarbe (13ᵉ) ℘ 01 44 08 83 51

AE ⓪ GB JCB

fermé 8 au 24 août , dim. et lundi – **Repas** 24/35 et carte 31 à 46 ₤.

◆ Une brochure vous contera l'histoire du quartier et de ce restaurant basque. Accrochés au plafond, saucissons, jambons, piments d'Espelette et ails donnent le la.

Montparnasse ———————————
Denfert-Rochereau - Alésia ———
Porte de Versailles ——————
Vaugirard - Beaugrenelle ———

14e et 15e arrondissements

14e : ✉ 75014 - 15e : ✉ 75015

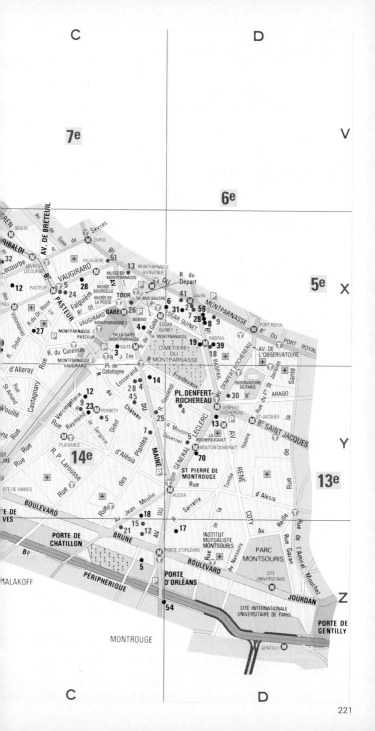

Méridien Montparnasse   CX
19 r. Cdt Mouchotte (14ᵉ) ℘ 01 44 36 44 36, *meridien.montparnasse@lem-ien-hotels.com*, Fax 01 44 36 49 00
Ⓜ, ≤, 舗 – 劇 ⇔ ▤ ⓣⓥ ⓒ ᵹ – 遯 25 à 500. ⒶⒺ ⓞ ⒼⒷ ⱼⒸⒷ. ⅋ rest
voir rest. **Montparnasse 25** ci-après
Justine ℘ 01 44 36 44 00 **Repas** 32,50/39 ⓨ – ⌸ 24,50 – **916 ch** 335/3
37 appart.
♦ Préferez une chambre relookée, spacieuse et moderne, dans ce build en verre et béton. Les "duos" bénéficient d'équipements high-tech. Belle depuis les derniers étages.

Sofitel Porte de Sèvres   AY
8 r. L. Armand (15ᵉ) ℘ 01 40 60 30 30, *h0572@accor-hotels.c*
Fax 01 45 57 04 22
Ⓜ, ≤, ₤ₒ, 国 – 劇 ⇔ ▤ ⓣⓥ ⓒ ᵹ ⊜ – 遯 450. ⒶⒺ ⓞ ⒼⒷ ⱼⒸⒷ
voir rest. **Relais de Sèvres** ci-après
Brasserie ℘01 40 60 33 77 **Repas** *(18)*- 22,50 ⓨ, – ⌸ 20 – **579 ch** 230/3
15 appart.
♦ Voisin de l'héliport, cet hôtel à la silhouette élancée propose des chamb bien aménagées et insonorisées. Les derniers étages offrent un joli panora sur l'Ouest parisien.

Novotel Porte d'Orléans   DZ
15-19 bd R. Rolland (14ᵉ) ℘ 01 41 17 26 00, *H1834@accor-hotels.c*
Fax 01 41 17 26 26
Ⓜ – 劇 ⇔ ▤ ⓣⓥ ⓒ ᵹ ⊜ – 遯 100. ⒶⒺ ⓞ ⒼⒷ ⱼⒸⒷ
Repas *(17)* - 21,50 ⓨ, enf. 9,15 – ⌸ 13 – **150 ch** 190/320.
♦ La sécurité de l'accès et l'excellente isolation phonique sont les points fo de ce Novotel dominant le boulevard périphérique. Quelques chambres vue sur la capitale.

Novotel Vaugirard   BX
257 r. Vaugirard (15ᵉ) ℘ 01 40 45 10 00, *h1978@accor-hotels.c*
Fax 01 40 45 10 10
Ⓜ, 舗, ₤ₒ – 劇 ⇔ ▤ ⓣⓥ ⓒ ᵹ ⊜ – 遯 25 à 300. ⒶⒺ ⓞ ⒼⒷ
Transatlantique : **Repas** carte environ 26 ⓨ, enf. 9,15 – ⌸ 12,96 – **189** 180/228.
♦ Au coeur du 15ᵉ arrondissement, ce vaste établissement propose grandes chambres modernes, équipées d'un double vitrage. Agréa terrasse entourée de verdure.

Mercure Montparnasse   CX
20 r. Gaîté (14ᵉ) ℘ 01 43 35 28 28, *h0905@accor-hotels.c*
Fax 01 43 35 78 00
Ⓜ – 劇 ⇔ ▤ ⓣⓥ ⓒ ᵹ ⊜ – 遯 50 à 250. ⒶⒺ ⓞ ⒼⒷ ⱼⒸⒷ
Bistrot de la Gaîté ℘01 43 22 86 46 *(fermé dim. midi)* **Repas** 23 ⓨ, enf. 8,38 – ⌸ 13,42 – **180 ch** 225, 5 appart.
♦ L'hôtel est situé dans une rue très animée : théâtres, music-hall, etc., n les chambres, meublées dans l'esprit Art déco, sont bien insonorisées. Re façon bistrot.

L'Aiglon   DX
232 bd Raspail (14ᵉ) ℘ 01 43 20 82 42, *hotelaiglon@wanadoo*
Fax 01 43 20 98 72
sans rest – 劇 ▤ ⓣⓥ ⓒ. ⒶⒺ ⓞ ⒼⒷ ⱼⒸⒷ
⌸ 6,50 – **34 ch** 104/138, 4 appart.
♦ La façade discrète cache un bel intérieur de style Empire. Les chamb plaisantes et pourvues d'un double vitrage efficace, sont d'ampleur divers

🏥 **Mercure Porte de Versailles**   BY 14
69 bd Victor (15ᵉ) 📞 01 44 19 03 03, *h1131@accor-hotels.com,*
Fax 01 48 28 22 11
M sans rest – 🛗 ✕ 🔲 TV 📞 🚗 – 🏛 50 à 250. AE ① GB JCB
📺 14 – **91 ch** 145/259.
◆ Atout majeur de cet immeuble des années 1970 : son emplacement face au parc des Expositions. Le programme de rénovation des chambres (fonctionnelles) se poursuit.

🏥 **Mercure Tour Eiffel**   BV 9
64 bd Grenelle (15ᵉ) 📞 01 45 78 90 90, *hotel@mercuretoureiffel.com,*
Fax 01 45 78 95 55
M sans rest, 🛁 – 🛗 ✕ 🔲 TV 📞 ♿ 🚗 – 🏛 25 à 40. AE ① GB JCB
📺 15 – **76 ch** 230/250.
◆ Le bâtiment principal abrite des chambres aménagées selon les standards de la chaîne ; dans l'aile récente, elles offrent un confort supérieur et de nombreux petits "plus".

🏨 **Holiday Inn Paris Montparnasse**   CX 9
10 r. Gager Gabillot (15ᵉ) 📞 01 44 19 29 29, *reservations@holidayinn-paris.com*
, Fax 01 44 19 29 39
sans rest – 🛗 🔲 TV 📞 ♿ 🚗 – 🏛 30. AE ① GB JCB
📺 13 – **60 ch** 215/245.
◆ Bâtisse moderne située dans une rue calme. Hall refait et salon contemporain sous une pyramide de verre. Préférez les chambres rénovées, joliment décorées.

🏨 **Raspail Montparnasse**   DX 56
203 bd Raspail (14ᵉ) 📞 01 43 20 62 86, *raspailm@aol.com, Fax 01 43 20 50 79*
sans rest – 🛗 🔲 TV 📞. AE ① GB JCB. ✕
📺 9 – **38 ch** 96/199.
◆ Esprit Art déco pour la façade, agrémentée d'une marquise, et dans le salon, garni de confortables fauteuils. Les chambres sont insonorisées et bien aménagées.

🏨 **Lenox Montparnasse**   DX 31
15 r. Delambre (14ᵉ) 📞 01 43 35 34 50, *Fax 01 43 20 46 64*
sans rest – 🛗 TV 📞. AE GB JCB. ✕
📺 9 – **52 ch** 102/122.
◆ Établissement fréquenté par le milieu de la mode et de l'élégance. Chambres de style, mignonnes salles de bains, agréables suites au 6ᵉ étage. Bar et salons plaisants.

🏨 **Delambre**   DX 6
35 r. Delambre (14ᵉ) 📞 01 43 20 66 31, *Fax 01 45 38 91 76*
M sans rest – 🛗 TV 📞 ♿. AE GB. ✕
📺 8 – **30 ch** 80/90.
◆ Dans une rue tranquille, cet établissement entièrement meublé dans un esprit contemporain propose des chambres sobres et gaies, pour la plupart spacieuses.

🏨 **Alizé Grenelle**   BX 13
87 av. É. Zola (15ᵉ) 📞 01 45 78 08 22, *alizegre@micronet.fr, Fax 01 40 59 03 06*
sans rest – 🛗 🔲 TV 📞. AE ① GB JCB
📺 9 – **50 ch** 87/93.
◆ Cette façade ancienne dissimule un hôtel entièrement rénové : salon et salle des petits-déjeuners aux tons chauds, chambres bien équipées et insonorisées.

Mercure Paris XV B
6 r. St-Lambert (15e) ℰ 01 45 58 61 00, h0903@accor-hotels.c
Fax 01 45 54 10 43
M sans rest – 🛗 ⇆ 🖥 📺 📞 ⅙ ☎ – 🅰 30. 🆎 ⓘ 🆖
☐ 11 – 56 ch 131/137.
♦ Adresse située à 800 m de la porte de Versailles. Accueil et salons s
aménagés dans le style contemporain, de même que les chamb
confortables et bien tenues.

Apollinaire C
39 r. Delambre (14e) ℰ 01 43 35 18 40, infos@hotel.apollinaire.c
Fax 01 43 35 30 71
sans rest – 🛗 🖥 📺 📞. 🆎 ⓘ 🆖
☐ 7 – 36 ch 100/122.
♦ L'enseigne rend hommage au poète qui fréquentait écrivains et artiste
Montparnasse. Les chambres, parfois colorées, sont assez grandes
fonctionnelles. Confortable salon.

Relais Mercure Raspail Montparnasse D
207 bd Raspail (14e) ℰ 01 43 20 62 94, h0351@accor-hotels.c
Fax 01 43 27 39 69
sans rest – 🛗 ⇆ 🖥 📺 📞 ⅙. 🆎 ⓘ 🆖
☐ 12 – 63 ch 126/135.
♦ Faites étape dans cet immeuble haussmannien proche des célèbres b
series du quartier Montparnasse. Chambres actuelles garnies de meub
contemporains.

Park Plaza Orléans Palace C
185 bd Brune (14e) ℰ 01 45 39 68 50, orléans.palace@wanadoo
Fax 01 45 43 65 64
sans rest – 🛗 ⇆ 🖥 📺 📞 – 🅰 30. 🆎 ⓘ 🆖
☐ 10 – 92 ch 106/130.
♦ L'hôtel est situé sur un boulevard fréquenté, mais toutes les chamb
récemment rénovées (sobre décor et mobilier en bois clair), bénéfici
d'une bonne isolation phonique.

Alésia Montparnasse C
84 r. R. Losserand (14e) ℰ 01 45 42 16 03, alesia-m@3and1hotels.c
Fax 01 45 42 11 60
sans rest – 🛗 ⇆ 📺 📞. 🆎 ⓘ 🆖 🆓
☐ 8 – 45 ch 93/104.
♦ Affaire familiale dont les chambres, meublées à l'identique, sont parées
tissus colorés ; celles qui occupent le petit bâtiment sont particulièrem
calmes.

Beaugrenelle St-Charles B
82 r. St-Charles (15e) ℰ 01 45 78 61 63, beaugre@francene
Fax 01 45 79 04 38
sans rest – 🛗 📺 📞. 🆎 ⓘ 🆖 🆓
☐ 9 – 51 ch 81/92.
♦ Une rénovation complète est venue réveiller cet hôtel situé au pied
métro St-Charles, à deux pas du centre Beaugrenelle. Chambres fraîches
insonorisées.

Arès B
7 r. Gén. de Larminat (15e) ℰ 01 47 34 74 04, aresotel@easyne
Fax 01 47 34 48 56
sans rest – 🛗 📺 📞. 🆎 ⓘ 🆖 🆓
☐ 7,16 – 42 ch 97,56/190,55.
♦ Les amateurs d'antiquités choisiront cet hôtel situé près du Village Suis
Chambres claires et spacieuses. Salons avec meubles de style, miroirs
dessins anciens.

🏨 **Terminus Vaugirard** BY **3**
403 r. Vaugirard (15e) ℘ 01 48 28 18 72, *terminus-vaugirard@wanadoo.fr*,
Fax 01 48 28 56 34
sans rest – 📶 📺 ✆ – 🛎 25. 🜇 GB. 🛇
fermé 15 au 27 déc.
🛏 8 – **89 ch** 100/110.
◆ La proximité de la porte de Versailles draine exposants et visiteurs de
salons et expositions dans cet hôtel aux chambres fonctionnelles ; certaines
disposent d'un balcon.

🏨 **Nouvel Orléans** DY **7**
25 av. Gén. Leclerc (14e) ℘ 01 43 27 80 20, *nouvelorleans@aol.com*,
Fax 01 43 35 36 57
M sans rest – 📶 🗖. 🜇 ⓪ GB JCB. 🛇
🛏 7 – **46 ch** 107/144.
◆ Décryptage de l'enseigne : hôtel entièrement rénové et situé à 800 m de la
porte d'Orléans. Mobilier contemporain et chaleureux tissus colorés décorent
les chambres.

🏨 **Abaca Messidor** BY **9**
330 r. Vaugirard (15e) ℘ 01 48 28 03 74, *info@abacahotel.com*,
Fax 01 48 28 75 17
sans rest, �« – 📶 ✦ 🗖 📺 ✆ – 🛎 20. 🜇 ⓪ GB
🛏 12 – **72 ch** 127/176.
◆ Dans la rue la plus longue de Paris ! Les chambres les plus agréables sont
dans l'annexe ; certaines donnent sur le jardin. Côté rue, elles sont simples et
insonorisées.

🏨 **Daguerre** CY **14**
94 r. Daguerre (14e) ℘ 01 43 22 43 54, *hotel.daguerre.paris14@gofornet.com*,
Fax 01 43 20 66 84
M sans rest – 📶 📺 ✆ ♿. 🜇 ⓪ GB JCB. 🛇
🛏 8 – **30 ch** 69/104.
◆ Immeuble du début du 20e s. et sa jolie fontaine d'époque dans le hall.
Chambres assez petites mais bien meublées. Salle des petits-déjeuners
aménagée dans l'ancienne cave.

🏨 **Lilas Blanc** BX **3**
5 r. Avre (15e) ℘ 01 45 75 30 07, *hotellilasblanc@minitel.net*,
Fax 01 45 78 66 65
sans rest – 📶 📺. 🜇 ⓪ GB
🛏 6 – **32 ch** 61/73.
◆ Dans une rue calme le soir, hôtel proposant des petites chambres colorées,
sobrement meublées en stratifié ; celles du rez-de-chaussée sont moins
lumineuses.

🏨 **Sèvres-Montparnasse** CX **28**
153 r. Vaugirard (15e) ℘ 01 47 34 56 75, *Fax 01 40 65 01 86*
sans rest – 📶 📺 ✆. 🜇 ⓪ GB. 🛇
🛏 6,70 – **35 ch** 70/95.
◆ Cet immeuble, situé face à l'hôpital Necker-Enfants Malades, dispose de
chambres sobrement aménagées. Coin salon et salle des petits-déjeuners
partagent le même espace.

🏨 **Istria** DX **39**
29 r. Campagne Première (14e) ℘ 01 43 20 91 82, *hotelistria@wanadoo.fr*,
Fax 01 43 22 48 45
sans rest – 📶 📺 ✆. 🜇 ⓪ GB JCB. 🛇
🛏 8 – **26 ch** 90/100.
◆ Aragon immortalisa cet hôtel dans "Il ne m'est Paris que d'Elsa". Petites
chambres simples, agréable salon, salle des petits-déjeuners dans une jolie
cave voûtée.

🏨 **Lion** D'
1 av. Gén. Leclerc (14e) ☎ 01 40 47 04 00, *hotel.du.lion@wanado*
Fax 01 43 20 38 18
sans rest – 🛗 📺 📞. 🝙 ① GB JCB
☲ 8 – **33 ch** 65/85.
♦ Sur la place trône le Lion de Belfort, modèle réduit de la sculpture
Bartholdi. Chambres fonctionnelles, munies d'un double vitrage ; celles d
profitent d'une belle vue.

🏨 **Apollon Montparnasse** C'
91 r. Ouest (14e) ☎ 01 43 95 62 00, *apollonm@club-interne*
Fax 01 43 95 62 10
sans rest – 🛗 📺 📞. 🝙 ① GB JCB
☲ 6 – **33 ch** 65/78.
♦ Proximité de la gare Montparnasse et des navettes Air France, acc
courtois et chambres coquettes sont les atouts de cet hôtel bordant une
assez calme.

🏨 **Ibis Convention** B'
5 r. E. Gibez (15e) ☎ 01 48 28 63 14, *h3267@accor-hotels.c*
Fax 01 45 33 45 50
sans rest – 🛗 🖿 📺 📞. 🝙 ① GB JCB
☲ 6 – **48 ch** 87.
♦ Immeuble abritant de petites chambres rénovées et insonorisées. Salles
bains étroites mais bien agencées. Minicour intérieure où l'on sert les pet
déjeuners en été.

🏨 **Ibis Brancion** B'
105 r. Brancion (15e) ☎ 01 56 56 62 30, *Fax 01 56 56 62 31*
Ⓜ sans rest – 🛗 ⨉ 🖿 📺 📞 ♿. 🝙 ① GB. 🍴
☲ 6 – **71 ch** 79.
♦ Ibis voisin du parc Georges-Brassens : le poète-chanteur avait sa maiso
deux pas de là, rue Santos-Dumont. Amusant hall décoré sur le thème
cirque. Chambres actuelles.

🏨 **Carladez Cambronne** BX
3 pl. Gén. Beuret (15e) ☎ 01 47 34 07 12, *carladez@club-interne*
Fax 01 40 65 95 68
sans rest – 🛗 📺 📞. 🝙 ① GB JCB
☲ 7 – **28 ch** 71/76.
♦ L'hôtel a pris des couleurs depuis la récente rénovation : bleu, saumon
vert dans les petites chambres fraîches et bien tenues. Le sourire est comp
dans l'addition.

🏨 **Parc** DZ
60 r. Beaunier (14e) ☎ 01 45 40 77 02, *Fax 01 45 40 81 99*
sans rest – 🛗 📺. 🝙 GB JCB
☲ 6 – **24 ch** 61/74.
♦ Cette adresse située dans une rue tranquille propose des chambres sa
ampleur, mais propres et bien insonorisées ; certaines ont été refait
Accueil familial.

🏨 **Val Girard** BX
14 r. Pétel (15e) ☎ 01 48 28 53 96, *valgirar@club-internet*
Fax 01 48 28 69 94
sans rest – 🛗 📺. 🝙 GB JCB
☲ 8 – **39 ch** 83/120.
♦ Hôtel familial proche de la mairie d'arrondissement. Chambres rafraîchi
sobrement aménagées et parfois dotées de meubles en rotin. Petit-déjeu
servi en véranda.

🏠 **Châtillon Hôtel.** CY **18**
11 square Châtillon (14e) 📞 01 45 42 31 17, *chatillon.hotel@wanadoo.fr,*
Fax 01 45 42 72 09
sans rest – 🛗 📺 ☎, 🅖🅑. ✖
🍽 7,01 – **31 ch** 56,41/64,03.
◆ Adresse fréquentée par des habitués, sensibles au calme du lieu : les
chambres, assez spacieuses et bien tenues, donnent sur un square au bout
d'une impasse.

🏠 **Aberotel** CX **12**
24 r. Blomet (15e) 📞 01 40 61 70 50, *aberotel@wanadoo.fr, Fax 01 40 61 08 31*
sans rest – 🛗 ⇥ 📺 ☎ ♿. 🅐🅔 ① 🅖🅑 🅙🅒🅑
🍽 8 – **28 ch** 94/119.
◆ Une adresse prisée : plaisant salon orné de peintures sur bois évoquant les
cartes à jouer, coquettes chambres rénovées et cour intérieure où l'on sert le
petit-déjeuner en été.

🏠 **Paix** DX **8**
225 bd Raspail (14e) 📞 01 43 20 35 82, *resa@hoteldelapaix.com,*
Fax 01 43 35 32 63
sans rest – 🛗 📺 ☎. 🅐🅔 🅖🅑. ✖
🍽 5,80 – **39 ch** 66/92.
◆ Hôtel meublé dans le goût des années 1970, où vous trouverez des
chambres fonctionnelles, bien tenues et correctement insonorisées. Accueil
charmant.

🏠 **Pasteur** CX **27**
33 r. Dr Roux (15e) 📞 01 47 83 53 17, *Fax 01 45 66 62 39*
sans rest – 🛗 📺 ☎. 🅖🅑
fermé août
🍽 6 – **19 ch** 58/85.
◆ Les habitués qui fréquentent cet hôtel apprécient la simplicité des petites
chambres, l'accueil familial et les petits-déjeuners servis dans l'agréable cour
intérieure.

XXXX **Montparnasse 25** - Hôtel Méridien Montparnasse CX **3**
❀ 19 r. Cdt Mouchotte (14e) 📞 01 44 36 44 25, *meridien.montparnasse@lemerid*
ien.com, Fax 01 44 36 49 03
🍽 🅟. 🅐🅔 ① 🅖🅑 🅙🅒🅑. ✖
fermé août, sam., dim. et fériés – **Repas** 42 (déj.), 60,50/85 et carte 60 à 75 ₸.
◆ Le cadre contemporain sur fond de laque noire peut surprendre, mais ce
restaurant s'avère confortable et chaleureux. Cuisine au goût du jour,
superbes chariots de fromages.
Spéc. Saint-Jacques poêlées aux lanières d'endives et pommes granny (oct. à
mai). Turbot cuit sur l'arête, caramélisé au citron. Poitrine de canard sauvage
au pilé de noix et noisettes (oct. à janv.).

XXXX **Relais de Sèvres** - Hôtel Sofitel Porte de Sèvres AY **29**
❀ 8 r. L. Armand (15e) 📞 01 40 60 33 66, *h0572@accor-hotels.com,*
Fax 01 45 57 04 22
🍽 🅟. 🅐🅔 ① 🅖🅑 🅙🅒🅑
fermé 30 juil. au 26 août, sam., dim. et fériés – **Repas** 61 bc/68 et carte 55 à 75
₸.
◆ Cuisine classique, plaisant décor contemporain, tables joliment dressées
et parking souterrain offert : un restaurant bien séduisant, pour clientèle
d'affaires et gourmands.
Spéc. Emietté de tourteau et crème de petits oignons nouveaux. Carré
d'agneau du Quercy et millefeuille de légumes confits. Petit sablé et marme-
lade de poire à la fève tonka.

XXX **Ciel de Paris** CX

Tour Maine Montparnasse, au 56ᵉ étage (15ᵉ) ℘ 01 40 64 77 64, *ciel-de-par v@elior.com, Fax 01 40 64 59 71*

≼ Paris – ⃒ ▤. ﴾Æ ⓞ ﺒ ﺟﺠﺒ, ℁

Repas 30,18 (déj.)/48,78 et carte 58 à 75.

❖ Pour un repas en plein "ciel de Paris". Confortable salle à manger conte poraine tournée vers les Invalides et la tour Eiffel : vue inoubliable par ten clair !

XXX **Le Duc** DX

⬡ 243 bd Raspail (14ᵉ) ℘ 01 43 20 96 30, *Fax 01 43 20 46 73*

▤. ﴾Æ ⓞ ﺒ ﺟﺠﺒ

fermé 27 juil. au 19 août, 21 déc. au 2 janv., sam. midi, dim. et lundi – **Rep** 44 (déj.)et carte 55 à 85.

❖ Cuisine de la mer alliant qualité et simplicité servie dans un décor confortable cabine de yacht avec lambris d'acajou, appliques à thème ma et cuivres rutilants.

Spéc. Poissons crus. Escalopes de Saint-Pierre, beurre vodka. Sole meunièr

XXX **Le Dôme** DX

108 bd Montparnasse (14ᵉ) ℘ 01 43 35 25 81, *Fax 01 42 79 01 19*

▤. ﴾Æ ⓞ ﺒ ﺟﺠﺒ

Repas carte 52 à 82 ℥.

❖ L'un des temples de la bohème littéraire et artistique des années foll devenu un restaurant chic tendance "rive gauche", au cadre Art dé préservé. Produits de la mer.

XXX **Chen-Soleil d'Est** BV

⬡ 15 r. Théâtre (15ᵉ) ℘ 01 45 79 34 34, *Fax 01 45 79 07 53*

▤. ﴾Æ ﺒ ﺟﺠﺒ

fermé août et dim. – **Repas** 40/75 et carte 55 à 75.

❖ Glissez-vous sous les immeubles du front de Seine pour y découvrir authentique petit coin d'Asie : cuisine chinoise au "wok", meubles et boiser importés de Chine.

Spéc. ''Promenade de caviar à Shanghai''. Mijoté de chevreau au ginser Fondant de poire au vin de litchis.

XX **Maison Courtine** (Charles) CY

⬡ 157 av. Maine (14ᵉ) ℘ 01 45 43 08 04, *Fax 01 45 45 91 35*

▤. ﺒ, ℁

fermé 4 au 25 août, sam. midi, lundi midi et dim. – **Repas** 29 ℥.

❖ Tour de France des terroirs côté cuisine, cadre actuel, mobilier de st Louis-Philippe et mise en place soignée côté décor : la maison comp nombre de fidèles.

Spéc. Andouille de Guéméné à la crème. Canette des Dombes en de services. Tourtière aux pommes.

XX **La Coupole** DX

102 bd Montparnasse (14ᵉ) ℘ 01 43 20 14 20, *Fax 01 43 35 46 14*

▤. ﴾Æ ⓞ ﺒ ﺟﺠﺒ

Repas (16,50) - 29 (déj.)/31 et carte 35 à 40 ℥, enf. 11.

❖ Le cœur de Montparnasse bat encore dans cette immense brasserie A déco inaugurée en 1927. Les 32 piliers sont décorés d'oeuvres d'artistes l'époque. Ambiance animée.

XX **La Dînée** AY

85 r. Leblanc (15ᵉ) ℘ 01 45 54 20 49, *Fax 01 40 60 73 76*

﴾Æ ﺒ ﺟﺠﺒ

fermé sam. et dim. – **Repas** (25,50) - 30 ℥.

❖ Moins futuriste que le parc André-Citroën voisin, cette salle à mang actuelle agrémentée de tableaux et d'un comptoir de bar propose u cuisine au goût du jour.

XX **Gauloise** BV 12
59 av. La Motte-Picquet (15e) ℘ 01 47 34 11 64, *Fax 01 40 61 09 70*
☲ – AE GB JCB
Repas *(21)* - 26 et carte 37 à 54 ♨, enf. 11,50.
* Cette brasserie des années 1900 a dû voir passer bon nombre de person-
nalités, à en juger par les photos dédicacées tapissant les murs. Plaisante
terrasse sur le trottoir.

XX **Philippe Detourbe** CX 24
8 r. Nicolas Charlet (15e) ℘ 01 42 19 08 59, *Fax 01 45 67 09 13*
☰. AE GB JCB
fermé lundi midi, sam. midi et dim. – **Repas** 30 (déj.)/37.
* Cadre feutré et original, alliant le rouge sombre à l'or mat. Les suggestions
du jour sont à découvrir sur l'ardoise ; cuisine inventive.

XX **Vin et Marée** CY 4
108 av. Maine (14e) ℘ 01 43 20 29 50, *vin.maree@wanadoo.fr,*
Fax 01 43 27 84 11
☰. AE GB JCB
Repas carte 29 à 43 ♉.
* Les produits de la mer, spécialités de la maison, sont dévoilés chaque jour
sur l'ardoise, selon le bon plaisir de Neptune. Salles à manger décorées dans le
style marin.

XX **Monsieur Lapin** CY 28
⌂ 11 r. R. Losserand (14e) ℘ 01 43 20 21 39, *Fax 01 43 21 84 86*
☰. GB
fermé août, mardi midi et lundi – Repas (nombre de couverts limité, prévenir) 28,20/45,73 et carte 46 à 69 ♉.
* Tel le personnage d'Alice au pays des merveilles, Monsieur Lapin est
partout : dans la décoration de la salle à manger comme sur la carte qui
l'accommode à moult sauces.

XX **Caroubier** BY 6
⌂ 82 bd Lefebvre (15e) ℘ 01 40 43 16 12
☰. GB
fermé 15 juil. au 15 août et lundi – Repas *(10)* - 22,87 et carte 30 à 37 ♉.
* Décor contemporain rehaussé de touches orientales, chaleureuse atmosphère familiale et accueil prévenant au service d'une cuisine marocaine
gorgée de soleil.

XX **Les Vendanges** CZ 1
40 r. Friant (14e) ℘ 01 45 39 59 98, *Fax 01 45 39 74 13*
AE ⓪ GB JCB
fermé août, 21 au 29 déc., sam. et dim. – **Repas** *(25)* - 35 ♉.
* La pimpante façade ornée de grappes de raisins annonce la couleur : la
cuisine classique, orientée Sud-Ouest, est accompagnée d'une très belle carte
des vins.

XX **Clos Morillons** BY 13
50 r. Morillons (15e) ℘ 01 48 28 04 37, *Fax 01 48 28 70 77*
AE GB
fermé en août, vacances de fév., sam. midi, lundi midi et dim. – **Repas** *(21,34)* -
27,44/34,30 ♉.
* Nouvelle équipe, nouveau décor : murs jaune pâle, mobilier en rotin et
bambou, et tables simplement dressées (plaque de verre et argenterie).
Cuisine au goût du jour.

XX Fontanarosa

CX

28 bd Garibaldi (15e) ℘ 01 45 66 97 84, *Fax 01 47 83 96 30*
🏠 – 🍽. **AE** **GB** **JCB**
Repas *(13,57)* - 18,29 (déj.)et carte 33 à 53 ♀.

◆ Sur le boulevard portant le nom du célèbre homme politique italien, présence de cette trattoria à la façade "rosa" s'impose comme une évidenc Cuisine sarde.

XX Erawan

BV

76 r. Fédération (15e) ℘ 01 47 83 55 67, *Fax 01 47 34 85 98*
🍽. **AE** **GB** ✗
fermé en août et dim. – **Repas** *(12,04)* - 22,87/38,11 et carte 26 à 36.

◆ Ne vous fiez pas à l'anonymat de cette devanture, elle abrite une plaisant salle à manger au décor asiatique. Goûteuse cuisine thaïlandaise et servi souriant.

XX L'Épopée

BX

89 av. É. Zola (15e) ℘ 01 45 77 71 37, *Fax 01 45 77 71 37*
AE **GB** **JCB**
fermé 28 juil. au 28 août, 24 déc. au 2 janv., sam. midi et dim. – **Repas** *(25)* -
♀.

◆ Loin de prétendre à des développements épiques, ce petit restaurar favorise la convivialité. Les habitués reviennent pour sa belle carte des vins sa cuisine traditionnelle.

XX L'Étape

BX

89 r. Convention (15e) ℘ 01 45 54 73 49, *Fax 01 45 58 20 91*
🍽. **AE** **GB**
fermé 3 au 26 août, sam. midi et dim. – **Repas** 20/26.

◆ Une "étape" tout à fait classique dans sa cuisine et son décor constitu d'un mobilier de style Louis XVI, de boiseries et de confortables banquettes.

XX Filoche

BX

34 r. Laos (15e) ℘ 01 45 66 44 60
🍽. **GB**. ✗
fermé 21 juil. au 4 sept., 21 déc. au 6 janv., sam. et dim. – **Repas** 25/29.

◆ Ce bistrot auvergnat n'a guère changé depuis sa création il y a un siècle vieux zinc et murs patinés agrémentés de gravures évoquant l'Aveyro Cuisine traditionnelle.

XX Chez les Frères Gaudet

BX

19 r. Duranton (15e) ℘ 01 45 58 43 17, *ff-gaudet@club-internet.f*
Fax 01 45 58 42 65
AE **①** **GB**
fermé 1er au 15 sept., sam. midi, lundi midi et dim. – **Repas** *(19)* - 26,70/30,5
♀, enf. 12,20.

◆ Stores, beaux luminaires en cuivre et pâte de verre, banquettes e similicuir : l'ambiance 1950 - plutôt chic - est digne d'un roman de Simenor Plats traditionnels.

XX Copreaux

CX

15 r. Copreaux (15e) ℘ 01 43 06 83 35
🍽. **GB**
fermé août, dim. et lundi – **Repas** 21,19 bc et carte 25 à 38.

◆ Petite adresse à la charmante atmosphère provinciale, servant une cuisin familiale dans un cadre rustique et chaleureux. Exposition de tableaux lithographies.

Troquet
CX 32

21 r. F. Bonvin (15e) ✆ 01 45 66 89 00, *Fax 01 45 66 89 83*

GB, ✗

fermé août, 24 déc. au 2 janv., dim. et lundi – **Repas** 22 (déj.), 28/30 ♈.

♦ Authentique "troquet" parisien : menu unique à découvrir sur l'ardoise du jour, salle à manger de style "rétro", goûteuse cuisine du marché. Pour les titis... et les autres !

L'O à la Bouche
DX 9

124 bd Montparnasse (14e) ✆ 01 56 54 01 55, *Fax 01 43 21 07 87*

▦, AE GB JCB

fermé 15 au 23 avril, 5 au 26 août, 1er au 7 janv., dim. et lundi – **Repas** 19 (déj.)/29,90 et carte 40 à 45 ♈.

♦ Il règne un esprit "bistrot" et une sympathique ambiance dans ce restaurant au décor discrètement méditerranéen. La lecture de la carte vous mettra... l'eau à la bouche !

Bistro d'Hubert
CX 5

41 bd Pasteur (15e) ✆ 01 47 34 15 50, *message@bistrodhubert.com*, *Fax 01 45 67 03 09*

AE ⓞ GB JCB

fermé sam. midi – **Repas** *(20)* - 37.

♦ Bocaux et bonnes bouteilles sur les étagères, nappes à carreaux, vue directe sur les fourneaux et les cuivres rutilants : le décor de ce bistrot évoque une ferme landaise.

Stéphane Martin
BX 19

67 r. Entrepreneurs (15e) ✆ 01 45 79 03 31, *resto.stephanemartin@free.fr*, *Fax 01 45 79 44 69*

▦, AE GB, ✗

fermé 4 au 26 août, dim. et lundi – **Repas** 22,87 bc (déj.), 28,20/35,82.

♦ Sobre salle à manger récemment rénovée au voisinage de la place Violet (nom de l'entrepreneur de l'ancien village de Grenelle). Le menu du marché est très prisé.

Contre-Allée
DY 30

83 av. Denfert-Rochereau (14e) ✆ 01 43 54 99 86, *Fax 01 43 25 08 11*

AE GB, ✗

fermé sam. midi – **Repas** 28,96/34,30.

♦ Sur une contre-allée proche de l'entrée des catacombes, adresse bien vivante où l'on déguste un menu-carte saisonnier qui vous fera vite oublier vos frayeurs souterraines.

Gastroquet
BY 50

10 r. Desnouettes (15e) ✆ 01 48 28 60 91, *Fax 01 45 33 23 70*

AE GB

fermé août, lundi midi, sam. et dim. – **Repas** *(21)* - 27 et carte 41 à 50.

♦ La cuisine traditionnelle mijotée avec soin séduit gourmands du quartier et visiteurs du parc des Expositions de la porte de Versailles. Bistrot familial au sobre cadre.

Pascal Champ
DY 5

5 r. Mouton-Duvernet (14e) ✆ 01 45 39 39 61, *Fax 01 45 39 39 61*

▦, GB

fermé août, dim. et lundi – **Repas** *(16)* - 19 (déj.), 22/28 et carte 30 à 45 ♈.

♦ Rue commerçante animée où vous apprécierez l'intimité d'un dîner aux chandelles dans une salle à manger aux murs en pierres de taille. Cuisine au goût du jour.

✗ St-Vincent BX

26 r. Croix-Nivert (15ᵉ) ℘ 01 47 34 14 94, *Fax 01 45 66 46 58*

🍽. ⒜Ⓔ ⒼⒷ

fermé en août, sam. midi et dim. – **Repas** carte 30 à 42.

♦ Atmosphère conviviale dans ce bistrot orné d'objets ayant trait à la vig (hommage à St-Vincent, patron des vignerons). Plats traditionnels spécialités lyonnaises.

✗ Les P'tits Bouchons de François Clerc CX

32 bd Montparnasse (15ᵉ) ℘ 01 45 48 52 03, *Fax 01 45 48 52 17*

⒜Ⓔ ⒼⒷ ⒿⒸⒷ

fermé sam. midi et dim. – **Repas** *(21,19)* - 31,25 ♀.

♦ Ce bistrot propose un choix étendu de rouges et de blancs servis au ver pour accompagner une cuisine traditionnelle. Aux murs, ardoises et vieill affiches de publicité.

✗ Régalade CZ

49 av. J. Moulin (14ᵉ) ℘ 01 45 45 68 58, *Fax 01 45 40 96 74*

🍽. ⒼⒷ

fermé août, sam. midi, dim. et lundi – **Repas** (prévenir) 30.

♦ Un accueil tout sourire, une savoureuse cuisine du terroir, un cadre ru tique : voici les atouts de ce petit bistrot voisin de la porte de Châtillon. Tout monde y court !

✗ L'Os à Moelle AX

3 r. Vasco de Gama (15ᵉ) ℘ 01 45 57 27 27, *Fax 01 45 57 27 27*

ⒼⒷ

fermé août, dim. et lundi – **Repas** 27 (déj.), 32/38 ♀.

♦ Murs patinés et savoureux menu du marché côté bistrot, ou casse-croû autour d'une table d'hôte conviviale dans le cadre campagnard de la "Cav située en face.

✗ Bistrot du Dôme DX

1 r. Delambre (14ᵉ) ℘ 01 43 35 32 00

🍽. ⒜Ⓔ ⒼⒷ. ⊗

fermé dim. et lundi en août – **Repas** carte 30 à 44.

♦ "L'annexe" du Dôme, spécialisée elle aussi dans les produits de la me Ambiance décontractée dans la salle à manger égayée de feuilles de vignes de faïences à thème marin.

✗ Les Gourmands CY

101 r. Ouest (14ᵉ) ℘ 01 45 41 40 70, *Fax 01 45 41 17 66*

⒜Ⓔ ⒼⒷ

fermé mi-juil. à mi-août, dim. et lundi – **Repas** *(18)* - 24/30.

♦ Salle décorée d'outils agricoles et cuisine catalane : les gourmands seront pas déçus par ce restaurant qui est aussi le siège de l'amicale d Catalans de Paris.

✗ A La Bonne Table CZ

42 r. Friant (14ᵉ) ℘ 01 45 39 74 91, *Fax 01 45 43 66 92*

⒜Ⓔ ⓪ ⒼⒷ

fermé 14 au 28 juil., 23 fév. au 2 mars, sam. midi et dim. – Rep. 22,70 et carte 35 à 45.

♦ Le chef, d'origine japonaise, prépare une cuisine française traditionne relevée de son savoir-faire nippon. Confortable salle à manger en longue d'esprit "rétro".

✗ Petit Bofinger CX

46 bd Montparnasse (15ᵉ) ℘ 01 45 48 49 16, *Fax 01 45 44 92 05*

🍽. ⒜Ⓔ ⒼⒷ

Repas *(16,50)* - 27 bc (dîner) et carte environ 30.

♦ Une création bienvenue dans le secteur de la place du 18-Juin-1940, qu ce bistrot à la carte étoffée. Résultat : il ne désemplit pas !

✗ **Sept/Quinze** BX 8

29 av. Lowendal (15e) ☎ 01 43 06 23 06, *Fax 01 45 67 14 11*
ⒼⒷ

fermé 3 au 26 août et dim. – **Repas** 21 (déj.), 23,30/29,40 et carte 25 à 35 ♀.

♦ Ce bistrot "à cheval" sur les 7e et 15e arrondissements offre ses couleurs vives, quelques originales oeuvres d'art moderne et une alléchante cuisine au goût du jour.

✗ **Beurre Noisette** BY 5

68 r. Vasco de Gama (15e) ☎ 01 48 56 82 49, *Fax 01 48 56 82 49*
ⒶⒺ ⒼⒷ ✜

fermé 1er au 25 août, dim. et lundi – Repas 27 ♀.

♦ La cuisine au goût du jour est mitonnée avec soin et les suggestions, au gré du marché, sont à découvrir sur l'ardoise. Deux salles, simples et contemporaines.

✗ **Château Poivre** CY 45

145 r. Château (14e) ☎ 01 43 22 03 68, *chateaupoivre@noos.fr*
ⒶⒺ ⓪ ⒼⒷ ⒿⒸⒷ

fermé 10 au 25 août, 22 déc. au 3 janv., dim. et fériés – **Repas** 15 et carte 26 à 37 ♀.

♦ Luminaire design et chaudes teintes jaune ou orangée rajeunissent depuis peu cette salle à manger de style "rétro". Copieuse cuisine d'inspiration méridionale.

✗ **Les Petites Sorcières** DY 4

12 r. Liancourt (14e) ☎ 01 43 21 95 68, *Fax 01 43 21 95 68*
ⒼⒷ

fermé lundi midi, sam. midi et dim. – **Repas** (18) - carte 29 à 38.

♦ C'est, dit-on, le rendez-vous des sorcières parisiennes : elles s'y retrouvent lors de sabbats gourmands, laissent de nombreux bibelots et repartent en enfourchant leur balai.

✗ **du Marché** BY 12

59 r. Dantzig (15e) ☎ 01 48 28 31 55, *restaurant.du.marche@wanadoo.fr*,
Fax 01 48 28 18 31
ⒶⒺ ⒼⒷ ⒿⒸⒷ

fermé 1er au 15 août, sam. midi, lundi midi et dim. – Repas (19) - 26 et carte 43 à 82.

♦ Près du parc Georges-Brassens, ce sympathique bistrot au cadre années 1950 propose ses petits plats du Sud-Ouest "à la bonne franquette". Boutique de produits régionaux.

✗ **Au Soleil de Minuit** BY 4

15 r. Desnouettes (15e) ☎ 01 48 28 15 15, *Fax 01 48 28 17 17*
ⒶⒺ ⒼⒷ

fermé 28 juil. au 19 août, 23 au 26 déc., dim. soir et lundi – **Repas** (15) - 20/42 et carte 31 à 46 ♀.

♦ L'ambassade de la cuisine finnoise à Paris. Décor aux couleurs du drapeau finlandais, en bleu et blanc, et spécialités importées du pays arrosées d'un verre d'aquavit.

✗ **Mûrier** BY 5

42 r. Olivier de Serres (15e) ☎ 01 45 32 81 88
ⒼⒷ, ✜

fermé 5 au 25 août, sam. midi, lundi midi et dim. – **Repas** (13,57) - 16,61 (déj.), 19,05/22,71 ♀.

♦ À deux pas des boutiques de la rue de la Convention, cette sympathique adresse propose une cuisine traditionnelle servie dans une salle à manger ornée de vieilles affiches.

✂ **Folletterie**   BX
34 r. Letellier (15e) ℘ 01 45 75 55 95
GB JCB

fermé 28 juil. au 19 août, dim. et lundi – **Repas** *(16)* - 2
(déj.)/23 et carte 26 à 30 ♀.

♦ Le menu-carte de ce petit restaurant évolue toutes les semaines en fonc
tion du marché et de la saison. Quant au décor, il est sagement dans l'air d
temps.

✂ **Autour du Mont**   BY
58 r. Vasco de Gama (15e) ℘ 01 42 50 55 63, *Fax 01 42 50 55 63*
AE GB JCB

fermé août, dim. et lundi – **Repas** *(16)* - carte 25 à 40 ♀.

♦ Le Mont-St-Michel à Paris ? Décor marin, photos et affiches à la gloire de
Merveille, huîtres de Normandie et agneau des prés-salés : il ne manque plu
qu'une brise iodée !

✂ **Flamboyant**   CY
11 r. Boyer-Barret (14e) ℘ 01 45 41 00 22
AE GB

fermé août, dim. soir, mardi midi et lundi – **Repas** 12 (déj.), 2
bc/42 bc et carte 25 à 34 ♨.

♦ Cette modeste mais non moins sympathique adresse de quartier propos
une cuisine antillaise dans une minisalle garnie de nappes de madras. Bo
accueil et convivialité assurée.

✂ **Les Coteaux**   CX
26 bd Garibaldi (15e) ℘ 01 47 34 83 48
GB

fermé août, sam., dim. et lundi – **Repas** 23.

♦ Le vin - surtout le beaujolais - est à l'honneur dans ce bistrot tout simpl
proche de l'UNESCO. Il accompagne une généreuse cuisine lyonnaise.

✂ **Severo**   CY
⊛ 8 r. Plantes (14e) ℘ 01 45 40 40 91
GB

fermé 10 au 31 juil., vacances de Noël, sam. soir, dim. et fériés – Re
pas carte 25 à 35.

♦ Les produits de l'Aubrac et du Rouergue jouent les vedettes sur l'ardois
du jour de ce chaleureux bistrot. Quant à la belle carte des vins, elle fa
preuve d'éclectisme.

Trocadéro - Passy ————————
Bois de Boulogne ————————
Auteuil - Étoile ————————

16ᵉ arrondissement

16ᵉ : ✉ 75016 ou 75116

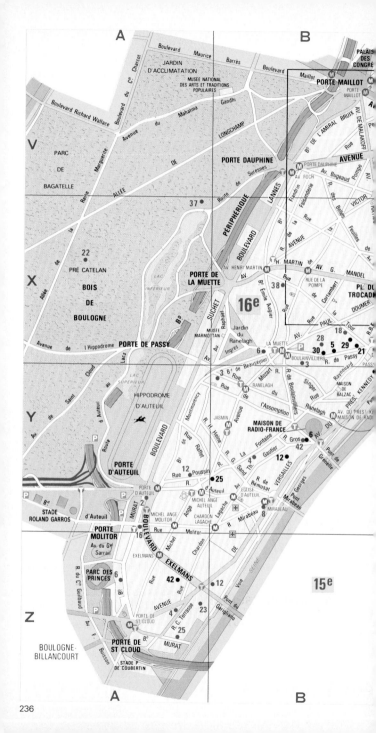

236

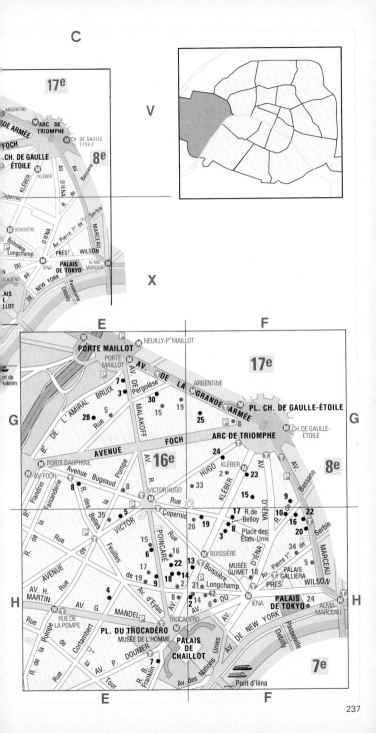

C

17e

ARC DE
TRIOMPHE

M CH DE GAULLE
ÉTOILE

FOCH

CH. DE GAULLE
ÉTOILE

8e

V

AV.

AV. D'IÉNA

de

KLÉBER

KLÉBER

M

Copernic

R.

Serbie

BOISSIÈRE

P
Boissière
Longchamp

DU

Av. Pierre 1er de

MARCEAU

X

PRÉST
WILSON

IÉNA

PALAIS
DE TOKYO

ALMA-
MARCEAU

M

AIS
E
LLOT

DE NEW YORK

Deailly

Passerelle

E

F

M PORTE MAILLOT

NEUILLY-PᵗᵉMAILLOT

17e

PORTE
MAILLOT

P

AV. T DE LA M GRANDE ARMÉE

M PL. CH. DE GAULLE-ÉTOILE

AV.

P

ARGENTINE

P

M CH. DE GAULLE-
ÉTOILE

7 ●
3 ●

Pergolèse

BRUIX

30 ●

● 25

ARC DE TRIOMPHE

G

M DE L'AMIRAL

28 ● 5 ●

MALAKOFF

Rue

15 ●

19 ●

8e

G

Bᵈ

AVENUE

FOCH

FOCH

24 ●

M PORTE DAUPHINE

AV. FOCH

M

Avenue Bugeaud

16e

HUGO

KLÉBER

2 ●

M 23

Bassano

8 ●

R. des

la Pompe

8 ●

R.

33 ●

KLÉBER

15 ●

AV.

9 ●

Flandrin

Faisanderie

VICTOR HUGO

D'IÉNA

10 ● 1 ●

22

Bᵈ

Rue

Rue

17 ● R. de

16 ●

Serbie

35 ●

5 ●

Copernic

Belloy

20 ●

de

VICTOR

26 ●

19 ●

8 ● 3 ●

Place des
États-Unis

MARCEAU

des

Belles

15 ●

POINCARÉ

M BOISSIÈRE

34 de

Rue

6 ●

16 ●

13 ●

D'IÉNA

5 ●

AVENUE

Feuilles

17 ●

22 ●

Boissière

MUSÉE
GUIMET 18

PALAIS
GALLIERA

AV. H.
MARTIN

Rue

de

19 ●

18 ●

2 ●

14 ●

31 ●

Longchamp

PRÉST

WILSON

4 ●

2 ● 14 ●

42 ●

DU

M IÉNA

PALAIS
DE TOKYO

24 ●

H

Rue

AV. G.

MANDEL

8 ●

AV. d'Eylau

6 ●

AV.

ALMA-
MARCEAU

M H

RUE DE
LA POMPE

P

TROCADÉRO

AV. DE NEW YORK

M

PL. DU TROCADÉRO

MUSÉE DE L'HOMME

T

de

Contambert

AV. P. DOUMER

7 ●

PALAIS
DE
CHAILLOT

Passerelle

Debilly

7e

Rue

de la Pompe

la

Tour

R. B.
Franklin

Av. des Nations Unies

Pont d'Iéna

E

F

237

Raphaël FG

17 av. Kléber ⊠ 75116 ℘ 01 53 64 32 00, *management@raphael-hotel.cc*
Fax 01 53 64 32 01

🛋 – 📶 ⤢ 🖥 📺 📞 – 🅰 50. AE ⓞ ⒼⒷ JCB

Jardins Plein Ciel ℘ 01 53 64 32 30(7ᵉ étage)-buffet *(mai-oct.)* Rep
60(déj.)/76 ♈

Salle à Manger ℘01 53 64 32 11 *(fermé août, sam. et dim.)* **Repas** 48
(déj)/58 ♈ – ⌧ 25 – **62 ch** 420/505, 25 appart.

♦ Superbe galerie habillée de boiseries, chambres raffinées, toit-terras:
avec vue panoramique sur Paris et bar anglais "mondain" sont les trésors
Raphaël, construit en 1925.

Sofitel Le Parc EH

55 av. R. Poincaré ⊠ 75116 ℘ 01 44 05 66 66, *le-parc@compuserve.co*
Fax 01 44 05 66 00

🛄, 🛋 – 📶 ⤢ 🖥 📺 📞 ♿ – 🅰 30 à 250. AE ⓞ ⒼⒷ JCB

voir **59 Poincaré** ci-après

Les Jardins du 59 *(mai-sept.)* **Repas** *(38,11)* - 44,21 ♈ – ⌧ 26 – **113 ch** 340/7!
3 duplex.

♦ Chambres élégantes et délicieusement "british" réparties autour d'u
terrasse-jardin très prisée du Tout-Paris. Restaurant d'été.

St-James Paris EG

43 av. Bugeaud ⊠ 75116 ℘ 01 44 05 81 81, *contact@saint-james-paris.co*
Fax 01 44 05 81 82

🛄, 🛋, 🌿 – 📶 🖥 📺 📞 🅿 – 🅰 25. AE ⓞ ⒼⒷ JCB

Repas *(fermé week-ends et fériés)* (résidents seul.) 46 – ⌧ 20 – **12 ch** 42
465, 28 appart 580/730, 8 duplex.

♦ Bel hôtel particulier élevé en 1892 par Mme Thiers au sein d'un jarc
arboré. Escalier majestueux, chambres spacieuses et bar-bibliothèque
l'atmosphère de club anglais.

Costes K. FH

81 av. Kléber ⊠ 75116 ℘ 01 44 05 75 75, *costes.k@wanadoo.*
Fax 01 44 05 74 74

Ⓜ sans rest, 🛁 – 📶 ⤢ 🖥 📺 📞 ♿ 🚗. AE ⓞ ⒼⒷ. ⌿
⌧ 19 – **83 ch** 300/540.

♦ Signé Ricardo Bofill, cet hôtel ultra-moderne est une invite discrète à
sérénité avec ses vastes chambres aux lignes épurées ordonnées autour d'u
joli patio japonisant.

Sofitel Baltimore FH

88 bis av. Kléber ⊠ 75116 ℘ 01 44 34 54 54, *welcome@hotelblatimore.con*
Fax 01 44 34 54 44

🛁 – 📶 ⤢ 🖥 📺 📞 – 🅰 50. AE ⓞ ⒼⒷ JCB

Table du Baltimore *(fermé 27 juil. au 26 août , sam., dim. et feriés)* **Repa**
carte 36 à 57 – ⌧ 23 – **105 ch** 425/690.

♦ Boiseries blondes, photos de la famille royale, etc. : de ce bel immeub
bourgeois au luxe discret et raffiné émane un charme victorien. Chambre
progressivement rénovées.

Square BY

3 r. Boulainvilliers ⊠ 75016 ℘ 01 44 14 91 90, *hotel.square@wanadoo.*
Fax 01 44 14 91 99

Ⓜ – 📶 🖥 📺 📞 ♿ 🚗. AE ⓞ ⒼⒷ JCB. ⌿

Repas voir rest ***Zébra Square*** ci-après – ⌧ 17 – **22 ch** 230/370.

♦ Fleuron de l'architecture contemporaine face à la Maison de la Radi
Courbes, couleurs, équipements high-tech et toiles abstraites en font u
hymne au design et à l'art moderne.

🏨 **Trocadero Dokhan's** EH 22
117 r. Lauriston ✉ 75116 ✆ 01 53 65 66 99, *hotel.trocadero.dokhans@wana doo.fr*, Fax 01 53 65 66 88
sans rest – 🛗 ⇔ 🖃 📺 ✆. 🝙 ⓪ 🆖 🇯🇨🇧. 🛇
🍽 23 – **41 ch** 480/991, 4 appart.
♦ On ne peut qu'être séduit par cet élégant hôtel particulier (1910) à l'architecture palladienne et au décor intérieur néoclassique. Boiseries céladon du 18e s. au salon.

🏨 **Villa Maillot** EG 3
143 av. Malakoff ✉ 75116 ✆ 01 53 64 52 52, *resa@lavillamaillot.fr*, Fax 01 45 00 60 61
Ⓜ sans rest – 🛗 ⇔ 🖃 📺 ✆ ⅙ – 🏛 25. 🝙 ⓪ 🆖 🇯🇨🇧. 🛇
🍽 21 – **39 ch** 300/335, 3 appart.
♦ À deux pas de la porte Maillot. Couleurs douces, grand confort et bonne isolation phonique pour les chambres. Verrière ouverte sur la verdure pour les petits-déjeuners.

🏨 **Élysées Régencia** FH 22
41 av. Marceau ✉ 75116 ✆ 01 47 20 42 65, *info@regencia.com*, Fax 01 49 52 03 42
Ⓜ sans rest – 🛗 ⇔ 🖃 📺 ✆ – 🏛 20. 🝙 ⓪ 🆖 🇯🇨🇧. 🛇
🍽 18 – **43 ch** 275/335.
♦ Trois styles de chambres sont proposés derrière cette gracieuse façade : Louis XVI, Napoléon "retour d'Égypte" et contemporain. Salle des petits-déjeuners voûtée.

🏨 **Libertel Auteuil** BY 12
8 r. F. David ✉ 75016 ✆ 01 40 50 57 57, *H2777@accor.hotels.com*, Fax 01 40 50 57 50
Ⓜ sans rest – 🛗 ⇔ 🖃 📺 ✆ ⅙ ⊸ – 🏛 35. 🝙 ⓪ 🆖
🍽 13 – **94 ch** 200/240.
♦ La clientèle d'affaires apprécie ce bâtiment quasi neuf proche de la Maison de la Radio. Camaïeu de beige dans les chambres. Piano dans le salon moderne meublé de rotin.

🏨 **Pergolèse** EG 30
3 r. Pergolèse ✉ 75116 ✆ 01 53 64 04 04, *hotel@pergolese.com*, Fax 01 53 64 04 40
Ⓜ sans rest – 🛗 ⇔ 🖃 📺 ✆. 🝙 ⓪ 🆖 🇯🇨🇧
🍽 12 – **40 ch** 195/320.
♦ Une sage façade du "beau 16e", mais une insolite porte bleue qui donne le ton : l'intérieur est design, mariant acajou, briques de verre, chromes et couleurs vives.

🏨 **Argentine** FG 25
1 r. Argentine ✉ 75116 ✆ 01 45 02 76 76, *H2757@accor-hotels.com*, Fax 01 45 02 76 00
Ⓜ sans rest – 🛗 ⇔ 📺 ✆ ⅙. 🝙 ⓪ 🆖 🇯🇨🇧
🍽 13 – **40 ch** 228/250.
♦ Dans une rue tranquille, immeuble bourgeois orné d'un bas-relief offert par l'ambassadeur d'Argentine. Chambres coquettes et feutrées. Ambiance "cosy" au salon-bar.

🏨 **Majestic** FG 15
29 r. Dumont d'Urville ✉ 75116 ✆ 01 45 00 83 70, *management@majestic-h otel.com*, Fax 01 45 00 29 48
sans rest – 🛗 ⇔ 🖃 📺 ✆. 🝙 ⓪ 🆖 🇯🇨🇧
🍽 13,75 – **27 ch** 192/409, 3 appart.
♦ À deux pas des Champs-Élysées, ce discret immeuble des années 1960 abrite des chambres calmes, au confort bourgeois, bien dimensionnées et impeccablement tenues.

Régina de Passy AY
6 r. Tour ✉ 75116 ℘ 01 55 74 75 75, *regina@gofornet.com*
Fax 01 45 25 23 78
sans rest – 🛗 📺 📞. 🆎 ⓪ 🆚 🄹🄲🄱
🖵 10 – **63 ch** 140/275.

◆ Immeuble des années 1930 à deux pas des boutiques de la rue de Passy.
Chambres de style Art déco ou contemporaines ; certaines offrent une
échappée sur la tour Eiffel.

Garden Élysée EH
12 r. St-Didier ✉ 75116 ℘ 01 47 55 01 11, *garden.elysee@wanadoo.fr*
Fax 01 47 27 79 24
Ⓜ 🕭 sans rest – 🛗 ⟷ ▤ 📺 📞 ♿. 🆎 ⓪ 🆚 🄹🄲🄱. 🕱
🖵 18,50 – **48 ch** 214/335.

◆ En retrait de la rue, au calme d'une verdoyante cour intérieure où l'on sert
le petit-déjeuner en été, chambres actuelles et joli salon habillé de boiseries.

Élysées Union FH
44 r. Hamelin, ✉ 75116 ℘ 01 45 53 14 95, *unionetoil@aol.com*
Fax 01 47 55 94 79
sans rest – 🛗 cuisinette 📺 📞 ♿. 🆎 ⓪ 🆚. 🕱
🖵 10 – **47 ch** 154/202, 12 appart.

◆ Le 18 novembre 1922, Proust s'éteignit au cinquième étage de cet immeuble. Chambres de style Directoire ou appartements pratiques pour longs
séjours. Courette verdoyante.

Élysées Bassano FH 1
24 r. Bassano ✉ 75116 ℘ 01 47 20 49 03, *h2815-gm@accor-hotels.com*
Fax 01 47 23 06 72
sans rest – 🛗 ⟷ ▤ 📺 📞. 🆎 ⓪ 🆚 🄹🄲🄱
🖵 13 – **40 ch** 180/240.

◆ Beaux tissus imprimés, gravures anciennes et meubles couleur acajou
habillent les chambres "cosy". Toiles contemporaines dans la salle des petits
déjeuners.

Alexander EH
102 av. V. Hugo ✉ 75116 ℘ 01 56 90 61 00, *melia.alexander@solmelia.com*
Fax 01 56 90 61 01
sans rest – 🛗 ▤ 📺. 🆎 ⓪ 🆚 🄹🄲🄱. 🕱
🖵 21,50 – **61 ch** 320/442.

◆ Immeuble bourgeois sur une avenue chic. Très classiques, les chambres
- plus tranquilles sur l'arrière - ont l'avantage d'être spacieuses. Salons revê-
tus de boiseries.

Frémiet BY
6 av. Frémiet ✉ 75016 ℘ 01 45 24 52 06, *hotel.fremiet@wanadoo.fr*
Fax 01 53 92 06 46
sans rest – 📺 📞. 🆎 ⓪ 🆚 🄹🄲🄱
🖵 11,50 – **36 ch** 160/206.

◆ Hauts plafonds moulurés, mobilier de style Louis XV ou Louis XVI, tapis.
Tout le charme de l'hôtellerie traditionnelle au coeur de Passy. Chambres plus
calmes sur l'arrière.

Résidence Bassano FH 1
15 r. Bassano ✉ 75116 ℘ 01 47 23 78 23, *info@hotel-bassano.com*
Fax 01 47 20 41 22
Ⓜ sans rest – 🛗 ⟷ ▤ 📺 📞. 🆎 ⓪ 🆚. 🕱
🖵 18 – **28 ch** 275/335, 3 appart.

◆ Sol en tomettes, mobilier en fer forgé, tissus ensoleillés : cette "maison
d'ami" évoque la Provence alors que les Champs-Élysées sont à quelques
centaines de mètres.

🏨 **Résidence Impériale** EG **7**
155 av. Malakoff ⊠ 75116 ℘ 01 45 00 23 45, *res.imperiale@wanadoo.fr,*
Fax 01 45 01 88 82
sans rest – 🛗 ⇔ ▤ 📺 📞 ♿. 🖭 ① ⑥⑧
⌧ 11 – **37 ch** 130/195.
♦ Nombreuses rénovations dans ce bâtiment ancien voisin de la porte Maillot. Chambres insonorisées et bien agencées ; celles du dernier étage sont avec poutres apparentes.

🏨 **Passy Eiffel** BX **21**
10 r. Passy ⊠ 75016 ℘ 01 45 25 55 66, *Fax 01 42 88 89 88*
sans rest – 🛗 📺 📞. 🖭 ① ⑥⑧ ⒿⒸⒷ
⌧ 10 – **48 ch** 122/128.
♦ Dans une rue animée, hôtel familial peu à peu rénové où l'on choisira plutôt les chambres côté cour, donnant sur un joli patio fleuri ; d'autres regardent la tour Eiffel.

🏨 **Élysées Sablons** EH **4**
32 r. Greuze ⊠ 75116 ℘ 01 47 27 10 00, *h2778-gm@accor-hotels.com,*
Fax 01 47 27 47 10
Ⓜ sans rest – 🛗 ⇔ 📺 📞 ♿. 🖭 ① ⑥⑧ ⒿⒸⒷ
⌧ 13 – **41 ch** 170/180.
♦ Établissement récent où les chambres adoptent toutes le style Art déco ; quelques-unes ont un minibalcon. Amusante salle des petits-déjeuners façon cabine de bateau.

🏨 **Chambellan Morgane** FG **9**
6 r. Keppler ⊠ 75116 ℘ 01 47 20 35 72, *Fax 01 47 20 95 69*
sans rest – 🛗 ▤ 📺 📞 – 🔏 20. 🖭 ① ⑥⑧ ⒿⒸⒷ. ⨯
⌧ 10 – **20 ch** 156/157.
♦ Petit hôtel de caractère dont les chambres portent les couleurs de la Provence et profitent toutes du calme ambiant. Agréable salon Louis XVI décoré de boiseries peintes.

🏨 **Floride Étoile** EH **18**
14 r. St-Didier ⊠ 75116 ℘ 01 47 27 23 36, *floridetoi@aol.com,*
Fax 01 47 27 82 87
sans rest – 🛗 ▤ 📺 📞 – 🔏 30. 🖭 ① ⑥⑧ ⒿⒸⒷ. ⨯
⌧ 11 – **63 ch** 122/192.
♦ À quelques pas du Trocadéro. Demandez une chambre rénovée, moderne et spacieuse ; celles côté cour sont plus petites mais aussi plus calmes. Salon fleuri, meublé avec goût.

🏨 **Résidence Marceau** FH **20**
37 av. Marceau ⊠ 75016 ℘ 01 47 20 43 37, *Fax 01 47 20 14 76*
sans rest – 🛗 ▤ 📺 📞. 🖭 ① ⑥⑧ ⒿⒸⒷ. ⨯
⌧ 11 – **30 ch** 160/190.
♦ Sur une avenue passante, façade classique abritant des chambres rénovées, équipées de salles de bains en marbre. Espace salon-petits-déjeuners au 1er étage.

🏨 **Victor Hugo** FH **19**
19 r. Copernic ⊠ 75116 ℘ 01 45 53 76 01, *resa@hotel-victor-hugo.com,*
Fax 01 45 53 69 93
sans rest – 🛗 ▤ 📺 📞. 🖭 ① ⑥⑧ ⒿⒸⒷ. ⨯
⌧ 11 – **75 ch** 131/206.
♦ Face aux réservoirs de Passy, chambres à l'agencement classique, avec balcon et vue dégagée aux derniers étages. Salle des petits-déjeuners printanière.

🏨 **Kléber**   FH
7 r. Belloy ✉ 75116 ℰ 01 47 23 80 22, kleberhotel@aol.cor
Fax 01 49 52 07 20
sans rest – |≢| ▤ 📺 📞 – 🛗 20. 🆎 ⓪ ☷ Ｊ☾Ｂ
💻 13 – **22 ch** 182/243.
◆ Les salons de cet hôtel proche de la sélecte place des États-Unis abriter
meubles de style Louis XV et toiles anciennes. Murs de pierres apparente
dans les chambres.

🏨 **Jardins du Trocadéro**   EH
35 r. Franklin ✉ 75116 ℰ 01 53 70 17 70, jardintroc@aol.cor
Fax 01 53 70 17 80
Ⓜ sans rest – |≢| ▤ 📺 📞. 🆎 ⓪ ☷ Ｊ☾Ｂ. ⌘
💻 14,50 – **17 ch** 245/520.
◆ Cet édifice bâti sous Napoléon III conserve un intérieur de caractèr
"Turqueries" sur les portes, tissus choisis et meubles de style dans toutes le
petites chambres.

🏨 **Sévigné**   FH 1
6 r. Belloy ✉ 75116 ℰ 01 47 20 88 90, hotel.de.sevigne@wanadoo.f
Fax 01 40 70 98 73
sans rest – |≢| 📺. 🆎 ⓪ ☷
💻 8 – **30 ch** 111/150.
◆ Les habitués apprécient l'ambiance familiale de l'établissement. Chambre
standardisées spacieuses et bien tenues ; celles des 2ᵉ et 5ᵉ étages possèder
un balcon.

🏨 **Résidence Foch**   EG 2
10 r. Marbeau ✉ 75116 ℰ 01 45 00 46 50, reservation@residence-foch.cor
Fax 01 45 01 98 68
sans rest – |≢| 📺 📞. 🆎 ⓪ ☷ Ｊ☾Ｂ. ⌘
💻 8,50 – **25 ch** 107/143.
◆ Voisin de l'aristocratique avenue Foch et du bois de Boulogne, ce pet
hôtel familial héberge des chambres fonctionnelles. Un programme d
rénovations est en cours.

🏨 **Hameau de Passy**   BX 3
48 r. Passy ✉ 75016 ℰ 01 42 88 47 55, hameau.passy@wanadoo.f
Fax 01 42 30 83 72
Ⓜ ঌ sans rest – |≢| 📺. 🆎 ⓪ ☷ Ｊ☾Ｂ
💻 4,57 – **32 ch** 89,20/101,40.
◆ Une impasse mène à ce discret hameau et à sa charmante cour intérieur
envahie de verdure. Nuits calmes assurées dans des chambres petites, ma
actuelles et bien tenues.

🏨 **Boileau**   AZ 4
81 r. Boileau ✉ 75016 ℰ 01 42 88 83 74, boileau@cybercable.f
Fax 01 45 27 62 98
sans rest – 📺 📞 – 🛗 15. 🆎 ⓪ ☷
💻 6,10 – **30 ch** 67,84/85,37.
◆ Patio fleuri, toiles et bibelots contant Bretagne et Maghreb, et joyeu
accueil d'Oscar le perroquet : une adresse sympathique où l'on réservera un
chambre rénovée.

🏨 **Bois**   FG 2
11 r. Dôme ✉ 75116 ℰ 01 45 00 31 96, hoteldubois@wanadoo.f
Fax 01 45 00 90 05
sans rest – 📺. 🆎 ⓪ ☷ Ｊ☾Ｂ
💻 10 – **41 ch** 95/125.
◆ Cet hôtel "cosy" a élu domicile dans la rue la plus montmartroise du 16ᵉ o
Baudelaire rendit son dernier soupir. Chambres coquettes et claires, salon d
style géorgien.

🏨 **Queen's Hôtel** BY 25
4 r. Bastien Lepage ⊠ 75016 ℘ 01 42 88 89 85, *contact@queens-hotel.fr,*
Fax 01 40 50 67 52
sans rest – 📶 ✟✟ 📺 ☎. 🆎 ⓪ ☒ ☒
⚏ 6,10 – **22 ch** 68/120.
♦ Des tableaux d'artistes contemporains égayent la plupart des chambres
ainsi que le joli hall : ces heureuses rénovations font oublier la petitesse des
surfaces.

🏨 **Nicolo** BX 5
3 r. Nicolo ⊠ 75116 ℘ 01 42 88 83 40, *hotel.nicolo@wanadoo.fr,*
Fax 01 42 24 45 41
🐾 sans rest – 📶 📺. 🆎 ⓪ ☒ ☒
⚏ 6 – **28 ch** 71/112.
♦ On accède à ce vénérable établissement par une paisible arrière-cour.
Atmosphère "rétro" dans les longs couloirs et les chambres desservis par un
minuscule ascenseur.

🏨 **Palais de Chaillot** EH 9
35 av. R. Poincaré ⊠ 75116 ℘ 01 53 70 09 09, *hapc@wanadoo.fr,*
Fax 01 53 70 09 08
sans rest – 📶 📺 ☎. 🆎 ⓪ ☒ ☒. ✆
⚏ 8 – **28 ch** 95/130.
♦ Bel emplacement près du Trocadéro pour cet hôtel rénové aux couleurs
du Sud. Petites chambres fraîches et fonctionnelles. Salle des petits-
déjeuners meublée en rotin.

🏨 **Gavarni** BX 29
5 r. Gavarni ⊠ 75116 ℘ 01 45 24 52 82, *reservation@gavarni.com,*
Fax 01 40 50 16 95
sans rest – 📶 📺 ☎. 🆎 ⓪ ☒ ☒. ✆
⚏ 8,50 – **25 ch** 92/145.
♦ Cet immeuble de briques rouges fraîchement rénové vous propose des
chambres peu spacieuses mais coquettes et bien équipées. Accueil tout
sourire.

🏨 **Longchamp** EH 19
68 r. Longchamp ⊠ 75116 ℘ 01 44 34 24 14, *info@hotel-paris-hotels.com,*
Fax 01 44 34 24 24
sans rest – 📶 📺 ☎. 🆎 ⓪ ☒
⚏ 10 – **23 ch** 100/139.
♦ Dans une rue animée, façade toilettée et intérieur refait. Les chambres, qui
manquent parfois d'ampleur, sont insonorisées. Salle des petits-déjeuners
façon jardin d'hiver.

XXXX **Faugeron** EH 2
❀❀ 52 r. Longchamp ⊠ 75116 ℘ 01 47 04 24 53, *faugeron@wanadoo.fr,*
Fax 01 47 55 62 90
▤. 🆎 ☒ ☒. ✆
fermé août, 23 déc. au 3 janv., sam. et dim. – **Repas** *(47)* - 54 (déj.)/114
bc (dîner)et carte 95 à 130.
♦ Tentures aux couleurs automnales, boiseries claires et niches fleuries
composent l'élégant décor de ce restaurant. Cuisine classique soignée et
accueil parfait.
Spéc. Oeufs coque à la purée de truffes. Truffes (janv. à mars). Gibier (15 oct.
au 10 janv.)

XXX Ghislaine Arabian EG
ɛ3 16 av. Bugeaud ⊠ 75116 ℘ 01 56 28 16 16, *Fax 01 56 28 16 71*
🗐, 🆎 ⓪ 🆎 🗷
fermé sam. et dim. – **Repas** 45 (déj.)et carte 56 à 91.

♦ Ex-épicerie métamorphosée en élégant restaurant (murs tapissés à feuille d'or, appliques originales), plats au goût du jour et clin d'oeil à Flandre : une "grande chef" en ses murs !

Spéc. Croquettes de crevettes grises. Filet de boeuf à la Gueuze. Parfait gla à la chicorée.

XXX 59 Poincaré - *Hôtel Sofitel Le Parc* EH
59 av. R. Poincaré ⊠ 75116 ℘ 01 47 27 59 59, *59poincare@leparc-paris.co*
Fax 01 47 27 59 00
🗐, 🆎 ⓪ 🆎 🗷, 🗷
fermé dim. et lundi – **Repas** carte 54 à 69.

♦ Séduisant hôtel particulier de la Belle Époque. Au rez-de-chaussé touches design signées P. Jouin. Légumes, homard, boeuf et fruits : u carte thématique à quatre temps.

XXX Jamin (Guichard) FH
ɛ3 ɛ3 32 r. Longchamp ⊠ 75116 ℘ 01 45 53 00 07, *Fax 01 45 53 00 15*
🗐, 🆎 ⓪ 🆎
fermé 26 juil. au 26 août, vacances de fév., sam. et dim. – **Repas** (déj.)/80 et carte 90 à 130.

♦ Derrière la façade délicatement colorée, une maison de la capitale pleine ascension, dont vous n'oublierez pas les saveurs ! Un cadeau à s'off presque raisonnable.

Spéc. Poêlée de langoustines de petite pêche (été). Blanc de bar en pe croustillante. Carré d'agneau rôti au thym

XXX Relais d'Auteuil (Pignol) AY
ɛ3 ɛ3 31 bd. Murat ⊠ 75016 ℘ 01 46 51 09 54, *Fax 01 40 71 05 03*
🗐, 🆎 ⓪ 🆎 🗷
fermé août, lundi midi, sam. midi et dim. – **Repas** 44,25 (déj.), 89,9 120,45 et carte 85 à 110.

♦ Élégant cadre inspiré des époques Restauration et Louis-Philippe, av banquettes en satin et chaises gondoles. En cuisine, le raffinement le dispu à la virtuosité.

Spéc. Amandine de foie gras de canard et lobe poêlé. Dos de bar à la croû poivrée. Madeleines au miel de bruyère, glace miel et noix.

XXX Pergolèse (Corre) EG
ɛ3 40 r. Pergolèse ⊠ 75116 ℘ 01 45 00 21 40, *le-pergolese@wanadoo.*
Fax 01 45 00 81 31
🗐, 🆎 🆎 🗷
fermé 2 août au 2 sept., sam. et dim. – **Repas** 35,83/64,03 et carte 55 à 75.

♦ Tentures jaunes, boiseries claires et sculptures insolites jouent avec l miroirs et forment un décor élégant à deux pas de la sélecte avenue Foc Cuisine classique soignée.

Spéc. Ravioli de langoustines au beurre de foie gras. Saint-Jacques rôties robe des champs (nov. à mars). Moelleux au chocolat, glace vanille

XXX Tsé-Yang FH
25 av. Pierre 1er de Serbie ⊠ 75116 ℘ 01 47 20 70 22, *Fax 01 49 52 03 68*
🗐, 🆎 ⓪ 🆎 🗷, 🗷
Repas 40,40/43,45 et carte 42 à 59.

♦ Décor digne de la Cité Interdite : sculptures, fresques et objets artisana invitent à un voyage raffiné en Chine, près de l'avenue Marceau. Carte tr étoffée.

XXX **Pavillon Noura** FH 5
21 av. Marceau ✉ 75116 ✆ 01 47 20 33 33, *Fax 01 47 20 60 31*
▤. AE ⓓ GB. ✈
Repas 27,14 (déj.), 43,91/51,33 et carte 35 à 60 ♀.
◆ Élégante salle aux murs ornés de fresques levantines. Le Liban se laisse découvrir à travers ses mezzés, ses petits plats chauds ou froids et ses traditionnels verres d'arack.

XXX **Les Arts** FH 18
9 bis av. Iéna ✉ 75116 ✆ 01 40 69 27 53, *maison.des.am@sodexho.prestige.fr, Fax 01 40 69 27 08*
☂ – ▤. AE ⓓ GB
fermé août, sam. et dim. – **Repas** 36 et carte 50 à 62.
◆ Hôtel particulier bâti en 1892 devenu maison des "gadzarts" depuis 1925. Salle à manger (colonnades, moulures, tableaux) et jardin-terrasse sont désormais ouverts au public.

XXX ✿ **Passiflore** (Durand) FH 42
33 r. Longchamp ✉ 75016 ✆ 01 47 04 96 81, *Fax 01 47 04 32 27*
▤. AE GB JCB. ✈
fermé 4 au 26 août, sam. midi et dim. – **Repas** 30/38 et carte 45 à 67 ♀.
◆ Sobre et élégant décor d'inspiration ethnique (camaïeu de jaunes et boiseries), cuisine classique personnalisée : ce "comptoir" du beau Paris fait voyager les papilles.
Spéc. Foie gras de canard. Côte de boeuf de Bavière en sautoir. Tarte fine au chocolat.

XXX **L'Étoile** FG 8
12 r. Presbourg ✉ 75116 ✆ 01 45 00 78 70, *Fax 01 45 00 78 71*
▤. AE GB
fermé août, 23 déc. au 2 janv., sam. midi et dim. midi – **Repas** (38,11 bc) - 44,21 bc (déj.)et carte 52 à 68.
◆ Difficile de trouver plus belle vue sur l'Arc de Triomphe qu'en cet élégant restaurant. Cadre feutré avec larges fauteuils en cuir rouge et éclairage flatteur. Club privé.

XXX ✿ **Port Alma** (Canal) FH 24
10 av. New York ✉ 75116 ✆ 01 47 23 75 11, *Fax 01 47 20 42 92*
▤. AE ⓓ GB JCB
fermé août, 24 déc. au 2 janv., dim. et lundi – **Repas** carte 46 à 70.
◆ Sur les quais de Seine, salle à manger-véranda aux poutres bleues, faisant la part belle aux saveurs de la mer. Fraîcheur des produits et accueil souriant.
Spéc. Salade de homard. Pétales de Saint-Jacques marinées à l'huile d'argan (oct. àmai). Fricassée de sole poêlée au foie gras

XX ✿ **Astrance** (Barbot) CX 2
4 r. Beethoven ✉ 75016 ✆ 01 40 50 84 40, *Fax 01 40 50 11 45*
AE ⓓ GB
fermé 1er au 21 août, vacances de fév., mardi midi et lundi – **Repas** (nombre de couverts limité, prévenir) 30 (déj.), 58/76 bc et carte 55 à 75 ♀.
◆ Décor contemporain gris souris et carte thématique : la cuisine inventive de l'Astrance (une fleur, du latin aster, étoile...) a conquis le quartier du Trocadéro.
Spéc. Crabe en fines ravioles d'avocat, huile d'amande douce. Noix de Saint-Jacques, velouté au curry et coco (saison). Le lait "dans tous ses états".

XX **Giulio Rebellato**   EH

136 r. Pompe ⊠ 75116 ℘ 01 47 27 50 26

▤, **AE** **GB**, �

fermé août – **Repas** carte 50 à 70.

♦ Beaux tissus, gravures anciennes et scintillements des miroirs présider un chaleureux décor d'inspiration vénitienne signé Garcia. Cuisine italienne

XX **Fakhr el Dine**   FH

30 r. Longchamp ⊠ 75016 ℘ 01 47 27 90 00, *resa@fakhreldine.c* Fax 01 53 70 01 81

▤, **AE** **①** **GB**

Repas 23/26 et carte 25 à 40.

♦ Mezzé, kafta, grillades au feu de bois... Ce restaurant au cadre raffiné v convie à un voyage culinaire digne de Fakhr el Dine, l'un des plus gran princes libanais.

XX **San Francisco**   BY

1 r. Mirabeau ⊠ 75016 ℘ 01 46 47 84 89, *Fax 01 46 47 75 45*

🏠 – **AE** **①** **GB** **JCB**

fermé dim. – **Repas** carte 40 à 55 ♌.

♦ Cuisine italienne servie dans un original décor de boiseries, moulu frises et lampes en fer forgé. Dans l'arrière-salle, une fresque évoque carnaval de Venise.

XX **Bellini**   EG

28 r. Lesueur ⊠ 75116 ℘ 01 45 00 54 20, *Fax 01 45 00 11 74*

▤, **AE** **GB**

fermé août, sam. et dim. – **Repas** 27,44 (déj.)et carte 45 à 50.

♦ Dans le "beau" 16ᵉ, cette petite façade discrète abrite un restaurant ital égayé de chatoyantes couleurs méditerranéennes. Belle carte des v transalpine.

XX **Paul Chêne**   EH

123 r. Lauriston ⊠ 75116 ℘ 01 47 27 63 17, *Fax 01 47 27 53 18*

▤, **AE** **①** **GB**, �

fermé août, 23 déc. au 1ᵉʳ janv., sam. midi et dim. – **Repas** 33, 41,16 et carte 40 à 56.

♦ Cette adresse a gardé son âme des années 1950 : vieux zinc, confortab banquettes, tables serrées... et ambiance animée. Plats traditionnels dont fameux merlan en colère.

XX **Tang**   BX

❀ 125 r. de la Tour ⊠ 75116 ℘ 01 45 04 35 35, *Fax 01 45 04 58 19*

▤, **AE** **GB**, �

fermé 1ᵉʳ au 26 août, 23 déc. au 1ᵉʳ janv., dim. et lundi – **Repas** (déj.)/65 et carte 50 à 100.

♦ Derrière les larges baies vitrées, une salle haute sous plafond, dont le déc classique est rehaussé de touches asiatiques. Spécialités chinoises thaïlandaises.

Spéc. Ravioli thai au gingembre et coriandre. Croustillants de langoustines sauce caramélisée. Pigeonneau laqué aux cinq parfums

XX **Zébra Square**   BY

3 pl. Clément Ader ⊠ 75016 ℘ 01 44 14 91 91, *Fax 01 45 20 46 41*

▤, **AE** **①** **GB** **JCB**

Repas *(23)* - carte 38 à 45 ♌.

♦ Décor zébré design et cuisine résolument au goût du jour pour ce resta rant "tendance" à la façade en marbre et verre tout en courbes située fac la Maison de Radio-France.

XX **Conti**   FH 26

72 r. Lauriston ⊠ 75116 ✆ 01 47 27 74 67, *Fax 01 47 27 37 66*

≣ . AE ① GB

fermé 3 au 25 août, 25 déc. au 1ᵉʳ janv., sam., dim. et fériés – **Repas** carte 50 à 65 ℈.

♦ Les deux couleurs fétiches de Stendhal se retrouvent dans le décor de ce restaurant où brillent miroirs et lustres de cristal. Cuisine italienne ; belle carte des vins.

XX **Vinci**   FG 33

23 r. P. Valéry ⊠ 75116 ✆ 01 45 01 68 18, *Fax 01 45 01 60 37*

≣ . GB

fermé 1ᵉʳ au 19 août, sam. et dim. – **Repas** 29 et carte 40 à 52 ℈.

♦ Goûteuse cuisine italienne, sympathique intérieur coloré et service aimable : un petit établissement très prisé à deux pas de la commerçante et huppée avenue Victor-Hugo.

XX **Marius**   AZ 6

82 bd Murat ⊠ 75016 ✆ 01 46 51 67 80, *Fax 01 47 43 10 24*

🌣 – AE GB

fermé 1ᵉʳ au 19 août, sam. midi et dim. – **Repas** carte 32 à 45 ℈.

♦ Des chaises de velours rouge égayent le sobre cadre de ce restaurant de produits de la mer, souvent comble, situé près du parc des Princes. Ambiance animée. Vins choisis.

XX **Essaouira**   BY 3

135 r. Ranelagh ✆ 01 45 27 99 93, *Fax 01 45 27 56 36*

GB

fermé 23 juil. au 31 août, mardi midi et lundi – **Repas** carte 33 à 44.

♦ L'ancienne Modagor a prêté son nom à ce restaurant marocain décoré d'une fontaine en mosaïque, de tapis et d'objets artisanaux. Couscous, tajines et méchoui comme là-bas !

XX **Chez Géraud**   BX 28

31 r. Vital ⊠ 75016 ✆ 01 45 20 33 00, *Fax 01 45 20 46 60*

GB

fermé 26 juil. au 26 août, sam. et dim. – **Repas** 28 et carte 50 à 82.

♦ La façade, puis la fresque intérieure, toutes deux en faïence de Longwy, attirent l'oeil. Cadre de bistrot chic assorti à une cuisine privilégiant le gibier en saison.

XX **Fontaine d'Auteuil**   BY 4

35bis r. La Fontaine ⊠ 75016 ✆ 01 42 88 04 47, *Fax 01 42 88 95 12*

≣ . AE ① GB

fermé 4 au 28 août, sam. midi et dim. – **Repas** *(22,85)* - 28,20 ℈.

♦ L'enseigne évoque la source thermale d'Auteuil. Habillage de boiseries sombres, murs patinés et plafonds discrètement nervurés : un intérieur victorien, distingué et austère.

XX **Petite Tour**   BX 18

11 r. de la Tour ⊠ 75116 ✆ 01 45 20 09 31, *Fax 01 45 20 09 31*

AE ① GB JCB

fermé août et dim. – **Repas** carte 48 à 78 ℈.

♦ Adresse discrète à allure d'auberge. Salle à manger tout en longueur, garnie de banquettes ou fauteuils en velours rouge, et tables bien espacées. Carte classique.

XX **Butte Chaillot**   EH 8

110 bis av. Kléber ⊠ 75116 ✆ 01 47 27 88 88, *Fax 01 47 04 85 70*

≣ . AE ① GB JCB

fermé 12 au 27 août et sam. midi – **Repas** 29,73 et carte 40 à 55 ℈, enf. 10,98.

♦ Près du palais de Chaillot, restaurant de type bistrot version "new age" : salles à manger contemporaines de couleurs vives, cuisine au goût du jour.

XX Murat
AY

1 bd Murat ⊠ 75016 *℘ 01 46 51 33 17, Fax 01 46 51 88 54*

▤. **AE** GB

Repas carte 38 à 55 ♀.

♦ Rondins en bouleau, collection de shakos, gravures d'uniformes l'Empire, etc. : laissez votre cheval au palefrenier et gagnez le bivouac t couru du maréchal.

X Natachef
BX

9 r. Duban ⊠ 75016 *℘ 01 42 88 10 15, natachef@noos.fr, Fax 01 45 25 74*

AE GB

fermé août, sam. et dim. – **Repas** *(23)* - carte environ 35.

♦ Nouvelle adresse du Passy chic. Vous avez "flashé" sur un verre, u serviette ou une assiette ? Tout l'art de la table est à vendre dans ce bist "tendance" ! Minicarte.

X A et M Le Bistrot
AZ

136 bd Murat ⊠ 75016 *℘ 01 45 27 39 60, am-bistrot-16@wanadoo Fax 01 45 27 69 71*

🍴 – **AE ⓞ** GB **JCB**. ⚹

fermé 1er au 20 août, sam. midi et dim. – **Repas** *(22,11)* - 27,44.

♦ Bistrot contemporain dans le vent, situé à deux pas de la Seir sobriété du décor aux tons crème et havane, éclairage design et cuisine goût du jour soignée.

X Les Ormes (Molé)
BZ

✿ 8 r. Chapu ⊠ 75016 *℘ 01 46 47 83 98, Fax 01 46 47 83 98*

▤. **AE** GB

fermé 4 août au 3 sept., 5 au 14 janv., dim. et lundi – **Repas** (nombre couverts limité, prévenir) *(21,34)* - 25,92 (déj.)/32 et carte 32 à 44.

♦ Cette façade au vitrage coloré abrite une salle à manger récemme refaite, sobre et de petite taille, à l'atmosphère chaleureuse. Cuisine au gc du jour.

Spéc. Quenelle de volaille gratinée. Jarret de veau braisé et gnocchi pommes de terre. Tarte aux figues et amandes.

X Vin et Marée
AZ

183 bd Murat ⊠ 75016 *℘ 01 46 47 91 39, vin.maree@wanadoo Fax 01 46 47 69 07*

AE GB

Repas carte 29 à 43.

♦ L'adresse est connue des gens du spectacle et de la télévision ("bossent" dans le quartier. Décor sage, assiette séduisante : cuisine de la m et desserts gourmands.

X Les Bouchons de François Clerc
FH

79 av. Kléber ⊠ 75016 *℘ 01 47 27 87 58, Fax 01 47 04 60 97*

AE GB **JCB**

fermé sam. midi et dim. – **Repas** 29,73 (déj.)/40,86 ♀.

♦ Cadre jeune et coloré, cuisine au goût du jour et bon choix de vins à pet prix : voici l'un des derniers "Bouchons" de François Clerc, installé entre Étc et Trocadéro.

X Bistrot de l'Étoile Lauriston
FG

19 r. Lauriston ⊠ 75116 *℘ 01 40 67 11 16, Fax 01 45 00 99 87*

▤. **AE ⓞ** GB **JCB**. ⚹

Repas *(20,58)* - 25,15 (déj.)et carte 34 à 48 ♀.

♦ Ambiance décontractée près de la place de l'Étoile. La cuisine, inventiv servie dans un cadre contemporain un brin spartiate, attire une clientè d'inconditionnels.

℀ **Rosimar** AY 12

26 r. Poussin ⊠ 75016 ℘ 01 45 27 74 91, *Fax 01 45 20 75 05*

▤ **AE** **GB** **JCB**

fermé 3 août au 2 sept., 24 déc. au 1er janv., sam., dim. et fériés – **Repas** 28,20/29,73 bc et carte 34 à 47.

◆ Cette salle à manger agrandie de miroirs contient toutes les saveurs de l'Espagne traditionnelle. "Hombre" ! Une sympathique petite affaire familiale !

℀ **Victor** EH 16

101 bis r. Lauriston ⊠ 75116 ℘ 01 47 27 72 21, *Fax 01 47 27 72 22*

▤ **AE** **GB**. ✍

fermé 5 au 25 août, sam. midi et dim. – **Repas** *(18)* carte 34 à 45 ♈.

◆ Bistrot au cadre réactualisé - parquet brut au sol, oeuvres contemporaines accrochées aux murs - et à l'ambiance bon enfant. Petite collection de machines à écrire anciennes.

℀ **Gare** BX 6

19 chaussée de la Muette ⊠ 75016 ℘ 01 42 15 15 31, *Fax 01 42 15 15 23*

🏠 – **AE** **GB**. ✍

Repas carte 29 à 47 ♈.

◆ "Gare de La Muette ! Tout le monde descend !" Cette station de la Petite Ceinture datant de 1854 s'est convertie en restaurant au décor original ; tables à même les quais.

u Bois de Boulogne :

🎖🎖🎖🎖 **Pré Catelan** AX 22

☼☼ rte Suresnes ⊠ 75016 ℘ 01 44 14 41 14, *Fax 01 45 24 43 25*

🏠, 🌳 – ▤ **P**. **AE** **①** **GB** **JCB**

fermé 27 oct. au 5 nov., 1er au 24 fév., dim. sauf le midi du 6 mai au 26 oct. et lundi – **Repas** 55 (déj.), 87/115 et carte 75 à 120.

◆ Cet élégant pavillon de style Napoléon III est situé au coeur d'un parc arboré... de 846 ha ! Pareil écrin nécessitait bien la félicité culinaire : c'est chose faite.

Spéc. Étrille en coque, gelée au caviar et crème fondante d'asperges vertes. Truffe en fins copeaux à la croque au sel (oct. à mars). Pigeonneau poché dans un bouillon aux épices

🎖🎖🎖🎖 **Grande Cascade**

☼ allée de Longchamp (face hippodrome) ⊠ 75016 ℘ 01 45 27 33 51, *grandec ascade@wanadoo.fr, Fax 01 42 88 99 06*

🏠 – **P**. **AE** **①** **GB** **JCB**

fermé 18 fév. au 16 mars – **Repas** 55/130 et carte 100 à 135.

◆ Un des paradis de la capitale, au pied de la Grande Cascade (10 m !) du bois de Boulogne. Cuisine raffinée, servie dans l'élégant pavillon 1850 ou sur l'exquise terrasse.

Spéc. Macaroni aux truffes noires, foie gras et céleri. Porcelet et lard paysan à la broche, jus corsé aux châtaignes et sarriette. Grande assiette aux quatre chocolats

🎖🎖🎖 **Terrasse du Lac** AX 37

Pavillon Royal - rte Suresnes ⊠ 75116 ℘ 01 40 67 11 56, *Fax 01 45 00 31 24*

≤, 🏠 – **P**. **AE** **GB** **JCB**

fermé 23 déc. au 2 janv., dim. soir et lundi de mai à oct. – **Repas** 35/ 58 et carte 43 à 61 ♈, enf. 25.

◆ À l'étage d'un pavillon érigé sous le Second Empire au bord du Grand Lac, salle à manger éclairée par de grandes baies vitrées ouvrant sur une terrasse. Cuisine classique.

Palais des Congrès —————————
Wagram - Ternes —————————
Batignolles —————————

17ᵉ arrondissement

17ᵉ : ✉ 75017

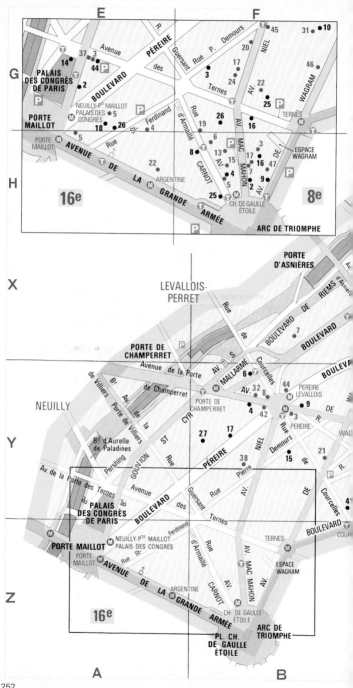

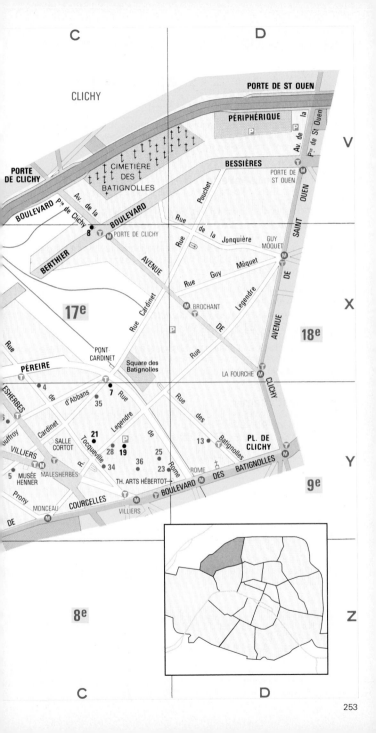

Meridien Étoile
EG

81 bd Gouvion St-Cyr ✆ 01 40 68 34 34, *guest.etoile@lemeridien-hotels.cc*
Fax 01 40 68 31 31
M – ⇕ ⇹, ▤ rest, TV ✆ ♿ – 🎓 50 à 1 200. AE ⓞ GB JCB
L'Orenoc : Repas *(30)*-et carte 38 à 60 ♀
Terrasse : Repas *(16)*-et carte 30 à 45 ♀ – ☕ 22,20 – **1 008 ch** 365/450, 17 a
part.

◆ Face au palais des congrès, ce gigantesque hôtel est entièrement réno Granit noir et camaïeu de beiges dans les chambres. Bibelots des c continents et boiseries tropicales à l'Orenoc.

Concorde La Fayette
EG

3 pl. Gén. Koenig ✆ 01 40 68 50 68, *info@concorde-lafayette.co*
Fax 01 40 68 50 43
M, ⇐ – ⇕ ⇹ ▤ TV ✆ – 🎓 40 à 2 000. AE ⓞ GB JCB
La Fayette ✆ 01 40 68 51 19 **Repas** *(21)*-27 ♀, enf.11,50 – ☕ 20,50 – **917**
285/440, 33 appart.

◆ Intégrée au palais des congrès, cette tour de 33 étages offre une v imprenable sur Paris depuis la plupart des chambres, peu à peu rénovées, le bar panoramique.

Splendid Étoile
FH

1 bis av. Carnot ✆ 01 45 72 72 00, *hotel@splendid.com, Fax 01 45 72 72 01*
sans rest – ⇕ TV ✆. AE ⓞ GB
☕ 15 – **52 ch** 205/295, 5 appart.

◆ Belle façade d'immeuble classique agrémentée de balcons ouvrag Chambres spacieuses et de caractère, meublées Louis XV ; certaines s'ouvre sur l'Arc de Triomphe.

Regent's Garden
FG

6 r. P. Demours ✆ 01 45 74 07 30, *hotel.regents.garden@wanadoo.*
Fax 01 40 55 01 42
sans rest, 🌳 – ⇕ ▤ TV. AE ⓞ GB JCB. 🐕
☕ 10 – **39 ch** 124,40/230,50.

◆ Hôtel particulier, commande de Napoléon III pour son médecin, séduisa par son raffinement. Vastes chambres de style, donnant parfois sur le jard très agréable l'été.

Balmoral
FH

6 r. Gén. Lanrezac ✆ 01 43 80 30 50, *Fax 01 43 80 51 56*
sans rest – ⇕ ▤ TV ✆. AE ⓞ GB
☕ 9,15 – **57 ch** 110/150.

◆ Accueil personnalisé et calme ambiant caractérisent cet hôtel ancien (191 situé à deux pas de l'Étoile. Chambres aux couleurs vives ; belles boiseri dans le salon.

Banville
BY

166 bd Berthier ✆ 01 42 67 70 16, *hotelbanville@wanadoo.*
Fax 01 44 40 42 77
sans rest – ⇕ ▤ TV ✆. AE ⓞ GB JCB
☕ 11 – **38 ch** 127/183.

◆ Immeuble de 1926 aménagé avec goût. Le charme agit dès l'entré avec les élégants salons, et les chambres rénovées, personnalisées, so raffinées.

🏨 **Quality Inn Pierre** BY 15
25 r. Th.-de-Banville 🕿 01 47 63 76 69, *hotel@qualitypierre.com,
Fax 01 43 80 63 96*
Ⓜ sans rest – |🛗| 🍴 ▤ 📺 📞 ⅙ – 🔬 30. 🅰🅴 ⓪ ☖ ᴊᴄʙ
🛗 15 – **50 ch** 260/290.
◆ Cet hôtel récent vous accueille dans des chambres de style Directoire
récemment refaites et plébiscitées par la clientèle d'affaires ; certaines
s'ouvrent sur le patio.

🏨 **Ampère** BY 9
102 av. Villiers 🕿 01 44 29 17 17, *resa@hotelampere.com, Fax 01 44 29 16 50*
Ⓜ, 🍽 – |🛗| ▤ 📺 📞 ⅙ 🚘 – 🔬 40 à 100. 🅰🅴 ⓪ ☖
Jardin d'Ampère 🕿01 44 29 16 54 *(fermé 5 au 26 août et dim. soir)* **Repas**
(26)-28 ♀ – 🛗 12 – **100 ch** 165/320.
◆ Hall modernisé, élégant piano-bar, connexion Internet sans fil, douillettes
chambres contemporaines donnant parfois sur le jardin intérieur : un hôtel
en perpétuelle évolution.

🏨 **Villa Alessandra** FG 25
9 pl. Boulnois 🕿 01 56 33 24 24, *alessandra@hotelsparis.fr, Fax 01 56 33 24 30*
Ⓜ ⅗ sans rest – |🛗| ▤ 📺 📞 �car. 🅰🅴 ⓪ ☖ ᴊᴄʙ
🛗 18,29 – **49 ch** 223/380.
◆ Cet hôtel des Ternes bordant une ravissante placette retirée est apprécié
pour sa tranquillité. Chambres aux couleurs du Sud, avec lits en fer forgé et
meubles en bois peint.

🏨 **Villa Eugénie** CY 7
167 r. Rome 🕿 01 44 29 06 06, *eugenie@hotelsparis.fr, Fax 01 44 29 06 07*
sans rest – |🛗| ▤ 📺 📞. 🅰🅴 ⓪ ☖ ᴊᴄʙ
🛗 18 – **36 ch** 196/272.
◆ Papier-peint et tissus façon toile de Jouy, et mobilier Empire : l'atmosphère romantique des chambres n'empêche pas la modernité, l'accès
Internet étant direct.

🏨 **Champerret Élysées** BY 4
129 av. Villiers 🕿 01 47 64 44 00, *champerret-elysees@cybercable.fr,
Fax 01 47 63 10 58*
sans rest – |🛗| 🍴 ▤ 📺 📞. 🅰🅴 ⓪ ☖ ᴊᴄʙ. ⌀
🛗 11 – **45 ch** 107/123.
◆ Les internautes apprécieront ce "cyberhôtel" installé dans un étroit bâtiment de briques rouges. Chambres bien équipées ; préférez celles donnant
sur la cour.

🏨 **Mercure Wagram Arc de Triomphe** FH 9
3 r. Brey 🕿 01 56 68 00 01, *h2053@accor-hotels.com, Fax 01 56 68 00 02*
Ⓜ sans rest – |🛗| 🍴 ▤ 📺 📞 ⅙. 🅰🅴 ⓪ ☖ ᴊᴄʙ. ⌀
🛗 13 – **43 ch** 183/200.
◆ Chaleureuse réception et petites chambres douillettes habillées de
boiseries claires et de tissus chatoyants : un nouveau Mercure situé entre
l'Étoile et les Ternes.

🏨 **Ternes Arc de Triomphe** EG 44
97 av. Ternes 🕿 01 53 81 94 94, *hotel@hotelternes.com, Fax 01 53 81 94 95*
Ⓜ sans rest – |🛗| 🍴 ▤ 📺 📞 ⅙. 🅰🅴 ⓪ ☖ ᴊᴄʙ
🛗 12 – **39 ch** 150/240.
◆ À côté du Palais des Congrès, hôtel quasi neuf convenant parfaitement à la
clientèle d'affaires. Tons chaleureux dans les chambres, équipées de salles de
bains modernes.

🏠 Magellan
BY
17 r. J.B.-Dumas ℰ 01 45 72 44 51, *hotel.magellan@wanadoo*
Fax 01 40 68 90 36
🕭 sans rest, 🚗 – 🛗 📺 📞. ᴁᴇ ⓞ ⒢ᴮ. 🚫
⌖ 7,50 – **75 ch** 103/110.
◆ Chambres fonctionnelles et spacieuses aménagées dans un bel immeub
1900 complété d'un petit pavillon niché au fond du jardin. Salon meublé da
le style Art déco.

🏠 Tilsitt Étoile
FH
23 r. Brey ℰ 01 43 80 39 71, *info@tilsitt.com, Fax 01 47 66 37 63*
sans rest – 🛗 🖿 📺 📞 – 🛏 20. ᴁᴇ ⓞ ⒢ᴮ ᴊᴄᴮ. 🚫
⌖ 11 – **38 ch** 105/154.
◆ Tissus choisis, harmonie de tons pastel et mobilier en rotin blanc caract
risent les chambres de cet hôtel situé dans une discrète rue du quartier
l'Étoile.

🏠 Mercure Étoile
FG
27 av. Ternes ℰ 01 47 66 49 18, *h0372@accor-hotels.com, Fax 01 47 63 77*
Ⓜ sans rest – 🛗 ⭤ 🖿 📺 📞. ᴁᴇ ⓞ ⒢ᴮ ᴊᴄᴮ
⌖ 12,96 – **56 ch** 183/200.
◆ Dans un quartier animé, établissement de chaîne efficacement insonori
Chambres standardisées, donnant sur la cour ou sur la rue. Salon-bar écla
par une verrière.

🏠 Étoile St-Ferdinand
EG
36 r. St-Ferdinand ℰ 01 45 72 66 66, *ferdinand@paris-honotel.co*
Fax 01 45 74 12 92
sans rest – 🛗 🖿 📺 📞. ᴁᴇ ⓞ ⒢ᴮ ᴊᴄᴮ
⌖ 12 – **42 ch** 136/206.
◆ Près de la porte Maillot, immeuble classique donnant sur deux rues re
tivement calmes. Chambres régulièrement rénovées et égayées de colo
vifs.

🏠 Jardin de Villiers
CY
18 r. C. Pouillet ℰ 01 42 67 15 60, *jardindevillier@wanadoo*
Fax 01 42 67 32 11
sans rest – 🛗 📺. ᴁᴇ ⓞ ⒢ᴮ ᴊᴄᴮ. 🚫
⌖ 6,10 – **26 ch** 83,85/144,83.
◆ Près du pittoresque marché de la rue de Lévis, une maison appréciée po
sa petite terrasse d'été joliment fleurie ainsi que pour ses chambr
chaleureuses et son calme.

🏠 Étoile Park Hôtel
FH
10 av. Mac Mahon ℰ 01 42 67 69 63, *ephot@easynet.fr, Fax 01 43 80 18 99*
sans rest – 🛗 🖿 📺 📞. ᴁᴇ ⓞ ⒢ᴮ ᴊᴄᴮ
⌖ 9 – **28 ch** 84/136.
◆ Bel emplacement à deux pas de l'Étoile pour cet immeuble en pierres
taille. Meubles contemporains dans les chambres dont six donnent sur co
Salon de style 1950.

🏠 Harvey
EG
7 bis r. Débarcadère ℰ 01 55 37 20 00, *info@hotel-harvey.co*
Fax 01 40 68 03 56
sans rest – 🛗 🖿 📺 📞. ᴁᴇ ⓞ ⒢ᴮ ᴊᴄᴮ
⌖ 6,86 – **32 ch** 100/122.
◆ Cet établissement familial datant de 1880 abrite des chambres d'esp
rustique ; côté cour, elles sont petites mais aussi plus calmes. Salon de lectu
pour la détente.

🏠 **Étoile Péreire** BY **17**
146 bd Péreire ℘ 01 42 67 60 00, *Fax 01 42 67 02 90*
🐾 sans rest – |💲| ✄ 📺 📞. 𝔸𝔼 ⓄⒹ ⒼⒷ. ⍉
☕ 10 – **22 ch** 109/134, 4 duplex.
♦ Africaine, tropicale, chinoise... Un thème par chambre ; toutes sont au calme. Célèbre petit-déjeuner aux 31 confitures dans une salle rehaussée d'oeuvres de Jean Marais.

🏠 **Star Hôtel Étoile** FG **26**
18 r. Arc de Triomphe ℘ 01 43 80 27 69, *star.etoile.hotel@wanadoo.fr,*
Fax 01 40 54 94 84
sans rest – |💲| ▤ 📺 📞. 𝔸𝔼 ⓄⒹ ⒼⒷ. ⍉
☕ 10 – **62 ch** 130/165.
♦ Un décor récent d'inspiration médiévale habille la réception, le salon et la salle des petits-déjeuners. Chambres à dominante jaune, peu spacieuses mais assez calmes.

🏠 **Monceau Élysées** BY **41**
108 r. Courcelles ℘ 01 47 63 33 08, *monceau.elysees@wanadoo.fr,*
Fax 01 46 22 87 39
sans rest – |💲| 📺 ⚹. 𝔸𝔼 ⓄⒹ ⒼⒷ
☕ 9,15 – **29 ch** 115/138.
♦ Près de l'élégant parc Monceau, ce petit hôtel entièrement rénové propose des chambres couleur saumon, égayées de tissus imprimés. Salle des petits-déjeuners voûtée.

🏠 **Astrid** FH **8**
27 av. Carnot ℘ 01 44 09 26 00, *paris@hotel-astrid.com, Fax 01 44 09 26 01*
sans rest – |💲| 📺 📞. 𝔸𝔼 ⓄⒹ ⒼⒷ ⒿⒸⒷ
☕ 8 – **41 ch** 92,50/129.
♦ À 100 m de l'Arc de Triomphe, un hôtel tenu par la même famille depuis 1936, où chaque chambre adopte un style différent : Directoire, tyrolien, provençal...

🏠 **Flaubert** FG **10**
19 r. Rennequin ℘ 01 46 22 44 35, *Fax 01 43 80 32 34*
sans rest – |💲| 📺 📞 ⚹. 𝔸𝔼 ⓄⒹ ⒼⒷ
☕ 7,50 – **40 ch** 86/99.
♦ L'atout maître de cet hôtel familial est son calme et verdoyant patio, sur lequel donnent certaines chambres. Salle des petits-déjeuners de style jardin d'hiver.

🏠 **Monceau Étoile** CY **21**
64 r. de Levis ℘ 01 42 27 33 10, *hotelmonceauetoile@ansm.fr,*
Fax 01 42 27 59 58
sans rest – |💲| 📺. 𝔸𝔼 ⓄⒹ ⒼⒷ
☕ 6,10 – **26 ch** 91,47/99,09.
♦ Dans une rue animée par les étals d'un pittoresque marché, ce bâtiment ancien aux airs de demeure familiale abrite des chambres meublées simplement.

🏠 **Campanile** CX **8**
🅖 4 bd Berthier ℘ 01 46 27 10 00, *resa@campanile-berthier.com,*
Fax 01 46 27 00 57
🍽 – |💲| ✄ ▤ 📺 📞 ⚹ ⛍ – 🎄 15 à 40. 𝔸𝔼 ⓄⒹ ⒼⒷ
Repas 14/18,50 🖩, enf. 5,95 – ☕ 6,50 – **246 ch** 79.
♦ Près de la porte de Clichy, établissement fonctionnel de forte capacité dont les chambres se conforment aux standards de la chaîne. Vaste terrasse.

XXXX ✿✿✿ **Guy Savoy** FH
18 r. Troyon ✆ 01 43 80 40 61, *reserv@guysavoy.com, Fax 01 46 22 43 09*
▤. AE ⓓ GB JCB
fermé août, sam. midi, dim. et lundi – **Repas** 170/200 et carte 135 à 175.
◆ Verre, cuir et wengé, oeuvres signées des grands noms de l'art contemrain, sculptures africaines, cuisine raffinée et très personnelle : "l'auberge 21e s." par excellence.
Spéc. Petits médaillons de foie gras de canard au sel gris. Soupe d'artichau la truffe noire et brioche feuilletée aux champignons. Côte de veau rôtie purée de pommes de terre à la truffe.

XXXX ✿✿ **Michel Rostang** FG
20 r. Rennequin ✆ 01 47 63 40 77, *rostang@relaischateaux Fax 01 47 63 82 75*
▤. AE ⓓ GB JCB
fermé 1er au 15 août, lundi midi, sam. midi et dim. – **Repas** (déj.)/150 et carte 110 à 160.
◆ Restaurant au cadre élégant et insolite où boiseries, figurines de Ro oeuvres de Lalique et vitrail Art déco composent un luxueux décor. B cuisine maîtrisée.
Spéc. Carte des truffes noires (déc. à mars). Grosse sole de ligne "cuiss meunière". Soufflé au fenouil et safran

XXX ✿✿ **Apicius** (Vigato) BY
122 av. Villiers ✆ 01 43 80 19 66, *Fax 01 44 40 09 57*
▤. AE ⓓ GB JCB
fermé août, sam. et dim. – **Repas** 103,67 et carte 75 à 105.
◆ Murs gris perle, boiseries sombres et tableaux composent le cadre raff de ce restaurant. Cuisine inventive que n'aurait pas renié Apicius, gastronome romain.
Spéc. Foie gras de canard poêlé en aigre-doux. Rouget en "sandwich" cresson, huîtres et échalotes au curry. Soufflé au chocolat.

XXX ✿ **Faucher** BY
123 av. Wagram ✆ 01 42 27 61 50, *Fax 01 46 22 25 72*
☂ – ▤. AE GB
fermé sam. et dim. – **Repas** 46 (déj.)/92 et carte 65 à 90.
◆ Cuisine de saison personnalisée à déguster dans une salle à manger so et lumineuse, rehaussée de tableaux modernes. Les tables côté rotonde sc très agréables.
Spéc. Oeuf au plat, foie gras chaud et coppa grillée. Montgolfière de Sai Jacques (oct. à mars). Canette rôtie et ses filets laqués.

XXX ✿ **Sormani** (Fayet) FH
4 r. Gén. Lanrezac ✆ 01 43 80 13 91, *Fax 01 40 55 07 37*
▤. GB
fermé 1er au 26 août, 20 déc. au 3 janv., sam., dim. et fériés – **Repas** 44 (d et carte 55 à 80 ♀.
◆ Ah, le charme latin ! Dans ce restaurant discrètement situé derrière la pla de l'Étoile, il opère indiscutablement : cuisine italienne élaborée et ambiar "dolce vita".
Spéc. Tagliatelle à la truffe blanche (oct. à déc.). Veau farci à la truffe no (déc. à mars). Risotto paysan à la saucisse de Naples.

XXX **Pétrus** BY
12 pl. Mar. Juin ✆ 01 43 80 15 95, *Fax 01 47 66 49 86*
▤. AE ⓓ GB JCB
fermé 10 au 25 août – **Repas** 38,11 (déj.)/85,37 et carte 49 à 93 ♀.
◆ Dans un plaisant cadre marin, produits de la mer à profusion : vérital pêche miraculeuse qui, venant de l'apôtre Pierre, n'est pas pour surprendr

☆☆☆ Amphyclès

78 av. Ternes ✆ 01 40 68 01 01, *amphycles@aol.com*, Fax 01 40 68 91 88   EG

🍽. AE ⓪ GB JCB

fermé 8 au 31 juil., 24 au 28 fév., sam. midi et dim. – **Repas** 44,97 (déj.)/103,67 et carte 70 à 120.

◆ Élégante salle à manger traitée en jardin d'hiver néo-classique : chaises Louis XVI, treillages, miroirs et gravures anciennes. Service attentif et cuisine au goût du jour.

☆☆☆ Timgad   EG 4

❀ 21 r. Brunel ✆ 01 45 74 23 70, *Fax 01 40 68 76 46*

🍽. AE ⓪ GB. ✵

Repas carte 40 à 60.

◆ La splendeur passée de la cité de Timgad revit ici : décor mauresque raffiné des salles à manger et cuisine parfumée du Maghreb.

Spéc. Couscous méchoui. Pastilla. Tagine d'agneau.

☆☆ Petit Colombier   FH 6

42 r. Acacias ✆ 01 43 80 28 54, *Fax 01 44 40 04 29*

🍽. AE GB

fermé 1er au 27 août, sam. (sauf le soir de sept. à mars) et dim. – **Repas** 34/60 et carte 55 à 75 ♀.

◆ Boiseries patinées, horloges anciennes et chaises Louis XV donnent un charme bien provincial à ce restaurant qui conserve le souvenir du passage de grands hommes d'État.

☆☆ Dessirier   BY 42

9   pl.   Mar.   Juin   ✆ 01 42 27 82 14,   *restaurantdessirier@wanadoo.fr*, Fax 01 47 66 82 07

🍽. AE ⓪ GB JCB

fermé 12 au 18 août – **Repas** 35/80 bc et carte 49 à 82.

◆ Établissement plein de vie, dont le style "brasserie", les fauteuils et banquettes capitonnés et la carte de produits de la mer génèrent une bonne humeur communicative.

☆☆ Les Béatilles (Bochaton)   FG 24

❀ 11 bis r. Villebois-Mareuil ✆ 01 45 74 43 80, *Fax 01 45 74 43 81*

🍽. AE GB

fermé 30 juil. au 26 août, 24 au 30 déc., sam. et dim. – **Repas** 38,20 (déj.), 44,20/65,60 et carte 65 à 90.

◆ Accueil attentionné, cuisine classique épurée, sobre et confortable salle à manger : décidément, cette enseigne flirte avec une douce béatitude !

Spéc. Nems d'escargots et champignons des bois. Pastilla de pigeon et foie gras aux épices. La ''Saint-Cochon'' (nov. à mars).

☆☆ Graindorge   FH 13

⊛ 15 r. Arc de Triomphe ✆ 01 47 54 00 28, *Fax 01 47 54 00 28*

AE GB

fermé sam. midi et dim. – **Repas** *(23)* - 27 (déj.)/32 et carte 38 à 53.

◆ L'orge sert à fabriquer les bières qui accompagnent - outre les vins - cette généreuse cuisine flamande. Toutes les saveurs du Nord à découvrir dans un joli cadre Art déco.

☆☆ L'Atelier Gourmand   CY 34

20 r. Tocqueville ✆ 01 42 27 03 71, *Fax 01 42 27 03 71*

AE GB

fermé 5 au 26 août, sam. sauf le soir du 15 sept. au 15 juin et dim. – **Repas** 25,50 (déj.)/30 et carte 36 à 40 ♀.

◆ Cet atelier de peintre du 19e s. accueille désormais les amateurs d'art classique... culinaire, dans une salle à manger pimpante et colorée, complétée d'un salon-mezzanine.

Beudant
CY

97 r. des Dames ☎ 01 43 87 11 20, Fax 01 43 87 27 35

🍽 AE ① GB JCB

fermé 6 au 26 août, sam. midi et dim. – **Repas** 26,75/48,85 et carte 37 à 46

♦ Cette maison Second Empire voisine de la rue Beudant vous accueille dans deux chaleureuses salles à manger habillées de boiseries claires. Cuisine traditionnelle.

Coco et sa Maison
FG

18 r. Bayen ☎ 01 45 74 73 73, Fax 01 45 74 73 52

AE ① GB JCB

fermé 1er au 20 août, 24 déc. au 2 janv., sam. midi, lundi midi et dim. – **Repas** carte 32 à 48.

♦ Une des adresses "in" du moment, où le showbiz parisien aime se retrouver. Décor soigné, ambiance décontractée et accueil tout sourire. Cuisine du marché.

Truite Vagabonde
DY

17 r. Batignolles ☎ 01 43 87 77 80, Fax 01 43 87 31 50

🍽 – AE GB

Repas 32 et carte 48 à 52 ℤ.

♦ Suivez la musique : le célèbre lied de Schubert repris par les Frères Jacques insuffle à la carte ses harmonies classiques et à la salle à manger son élégance

Ballon des Ternes
EG

103 av. Ternes ☎ 01 45 74 17 98, leballondesternes@wanadoo.fr
Fax 01 45 72 18 84

AE GB JCB

fermé 28 juil. au 27 août – **Repas** carte 34 à 47 ℤ.

♦ Non, vous n'avez pas trop bu de "ballons" ! La table dressée à l'envers au plafond fait partie du plaisant décor 1900 de cette brasserie voisine du Palais des Congrès.

Paolo Petrini
EG

6 r. Débarcadère ☎ 01 45 74 25 95, paolo.petrini@wanadoo.fr, Fax 01 45 74 12 95

🍽 AE ① GB JCB

fermé 1er au 21 août, sam. midi et dim. – **Repas** 20 (déj.)/29 et carte 41 à 44

♦ Fi de pizzas, gondoles et macaroni ! À deux pas de la porte Maillot, ce restaurant au décor "minimaliste" attire une clientèle avertie, férue d'une cuisine italienne raffinée.

Tante Jeanne
BY

116 bd Péreire ☎ 01 43 80 88 68, tantejeanne@bernard.loiseau.com
Fax 01 47 66 53 02

🍽 AE ① GB

fermé sam. et dim. – **Repas** 30 (déj.)/37 et carte 40 à 63 ℤ.

♦ Après Louise et Marguerite, une nouvelle "Tante" de Bernard Loiseau pose ses valises dans la capitale et propose une cuisine traditionnelle sans fioriture dans un sobre décor.

Taïra
EH

10 r. Acacias ☎ 01 47 66 74 14, tairacuisinedelamer@hotmail.com
Fax 01 47 66 74 14

🍽 AE ① GB, ✦

fermé 15 au 31 août, sam. midi et dim. – **Repas** 32/61 et carte 43 à 67 ℤ.

♦ Le chef, qui est d'origine nippone et se prénomme Taïra, prépare les produits de la mer avec finesse et simplicité : double héritage culinaire franco-japonais.

XX **Chez Georges**   EH 5
273 bd Péreire ℰ 01 45 74 31 00, *Fax 01 45 74 02 56*
GB JCB. ⋘

Repas carte 37 à 54 ♌, enf. 20.

◆ Créé en 1926, cet authentique bistrot parisien revu par Slavik est une des institutions du quartier de la porte Maillot. Service souriant, copieuse cuisine traditionnelle.

XX **Chez Léon**   CY 28
32 r. Legendre ℰ 01 42 27 06 82, *Fax 01 46 22 63 67*
AE ① GB. ⋘

fermé 30 juil. au 19 août, vacances de Noël, sam. et dim. – Repas (nombre de couverts limité, prévenir) 30 bc et carte 38 à 60.

◆ "Le" bistrot des Batignolles, plébiscité depuis nombre d'années par une cohorte de fidèles. Ses trois salles, dont une à l'étage, servent une cuisine traditionnelle soignée.

X **Rôtisserie d'Armaillé**   FG 19
6 r. Armaillé ℰ 01 42 27 19 20, *Fax 01 40 55 00 93*
▤. AE ① GB JCB

fermé 6 au 19 août, sam. midi et dim. – **Repas** *(28)* - 38.

◆ Boiseries chaudes, banquettes et tableaux animaliers : l'atmosphère feutrée incite à ne pas se départir d'un flegme tout britannique. Table traditionnelle, assiette généreuse.

X **Soupière**   CY 15
154 av. Wagram ℰ 01 42 27 00 73, *Fax 01 46 22 27 09*
▤. AE GB

fermé 5 au 25 août, sam. midi et dim. – Repas 24 (déj.), 27/48 et carte 33 à 60.

◆ L'accueil attentionné et la carte classique - avec menus "champignons" en saison - sur fond de trompe-l'oeil font de cette Soupière une aimable petite adresse de quartier.

X **Table des Oliviers**   BY 38
38 r. Laugier ℰ 01 47 63 85 51, *Fax 01 47 63 85 81*
▤. AE GB

fermé 12 au 26 août, sam. midi et dim. – **Repas** (nombre de couverts limité, prévenir) *(19,60)* - 25,15 (dîner).

◆ Enseigne explicite : la cuisine provençale de ce pimpant restaurant a le goût de l'huile d'olive, du thym et du basilic... Peuchère, il ne manque plus que le chant des cigales !

X **A et M le Bistrot**   BY 3
105 r. Prony ℰ 01 44 40 05 88, *AM.Bistrot.17eme@wanadoo.fr*, *Fax 01 44 40 05 89*
⌂ – ▤. AE ① GB. ⋘

fermé août, sam. midi et dim. – Repas *(22,10)* - 27,44.

◆ Espace bistrot ou grande salle sous coupole de verre dans un camaïeux de gris et mauve très "tendance". Le petit frère de l'A et M du 16ᵉ propose aussi une cuisine soignée.

X **Troyon**   FH 47
4 r. Troyon ℰ 01 40 68 99 40, *Fax 01 40 68 99 57*
AE GB. ⋘

fermé 1ᵉʳ au 20 août, 23 déc. au 4 janv., sam. et dim. – **Repas** (prévenir) 30,18.

◆ Nouveau décor, ambiance décontractée et plaisante cuisine du marché : trois bonnes raisons pour fréquenter ce discret petit établissement des abords de l'Étoile.

X **Les Dolomites** FG

38 r. Poncelet ☎ 01 47 66 38 54, *Fax 01 42 27 39 57*
AE GB JCB

fermé 12 au 18 août et dim. – **Repas** 21/30 ♀.

◆ Boiseries, banquettes en velours rose et appliques "rétro" agrémentent
chaleureux établissement aux allures de chalet. Cuisine au goût du jour.

X **Café d'Angel** FH

16 r. Brey ☎ 01 47 54 03 33, *Fax 01 47 54 03 33*
GB

fermé août, Noël au Jour de l'An, sam. et dim. – Repas *(16,77)* - 19,0
30,49 et carte 25 à 35 ♀.

◆ Cette petite adresse a la nostalgie des bistrots parisiens d'antan : cad
"rétro" avec banquettes en skaï, faïences aux murs et plats traditionne
énoncés sur ardoise.

X **L'Impatient** CY 3

14 passage Geffroy Didelot ☎ 01 43 87 28 10, *Fax 01 43 87 28 10*
GB

fermé sam. midi, dim. et lundi – **Repas** 17 (déj.), 21,50/51 et carte 36 à 50.

◆ Dans une ruelle pavée, adresse confidentielle comprenant trois petite
salles en enfilade dont le décor rappelle celui des bistrots des années 193
Cuisine du marché.

X **Caves Petrissans** FG 4

30 bis av. Niel ☎ 01 42 27 52 03, *cavespetrissans@noos.fr, Fax 01 40 54 87 5*
🏠 – AE GB

fermé 27 juil. au 25 août, 28 déc. au 5 janv., sam. et dim. – **Repa**
29 et carte 35 à 59.

◆ Céline, Abel Gance, Roland Dorgelès aimaient fréquenter ces caves pl
que centenaires, à la fois boutique de vins et spiritueux et restaurant. Cuisir
"bistrotière".

X **Petit Gervex** BX

2 r. Gervex ☎ 01 43 80 53 63
🏠 – AE ⓿ GB

fermé 26 juil. au 22 août, dim. soir et sam. – **Repas** *(18)* - 23 et carte 29 à 46 ♀
◆ Compositions florales, tons chaleureux et éclairage tamisé composent
cadre plaisant de ce restaurant spécialisé dans les poissons.

X **Le Clou** CY 3

132 r. Cardinet ☎ 01 42 27 36 78, *le.clou@wanadoo.fr, Fax 01 42 27 89 96*
AE GB JCB

fermé 6 au 19 août, sam. et dim. – **Repas** 18 (déj. seul.)et carte 29 à 41.
◆ Les amateurs de viandes et d'abats trouveront leur bonheur dans c
convivial bistrot de quartier. Tables simplement dressées. Produits du terroir

X **Huîtrier et Presqu'île** FG 2

16 r. Saussier-Leroy ☎ 01 40 54 83 44, *Fax 01 40 54 83 86*
▤. AE GB

fermé août, dim. de mai à août et lundi – **Repas** carte 41 à 63.
◆ L'atout maître de cette salle moderne décorée de photos de voiliers es
sans conteste sa riche carte de produits de la mer et surtout d'huîtres. O
mange au coude à coude.

X **L'Ampère** CY

1 r. Ampère ☎ 01 47 63 72 05, *Fax 01 47 63 37 33*
▤. AE GB

fermé sam. et dim. – **Repas** *(15)* - 32/43 bc et carte 28 à 41.
◆ Vieilles affiches publicitaires, collection d'ampèremètres et miroirs sur les
quels sont inscrits les plats du jour illustrent bien l'esprit de ce bistrot trè
convivial.

✂ **Bellagio**   EG 3

101 av. Ternes ℰ 01 40 55 55 20, *Fax 01 45 74 96 16*

📖, 🅰🅴 ⒼⒷ

Repas *(18,35)* - carte 40 à 45 ℤ.

◆ Couleurs méditerranéennes, ancienne machine à couper le jambon de Parme et irrésistible table d'antipasti : l'Italie à l'honneur, autant dans le décor que dans l'assiette !

✂ **Bistrot de Théo**   CY 25

90 r. Dames ℰ 01 43 87 08 08, *Fax 01 43 87 06 15*

🅰🅴 ⒼⒷ, 🚫

fermé 12 au 26 août et dim. – **Repas** *(13)* - 22,50/27 bc et carte 28 à 44 ℤ.

◆ Avec ses murs en pierre, ses poutres patinées et sa collection d'ustensiles de cuisine, ce charmant bistrot a séduit la clientèle du quartier. Spécialités de foie gras.

✂ **Nagoya**   FH 3
🍴

16 r. Brey ℰ 01 45 72 61 68, *Fax 01 48 98 38 72*

ⒼⒷ

fermé 15 au 31 août et dim. – **Repas** *(7,50)* - 12/29 ℤ.

◆ Côté salle, un cadre sobre rehaussé de quelques notes japonisantes. Côté cuisine, un bon choix de menus élaborés autour des traditionnels sushis, sashimis et yakitoris.

Montmartre - La Villette ———
Buttes Chaumont ———
Belleville - Père Lachaise ———

18e, 19e et 20e arrondissements

18e : ✉ 75018 - 19e : ✉ 75019 - 20e : ✉ 75020

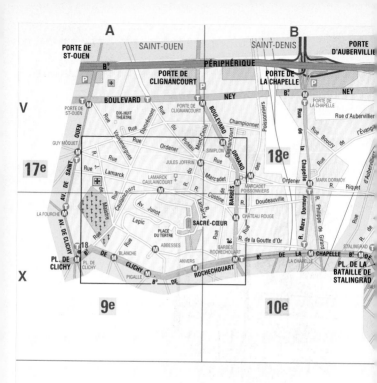

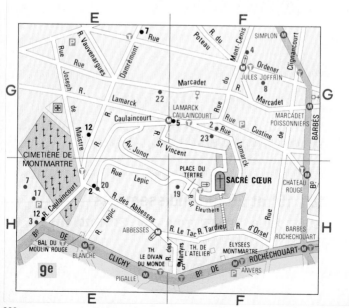

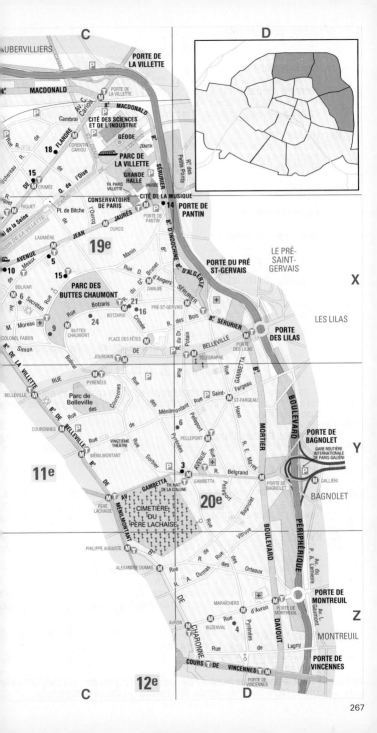

🏨 **Terrass'Hôtel** EH
12 r. J. de Maistre (18ᵉ) ℘ 01 46 06 72 85, *reservation@terrass-hotel.com*
Fax 01 42 52 29 11
Ⓜ, 🍽 – 📶 ✂ 🖪 📺 📞 – 🅰 25 à 100. 🅰🅴 Ⓞ 🆖 🏧
Terrasse : Repas *(21)*-28 🍷 – 🍽 12 – **78 ch** 188/302, 13 appart.
♦ Au pied du Sacré-Coeur. Vue imprenable sur Paris depuis les chambres des étages supérieurs, côté rue, et la terrasse du restaurant aménagée sur le toit.

🏨 **Holiday Inn** CX
216 av. J. Jaurès (19ᵉ) ℘ 01 44 84 18 18, *hilavillette@alliance-hospitality.com*
Fax 01 44 84 18 20
Ⓜ, 🍽, 🛁 – 📶 ✂ 🖪 📺 📞 ⅙ 🅿 – 🅰 15 à 140. 🅰🅴 Ⓞ 🆖 🏧. ⅙ rest
Repas *(15)* - 30 🍷, enf. 6,90 – 🍽 15 – **174 ch** 220/240, 8 appart.
♦ Construction moderne face à la Cité de la Musique. Les chambres spacieuses et insonorisées, offrent un confort actuel. Station de métro à quelques mètres.

🏨 **Mercure Montmartre** EH 1
3 r. Caulaincourt (18ᵉ) ℘ 01 44 69 70 70, *h0373@accor-hotels.com*
Fax 01 44 69 70 71
sans rest – 📶 ✂ 🖪 📺 📞 ⅙ – 🅰 20 à 70. 🅰🅴 Ⓞ 🆖 🏧
🍽 12,96 – **305 ch** 161/171.
♦ Retrouvez toutes les prestations habituelles de la chaîne au coeur du Paris festif, à deux pas du célèbre bal du Moulin-Rouge. Plaisant bar feutré couleur acajou.

🏨 **Holiday Inn Garden Court** EG 1
23 r. Damrémont (18ᵉ) ℘ 01 44 92 33 40, *hiparmm@aol.com*
Fax 01 44 92 09 30
Ⓜ sans rest – 📶 ✂ 🖪 📺 📞 ⅙ – 🅰 20. 🅰🅴 Ⓞ 🆖 🏧
🍽 13 – **54 ch** 145/221.
♦ Dans une rue montmartroise pentue, hôtel de création récente abritant des chambres fraîches et fonctionnelles. Salle des petits-déjeuners ornée d'un joli trompe-l'oeil.

🏨 **Parc des Buttes Chaumont** CX 15
1 pl. Armand Carrel (19ᵉ) ℘ 01 42 08 08 37, *HPBC@wanadoo.fr*
Fax 01 42 45 66 91
sans rest – 📶 🖪 📺 📞. 🅰🅴 Ⓞ 🆖
🍽 8 – **45 ch** 84/124.
♦ Cette façade ancienne est tournée vers l'entrée du parc (23 ha) créé par Napoléon III. Chambres douillettes et bien tenues ; lumineux salon-billard meublé de fauteuils "bridge".

🏨 **Kyriad** CV 18
147 av. Flandre (19ᵉ) ℘ 01 44 72 46 46, *kyriad-paris-villette@wanadoo.fr*
Fax 01 44 72 46 47
Ⓜ – 📶 ✂, 🖪 rest, 📺 📞 ⅙ 🚗 – 🅰 70. 🅰🅴 Ⓞ 🆖 🏧
Repas 11,50 🍷, enf. 5,50 – 🍽 6 – **207 ch** 65/90.
♦ Non loin de la Cité des Sciences, établissement moderne constituant un hébergement pratique car très bien desservi (métro, boulevard périphérique à proximité).

🏨 **Roma Sacré Coeur** FG 5
101 r. Caulaincourt (18ᵉ) ℘ 01 42 62 02 02, *Fax 01 42 54 34 92*
sans rest – 📶 📺. 🅰🅴 Ⓞ 🆖 🏧
🍽 6 – **57 ch** 75/86.
♦ Tout le charme de Montmartre : un jardin sur le devant, des escaliers sur le côté, le Sacré-Coeur au-dessus, et en prime, un accueil sympathique !

Palma   DY **3**
77 av. Gambetta (20e) ℰ 01 46 36 13 65, *hotel.palma@wanadoo.fr,*
Fax 01 46 36 03 27
sans rest – |🛗| 📺 AE ① ⓖⓑ JCB
🛏 5,65 – **32 ch** 58/73.
◆ Après la visite rituelle au Père-Lachaise, venez vous reposer dans l'accueillant coin salon et dans les chambres de style années 1970-1980.

Crimée   CV **15**
188 r. Crimée (19e) ℰ 01 40 36 75 29, *hotel.crimee@free.fr, Fax 01 40 36 29 57*
sans rest – |🛗| 🍴 📺 📞. AE ⓖⓑ JCB
🛏 5,50 – **31 ch** 50/56,50.
◆ Adresse "cosy" à 300 m du canal de l'Ourcq. Les chambres, bien insonorisées, sont équipées d'un mobilier fonctionnel gris ou jaune. Agréable salon en cuir. Métro proche.

Laumière   CX **5**
4 r. Petit (19e) ℰ 01 42 06 10 77, *le-laumiere@wanadoo.fr, Fax 01 42 06 72 50*
sans rest – |🛗| 📺. ⓖⓑ
🛏 6,40 – **54 ch** 46/63.
◆ En manque d'espaces verts ? Cet hôtel qui achève une cure de jouvence vous fera profiter de son riant jardinet et du parc des Buttes-Chaumont tout proche.

Abricôtel   CX **10**
15 r. Lally Tollendal (19e) ℰ 01 42 08 34 49, *abricotel@wanadoo.fr,*
Fax 01 42 40 83 95
sans rest – |🛗| 📺 📞 &. AE ① ⓖⓑ. ⌘
🛏 5,50 – **39 ch** 59/65.
◆ Cette petite affaire familiale propose des chambres de faible ampleur, mais fonctionnelles et décorée avec soin. Salle des petits-déjeuners rénovée.

Damrémont   EG **7**
110 r. Damrémont (18e) ℰ 01 42 64 25 75, *hotel-damremont@easynet.fr,*
Fax 01 46 06 74 64
sans rest – |🛗| 🍴 📺 📞. AE ① ⓖⓑ JCB. ⌘
🛏 6,10 – **35 ch** 82,32.
◆ Près de Montmartre, chambres actuelles plus calmes côté cour, pas très spacieuses, mais équipées d'un plaisant mobilier couleur acajou. Salon toute juste revu.

XXX **Beauvilliers**   FG **2**
52 r. Lamarck (18e) ℰ 01 42 54 54 42, *beauvilliers@club-internet.fr,*
Fax 01 42 62 70 30
☕ – 🍽. AE ⓖⓑ JCB
fermé lundi midi et dim. sauf en été – **Repas** 30 (déj.)/61 bc et carte 70 à 95.
◆ Sur la Butte, ancienne boulangerie convertie en restaurant-bonbonnière. Magnifique décor Second Empire rehaussé de tableaux et belles compositions florales. C'est la fête !

XXX **Pavillon Puebla**   CX **9**
Parc Buttes-Chaumont, entrée : av Bolivar, r. Botzaris (19e) ℰ 01 42 08 92 62,
Fax 01 42 39 83 16
☕ – 🅿. AE ⓖⓑ
fermé dim. et lundi – **Repas** 29/40 et carte 56 à 85.
◆ Pavillon de chasse d'époque Napoléon III et son exceptionnelle terrasse au coeur du pittoresque parc des Buttes-Chaumont. Intérieur fleuri. Cuisine aux accents catalans.

XX **Cottage Marcadet**   EG 2

151 bis r. Marcadet (18e) ℘ 01 42 57 71 22

🗐. ⚙. 🛇

fermé avril, 27 juil. au 27 août et dim. – **Repas** 26,5
(déj.)/36,50 bc et carte 40 à 66.

◆ Une ambiance intime vous attend dans cette salle à manger classiqu
dotée d'un confortable mobilier Louis XVI. Cuisine traditionnelle soignée.

XX **Les Allobroges**   DZ

71 r. Grands-Champs (20e) ℘ 01 43 73 40 00

🖭 ⚙

fermé 28 juil. au 28 août, dim. et lundi – **Repas** 15,24/28,97.

◆ Sortez des "quartiers battus" pour découvrir ce sympathique restaurant
proche de la porte de Montreuil : joli décor contemporain, recettes "maison
au goût du jour.

XX **Relais des Buttes**   CX 1

86 r. Compans (19e) ℘ 01 42 08 24 70, Fax 01 42 03 20 44

🏡 – ⚙

fermé août, sam. midi et dim. – **Repas** 29 et carte 38 à 57 ♀.

◆ À deux pas du parc des Buttes-Chaumont. L'hiver, on y apprécie la chem
née de la salle à manger actuelle ; l'été, la terrasse au calme d'une petite cou
intérieure.

XX **Wepler**   AX 1

14 pl. Clichy (18e) ℘ 01 45 22 53 24, wepler@club-internet.f
Fax 01 44 70 07 50

🖭 ⓞ ⚙ 🇯

Repas *(17)* - 24,10 et carte 30 à 49 ♀.

◆ Touristes et habitués apprécient cette brasserie parisienne animée ou
fruits de mer et cuisine sans chichi sont servis dans une vaste salle au déco
des années 1930.

XX **Chaumière**   CX

46 av. Secrétan (19e) ℘ 01 42 06 54 69, Fax 01 42 06 28 12

🗐. 🖭 ⓞ ⚙

fermé 5 au 21 août, sam. midi, dim. soir et lundi – **Repas** 21,80/
28,97 et carte 43 à 59.

◆ Pour déguster cette cuisine traditionnelle, deux salles à manger au choix
l'une classique, agrémentée de grands miroirs et d'un piano ; l'autre d'allure
rustique.

XX **Au Clair de la Lune**   FH 1

9 r. Poulbot (18e) ℘ 01 42 58 97 03, Fax 01 42 55 64 74

🖭 ⚙ 🇯

fermé 20 août au 15 sept., lundi midi et dim. – **Repas** 26 et carte 30 à 47.

◆ L'ami Pierrot vous ouvre la porte de son auberge située juste derrière la
place du Tertre. Ambiance conviviale sur fond de fresques représentant le
vieux Montmartre.

X **Poulbot Gourmet**   FG 23

39 r. Lamarck (18e) ℘ 01 46 06 86 00, Fax 01 46 06 86 00

⚙. 🛇

fermé 12 au 19 août et dim. sauf le midi d'oct. à mai – **Repas** *(17,99)*
31,25 et carte 34 à 53.

◆ De l'époque des poulbots qui peuplaient la Butte, demeure le style bistrot
de cette salle à manger. Cuisine classique apte à réjouir les gourmets... quels
qu'ils soient.

✗ **L'Oriental** FH 5
76 r. Martyrs (18ᵉ) ✆ 01 42 64 39 80, *Fax 01 42 64 39 80*
AE GB ✄
fermé 22 juil. au 28 août, dim. et lundi – **Repas** 35,58 bc et carte 27 à 35.
◆ Accueil tout sourire et joli cadre orientalisant (tables garnies de zelliges et moucharabiehs) en ce restaurant nord-africain au coeur de l'animation cosmopolite de Pigalle.

✗ **Basilic** AX 20
33 r. Lepic (18ᵉ) ✆ 01 46 06 78 43, *Fax 01 46 06 39 26*
AE GB
fermé août, mardi midi et lundi – **Repas** *(12,20)* - 19,82 (déj.)/22,87 et carte 31 à 43 ♀, enf. 10,67.
◆ Charmante atmosphère rustique dans cette auberge située sur la butte Montmartre : poutres, parquet, cheminée et bibelots. Accueil tout sourire et cuisine traditionnelle.

✗ **Cave Gourmande** CX 21
10 r. Gén. Brunet (19ᵉ) ✆ 01 40 40 03 30, *Fax 01 40 40 03 30*
▤ **AE GB**
fermé août et vacances de fév. – **Repas** 28,97 et carte 29 à 35.
◆ Décor de casiers à bouteilles, tables en bois et cuisine du marché font bon ménage dans ce bistrot, halte revigorante après une balade ou un jogging au parc des Buttes-Chaumont.

✗ **Bouclard** EH 17
1 r. Cavallotti (18ᵉ) ✆ 01 45 22 60 01, *michel.bonnemort@wanadoo.fr*, *Fax 01 53 42 33 01*
▤ **AE GB**
fermé sam. midi et dim. – **Repas** 21 bc et carte 39 à 55.
◆ Ce bistrot de création récente, meublé de banquettes en skaï rouge et tapissé d'affiches publicitaires, offre une cuisine "de grand-mère" qui rassasiera les plus affamés !

✗ **Village Kabyle** FG 4
4 r. Aimé Lavy (18ᵉ) ✆ 01 42 55 03 34, *Fax 01 45 86 08 35*
GB ✄
fermé lundi midi et dim. – **Repas** 25,92 et carte 27 à 35.
◆ Invitation au voyage... Dans une salle à manger ornée de meubles joliment ouvragés et d'objets originaires du Maghreb, goûteuse cuisine kabyle centrée sur le couscous.

✗ **Histoire de ...** FG 8
14 r. Ferdinand Flocon (18ᵉ) ✆ 01 42 52 24 60
GB
fermé 23 au 27 avril, 30 juil. au 21 août, dim. et lundi – **Repas** *(24)* - 30.
◆ Petit restaurant de quartier situé derrière la mairie du 18ᵉ, où l'accueil est roi et la cuisine bien façonnée et personnalisée. Histoire de... passer un bon moment !

✗ **Perroquet Vert** EH 7
7 r. Cavalotti (18ᵉ) ✆ 01 45 22 49 16, *perroquetvert@moos.fr*, *Fax 01 42 93 70 29*
AE GB JCB
fermé 1ᵉʳ au 19 août, sam. midi, lundi midi et dim. – **Repas** 27/38,73.
◆ Cette auberge rustique autrefois fréquentée par Gabin, Piaf et autres célébrités continue de régaler ses hôtes d'une saine cuisine de tradition.

✂ **Bistrot des Soupirs "Chez Raymonde"**   DY

49 r. Chine (20e) ℘ 01 44 62 93 31, *Fax 01 44 62 77 83*

GB

fermé 15 au 30 août, dim. et lundi – **Repas** *(12,04)* 13,57 et carte 31 à 47, enf. 6,86.

♦ Jouxtant le passage des Soupirs, cette petite auberge de Ménilmonta met à l'honneur les plats auvergnats et lyonnais dans un cadre rustiqu Bonne humeur garantie.

✂ **Chez Vincent**   CX

5 r. Tunnel (19e) ℘ 01 42 02 22 45

▤. AE ① GB

fermé sam. midi et dim. – **Repas** (prévenir) 34,30 et carte 40 à 53 ♨.

♦ Bistrot au cadre rustique simple, mais authentique cuisine italienne ambiance conviviale garantie ; certains soirs le patron vient en salle pousser chansonnette !

Environs

40 km autour de Paris

Hôtels ─────────────────

Restaurants ─────────────────

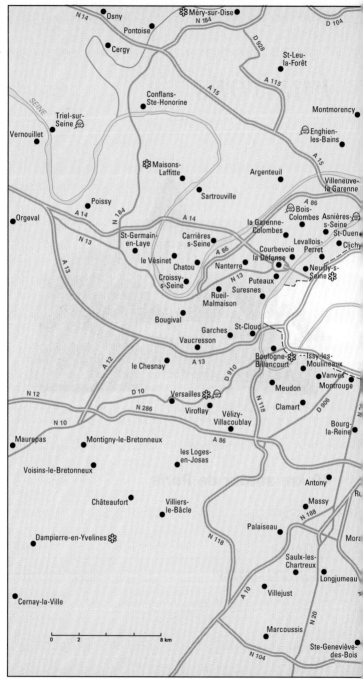

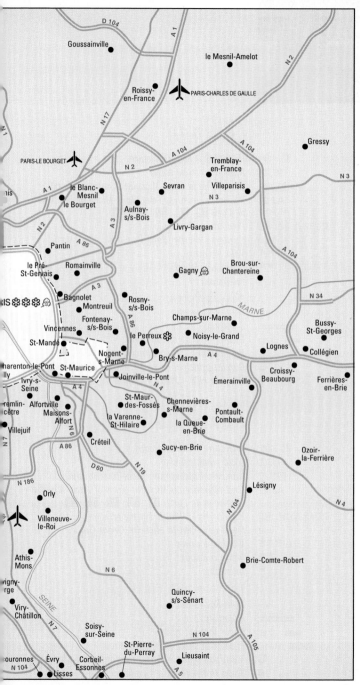

Légende

ℙ ◁Ŝ℘▷	*Préfecture – Sous-préfecture*
93300	*Numéro de code postal*
101 ⑭	*Numéro de la carte Michelin et numéro de pli*
AJ 27	*Repère du carroyage des plans Michelin Banlieue de Paris* 18, 20, 22, 24, 25
36252 h. alt. 102	*Population et altitude*
Voir	*Curiosités décrites dans les Guides Verts Michelin*
★★★	*Vaut le voyage*
★★	*Mérite un détour*
★	*Intéressant*
	Plans des Environs
• •	*Hôtel-Restaurant*
═══	*Autoroute*
▬ ═══	*Grande voie de circulation*
▓▓ Pasteur	*Rue piétonne – Rue commerçante*
✉	*Bureau principal de poste restante et téléphone*
H POL. 🛡	*Hôtel de ville – Police – Gendarmerie*

Key

ℙ ◁Ŝ℘▷	*Prefecture – Sub-prefecture*
93300	*Local postal number*
101 ⑭	*Number of appropriate Michelin map and fold*
AJ 27	*Grid reference on Michelin plans of Paris suburbs «Banlieue de Paris»* 18, 20, 22, 24, 25
36252 h. alt. 102	*Population – Altitude (in metres)*
Voir	*Sights described in Michelin Green Guides:*
★★★	*Worth a journey*
★★	*Worth a detour*
★	*Interesting*
	Towns plans of the Environs
• •	*Hotel-Restaurant*
═══	*Motorway*
▬ ═══	*Major through route*
▓▓ Pasteur	*Pedestrian street – Shopping street*
✉	*Main post office with poste restante and telephone*
H POL. 🛡	*Town Hall – Police – Gendarmerie*

lfortville *94140 Val-de-Marne* 🔟🔟 ㉗, 🔲🔲 25 – *36 232 h alt. 32.*

Paris 9 – Créteil 6 – Maisons-Alfort 2 – Melun 41.

🏨 **Chinagora Hôtel** **BE 55**
centre Chinagora, 1 pl. Confluent France-Chine ☏ 01 43 53 58 88, *hotel@chin agora.fr, Fax 01 49 77 57 17*
Ⓜ sans rest, ☞ – 📶 ⇄ 🔲 📺 ⅙ ⇔ – 🏛 15 à 200. ⓞ ⊛
☑ 9 – **183 ch** 84/165, 4 appart.
♦ Où confluent la Chine et la France : complexe d'architecture "mandchoue" et chambres de style occidental, ouvrant presque toutes sur un jardin exotique.

*Pour être inscrit au **guide Michelin***
– pas de piston,
– pas de pot de vin!

ntony *92160 Hauts-de-Seine* 🔟🔟 ㉕, 🔲🔲 25 – *59 855 h alt. 80.*

Voir Sceaux : parc★★ et musée de l'Île-de-France★ N : 4 km – Châtenay-Malabry : église St-Germain-l'Auxerrois★, Maison de Chateaubriand★ NO : 4 km, G. Île de France.

🅱 *Office du tourisme Place Auguste Mounié ☏ 01 42 37 57 77, Fax 01 46 66 30 80.*

Paris 13 – Bagneux 6 – Corbeil-Essonnes 26 – Nanterre 23 – Versailles 16.

🏨 **Alixia** **BM 46**
1 r. Providence ☏ 01 46 74 92 92, *hotel.alixia@wanadoo.fr, Fax 01 46 74 50 55*
Ⓜ sans rest – 📶 📺 ☎ ⅙ 🅿 – 🏛 20. 🄰🄴 ⓞ ⊛
☑ 8,50 – **40 ch** 82/90.
♦ Hôtel récent situé dans une rue tranquille. Les chambres sur l'arrière sont très calmes et bénéficient de la climatisation ; toutes sont aménagées avec soin.

XX **Boucalot** **BP 46**
157 av. Division Leclerc ☏ 01 46 66 19 32, *Fax 01 46 66 79 74*
� – ⊛
fermé 1er au 15 août, dim. soir et lundi – **Repas** *(23)* - 29 ℤ.
♦ Tons bleu et blanc, tableaux, etc. : le cadre de ce restaurant a été récemment refait dans l'esprit marin. Ambiance conviviale assurée et cuisine du marché présentée sur ardoise.

X **Les Philosophes** **BN 46**
53 av. Division Leclerc ☏ 01 42 37 23 22
🍽. ⊛
fermé août, sam. midi, dim. soir et lundi – **Repas** *(15)* - 21 ⅛.
♦ Ce restaurant bordant la nationale propose une cuisine au goût du jour et, de temps à autre, des dîners-débats philosophiques dans un cadre contemporain coloré.

X **Tour de Marrakech** **BN 46**
72 av. Division Leclerc ☏ 01 46 66 00 54
🍽. ⊛. 🚫
fermé août et lundi – **Repas** carte 29 à 40, enf. 10,50.
♦ Décor mauresque et plats nord-africains pour retrouver la magie du Maroc... au bord de la N 20 ! Restaurant sur deux étages ; la salle à manger du premier est plus claire.

Argenteuil ◇SP◇ *95100 Val-d'Oise* 101 ⑭, 18 25 *G. Ile de France – 93 961 h alt.*

Paris 20 – Chantilly 41 – Pontoise 20 – St-Germain-en-Laye 18.

Campanile

AI

1 r. Ary Scheffer ✆ 01 39 61 34 34, *Fax 01 39 61 44 20*

– 20. AE GB

Repas *(12,50)* - 15,50/18,50 ♀, enf. 5,95 – ☕ 6,50 – **100 ch** 65.

◆ Construction moderne située en léger retrait de la N 311. Les chamb équipées selon les normes de la chaîne, sont bien tenues et correctem insonorisées.

XXX Ferme d'Argenteuil

AI

2 bis r. Verte ✆ 01 39 61 00 62, *lafermedargenteuil@wanadoc* *Fax 01 30 76 32 31*

AE GB JCB

fermé août, lundi soir, mardi soir et dim. – **Repas** 29 et carte 37 à 64 ♀.

◆ Le vin d'Argenteuil, le "picolo", a eu ses heures de gloire. Il souffle enc aujourd'hui un petit air de campagne dans ce restaurant. Accueil aima cuisine de tradition.

Asnières-sur-Seine *92600 Hauts-de-Seine* 101 ⑮, 18 25 *G. Ile de Franc* *75 837 h alt. 37.*

Paris 10 – Argenteuil 6 – Nanterre 7 – Pontoise 26 – St-Denis 8 – St-Germ en-Laye 20.

XXX Van Gogh

A

2 quai Aulagnier ✆ 01 47 91 05 10, *accueil@levangogh.c* *Fax 01 47 93 00 93*

– P. AE GB.

fermé 3 au 27 août, 22 déc. au 2 janv., sam. et dim. – **Repas** carte 48 à 65

◆ En ce lieu où Van Gogh immortalisa la guinguette La Sirène, élégant rest rant disposant d'une terrasse sur la Seine. Le poisson arrive en direct l'Atlantique.

XX Petite Auberge

A

118 r. Colombes ✆ 01 47 93 33 94, *Fax 01 47 93 33 94*

GB

fermé 29 juil. au 26 août, merc. soir, dim. soir et lundi – **Repas** 25,15.

◆ Petite auberge de bord de route à l'ambiance sympathique. Obj anciens, tableaux et collection d'assiettes décorent la salle à manger rustic Cuisine traditionnelle.

Athis-Mons *91200 Essonne* 101 ㊱, 25 – *29 427 h alt. 85.*

Paris 18 – Créteil 14 – Évry 12 – Fontainebleau 48.

Rotonde

BI

25 bis r. H. Pinson ✆ 01 69 38 97 78, *Fax 01 69 38 48 02*

sans rest – TV P. GB.

☕ 5 – **22 ch** 49/55.

◆ Dans un quartier résidentiel, pavillon des années 1960 abritant chambres petites et meublées simplement, mais bien tenues. Navettes p l'aéroport d'Orly.

Restaurants serving a good but moderately priced meal are distinguished in the Guide by the symbol ☺.

Inay-sous-Bois 93600 Seine-St-Denis 101 ⑲, 20 25 – 80 021 h alt. 46.
Paris 19 – Bobigny 9 – Lagny-sur-Marne 23 – Meaux 31 – St-Denis 17 – Senlis 39.

Novotel AM 62
carrefour de l'Europe N 370 ℘ 01 58 03 90 90, h0387@accor-hotels.com, Fax 01 58 03 90 99

M, 佘, ⌁, 庑 – 劇 ⅙ 国 ☎ ✆ ⅏ ⚑ – 矣 200. AE ① ⊖ JCB
Repas 21 ♈ – ⌕ 11 – **139 ch** 95/110.

♦ Hôtel dont les chambres spacieuses ont adopté depuis peu les nouvelles harmonies de la chaîne. Pour garder le contact : "cyberterrasse" et branchement Internet.

Auberge des Saints Pères AS 62
212 av. Nonneville ℘ 01 48 66 62 11, info@auberge-des-saints-peres.com, Fax 01 48 66 67 44

国. AE ⊖
fermé août, 1er au 10 janv., sam. midi, dim. soir et lundi – **Repas** 30/55 et carte 51 à 66.

♦ Maison massive au coeur d'un quartier résidentiel. Salon confortable doté de meubles de style et ouvrant sur une salle à manger cossue.

A l'Escargot AR 62
40 rte Bondy ℘ 01 48 66 88 88, alescargot@wanadoo.fr, Fax 01 48 68 26 91

佘 – AE ① ⊖
fermé 1er août au 3 sept., 1er au 9 janv., dim. et lundi – **Repas** (dîner, prévenir) 28 et carte 40 à 58 ♈.

♦ Cadre d'inspiration rustique où bibelots et poèmes célèbrent l'escargot. Terrasse verdoyante. À table, variations sur les thèmes de la Corse, du fromage et de la tradition.

*Un automobiliste averti utilise le **guide Michelin** de l'année.*

vers-sur-Oise 95430 Val-d'Oise 101 ③, 106 ⑥ G. Ile de France – 6 820 h alt. 30.
Voir Maison de Van Gogh★ – Parcours-spectacle "voyage au temps des Impressionnistes"★ au château de Léry.

🛈 Office du tourisme Rue de la Sansonne ℘ 01 30 36 10 06, Fax 01 34 48 08 47.

Paris 35 – Compiègne 83 – Beauvais 52 – Chantilly 35 – L'Isle-Adam 7 – Pontoise 7.

Hostellerie du Nord
r. Gén. de Gaulle ℘ 01 30 36 70 74, contact@hostelleriedunord.fr, Fax 01 30 36 72 75

avec ch, 佘 – 国 ch, ☎ ✆ ⚑ – 矣 25. AE ⊖ JCB
hôtel : fermé dim. – **Repas** (fermé 12 août au 2 sept., 23 fév. au 3 mars, sam. midi, dim. soir et lundi) 40 (déj.), 45/58 ♈ – ⌕ 11 – **8 ch** 92/183.

♦ L'église a inspiré nombre d'impressionnistes. À deux pas, ce relais de poste (17e s.) a reçu Daubigny, Cézanne et bien d'autres virtuoses du pinceau. Chambres personnalisées.

Auberge Ravoux
face Mairie ℘ 01 30 36 60 60, aubergeravoux@maison-de-van-gogh.com, Fax 01 30 36 60 61

AE ① ⊖ JCB
fermé 10 nov. au 10 mars, dim. soir et lundi – **Repas** (nombre de couverts limité, prévenir) (24) - 30.

♦ Atmosphère chaleureuse et cuisine simple des cafés d'artistes du 19e s. dans l'auberge où Van Gogh logea au crépuscule de sa vie. Visitez la petite chambre du peintre.

Bagnolet *93170 Seine-St-Denis* 🔲🔲🔲 ⑰, 🔲🔲 25 – *32 511 h alt. 96.*
Paris 8 – Bobigny 7 – Lagny-sur-Marne 32 – Meaux 38.

🏨 **Novotel Porte de Bagnolet**
av. République, échangeur porte de Bagnolet 𝒫 01 49 93 63 00, *h0380-st*
cor-hotels.com, Fax 01 43 60 83 95
Ⓜ, ☃ – ｜$｜ ✝ 🔲 📺 📞 ⅙ ⇔ – 🏛 500. 🅰🅴 ⓪ 🇬🇧
Repas *(16,77)* - 20,43/23,17 ℤ, enf. 7,62 – ⎵ 12,20 – **611 ch** 155/167, 3 app
♦ À proximité de l'échangeur de l'autoroute, construction moderne abr
des chambres fonctionnelles équipées d'un double vitrage. Le soir, un p
anime le bar.

🏨 **Campanile**
30 av. Gén. de Gaulle, échangeur Porte de Bagnolet 𝒫 01 48 97 3⑥
Fax 01 48 97 95 60
｜$｜ ✝ 🔲 📺 📞 ⅙ 🅿 – 🏛 15 à 200. 🅰🅴 ⓪ 🇬🇧
Repas 15,09/18,14 ℤ, enf. 5,95 – ⎵ 6,50 – **274 ch** 73.
♦ Entouré de supermarchés et de nombreux autres commerces, imme
récent où vous trouverez de sobres petites chambres correcten
insonorisées.

*Pour être inscrit au **guide Michelin***
– pas de piston,
– pas de pot de vin!

Le Blanc-Mesnil *93150 Seine-St-Denis* 🔲🔲🔲 ⑰, 🔲🔲 25 – *46 936 h alt. 48.*
Paris 19 – Bobigny 6 – Lagny-sur-Marne 29 – St-Denis 11 – Senlis 38.

🏨 **Bleu Marine**
219 av. Descartes 𝒫 01 48 65 52 18, *bleumarineblancmesnil@wanado*
Fax 01 45 91 07 75
Ⓜ, 🍽 – ｜$｜ ✝ 🔲 📺 ⅙ ⇔ 🅿 – 🏛 45. 🅰🅴 ⓪ 🇬🇧
Repas *(19,50)* - 25,50 ℤ, enf. 7,50 – ⎵ 10 – **118 ch** 110.
♦ À quelques minutes de l'aéroport Charles-de-Gaulle, cet hôtel dispos
grandes chambres joliment meublées et bien insonorisées. Clien
d'affaires.

*voir aussi **Le Bourget***

Bois-Colombes *92270 Hauts-de-Seine* 🔲🔲🔲 ⑮, 🔲🔲 25 – *23 885 h alt. 37.*
Paris 13 – Nanterre 6 – Pontoise 25 – St-Denis 11 – St-Germain-en-Laye 1⑧

🅇🅇🅇 **Bouquet Garni**
7 r. Ch. Chefson 𝒫 01 47 80 55 51, *Fax 01 47 60 15 55*
🇬🇧
fermé août, sam. et dim. – **Repas** 28/32 et carte 26 à 44 ℤ.
♦ Dans un quartier résidentiel, restaurant comportant trois salles à ma
en enfilade. Décor, confort et cuisine au goût du jour.

🅇 **Chefson**
17 r. Ch. Chefson 𝒫 01 42 42 12 05, *Fax 01 47 80 51 68*
🇬🇧
fermé août, vacances de fév., sam. et dim. – Repas (nombre de couv
limité, prévenir) 11,43 (déj.), 19,06/25,92 et carte 27 à 40 ℤ, enf. 8,50.
♦ On se bouscule parfois dans ce restaurant dont la salle à manger, il est
est de petite capacité. Ambiance "bistrot" et cuisine traditionnelle simp
copieuse.

ugival *78380 Yvelines* 📖 ⑬, 📖 25 *G. Ile de France* – *8 432 h alt. 40.*

🛈 *Syndicat d'initiative 7 rue du Général Leclerc* ℰ 01 39 69 21 23.

Paris 20 – Rueil-Malmaison 5 – St-Germain-en-Laye 6 – Versailles 8 – Le Vésinet 5.

XX **Camélia** **AZ 31**
7 quai G. Clemenceau ℰ 01 39 18 36 06, *Fax 01 39 18 00 25*
🍽. 🆎 ⓞ 🇬🇧
fermé août, dim. soir et lundi – **Repas** 33 et carte 59 à 73.
◆ Pimpante façade proche de la datcha-musée d'Ivan Tourgueniev. La salle, spacieuse et confortable, présente un cadre coloré et sagement contemporain. Cuisine classique.

ulogne-Billancourt 🆂🅿 *92100 Hauts-de-Seine* 📖 ㉔, 📖 25 *G. Île de France* – *106 367 h alt. 35.*

Voir *Musée départemental Albert-Kahn★ : jardins★ – Musée Paul Landowski★* .

Paris 10 – Nanterre 9 – Versailles 11.

🏨 **Golden Tulip** **BC 42**
37 pl. René Clair ℰ 01 49 10 49 10, *info@goldentulip-parispscld.com,* *Fax 01 46 08 27 09*
Ⓜ, 🌤 – 🛗 ↳ 🍽 📺 📞 ♿ 🅿 – 🔏 150. 🆎 ⓞ 🇬🇧 🇯🇨🇧
L'Entracte ℰ 01 49 10 49 50 *(fermé vend. soir, sam., dim. et fériés)* **Repas** *(19,85)*- 27,45(déj.) et carte 30 à 53 ♀ – 🖵 14,48 – **176 ch** 242,50/276,90, 4 appart.
◆ Cet immeuble moderne abrite un important centre d'affaires (auditorium hyper-équipé) et des chambres de belle facture.

🏨 **Acanthe** **BB 39**
9 rd-pt Rhin et Danube ℰ 01 46 99 10 40, *hotel-acanthe@akamail.com,* *Fax 01 46 99 00 05*
Ⓜ sans rest – 🛗 ↳ 🍽 📺 📞 ⟿ – 🔏 15 à 30. 🆎 ⓞ 🇬🇧 🇯🇨🇧
🖵 12 – **69 ch** 137/214.
◆ Voisin des studios de Boulogne et des insolites jardins Albert-Kahn, hôtel parfaitement insonorisé disposant de jolies chambres contemporaines. Agréable patio fleuri.

🏨 **Tryp** **BB 40**
20 r. Abondances ℰ 01 48 25 80 80, *hotel.meliaconfort.paris.boulogne@wanadoo.fr, Fax 01 48 25 33 13*
Ⓜ, 🌤 – 🛗 ↳ 🍽 rest, 📺 ♿ ⟿ – 🔏 20 à 80. 🆎 ⓞ 🇬🇧 🇯🇨🇧
Repas *(fermé 5 au 25 août, sam. et dim.)* *(19,10)* - 25,15 ♀ – 🖵 13 – **75 ch** 151/168.
◆ Dans un quartier calme de la ville qui faillit devenir le XXIᵉ arrondissement de Paris, hôtel proposant des chambres entièrement rénovées, aux équipements actuels.

🏨 **Sélect Hôtel** **BC 40**
66 av. Gén.-Leclerc ℰ 01 46 04 70 47, *select-hotel@wanadoo.fr, Fax 01 46 04 07 77*
sans rest – 🛗 🍽 📺 📞 🅿 🆎 ⓞ 🇬🇧 🇯🇨🇧
🖵 8 – **62 ch** 85/105.
◆ Sur la nationale conduisant de Paris à Versailles, établissement bien insonorisé dont les sobres chambres adoptent un mobilier et un décor d'inspiration Art nouveau.

🏛 **Paris**   BB

104 bis r. Paris *℘* 01 46 05 13 82, *contact@hotel-paris-boulogne.*
Fax 01 48 25 10 43
sans rest – |❖| ▤ 📺 ✆. 🅰🅴 🅞 🆖
☐ 6,40 – **31 ch** 55/66,40.

♦ Situé à un angle de rue, immeuble ancien en briques abritant de pe
chambres avant tout pratiques et bien insonorisées. Accueil familial aim
et tenue méticuleuse.

🏛 **Bijou Hôtel**   B

15 r. V. Griffuelhes, pl. Marché *℘* 01 46 21 24 98, *Fax 01 46 21 12 98*
sans rest – |❖| 📺. 🅰🅴 🅞 🆖 🅹🅲🅱
☐ 5,50 – **50 ch** 55/60.

♦ Ne désespérons pas Billancourt en boudant ce petit "Bijou" à l'ambi
agréablement provinciale : les chambres, rustiques ou plus actuelles,
propres et bien équipées.

🏛 **Olympic Hôtel**   B

69 av. V. Hugo *℘* 01 46 05 20 69, *Fax 01 46 04 04 07*
sans rest – |❖| 📺. 🅰🅴 🆖
fermé 3 au 18 août
☐ 6 – **36 ch** 55/70.

♦ Immeuble du début du 20ᵉ s. proche de l'intéressant musée des An
30. Chambres peu spacieuses mais fonctionnelles. Petit-déjeuner servi
une couette l'été.

XXX **Au Comte de Gascogne** (Charvet)   B
☸

89 av. J.-B. Clément *℘* 01 46 03 47 27, *Fax 01 46 04 55 70*
▤. 🅰🅴 🅞 🆖
fermé 11 au 21 août, lundi soir, sam. midi et dim. – **Repas**
(déj.)/80 et carte 80 à 110.

♦ Décorée dans le style des jardins d'hiver, cette salle envahie de pla
exotiques luxuriantes est une véritable oasis de fraîcheur. Cuisine au goû
jour.

Spéc. Les foies gras de canard. Ragoût de homard et sa pince rôtie. Pig
farci et confit aux lentilles du Puy (nov. à mars).

XX **Ferme de Boulogne**   B

1 r. Billancourt *℘* 01 46 03 61 69, *Fax 01 46 04 55 70*
🅰🅴 🆖
fermé 4 au 27 août, sam. midi, lundi soir et dim. – **Repas** 29 (dîner s
et carte 34 à 44 ♚.

♦ Le superbe Parcours des Années 30 du Boulogne résidentiel vous a ou
l'appétit ? La cuisine bourgeoise de ce petit restaurant n'attend que votre
coup de fourchette.

X **Grange**   B

34 quai Le Gallo *℘* 01 46 05 22 38, *Fax 01 48 25 19 66*
▤. 🅰🅴 🆖
fermé 5 au 30 août, sam. et dim. – **Repas** *(23)* - 26 ♚.

♦ Voisin d'un centre équestre, ce restaurant n'est pas à cheval sur le ser
et préfère cultiver son ambiance "bonne franquette". Le ticket gagnant
belle carte des vins !

X **Petit Bofinger**   B

61 ter av. J.-B. Clément *℘* 01 46 03 01 63, *Fax 01 46 03 31 12*
🍴 – 🅰🅴 🆖
Repas 18 (déj.)/27 et carte 23 à 28 ♚.

♦ Jolie salle façon brasserie, ambiance animée et sympathiques petits p
"canailles" : après la Bastille, Montparnasse et Neuilly, voici le "Petit Bofing
de Boulogne.

Bourget *93350 Seine-St-Denis* 🔟🔟 ⑰, 🔟🔟 25 *G. Ile de France* – *12 110 h alt. 47.*

Voir *Musée de l'Air et de l'Espace*★★ .

Paris 13 – Bobigny 5 – Chantilly 38 – Meaux 41 – St-Denis 7 – Senlis 37.

▲▲▲ **Novotel**   **AM 59**
2 r. Perrin, ZA pont Yblon au Blanc-Mesnil ⊠ 93150 *𝒫 01 48 67 48 88, h0388*
@accor-hotels.com, Fax 01 45 91 08 27
Ⓜ, 🏡, 🛏, – 📶 ⋞ ▤ 📺 🕻 ⅋ Ⓟ – 🔝 200. 🄰🄴 ⓞ ⒼⒷ 🄼
Repas carte environ 25 🍷 – 🍽 11 – **143 ch** 105/112.
♦ Construction moderne située sur un important carrefour. Les chambres,
spacieuses et dotées d'un vrai plan de travail, sont bien insonorisées.

▲▲ **Bleu Marine**   **AM 58**
aéroport du Bourget - Zone aviation d'affaires *𝒫 01 49 34 10 38,*
Fax 01 49 34 10 35
Ⓜ – 📶 ⋞ ▤ 📺 🕻 ⅋ Ⓟ – 🔝 15 à 60. 🄰🄴 ⓞ ⒼⒷ
Repas *(16,01)* - 25,15 🍷 – 🍽 9,91 – **86 ch** 122.
♦ Fréquenté par le personnel des compagnies aériennes, hôtel dont les
chambres sont joliment meublées et équipées du double vitrage. Coquette
salle à manger.

ourg-la-Reine *92340 Hauts-de-Seine* 🔟🔟 ㉕, 🔟🔟 25 – *18 251 h alt. 56.*

Voir *L'Hay-les-Roses : roseraie*★★ *E : 1,5 km, G. Île de France.*

🄱 *Office du tourisme 1 boulevard Carnot 𝒫 01 46 61 36 41, Fax 01 46 61 61 08.*

Paris 10 – Boulogne-Billancourt 18 – Évry 23 – Versailles 18.

▲▲ **Alixia**   **BJ 47**
82 av. Gén. Leclerc *𝒫 01 46 60 56 56, alixia-bourglareine@wanadoo.fr,*
Fax 01 46 60 57 34
Ⓜ sans rest – 📶 cuisinette ⋞ 📺 🕻 🚗 – 🔝 15. 🄰🄴 ⓞ ⒼⒷ
🍽 8 – **41 ch** 81/88.
♦ Façade avenante sur la N 20, à deux pas du ravissant parc de Sceaux.
Chambres contemporaines, bien équipées et insonorisées. Plateaux-repas
sur demande.

rie-Comte-Robert *77170 S.-et-M.* 🔟🔟 ㊴ *G. Ile de France* – *13 397 h alt. 90.*

Voir *Verrière*★ *du chevet de l'église.*

🄱 *Syndicat d'initiative Place Jeanne d'Evreux 𝒫 01 64 05 30 09, Fax 01 64 05*
68 18.

Paris 31 – Brunoy 10 – Évry 22 – Melun 19 – Provins 56.

▲▲ **A la Grâce de Dieu**
79 r. Gén. Leclerc (N 19) *𝒫 01 64 05 00 76, gracedie@alcyria.com,*
Fax 01 64 05 60 57
Ⓜ – 📺 Ⓟ ⓞ ⒼⒷ
fermé 5 au 20 août – **Repas** *(fermé dim. soir) (16,62)* - 18,14/
33,54 et carte 32 à 47 🍷 – 🍽 8,38 – **17 ch** 33,54/41,16.
♦ Au 17ᵉ s., ce relais de poste était l'ultime halte avant de possibles ren-
contres avec les bandits de grands chemins. Enseigne restée, certes, fataliste
mais confort moderne.

rou-sur-Chantereine *77177 S.-et-M.* 🔟🔟 ⑲, 🔟🔟 – *4 280 h alt. 120.*
Paris 28 – Coulommiers 45 – Meaux 26 – Melun 49.

✗✗ **Lotus de Brou**   **AW 74**
2 ter r. Carnot *𝒫 01 64 21 01 44* – ⒼⒷ. 🍴
fermé 15 juil. au 15 août et lundi – **Repas** carte 34 à 50.
♦ En léger retrait de la route, restaurant au décor extrême-oriental sobre et
élégant. Cuisine chinoise et thaï, simple mais authentique, servie avec amabilité.

Bry-sur-Marne *94360 Val-de-Marne* 101 ⑱, 25 – *15 000 h alt. 40.*

🛈 *Office du tourisme 2 Grande Rue ℘ 01 48 82 30 30, Fax 01 45 16 90 02.*
Paris 16 – Créteil 12 – Joinville-le-Pont 5 – Nogent-sur-Marne 3 – Vincenne

XX **Auberge du Pont de Bry**   B
3 av. Gén. Leclerc ℘ 01 48 82 27 70
🖭 ☒

fermé août, 2 au 15 janv., merc. soir, dim. soir et lundi – **Re**
27 et carte 31 à 51.

◆ Discrète auberge située sur un rond-point, face au pont de Bry. La sa
manger, au cadre moderne, est prolongée d'une véranda.

Carrières-sur-Seine *78420 Yvelines* 101 ⑭, 18 25 – *12 050 h alt. 52.*
Paris 19 – Argenteuil 8 – Nanterre 7 – Pontoise 29 – St-Germain-en-Laye 7.

XX **Panoramic de Chine**   A
1 r. Fermettes ℘ 01 39 57 64 58, Fax 01 39 15 17 68
🖫 – 🅿. 🖭 ⓞ ☒

fermé 16 au 31 août – **Repas** 14 (déj.)/18 et carte 28 à 37 ⅄.

◆ Cette maison des années 1920 est agrémentée d'une entrée "en pagoc
invitation à goûter sa cuisine chinoise et thaï. Terrasse avec vue sur la Gra
Arche de la Défense.

Pour être inscrit au **guide Michelin**
– pas de piston,
– pas de pot de vin !

Cergy-Pontoise Ville Nouvelle 🅿 *95 Val-d'Oise* 55 ⑳, 106 ⑤ 101 ② *G. Île*
France.
*Paris 36 ② – Mantes-la-Jolie 41 ④ – Pontoise 3 – Rambouillet 60 ④ – *
sailles 32 ③.

Plans pages suivantes

Cergy – *54 781 h. alt. 30* – ✉ *95000 :*

🏨 **Mercure**   Y
3 r. Chênes Émeraude par bd Oise ℘ 01 34 24 94 94, H3452@accor-hotels
m, Fax 01 34 24 95 15
🖭 sans rest – 🛗 ⇌ 🗏 📺 📞 ♿ 🚗 – 🔬 40. 🖭 ⓞ ☒ 🌃
⎓ 11 – **55 ch** 96/137.

◆ Construction récente abritant de vastes chambres très bien équipées
dotées d'un mobilier de style à dominante Directoire. Bonne insonorisatic

🏨 **Novotel**   Z
3 av. Parc, près préfecture ℘ 01 30 30 39 47, h0381@accor-hotels.c
Fax 01 30 30 90 46
🖭, 🖫, 🛋, 🌣 – 🛗 ⇌ 📺 📞 ♿ 🅿 – 🔬 100. 🖭 ⓞ ☒
Repas 25,15 et carte 25 à 32 – ⎓ 10,67 – **191 ch** 110/120.

◆ Immeuble des années 1980 situé près du centre administratif et à la lisi
du parc. Chambres confortables et tranquilles ; la plupart viennent d'ê
rénovées.

XX **Les Coupoles**   Y
1 r. Chênes Emeraude par bd Oise ℘ 01 30 73 13 30, Fax 01 30 73 46 90
🖫 – 🖭 ⓞ ☒ 🌃

fermé 12 au 25 août, sam. et dim. – **Repas** 27,30 bc/42,70 bc et carte 40 à
◆ Murs habillés de boiseries, lumineuse verrière colorée, mobilier contem
rain et petites touches Belle Époque président au cadre de ce restaura
Cuisine traditionnelle.

CERGY-PONTOISE

ugara (Av. Redouane)... **BV 4**	Delarue (Av. du Gén.-G.).. **BX 16**		Moulin-à-Vent	
uticourt (R. Ch.)....... **BV 6**	Genottes (Av. des)........ **AV 28**		(Bd du) .... **AV 47**	
nstellation (Av. de la) ... **AV 15**	Lavoye (R. Pierre) .... **BV 40**		Petit-Albi (R. du)........ **AV 55**	
	Mendès-France (Mail).... **AX 44**		Verdun (Av. de)......... **BX 76**	
	Mitterrand (Av. Fr.) ...... **BVX 82**		Viosne (Bd de la) .... **BVX 83**	

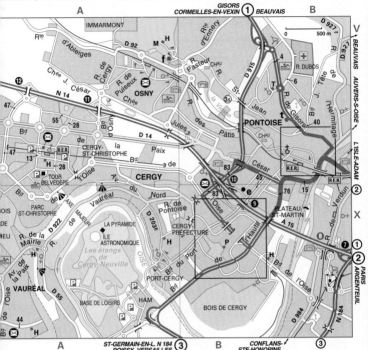

ormeilles-en-Vexin *par ① : 10 km – 863 h. alt. 111 –* ✉ *95830 :*

XXX **Relais Ste-Jeanne** (Cagna)

❀❀ sur ancienne D 915 ☏ 01 34 66 61 56, *saintejeanne@hotmail.com,* Fax 01 34 66 40 31

🏝 – ℙ. ﷺ ⓞ GB

fermé 28 juil. au 28 août, 22 au 27 déc., dim. soir, lundi et mardi – **Repas** 45/85 et carte 85 à 105.

◆ Coquet salon et sa cheminée, décor sagement campagnard, agréable jardin accueillant la terrasse, cuisine raffinée : le bonheur existe, il habite cette jolie maison du Vexin.

Spéc. Dégustation de homard bleu en deux services. Pavé de boeuf ''Waguy'' au poivre noir. Fondant au praliné, sorbet chocolat.

érouville *au Nord-Est par D 927 : 8 km – 598 h. alt. 120 –* ✉ *95300 :*

XX **Vignes Rouges**

pl. Église ☏ 01 34 66 54 73, Fax 01 34 66 20 88

🏝 – ▤. GB

fermé 1ᵉʳ au 10 mai, 1ᵉʳ au 28 août, 1ᵉʳ au 15 janv., dim soir, lundi et mardi – **Repas** 38 et carte 50 à 68.

◆ Maison francilienne dont l'enseigne fait allusion à une oeuvre de Van Gogh. Terrasse dressée face à l'église. Plats traditionnels. Exposition de tableaux d'un peintre régional.

CERGY-PRÉFECTURE

Arts (Pl. des) .... Z 2
Boucle (R. de la) .... Y 3
Bourgognes (R. des) .... Z 5
Chênes-Émeraudes (R. des). Y 13
Colombia (Square) .... Y 14
Diapason (Square du) .... Y 17
Écureuil (R. de l') .... Y 19
Étoile (Allée de l') .... Y 21
Galeries (R. des) .... Y 24
Gare (R. de la) .... Z 25
Grouettes (Av. des) .... Z 33
Herbes (R. aux) .... Y 34
Italiens (R. des) .... Y 39
Marché-Neuf (R. du) .... Y 43
Pays-de-France (R. des) ..... Y 52
Pergola (Pl. de la) .... Z 53
Platanes (Allée des) ....
Préfecture
(Parvis de la) ....
Préfecture (R. de la) ....
Prieuré (R. du) ....
Théâtre (Allée du) ....
Traversière (R.) ....
Vergers (R. des) ....
Villarceaux (R. de) ....

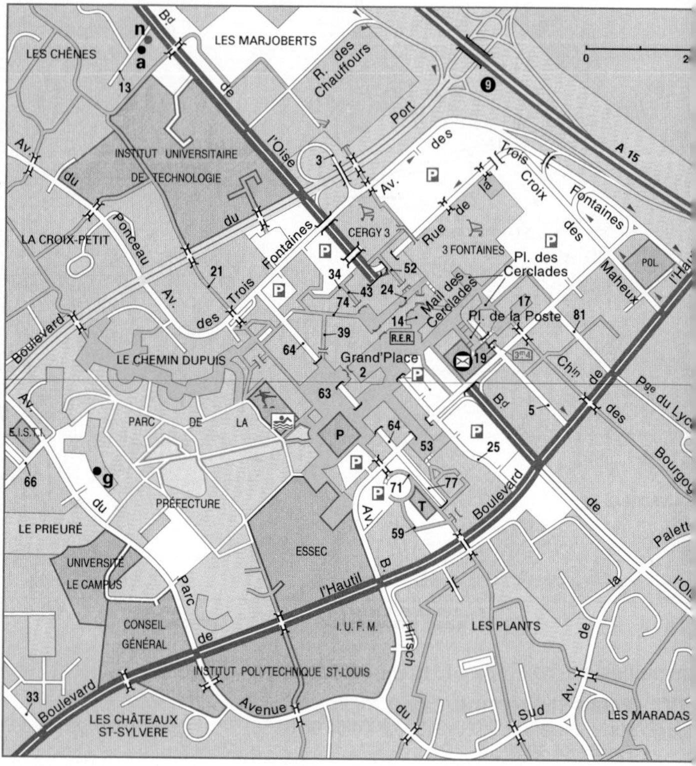

Méry-sur-Oise – *8 929 h. alt. 29 – ✉ 95540 :*

Syndicat d'initiative 30 avenue Marcel Perrin ☎ 01 34 64 85 15.

XXX **Chiquito** (Mihura)
✿ rte Pontoise 1,5 km par D922 ☎ 01 30 36 40 23, *Fax 01 30 36 42 22*
– P. AE GB
fermé 2 au 10 janv., sam. midi, dim. soir et lundi – **Repas** (pré-nir) carte 50 à 57.
◆ Respect de la tradition - dans l'hospitalité comme dans le confort - cuisine au goût du jour font le succès de cette adresse : il n'est pas rare qu' affiche complet !
Spéc. Spirale de poissons et tartare de thon aux coquillages. Tronçon turbot rôti aux poireaux confits et jus de palourdes. Pavé de veau de lait cannelloni aux champignons des bois.

sny – *14 309 h. alt. 37* – ✉ *95520* :.

XX **Moulin de la Renardière**   AV **f**
r. Gd Moulin ✆ 01 30 30 21 13, *Fax 01 34 25 04 98*
斉, 火 – **P**. **AE** **①** **GB** **JCB**
fermé dim. soir, mardi soir et lundi – **Repas** 28,20.
♦ Ancien moulin niché dans un parc. Attablez-vous dans la salle à grains
égayée d'une belle cheminée ou sur la terrasse ombragée, au bord de la
rivière.

ontoise **P** – *27 494 h. alt. 48* – ✉ *95300* :.
🚩 *Office du tourisme place du Petit Martroy* ✆ 01 30 38 24 45, *Fax 01 30 73 54
84, otpontoise@freesurf.fr.*

PONTOISE

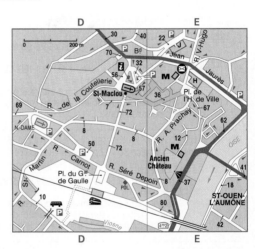

🏠 **Campanile**   BVX **e**
⊜ r. P. de Coubertin ✆ 01 30 38 55 44, *Fax 01 30 30 48 87*
斉 – 淡 ✆ 占 **P** – 🏛 25. **AE** **①** **GB**
Repas 13,57/16,62 ♀ – ☑ 5,95 – **81 ch** 54,90.
♦ Situé dans une ZAC, ce Campanile offre des prestations conformes aux
dernières normes de la chaîne : chambres fonctionnelles, restauration sous
forme de buffets.

XX **Cheval Blanc**
47 r. Gisors ✆ 01 30 32 25 05, *Fax 01 34 24 12 34*
AE **GB** ⁂
fermé 1er au 18 août, mardi soir, sam. midi et dim. – **Repas** 24/
32 et carte 41 à 61 ♀.
♦ Cet ancien relais de poste du Vexin français abrite un restaurant au cadre
sagement contemporain où sont exposées des peintures d'artistes
régionaux. Cuisine traditionnelle.

Ne confondez pas :

Confort des hôtels	: 🏨🏨🏨 ... 🏠, 🏡
Confort des restaurants	: XXXXX ... X
Qualité de la table	: 🏵🏵🏵, 🏵🏵, 🏵, 🌿

Cernay-la-Ville *78720 Yvelines* [10]1 ③, [10]6 ㉒ – *1 727 h alt. 170.*
Voir *Abbaye*★ *des Vaux-de-Cernay O : 2 km,* G.Île de France.
Paris 47 – Chartres *52 – Longjumeau 32 – Rambouillet 12 – Versailles 25.*

Abbaye des Vaux de Cernay
Ouest : 2,5 km par D 24 ℰ 01 34 85 23 00, *Fax 01 34 85 11 60*
⌂, ≤, 🍴, ⌼, ⋇ – ⫼ 📺 ₰ 🅿 – ⋈ 25 à 500. 🆎 ⓞ ☒ 🃏
Repas 41/65 – ⌤ 12 – **59 ch** 75/90, 3 appart.
◆ Abbaye cistercienne du 12ᵉ s. restaurée au 19ᵉ s. par la famille Rothsch
Vastes chambres, salles voûtées, vestiges gothiques et promenades méd
tives dans le parc.

Charenton-le-Pont *94220 Val-de-Marne* [10]1 ㉗, [24] 25 – *26 582 h alt. 45.*
Paris 7 – Alfortville 3 – Ivry-sur-Seine 4.

Novotel Atria BD
5 pl. Marseillais (r. Paris) ℰ 01 46 76 60 60, *h1549@accor-hotels.co*
Fax 01 49 77 68 00
Ⓜ, 🍴 – ⫼ ⋇ 📺 ☎ ₰ ⛟ – ⋈ 15 à 180. 🆎 ⓞ ☒
Repas 20 � – ⌤ 11 – **133 ch** 138/146.
◆ L'enseigne fait allusion à la cour intérieure coiffée d'une coupole trans
cide. Chambres adoptant le nouveau style de la chaîne et équipeme
complets pour réunions.

Châteaufort *78117 Yvelines* [10]1 ㉒ – *1 453 h alt. 153.*
Paris 28 – Arpajon 30 – Chartres 76 – Versailles 15.

Belle Époque BP
10 pl. Mairie ℰ 01 39 56 95 48, *Fax 01 39 56 99 93*
🍴 – 🆎 ☒ 🃏
fermé 13 août au 3 sept., dim. et lundi – **Repas** 29/45 et carte 44 à 58 ⍰.
◆ Joli cadre rustique, terrasse ombragée de tilleuls, vue sur la vallée
Chevreuse et ambiance Belle Époque qualifient cette auberge de village.

Chatou *78400 Yvelines* [10]1 ⑬, [18] 25 *G. Île de France – 28 588 h alt. 30.*
🖪 *Office du tourisme Place de la Gare* ℰ 01 30 71 30 89.
Paris 17 – Maisons-Laffitte 8 – Pontoise 31 – St-Germain-en-Laye 5 – V
sailles 13.

Les Canotiers AW
16 av. Mar. Foch ℰ 01 30 71 58 69, *Fax 01 30 71 13 09*
🍽 🆎 ☒ 🃏
fermé 1ᵉʳ au 28 août, sam. midi, dim. soir et lundi – **Repas** 22 ⍰.
◆ Restaurant installé sous les arcades d'un immeuble récent, près de l'île
laquelle Renoir peignit le Déjeuner des canotiers. Lumineuse salle sageme
contemporaine. Plats traditionnels.

Chennevières-sur-Marne *94430 Val-de-Marne* [10]1 ㉘, [24] 25
17 837 h alt. 108.
Paris 18 – Coulommiers 50 – Créteil 9 – Lagny-sur-Marne 21.

Écu de France BG
31 r. Champigny ℰ 01 45 76 00 03
≤, 🍴, 🌳 – 🅿, ☒, ⋇
fermé 2 au 9 sept., dim. soir et lundi – **Repas** carte 38 à 50.
◆ Cette auberge, bâtie en 1717, abrite de charmantes salles à mang
rustiques. Agréables terrasses fleuries en bordure de Marne. Cuisine tra
tionnelle.

lamart 92140 Hauts-de-Seine 🔢 ㉘, 🔢 25 – 48 572 h alt. 102.

🛈 *Office du tourisme 22 rue Paul Vaillant-Couturier 🖉 01 46 42 17 95, Fax 01 46 42 44 30, otsi.clamart@free.fr.*

Paris 10 – Boulogne-Billancourt 7 – Issy-les-Moulineaux 4 – Nanterre 15 – Versailles 13.

🏛 **Trosy**　　　　　　　　　　　　　　　　　　　　　　　　**BG 42**
41 r. P. Vaillant-Couturier 🖉 01 47 36 37 37, Fax 01 47 36 88 38
sans rest – 🔲 📺 📞. 🆎 ☒
� 7 – **40 ch** 51/56.
◆ Bois et belles villas clamartoises en meulière : de jolies balades en perspective à proximité de cet immeuble moderne aux chambres simples et bien tenues. Ambiance familiale.

lichy 92110 Hauts-de-Seine 🔢 ⑮, 🔢 25 – 50 179 h alt. 30.

🛈 *Office du tourisme 61 rue Martre 🖉 01 47 15 31 61, Fax 01 47 15 30 45, office-tourisme.clichy@libertysurf.fr.*

Paris 9 – Argenteuil 8 – Nanterre 8 – Pontoise 26 – St-Germain-en-Laye 20.

🏨 **Sovereign**　　　　　　　　　　　　　　　　　　　　　　　**AU 46**
14 r. Dagobert 🖉 01 47 37 54 24, *sovereign.clichy@wanadoo.fr*, Fax 01 47 30 05 80
sans rest – 🔲 📺 📞 🚗. 🆎 ⓪ ☒
� 6,86 – **42 ch** 67,07/75,46.
◆ Accueil charmant et bar-salon-billard de style anglais comptent parmi les atouts de cet hôtel. Chambres correctement équipées et salles de bains en attente de rénovation.

🏛 **des Chasses**　　　　　　　　　　　　　　　　　　　　　　**AU 46**
49 r. Pierre Bérégovoy 🖉 01 47 37 01 73, *hotel-des-chasses@wanadoo.fr*, Fax 01 47 31 40 98
sans rest – 🔲 📺 📞. 🆎 ⓪ ☒
� 6,50 – **35 ch** 61/75.
◆ Cet hôtel qui donne dans une rue calme dispose de chambres pas très grandes mais tout juste rajeunies. Plaisante salle des petits-déjeuners.

🏛 **Europe**　　　　　　　　　　　　　　　　　　　　　　　　**AU 47**
52 bd Gén. Leclerc 🖉 01 47 37 13 10, *europe-hotel@wanadoo.fr*, Fax 01 40 87 11 06
sans rest – 🔲 📺 🅿 – 🔬 25. 🆎 ⓪ ☒
� 7 – **43 ch** 69/77.
◆ Immeuble en briques situé à un angle de rue. Les chambres, fonctionnelles et colorées, sont bien insonorisées ; préférez cependant celles qui donnent sur l'arrière.

🏛 **Résidence Europe**　　　　　　　　　　　　　　　　　　　**AU 47**
15 r. P. Curie 🖉 01 47 37 12 13, *europe-residence@wanadoo.fr*, Fax 01 47 37 15 43
sans rest – 🔲 📺. 🆎 ⓪ ☒
� 7 – **28 ch** 77.
◆ Dans une rue tranquille, établissement proposant des chambres rénovées depuis peu et meublées en bois cérusé. Salles des petits-déjeuners au décor "marin".

XXX **Romantica**　　　　　　　　　　　　　　　　　　　　　　**AU 46**
73 bd J. Jaurès 🖉 01 47 37 29 71, Fax 01 47 37 76 32
🌳 – 🆎 ☒
fermé sam. midi et dim. – **Repas** 34,30 (déj.), 39,64/74,46 et carte 42 à 72.
◆ Vous accédez par la cour d'un immeuble à ce restaurant qui vous accueille dans son élégante salle à manger avec véranda ou sur sa terrasse fleurie. Cuisine italienne.

CORBEIL-ESSONNES

Ne confondez pas :

Confort des hôtels : 🏰🏰🏰 ... 🏠, 🏡

Confort des restaurants : XXXXX ... X

Qualité de la table : 🏵🏵🏵, 🏵🏵, 🏵, 🏅

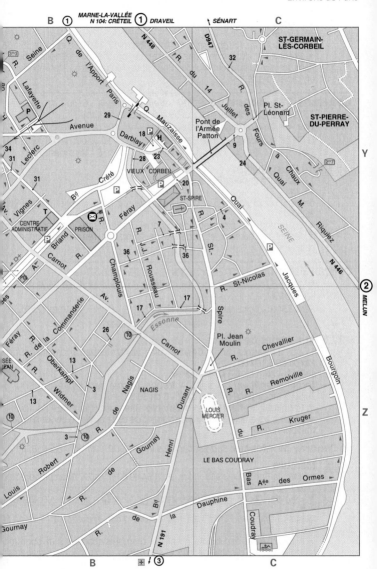

XX **Barrière de Clichy** AV

1 r. Paris ℰ 01 47 37 05 18, Fax 01 47 37 77 05

📧. AE ① ☒

fermé 3 août au 1ᵉʳ sept., sam. et dim. – **Repas** 27,44/36,58 et carte 35 à 55

♦ Restaurant situé dans une petite rue proche du "périphérique". L
habitués s'y retrouvent au déjeuner autour d'un repas traditionnel da
un cadre soigné.

Conflans-Ste-Honorine *78700 Yvelines* ☐☐☐ ③ *G. Île de France*
33 327 h alt. 25 Pardon national de la Batellerie (fin juin).

Voir ≼★ *de la terrasse du parc du château – Musée de la Batellerie.*

🛈 *Office du tourisme 1 rue René Albert ℰ 01 34 90 99 09, Fax 01 39 19 80 7*
Paris 38 – Mantes-la-Jolie 40 – Poissy 10 – Pontoise 8 – Versailles 27.

X **Au Bord de l'Eau**

15 quai Martyrs-de-la-Résistance ℰ 01 39 72 86 51

📧. ☒

fermé 5 au 23 août, 23 déc. au 2 janv., le soir (sauf sam.) et lundi – **Rep**
25,80/45.

♦ En façade, un pimpant bow-window. Dans la salle à manger, plaqu
d'identité de bateaux et appareils de navigation rendent hommage à
batellerie.

Corbeil-Essonnes *91100 Essonne* ☐☐☐ ㊲ *– 39 378 h alt. 37.*

🛈 *Office du tourisme 4 place Paul Vaillant-Couturier ℰ 01 64 96 23 97, Fax (*
60 88 05 37.

Paris 534 ④ – Fontainebleau 33 ③ – Créteil 28 ① – Évry 5 ④ – Melun 25 ②.

Plans pages précédentes

XXX **Aux Armes de France** AZ

1 bd J. Jaurès ℰ 01 64 96 24 04, *auxarmesdefrance@wanadoo.f*
Fax 01 60 88 04 00

avec ch – 📧 rest, 📺 🅿. AE ① ☒

fermé 5 août au 1ᵉʳ sept. – **Repas** *(fermé sam. midi et dim.)* 34
75,50 bc et carte 49 à 73 ♈ – ☱ 7 – **6 ch** 30/35.

♦ Bouquets de fleurs, sièges de style Directoire, peintures de Toffoli
argenterie agrémentent le décor plaisant de cette auberge ancienne. Cuisir
traditionnelle.

---

au Coudray-Montceaux *Sud-Est par* ⑤ : **5 km** – *2 800 h. alt. 81* – ☒ *91850 :*

🏨🏨 **Mercure**

rte Milly-la-Forêt sur D 948 : 1 km ℰ 01 64 99 00 00, *h0977@accor-hotels.co*
, Fax 01 64 93 95 55

Ⓜ ⌚, 🍴, ⛴, ℀, ⚘ – ⬆ ↹, 📧 ch, 📺 ✆ & 🅿 – 🅰 15 à 200. AE ① ☒
🇯🇨🇧

Repas *(fermé, vend. midi, dim. midi et sam. d'oct. à fév.)* 23,30 ♈ – ☱ 11,50
125 ch 114.

♦ À l'écart de la circulation, hôtel aux chambres spacieuses et contempo
raines. Pour les clients attentifs à leur forme : nombreux aménagement
sportifs.

XX **Auberge du Barrage**

par bord de Seine, 40 ch. de Halage ℰ 01 64 93 81 16, *Fax 01 69 90 41 32*

≼, 🍴 – AE ① ☒ 🇯🇨🇧

fermé 15 oct. au 6 nov., dim. soir et lundi – **Repas** 24,39/41,92 et carte 45 à 6
♈.

♦ Attablez-vous sur la terrasse de cette ancienne guinguette si vous souha
tez bénéficier de la vue sur la Seine. Sinon, essayez la sympathique petite sal
à manger.

Courbevoie *92400 Hauts-de-Seine* 101 ⑮, 18 25 *G. Île de France* – *69 694 h alt. 28.*
Paris 10 – Asnières-sur-Seine 4 – Levallois-Perret 4 – Nanterre 5 – St-Germain-en-Laye 17.

🏠 **George Sand** AV 41
18 av. Marceau ℘ 01 43 33 57 04, *george-sand@wanadoo.fr*,
Fax 01 47 88 59 38
sans rest – 📶 📺 ☎ 嗚. 匣 ⓞ 🖭 🗾. 🚫
☲ 7,62 – **31 ch** 99,09.

◆ L'hôtel se distingue par son mobilier du 19ᵉ s. et son décor raffiné et "cosy" évoquant l'univers de George Sand. Rêverie dans le salon, accompagnée par la musique de Chopin.

🏠 **Central** AV 41
99 r. Cap. Guynemer ℘ 01 47 89 25 25, *Fax 01 46 67 02 21*
sans rest – 📶 📺 🅿. 匣 ⓞ 🖭
☲ 5 – **55 ch** 52/65.

◆ Situé dans une rue calme jouxtant le quartier de la Défense, cet établissement dispose de chambres bien tenues et garnies d'un mobilier actuel. Réservez-en une rénovée.

Quartier Charras :

🏨 **Mercure La Défense 5** AV 41
18 r. Baudin ℘ 01 49 04 75 00, *h1546@accor-hotels.com, Fax 01 47 68 83 32*
Ⓜ – 📶 ↦ ☰ 📺 ☎ 嗚. 🐎 – 🏋 150. 匣 ⓞ 🖭 🗾. 🚫
Charleston Brasserie ℘ 01 49 04 75 85 **Repas** *(19)* 27/38 ☲, enf. 7,62 –
☲ 12,96 – **509 ch** 206/221, 6 appart.

◆ Imposante architecture en arc de cercle abritant des chambres fonctionnelles et bien équipées ; certaines offrent une vue sur Paris. Brasserie au cadre chaleureux.

au Parc de Bécon :

🍴🍴 **Trois Marmites** AV 43
215 bd St-Denis ℘ 01 43 33 25 35, *Fax 01 43 33 25 35* – ☰. 匣 ⓞ 🖭
fermé 12 au 18 août, sam. et dim. – **Repas** (déj. seul.) *(26)* - 31.

◆ Petit restaurant de quartier proche des quais, face au parc de Bécon. L'adresse est appréciée notamment de la clientèle d'affaires. Cuisine traditionnelle.

Créteil 🅿 *94000 Val-de-Marne* 101 ㉗, 24 25 *G. Ile de France* – *82 154 h alt. 48.*
Voir *Hôtel de ville★ : parvis★.*
🖪 *Office de tourisme 1 r. François-Mauriac* ℘ 01 48 98 58 18, *Fax 01 42 07 09 65.*
Paris 14 – Bobigny 23 – Évry 31 – Lagny-sur-Marne 30 – Melun 36.

🏨 **Novotel** BJ 58
au lac ℘ 01 56 72 56 72, *h0382@accor-hotels.com, Fax 01 56 72 56 73*
Ⓜ 🐾 嗚 ☂ – 📶 ↦ ☰ 📺 ☎🅿 – 🏋 80. 匣 ⓞ 🖭
Repas carte environ 25 ☲, enf. 8,38 – ☲ 11,70 – **110 ch** 104/115, 5 appart.

◆ Hôtel dont les chambres, rénovées depuis peu (mobilier en stratifié blanc et tissus gaiement colorés), donnent pour moitié sur le lac.

Croissy-sur-Seine *78290 Yvelines* 101 ⑬, 18 25 – *9 835 h alt. 24.*
Paris 18 – Maisons-Laffitte 11 – Pontoise 33 – St-Germain-en-Laye 5 – Versailles 10.

🍴 **Buissonnière** AX 32
9 av. Mar. Foch (près église) ℘ 01 39 76 73 55 – 🖭
fermé août, dim. soir et lundi – **Repas** *(19,80)* - 24,40/26,70.

◆ Les confortables sièges de style Louis XVI sont le luxe de cet ancien bar aménagé avec simplicité. Cuisine traditionnelle servie sans façon.

Dampierre-en-Yvelines 78720 Yvelines ⅢⅢ ㉛ – 1 051 h alt. 100.

Voir *Château de Dampierre*★★ , G. Île de France.

🛈 *Office du tourisme 9 Grande Rue ℰ 01 30 52 57 30, Fax 01 30 52 52 43.*

Paris 39 – Chartres 57 – Longjumeau 33 – Rambouillet 16 – Versailles 21.

✕✕ Auberge du Château "Table des Blot"
⁂ 1 Grande rue ℰ 01 30 47 56 56, Fax 01 30 47 51 75
avec ch – TV. GB. ✕ ch
*fermé 19 août au 3 sept., 23 au 30 déc., 17 fév. au 4 mars, dim. soir, lundi
mardi* – **Repas** 30/45 et carte 45 à 60 – � 8 – **12 ch** 65/105.
♦ Auberge du 17ᵉ s. où objets anciens choisis et sièges de style recouverts
tissus modernes s'harmonisent parfaitement. Cuisine traditionne
personnalisée.
Spéc. Tête de veau pressée au gingembre, sauce ravigote. Escalopines
rognons de veau, pommes chatouillard. Savarin tiède au chocolat.

✕✕ Écuries du Château
au château ℰ 01 30 52 52 99, Fax 01 30 52 59 90
P. AE ① GB
fermé 29 juil. au 21 août, 10 au 26 fév., le soir en semaine, mardi et merc
Repas 35/50.
♦ Cette petite salle de restaurant bénéficie d'un cadre exceptionnel, da
l'enceinte même du château. On y sert une cuisine des plus traditionnelles.

✕✕ Auberge St-Pierre
1 r. Chevreuse ℰ 01 30 52 53 53, Fax 01 30 52 58 57
GB
fermé août, dim. soir, mardi soir et lundi – **Repas** 29.
♦ Maison à colombages située presque en face du château. La salle à mang
gentiment campagnarde, vous accueille dans une atmosphère conviviale.

La Défense 92 Hauts-de-Seine ⅢⅢ ⑭, ⅢⅢ 25 G. Paris – ✉ 92400 Courbevoie.

Voir *Quartier*★★ : *perspective*★ du parvis.

Paris 9 – Courbevoie 2 – Nanterre 4 – Puteaux 2.

🏨 Sofitel Grande Arche   AW
11 av. Arche, sortie Défense 6 ℰ 01 71 00 50 00, h3013@accor-hotels.cor
Fax 01 71 00 56 78
M, ⅙ – 📶 ⅍ ▤ TV ☎ ⅙ ⇔ – 🔏 100. AE ① GB JCB. ✕
Avant Seine ℰ01 71 00 59 99 *(fermé sam. et dim.)* **Repas** *(26)*- et carte 40
48 ⅊ – � 21 – **368 ch** 490/685, 16 appart.
♦ Belle architecture en proue de navire, toute de verre et de pierre ocr
pour le dernier-né des Sofitel. Bois blond et tissus coordonnés dans le
spacieuses chambres.

🏨 Renaissance   AW
60 Jardin de Valmy, par bd circulaire, sortie La Défense 7 ✉ 92918 Puteau
ℰ 01 41 97 50 50,   rhi.parld.sales.mgr@renaissancehotels.cor
Fax 01 41 97 51 51
M, ⅙ – 📶 ⅍ ▤ TV ☎ ⅙ ⇔ – 🔏 160. AE ① GB JCB
Repas 30 ⅊ – � 20,50 – **331 ch** 350/395, 20 appart.
♦ Au pied de la Grande Arche en marbre de Carrare, construction contempo
raine abritant des chambres bien équipées et décorées avec raffinemen
Brasserie. Fitness complet.

Sofitel CNIT　　　　　　　　　　　　　　　　　　AV-AW40

2 pl. Défense ✉ 92053 ☎ 01 46 92 10 10, *h1089@accor-hotels.com*, Fax 01 46 92 10 50

Ⓜ ⚲ – 📶 ⟷ ▤ 📺 📞 ⅙ – 🏋 20 à 60. 𝔸𝔼 ⓄⒷ 𝙅𝘾𝘽

Les Communautés (fermé vend. soir, sam., dim. et fériés) **Repas** 54,88 et carte 61 à 71 ♀ – ☲ 22,86 – **141 ch** 285/430, 6 appart.

◆ Hôtel aux chambres fonctionnelles situé dans l'enceinte du CNIT. Au 5ᵉ étage, le vaste restaurant Les Communautés offre une vue panoramique sur l'esplanade.

Sofitel Centre　　　　　　　　　　　　　　　　　AW 41

34 cours Michelet, par bd circulaire sortie La Défense 4 ✉ 92060 Puteaux ☎ 01 47 76 44 43, *h0912@accor-hotels.com*, Fax 01 47 76 72 10

Ⓜ ⚲, 🌣 – 📶 ⟷ ▤ 📺 📞 ⅙ 🚗 – 🏋 100. 𝔸𝔼 ⓄⒷ ✗

Les 2 Arcs ☎ 01 47 76 72 30 *(fermé vend. soir, sam. et dim.)* **Repas** (46,50)- 54 ♀

Botanic ☎ 01 47 76 72 40 **Repas** carte environ 39 ♀, enf. 17 – ☲ 21 – **151 ch** 430/485.

◆ Architecture en arc de cercle parmi les tours de la cité des affaires. Chambres spacieuses et bien équipées. Cadre chaleureux aux 2 Arcs, ambiance décontractée au Botanic.

Novotel La Défense　　　　　　　　　　　　　　AW 42

2 bd Neuilly ☎ 01 41 45 23 23, *H0747@accor-hotels.com*, Fax 01 41 45 23 24

Ⓜ, ⟨ – 📶 ⟷ ▤ 📺 📞 ⅙ – 🏋 130. 𝔸𝔼 ⓄⒷ 𝙅𝘾𝘽

Repas *(17)* - carte environ 27 ♀, enf. 7,62 – ☲ 12,96 – **280 ch** 230/275.

◆ Sculpture et architecture : la Défense, vrai musée de plein air, est aux portes de ce Novotel. Chambres pratiques ; certaines offrent une vue agréable sur Paris.

Ibis La Défense　　　　　　　　　　　　　　　　AW 42

4 bd Neuilly ☎ 01 41 97 40 40, *h0771@accor-hotels.com*, Fax 01 41 97 40 50

Ⓜ, 🌣 – 📶 ⟷ ▤ 📺 📞 ⅙ – 🏋 40. 𝔸𝔼 ⓄⒷ

Repas *(12)* - carte environ 22, enf. 6 – ☲ 6 – **286 ch** 103.

◆ Équipées d'un mobilier design coloré, les chambres bénéficient d'une insonorisation efficace. Au premier niveau, restaurant de style bistrot.

Enghien-les-Bains 95880 *Val-d'Oise* 🔢 ⑤, 🔢 25 *G. Île de France –* *10 368 h alt. 45 – Stat. therm. (mi mars-fin oct.) – Casino .*

Voir *Lac★ – Deuil-la-Barre : chapiteaux historiés★ de l'église Notre-Dame NE : 2 km.*

🅱 *Office du tourisme Place du Maréchal Foch ☎ 01 34 12 41 15, Fax 01 39 34 05 76.*

Paris 17 – Argenteuil 7 – Chantilly 31 – Pontoise 22 – St-Denis 7 – St-Germain-en-Laye 25.

Grand Hôtel　　　　　　　　　　　　　　　　　　AL 46

85 r. Gén. de Gaulle ☎ 01 39 34 10 00, *grandhotelenghien@lucienbarriere.com*, Fax 01 39 34 10 01

⚲, ⟨, 🌣, 🌳 – 📶 ⟷, ▤ ch, 📺 📞 🅿. 𝔸𝔼 Ⓞ ⒷⒷ 𝙅𝘾𝘽

Repas *(fermé dim. soir)* 30/43 ♀, enf. 12 – ☲ 15 – **44 ch** 175/208, 3 appart.

◆ Belle façade blanche face au vaste lac (40 ha). Hall feutré, bar "cosy" et chambres égayées de tissus colorés et garnies de meubles de style Louis XVI.

Lac　　　　　　　　　　　　　　　　　　　　　　AL 46

89 r . Gén. de Gaulle ☎ 01 39 34 11 00, *hoteldulac@lucienbarriere.com*, Fax 01 39 34 11 01

Ⓜ ⚲, ⟨, – 📶 ⟷ ▤ 📺 📞 ⅙ 🚗 – 🏋 120. 𝔸𝔼 Ⓞ ⒷⒷ 𝙅𝘾𝘽

Repas *(fermé sam. midi)* 25 ♀ – ☲ 13 – **106 ch** 145/185, 3 appart.

◆ Cet hôtel récent propose de confortables chambres modernes ; côté lac, elles bénéficient d'une agréable vue, côté jardin, elles sont plus au calme.

✗ **Auberge d'Enghien**   AK 4

32 bd d'Ormesson ℰ 01 34 12 78 36, *Fax 01 34 12 78 36*

▤. **AE** **GB**

fermé août, dim. soir et lundi – Repas *(21)* - 26 et carte environ 33.

◆ Ce restaurant situé au centre-ville est apprécié principalement pour s
cuisine au goût du jour mitonnée avec soin. Le décor est sagement rustiqu
Accueil souriant.

Évry (Agglomération d') 91 Essonne ▥▥ ㊲.

Voir *5 mai-janv. Epiphanies (Exposition).*

Paris 32 – Fontainebleau 36 – Chartres 80 – Créteil 30 – Étampes 36 – Melun 2

Évry ℙ *G. Ile de France – 49 437 h. alt. 54 –* ☒ *91000* .

Voir *Cathédrale de la Résurrection*★ .

▯ *Office de tourisme 23 crs Bl.-Pascal ℰ 01 60 78 79 99, Fax 01 60 78 03 0*
tourevry@aol.com.

▦▦ **Mercure**   CE 5

52 bd Coquibus (face cathédrale) ℰ 01 69 47 30 00, *h1986@accor-hotels.co*
, *Fax 01 69 47 30 10*

Ⓜ, 🛋 – ▐ 🔄 ▤ 📺 📞 ♿ 🚗 – 🔼 15 à 100. **AE ⓪ GB**

Repas *(fermé fériés le midi, sam. et dim.)* *(18)* - 22 ♨, enf. 9 – ☒ 11,50
114 ch 95/100.

◆ Sur un boulevard passant, face à l'étonnante cathédrale de la Résurrectio
hôtel dont les chambres, bien insonorisées, sont équipées d'un mobilie
design confortable.

▦▦ **Novotel**   CE 5

Z.I. Évry, quartier Bois Briard, 3 r. Mare Neuve ℰ 01 69 36 85 0(
Fax 01 69 36 85 10

Ⓜ, 🛋, ⏚, 🌿 – ▐ 🔄 ▤ 📺 📞 ♿ ℙ – 🔼 250. **AE ⓪ GB**

Repas 17,53 ♨, enf. 7,62 – ☒ 11,43 – **174 ch** 95/100.

◆ Hôtel des années 1970 inscrit dans un site verdoyant, mais voisin d'axe
routiers. Les chambres, régulièrement rénovées, offrent le confort "dernièr
tendance" de la chaîne.

▥ **Ibis**   CE 5

Z.I. Évry, quartier Bois Briard, 1 av. Lac ℰ 01 60 77 74 75, *Fax 01 60 78 06 03*

Ⓜ, 🛋 – ▐ 🔄 📺 📞 ♿ ℙ – 🔼 60. **AE ⓪ GB**

Repas *(8,69)* - 15,19/19,82 bc ♨, enf. 5,95 – ☒ 6 – **90 ch** 62.

◆ À l'écart de l'agitation citadine, immeuble moderne dont les chambre
fonctionnelles et bien insonorisées répondent aux dernières normes Ibis.

à Courcouronnes – *13 954 h. alt. 80 –* ☒ *91080 Évry-Courcouronnes :*

✗✗ **Canal**   CD 5

31 r. Pont Amar (près hôpital) ℰ 01 60 78 34 72, *Fax 01 60 79 22 70*

AE GB

fermé août, sam. et dim. – **Repas** 13,60 (déj.)/23,70 ♨.

◆ À dénicher dans le tissu distendu de la ville nouvelle, un restaurant d
cuisine traditionnelle mettant à l'honneur le pied de cochon.

à Lisses – *7 206 h. alt. 86 –* ☒ *91090 :*

▦▯ **Espace Léonard de Vinci**   CG 5

av.   Parcs   ℰ 01 64 97 66 77,   *contact@leonard-de-vinci.con*
Fax 01 64 97 59 21

Ⓜ, 🛋, 🏋, ⏚, 🔲, ✗ – ▐, ▤ rest, 📺 📞 ♿ ℙ – 🔼 15 à 100. **AE ⓪ GB**

Repas 25/41 ♨ – ☒ 8 – **73 ch** 90/100.

◆ Ce complexe hôtelier qui dispose de chambres pratiques vous ouvre le
portes de son centre de balnéothérapie, en pleine campagne mais à deux pa
des usines.

Fontenay-sous-Bois 94120 Val-de-Marne 101 ⑰, 20 24 – 50 921 h alt. 70.

🛈 Office du tourisme 4 Bis avenue Charles Garcia 🕾 01 43 94 33 48, Fax 01 43 94 02 93, otsi.fontenay@free.fr.

Paris 17 – Créteil 13 – Lagny-sur-Marne 25 – Villemomble 6 – Vincennes 4.

🏢 **Mercure**   **BA 62**
av. Olympiades 🕾 01 49 74 88 88, h1037@accor-hotels.com, Fax 01 49 74 88 90

M – 🛗 ⑆ 🔲 📺 📞 ⅙ – 🏛 15 à 70. 🖭 ⓞ ☞ 🆑. 🏵 rest
Repas (fermé les week-ends) 20/33 ♀ – ☲ 11 – **133 ch** 108/116.

♦ À côté de la station RER, hôtel dont les chambres, fonctionnelles, sont rénovées par étapes. Le bar vous séduira par son ampleur et l'harmonie de ses couleurs.

⅄ **Musardière**   **BA 62**
61 av. Mar. Joffre 🕾 01 48 73 96 13, Fax 01 48 73 96 13
🍽. 🖭 ☞

fermé 3 au 18 août, lundi soir, mardi soir et dim. – **Repas** (17) - 26.

♦ Ce restaurant qui partage ses murs avec une brasserie sert une cuisine traditionnelle et multiplie les suggestions. Cadre déjà ancien, mais propre.

Gagny 93220 Seine-St-Denis 101 ⑱, 20 – 36 715 h alt. 70.

Paris 17 – Bobigny 12 – Raincy 3 – St-Denis 18.

⅄⅄ **Vilgacy**   **AW 65**
45 av. H. Barbusse 🕾 01 43 81 23 33, Fax 01 43 81 23 33
🍴 – ☞

fermé 29 juil. au 26 août, dim. soir, mardi soir et lundi – **Repas** (18,29) - 22,56/28,36 et carte 31 à 47.

♦ Vous serez accueilli dans l'agréable décor contemporain des deux salles à manger ou dans le jardin en été. Goûteuse cuisine traditionnelle.

Garches 92380 Hauts-de-Seine 101 ⑭, 22 25 – 18 036 h alt. 114.

Paris 16 – Courbevoie 9 – Nanterre 8 – St-Germain-en-Laye 11 – Versailles 9.

⅄ **Tardoire**   **BB 36**
136 Grande Rue 🕾 01 47 41 41 59
☞

fermé vacances de printemps, 7 au 31 août, dim. soir et lundi – **Repas** 17 (déj.), 28/31 et carte environ 35 ♀.

♦ La salle à manger de ce restaurant établi dans une petite rue est décorée d'une kyrielle d'objets paysans. Cuisine simple.

La Garenne-Colombes 92250 Hauts-de-Seine 101 ⑭, 18 25 – 24 067 h alt. 40.

🛈 Office du tourisme 24 rue d'Estienne d'Orves 🕾 01 47 85 09 90, Fax 01 42 42 07 17.

Paris 12 – Argenteuil 6 – Asnières-sur-Seine 5 – Courbevoie 2 – Nanterre 4 – Pontoise 27.

⅄⅄ **Auberge du 14 Juillet**   **AU 42**
9 bd République 🕾 01 42 42 21 79, Fax 01 42 42 24 56
🖭 ☞

fermé 12 au 18 août, sam. midi, lundi soir et dim. – **Repas** (23,63) - 27,44/37,35.

♦ Dans un quartier animé, auberge au cadre rustique chic où règne une sympathique atmosphère provinciale. La cheminée sert parfois pour les grillades.

Gentilly 94250 Val-de-Marne 101 26, 24 25 G. Île de France – 16 118 h alt. 46.

Voir Commune de la "Méridienne verte".

Paris 6 – Créteil 14.

🏨 **Mercure** BE

51 av. Raspail ℘ 01 47 40 87 87, h1651@accor-hotels.com, Fax 01 47 40 15 8

M, 🍴 – 🛗 ⚡ 🖃 �📺 📞 & ⚘ – 🔏 40. ㏂ ⓪ ㎇

Repas (fermé vend. soir, sam., dim. et fériés) (16) - 21/22,50 ∑, enf. 9,15

☕ 11,43 – **88 ch** 110/116.

♦ À deux pas de la Maison Robert-Doisneau, immeuble moderne abritant de chambres fonctionnelles et bien insonorisées, plus petites et mansardées a dernier étage.

Goussainville 95190 Val-d'Oise 101 ⑦ – 27 356 h alt. 95.

Paris 29 – Chantilly 24 – Pontoise 33 – Senlis 32.

🏨 **Médian**

2 av. F. de Lesseps (par D 47) ℘ 01 39 88 93 93, Fax 01 39 88 75 65

M, 🍴 – 🛗 🖃 �📺 📞 & 🅿 – 🔏 30. ㏂ ⓪ ㎇ ㎉

Repas (fermé sam. et dim.) (18) - 22 ∑ – ☕ 8 – **49 ch** 95/105, 6 appart.

♦ Sur un rond-point au trafic soutenu et à proximité de l'aéroport de Roiss hôtel bénéficiant d'une bonne isolation phonique. Chambres pratiques bie tenues.

Gressy 77410 S.-et-M. 101 ⑩ – 813 h alt. 98.

Paris 31 – Meaux 20 – Melun 57 – Senlis 35.

🏨 **Manoir de Gressy**

℘ 01 60 26 68 00, gressy77@aol.com, Fax 01 60 26 45 46

M 🐾 🍴 🌊 🌳 – 🛗 ⚡ �📺 📞 & 🅿 – 🔏 100. ㏂ ⓪ ㎇ ㎉

Repas 30/45 ∑ – ☕ 14,50 – **85 ch** 191/252.

♦ Un "manoir" récent mariant les styles avec bonheur. Chaque chamb possède son propre décor ; toutes s'ouvrent sur le jardin intérieur.

Issy-les-Moulineaux 92130 Hauts-de-Seine 101 25, 22 25 G. Île de France 52 647 h alt. 37.

Voir Musée de la Carte à jouer★.

🅱 Office du tourisme Esplanade de l'Hôtel de Ville ℘ 01 40 95 65 43, Fax 01 4 95 67 33, touristoffice@ville-issy.fr.

Paris 8 – Boulogne-Billancourt 3 – Clamart 4 – Nanterre 11 – Versailles 12.

🏨 **Campanile** BD 4

213 r. J.-J. Rousseau ℘ 01 47 36 42 00, Fax 01 47 36 88 93

🛗 �📺 📞 & ⚘ 🅿 – 🔏 15 à 40. ㏂ ⓪ ㎇. ❄ rest

Repas (12,50) - 15,25 ∑, enf. 6,10 – ☕ 6,50 – **164 ch** 69.

♦ Façade vitrée moderne proche du tramway Val-de-Seine (la Défense e 22 mn !). Chambres bien tenues et conformes aux standards de la chaîne murs crépis et mobilier en pin.

🍴🍴 **River Café** P

Pont d'Issy, 146 quai Stalingrad ℘ 01 40 93 50 20, Fax 01 41 46 19 45

🍴 – ㏂ ⓪ ㎇

fermé sam. midi – **Repas** (25) - 30 ∑, enf. 15,50.

♦ Une ex-barge devenue élégante - et "branchée" - péniche, amarrée face à l'île St-Germain. Intérieur colonial, brunch dominical, voiturier... À l'abordage mille sabords !

XX **L'Île** BD 42

Parc Ile St-Germain, 170 quai Stalingrad ℘ 01 41 09 99 99, *n.senecal@restaura nt-lile.com*, Fax 01 41 09 99 19

🚗 – 🗏 **P**. **AE** **①** **GB** **JCB**

Repas *(17)* - 33 bc/61 bc.

◆ C'est la fleur au fusil que l'on rejoint cette vaste caserne postée sur une île de la Seine : un restaurant "tendance" y a élu domicile, aussitôt investi par une armée de Robinson.

XX **Manufacture** BD 44

20 espl. Manufacture (face au 30 r. E. Renan) ℘ 01 40 93 08 98, Fax 01 40 93 57 22

🚗 – 🗏 . **AE** **GB**

fermé 6 au 19 août, sam. midi et dim. – **Repas** *(26)* - 30 ♀.

◆ Reconversion réussie pour l'ancienne manufacture de tabac (1904) qui abrite désormais logements, boutiques et ce restaurant design complété d'une belle terrasse.

X **Coquibus** BD 43

16 av. République ℘ 01 46 38 75 80, Fax 01 41 08 95 80

AE **GB**

fermé 2 au 27 août, sam. et dim. – **Repas** *(20,50)* - 27/43 ♀.

◆ Boiseries, tableaux colorés et coqs en terre cuite donnent des airs de brasserie des années 1930 à ce restaurant du centre-ville. Cuisine traditionnelle et fruits de mer.

*Un automobiliste averti utilise le **guide Michelin** de l'année.*

Ivry-sur-Seine *94200 Val-de-Marne* 🗍🗍🗍 ㉖, 🗍🗍 25 – *50 972 h alt. 60.*
Paris 6 – Créteil 10 – Lagny-sur-Marne 30.

X **L'Oustalou** BE 54

9 bd Brandebourg ℘ 01 46 72 24 71, Fax 01 46 70 36 86

AE **GB**

fermé 27 juil. au 19 août, lundi soir, mardi soir, merc. soir, sam. et dim. – **Repas** *(19)* - 24,25.

◆ La cuisine à l'accent chantant du Sud-Ouest et le cadre gentiment campagnard font le charme de ce modeste restaurant situé dans le quartier du port.

Joinville-le-Pont *94340 Val-de-Marne* 🗍🗍🗍 ㉗, 🗍🗍 25 – *17 117 h alt. 49.*
🛈 *Syndicat d'initiative 23 rue de Paris ℘ 01 42 83 41 16, Fax 01 49 76 92 98.*
Paris 12 – Créteil 7 – Lagny-sur-Marne 23 – Maisons-Alfort 5 – Vincennes 6.

🏨 **Bleu Marine** BE 61

16 av. Gén. Galliéni ℘ 01 48 83 11 99, *bleu.joinville@wanadoo.fr*, Fax 01 48 89 51 58

M, *L♦* – **⊉** 🌣 🗏 **TV** ✆ ₰ 🚗 – 🔏 80. **AE** **①** **GB**

Repas *(16)* - 25,50 ♀, enf. 7,50 – ☲ 10 – **91 ch** 100.

◆ Architecture contemporaine abritant des chambres spacieuses, insonorisées et dotées d'un coin-salon et d'un bureau. Photos et fresques marines décorent le restaurant.

🏨 **Cinépole** BE 61

8 av. Platanes ℘ 01 48 89 99 77, Fax 01 48 89 43 92

🌣 *sans rest* – **⊉** **TV** ₰ 🚗. **AE** **GB**

☲ 5,50 – **34 ch** 49.

◆ L'enseigne de l'hôtel évoque les anciens studios de cinéma de Joinville. Chambres pratiques et bien tenues. Minipatio où l'on sert les petits-déjeuners en été.

Le Kremlin-Bicêtre 94270 Val-de-Marne 101 ㉖, 24 25 – 23 724 h alt. 60.

Paris 5 – Boulogne-Billancourt 11 – Évry 28 – Versailles 23.

Campanile   BE 5

bd Gén. de Gaulle (pte d'Italie) ℘ 01 46 70 11 86, campa.kremlin@wanadoo.f
Fax 01 46 70 64 47

🏠 – ❘❙ ❄ 📺 ⑉ ◌ – 🅐 100. 🅰🅴 ⑩ ㏄

Repas 13/19 ⅄ – ⌸ 6,50 – **150 ch** 70.

◆ La plupart des chambres ont été rénovées dans le style actualisé de
chaîne. Elles sont bien insonorisées ; préférez néanmoins celles tournant
dos au "périphérique".

Lésigny 77150 S.-et-M. 101 ㉙, 25 – 7 647 h alt. 95.

Paris 34 – Brie-Comte-Robert 8 – Évry 30 – Melun 27 – Provins 63.

au golf par rte secondaire, Sud : 2 km ou par Francilienne : sortie n° 19 – ✉ 7715
Lésigny :

Réveillon   BR 7

ferme des Hyverneaux ℘ 01 60 02 25 26, Fax 01 60 02 03 84

❘❙ 📺 ⑉ 🅿 – 🅐 80. 🅰🅴 ⑩ ㏄

Repas 22,71/28,97 ⅄ – ⌸ 8,50 – **48 ch** 65/71.

◆ Dans les murs d'une abbaye du 12ᵉ s., gâtés par une constructio
moderne. Chambres actuelles, gaiement colorées et tenues à l'écart de
bruits de la route par un golf.

*Pour être inscrit au **guide Michelin***
– pas de piston,
– pas de pot de vin !

Levallois-Perret 92300 Hauts-de-Seine 101 ⑮, 18 25 – 54 700 h alt. 30.

Paris 9 – Argenteuil 10 – Nanterre 8 – Pontoise 28 – St-Germain-en-Laye 20.

Evergreen Laurel   AV 4

8 pl. G. Pompidou ℘ 01 47 58 88 99, elhpar@evergreen.com.tw
Fax 01 47 58 88 88

Ⓜ, 🛁 – ❘❙ cuisinette ❄ ▤ 📺 ⑉ ⑉ ◌ – 🅐 150. 🅰🅴 ⑩ ㏄ ㎉ ⑉ ⅄
Canton Palace : Repas 32(déj.)/39,64 ⅄

Café Laurel : Repas 28,97 ⅄ – ⌸ 20 – **333 ch** 320/473.

◆ Luxe, élégance et luminosité : un hôtel tout neuf pensé pour la clientèl
d'affaires. Chambres dotées de meubles en bois de rose. Cuisine chinoise a
Canton Palace.

Espace Champerret   AW 4

26 r. Louise Michel ℘ 01 47 57 20 71, Fax 01 47 57 31 39

sans rest – ❘❙ 📺 ⑉. 🅰🅴 ⑩ ㏄ ㎉

⌸ 6,65 – **39 ch** 64/70, 3 duplex.

◆ Dans une rue passante, hôtel proposant des chambres modernes, insono
risées et équipées d'un mobilier fonctionnel. Tenue impeccable.

Champagne Hôtel   AV 4

20 r. Baudin ℘ 01 47 48 96 00, Fax 01 47 58 13 29

sans rest – ❘❙ 📺. 🅰🅴 ㏄

⌸ 6,10 – **30 ch** 51,85/68,60.

◆ Établissement dont les chambres, très colorées, sont équipées d'un mobi
lier standard ou en rotin. Efficace double vitrage. Plaisante salle des petits
déjeuners.

Splendid'Hôtel AW 45
73 r. Louise Michel ℘ 01 47 37 47 03, *splendid.hotel@gofornet.com*,
Fax 01 47 37 50 01
sans rest – 🛗 ⇆ 🖵 📺. 🅰🅴 ⓞ ☒ 🎴
☒ 6,50 – **47 ch** 56/67.

♦ Aux portes de la capitale, ce petit hôtel à la clientèle fidèle propose des chambres meublées simplement, bien tenues et équipées d'un double vitrage.

Parc AV 44
18 r. Baudin ℘ 01 47 58 61 60, *Fax 01 47 48 07 92*
sans rest – 🛗 📺. 🅰🅴 ☒
☒ 8 – **52 ch** 76/114.

♦ En angle de rue, établissement aux chambres sobrement meublées, correctement équipées et insonorisées. Quelques-unes donnent sur la cour intérieure.

ABC Champerret AW 44
63 r. Danton ℘ 01 47 57 01 55, *Fax 01 47 57 54 23*
sans rest – 🛗 📺 🍴. 🅰🅴 ⓞ ☒
☒ 6 – **39 ch** 54/63.

♦ Pratique pour la clientèle d'affaires, hôtel disposant de chambres nettes, garnies de jolis meubles en rotin. Patio fleuri où l'on sert les petits-déjeuners en été.

Petit Jardin AV 44
58 r. Kléber ℘ 01 47 48 10 91, *Fax 01 47 48 11 28*
🅰🅴 ☒
fermé août, vacances de fév., sam. et dim. – **Repas** *(16 bc)* - 20 bc et carte 32 à 42.

♦ Ancien garage récemment converti en restaurant dont la salle à manger moderne est équipée d'un mobilier de style "jardin" ; d'épais coussins améliorent le confort des sièges.

Lieusaint *77127 S.-et-M.* 🔢 ㊳ – *6 365 h alt. 89*.
Paris 45 – Brie-Comte-Robert 11 – Évry 14 – Melun 15.

Flamboyant
98 r. Paris (près N 6) ℘ 01 60 60 05 60, *Fax 01 60 60 05 32*
Ⓜ, 🌳, 🏊, 🎾 – 🛗, 🖵 rest, 📺 🍴 & 🅿 – 🔔 45. 🅰🅴 ⓞ ☒
Repas *(fermé dim. soir)* 15,24/28,97 🍷, enf. 6,86 – ☒ 5,79 – **72 ch** 47,26/57,93.

♦ Construction cubique située en bordure de route. Les chambres, aménagées simplement : murs crépis et mobilier en bois stratifié, sont équipées d'un double vitrage.

Livry-Gargan *93190 Seine-St-Denis* 🔢 ⑱, 🔢 25 – *37 288 h alt. 60*.
🅱 *Office du tourisme 5 place Francois Mitterrand ℘ 01 43 30 61 60, Fax 01 43 30 48 41, otsi-livrygargan@mangoosta.fr*.
Paris 19 – Aubervilliers 14 – Aulnay-sous-Bois 4 – Bobigny 9 – Meaux 27 – Senlis 43.

Petite Marmite AU 65
8 bd République ℘ 01 43 81 29 15, *Fax 01 43 02 69 59*
🌳 – 🖵. ☒
fermé 13 au 30 août, dim. soir et merc. – **Repas** 29 et carte 40 à 54.

♦ Ce restaurant sert une cuisine traditionnelle généreuse dans un cadre gentiment rustique. La terrasse installée dans la cour intérieure est prise d'assaut en été.

Les Loges-en-Josas *78350 Yvelines* ⅢⅢ ㉓, ㉒ *25 – 1 451 h alt. 160.*
Paris 22 – Bièvres 7 – Chevreuse 13 – Palaiseau 12 – Versailles 6.

🏠 **Relais de Courlande** BL
23 av. Div. Leclerc ℘ 01 30 83 84 00, *Fax 01 39 56 06 72*
Ⓜ 🌭, 🍴, 🗗, 🛏 – 📶 ⅷ 📺 ⅾ 🅿 – 🍴 100. ℀ ⓪ ☸ 🏧
Repas 27,50/58 ⅋ – 🖵 10 – **53 ch** 96/138 – ½ P 96.
✦ Le bâtiment moderne abrite des chambres confortables. Le restaurant
occupe les étables d'une ferme datant du 17ᵉ s., comme la tour de garde qui
se dresse dans le jardin.

Longjumeau *91160 Essonne* ⅢⅢ ㉟, ㉖ *– 19 957 h alt. 78.*
Paris 21 – Chartres 70 – Dreux 84 – Évry 14 – Melun 41 – Orléans 112 –
Versailles 27.

🍴🍴 **St-Pierre** BV 4
42 Grande Rue (F. Mitterrand) ℘ 01 64 48 81 99, *saint-pierre@wanadoo.fr*
Fax 01 69 34 25 53
🍽, ℀ ⓪ ☸ 🏧
fermé 22 au 28 avril, 29 juil. au 19 août, lundi soir, merc. soir, sam. midi et dim.
– Repas 21 (déj.), 27,50/34 et carte 45 à 60 ⅋, enf. 15.
✦ Ce restaurant mitonne une cuisine nourrie des saveurs du Sud-Ouest
utilisant des produits en arrivage direct du Gers. Coquette salle à manger
rustique.

à Saulx-les-Chartreux *Sud-Ouest par D 118 – 4 952 h. alt. 75 –* ⊠ *91160 :*

🏠 **St-Georges** BX42-4
rte de Montlhéry : 1 km ℘ 01 64 48 36 40, *Fax 01 64 48 89 48*
🌭, ≼, 🍴, 🎾, 🛝 – 📶 📺 🅿 – 🍴 150. ℀ ☸
fermé mi-juil. à mi-août – **Repas** 26/42, enf. 13,72 – 🖵 6,50 – **40 ch** 58/66.
✦ Ambiance champêtre à seulement 20 km de Paris, dans cette imposante
bâtisse moderne dont les chambres donnent toutes sur le parc et la forêt.
Vaste et agréable terrasse.

Maisons-Alfort *94700 Val-de-Marne* ⅢⅢ ㉗, ㉔ *25 G. Ile de France –*
51 103 h alt. 37.
Paris 10 – Créteil 4 – Évry 33 – Melun 40.

🍴🍴 **Bourgogne** BG 5
164 r. J. Jaurès ℘ 01 43 75 12 75, *Fax 01 43 68 05 86*
🍽, ℀ ☸
fermé 6 au 26 août, sam. et dim. – **Repas** 27,50 et carte 34 à 61.
✦ Atmosphère d'auberge provinciale et solide cuisine traditionnelle sont les
atouts de ce restaurant qui sert, comme le précise l'enseigne, des spécialités
bourguignonnes.

Write us...

If you have any comments on the contents of this Guide.

Your praise as well as your criticisms will receive careful
consideration and, with your assistance, we will be able to add
to our stock of information and, where necessary, amend
our judgments.

Thank you in advance!

Maisons-Laffitte *78600 Yvelines* 🌐 ⑬, 🌐 25 *G. Île de France* – *21 856 h alt. 38.*

Voir *Château*★.

🛈 *Office du tourisme 41 avenue de Longueil ℘ 01 39 62 63 64, Fax 01 39 12 02 89.*

Paris 22 – Mantes-la-Jolie 38 – Poissy 9 – Pontoise 17 – St-Germain-en-Laye 8 – Versailles 19.

🏨 **Ibis** AN 33
♻️ 2 r. Paris (accès par av. Verdun) ℘ 01 39 12 20 20, *Fax 01 39 62 45 54*
🏠, 🍽 – 📺 ♿ 🅿 – 🎱 25. 🖭 ⓪ ⊜
Repas 13,87/23,87 🍷, enf. 5,95 – 🍽 5,04 – **68 ch** 57,90.
♦ Entouré d'espaces verts, hôtel aux chambres simples et modernes, éclairées par des lucarnes au dernier étage. Pour la détente, salon équipé d'un billard.

🍴🍴🍴 **Tastevin** (Blanchet) AN 32
🌸 9 av. Eglé ℘ 01 39 62 11 67, *Fax 01 39 62 73 09*
🏠, 🍽 – 🅿 🖭 ⓪ ⊜ 🎴
fermé 31 juil. au 21 août, lundi et mardi – **Repas** 38,11 (déj.)/64,03 et carte 58 à 78.
♦ Aménagé dans une accueillante maison de maître, restaurant de tradition apprécié pour son service attentionné, sa cuisine classique maîtrisée et son intéressante carte des vins.
Spéc. Foie gras chaud de canard au vinaigre de cidre. Gibier (saison). Sanciaux aux pommes (oct. à mars).

🍴🍴 **Rôtisserie Vieille Fontaine** AM 33
8 av. Grétry ℘ 01 39 62 01 78, *Fax 01 39 62 13 43*
🏠, 🥂 – 🖭 ⊜
fermé 12 au 19 août, dim. soir et lundi – **Repas** 33.
♦ Demeure du 19ᵉ s. dans cette banlieue "chic" de l'Ouest parisien. Une rôtissoire anime l'une des trois salles à manger complétées par une véranda ouverte sur le parc.

🍴🍴 **Ribot** AN 32
5 av. St-Germain ℘ 01 39 62 01 53, *Fax 01 39 62 01 53*
🖭 ⊜
fermé août, 2 au 9 janv., dim. soir et lundi – **Repas** 16 (déj.)/28 et carte 29 à 36.
♦ Mobilier contemporain et murs ornés de fresques sur le thème des cartes à jouer composent le cadre soigné de ce restaurant voué à la cuisine italienne.

Marcoussis *91460 Essonne* 🌐 ㉞ *G. Île de France* – *7 226 h alt. 79.*

🛈 *Syndicat d'initiative 13 rue Alfred Dubois ℘ 01 69 01 76 50, Fax 01 69 01 18 54.*

Paris 29 – Arpajon 10 – Évry 18.

🍴 **Les Colombes de Bellejame**
97 r. A. Dubois ℘ 01 69 80 66 47, *Fax 01 69 80 66 47*
⊜
fermé 10 au 30 juil., dim. soir, mardi soir et merc. – **Repas** 20,60/28,50 et carte 25 à 46.
♦ Après avoir parcouru la vallée maraîchère de la Salmouille, faites halte dans ce petit restaurant au cadre rustique. Cuisine traditionnelle.

Marne-la-Vallée 77206 S.-et-M. 101 ⑲ ⑳, 24 G. Ile de France.

🛈 Office de tourisme Disneyland-Paris ℰ 01 60 43 33 33, Fax 01 60 43 74 9!
Paris 27 – Meaux 28 – Melun 41.

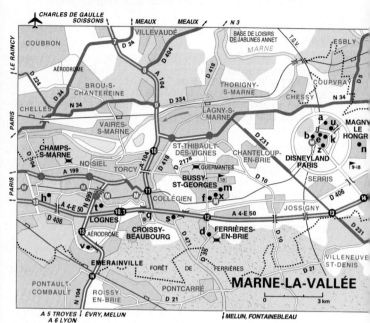

à Bussy-St-Georges – 9 194 h. alt. 105 – ⊠ 77600 :.

🏨🏨 **Holiday Inn**
39 bd Lagny **(f)** ℰ 01 64 66 35 65, hibussy@compuserve.con
Fax 01 64 66 03 10
Ⓜ, ☆, ⌱ – 🛗 ⇄ ▤ 📺 📞 & ⟲ – ♨ 80. 🅰🅴 ⓪ ☉ⓑ
Repas (dîner seul.) 27,29 – ⌷ 12,20 – **120 ch** 167,69/192,09.
◆ En bordure d'une large avenue, chambres spacieuses à la tenue san
défaut, équipées d'un double vitrage. Agréable bar.

🏨🏨 **Golf Hôtel**
15 av. Golf **(m)** ℰ 01 64 66 30 30, golf.hotel@wanadoo.fr, Fax 01 64 66 04 36
Ⓜ ☕, ☆, ⌱, ⏎, ✕ – 🛗 ⇄ 📺 📞 & 🅿 – ♨ 120. 🅰🅴 ⓪ ☉ⓑ
Repas (fermé dim. midi et sam. de nov. à mars) (11) - 17,50/25,90 ♀, enf. 9,15 –
⌷ 9,95 – **94 ch** 91/105.
◆ Dans un quartier résidentiel et en bordure du golf, bâtiment moderne o
vous trouverez des chambres dotées d'un bon équipement en bois stratifié.

🏨 **Tulip Inn Paris Bussy**
44 bd A. Giroust **(x)** ℰ 01 64 66 11 11, solinn@wanadoo.fr, Fax 01 64 66 29 0!
Ⓜ ☕ – 🛗 ▤ 📺 ⟲ – ♨ 90. 🅰🅴 ⓪ ☉ⓑ
Repas (fermé sam. midi et dim.) carte environ 25 ♨, enf. 11 – ⌷ 9 – **87 c**
89/96.
◆ Intégré à un grand ensemble immobilier, face à la station RER, hôtel au
chambres fonctionnelles et bien insonorisées. Bar décoré dans l'espri
"Louisiane".

Champs-sur-Marne – *24 553 h. alt. 80* – ✉ *77420* .

Voir *Château*★ *(salon chinois*★★ *) et parc*★★ .

🏠 **Ibis**

cité Descartes, bd Newton **(h)** ☎ 01 64 68 00 83, *Fax 01 64 68 02 60*

🌤 – 🛗 🔆 📺 ☎ 🕭 ⇔ 🅿 – 🍴 45. 🎴 ⓪ ☒

fermé 10 juil. au 25 août – **Repas** *(fermé week-ends et fériés le midi) (12,04)* -
15,09 🍷, enf. 5,95 – ⊋ 6 – **110 ch** 52.

♦ Établissement situé dans un quartier résidentiel et universitaire. Les
chambres, bien tenues, devraient adopter bientôt le nouveau "look" de la
chaîne.

Collégien – *2 983 h. alt. 105* – ✉ *77615* :

🏨 **Novotel**

(c) ☎ 01 64 80 53 53, *Fax 01 64 80 48 37*

Ⓜ, 🌤, 🏊, 🍃 – 🛗 🔆 ▤ 📺 ☎ 🕭 ⇔ 🅿 – 🍴 250. 🎴 ⓪ ☒

Repas 16/19 🍷, enf. 9,20 – ⊋ 11 – **197 ch** 90/105.

♦ Ce Novotel accueille visiteurs du parc Disneyland et hommes d'affaires en
séminaire. Les prestations sont sans surprise : chambres fonctionnelles et
cuisine simple.

Croissy-Beaubourg – *2 236 h. alt. 102* – ✉ *77183* :

🍴🍴🍴 **L'Aigle d'Or**

8 r. Paris **(q)** ☎ 01 60 05 31 33, *Fax 01 64 62 09 39*

🌤, 🍃 – 🅿, 🎴 ⓪ ☒, 🚫

fermé dim. soir – **Repas** 29/75 et carte 60 à 75 🍷.

♦ Ce restaurant aménagé dans un ancien relais de poste propose une cuisine
au goût du jour dans son élégante salle à manger feutrée, ou sur sa terrasse
aux beaux jours.

Disneyland Paris *accès par autoroute A 4 et bretelle Disneyland.*

Voir *Disneyland Paris*★★★ *(voir Guide Vert Disneyland Paris).*

🏨🏨 **Disneyland Hôtel**

(b) ☎ 01 60 45 65 00, *Fax 01 60 45 65 33*

Ⓜ, ≤, 🏖, 🏊, 🍃 – 🛗 🔆 ▤ 📺 🕭 🅿 – 🍴 25 à 50. 🎴 ⓪ ☒ 🅹🅲🅱.
🚫

California Grill (dîner seul.) **Repas** 44/65 🍷, enf.23
Inventions (buffet) **Repas** 28 (déj.)/39 🍷, enf. 22 – **478 ch** ⊋ 492,
18 appart.

♦ Dans le monde fabuleux de Disney, la magie opère dès l'entrée du parc
avec ce bel ensemble de style victorien, d'un rose tendre, coiffé de multiples
clochetons. Onirique.

🏨🏨 **New-York**

(e) ☎ 01 60 45 73 00, *Fax 01 60 45 73 33*

Ⓜ, ≤, 🌤, 🏖, 🏊, 🏊, 🚫 – 🛗 🔆 ▤ 📺 🕭 🅿 – 🍴 2 200. 🎴 ⓪ ☒ 🅹🅲🅱.
🚫

Manhattan Restaurant (dîner seul.) **Repas** 32 🍷, enf. 10
Parkside Diner : **Repas** 20 🍷, enf. 10 – **536 ch** ⊋ 300, 27 appart.

♦ Vous voici à Manhattan : ses gratte-ciel, ses maisons de Gramercy Park et
ses pittoresques "brownstones" - le tout au bord de l'eau. Ambiance et décor
des années folles.

🏨 Newport Bay Club

(z) ☎ 01 60 45 55 00, *Fax 01 60 45 55 33*
🅼, ≤, 🍴, ℔, ⨀, ▨ – 📶 ⇆, 🍽 rest, 📺 ⅃ 🅿 – 🛗 1 500. 🅰🅴 ⓞ ⒼⒷ ⌦
⋇

Cape Cod : Repas 25(déj.)/20(dîner) , enf. 10
Yacht Club (dîner seul.) **Repas** 30/38 ♀ enf. 10 – **1 082 ch** ⇆ 260, 13 appar
◆ Sur la rive du lac Disney, vous tomberez sous le charme d'une stati
balnéaire de la Nouvelle Angleterre au début du 20ᵉ s., et de ses rockir
chairs sous la véranda !

🏨 Séquoia Lodge

(k) ☎ 01 60 45 51 00, *Fax 01 60 45 51 33*
🅼, ≤, 🍴, ⨀, ℔, ⊶ – 📶 ⇆, 🍽 rest, 📺 ⅃ ⅃ 🅿 – 🛗 75. 🅰🅴 ⓞ
ⒿⒸⒷ ⋇

Hunter's Grill (dîner seul.) **Repas** 26 enf. 10
Beaver Creek Tavern (dîner seul.) **Repas** 20 enf. 10 – **1 001 ch** ⇆ 2
10 appart.
◆ Jardin paysager et façades de pierre et de bois recréant l'atmosphère c
"lodges" des Montagnes Rocheuses. Accueil par des gardes forestier
cascades... dans la piscine.

🏨 Cheyenne

(a) ☎ 01 60 45 62 00, *Fax 01 60 45 62 33*
🍴, ⊶ – ⇆, 🍽 rest, 📺 ⅃ 🅿 🅰🅴 ⓞ ⒼⒷ ⒿⒸⒷ ⋇
Chuck Wagon Café (self) **Repas** carte environ 20 ⅃, enf. 10 – **1 000**
⇆ 198.
◆ Petite ville du Far West tout droit sortie d'un western. Rues bordées
constructions de bois, cow-boys, saloon, fort, chariots, barbecues : il
manque que les Indiens !

🏨 Santa Fé

(u) ☎ 01 60 45 78 00, *Fax 01 60 45 78 55*
⇆ 📺 ⅃ 🅿 🅰🅴 ⓞ ⒼⒷ ⒿⒸⒷ. ⋇
La Cantina (self) **Repas** carte environ 20 ⅃ enf. 10 – **1 000 ch** ⇆ 174.
◆ "Ay caramba !" Parmi les sables du désert du Nouveau-Mexique, les "gri
gos" dormiront dans une quarantaine de "pueblos" aux chambres rustique
"Tex-mex" à La Cantina.

à Émerainville – *7 027 h. alt. 109* – ✉ *77184 :*

🏨 Ibis

ZI Pariest bd Beaubourg **(v)** ☎ 01 60 17 88 39, *Fax 01 64 62 12 34*
📶 ⇆ 📺 ⅃ 🅿 – 🛗 150. 🅰🅴 ⓞ ⒼⒷ
Repas *(fermé week-ends) (13,60)* - 16,72 ⅃, enf. 5,49 – ⇆ 6 – **80 ch** 56/60.
◆ Étape proche d'une zone industrielle. Les chambres sont équipées d'
double vitrage ; environ la moitié ont été rénovées dans un style actuel.

à Ferrières-en-Brie – *1 655 h. alt. 108* – ✉ *77164 :*

🏨 St-Rémy

24 r. J. Jaurès **(d)** ☎ 01 64 76 74 00, *K.lehater@compuserve.co*
Fax 01 64 76 74 01
🅼, 🍴 – 📺 ⅃ ℔ 🅰🅴 ⓞ ⒼⒷ. ⋇
Repas *(22,12)* - 33,56 ♀, enf. 8,39 – ⇆ 7,63 – **25 ch** 91,52/105,25.
◆ Découvrez à l'étage de cette pimpante maison du 19ᵉ s. la jolie salle d
fêtes créée par la famille Rothschild. Chambres et restaurant relookés da
un style très "tendance".

Lognes – *14 215 h. alt. 97 – ✉ 77185 :*

Relais Mercure
55 bd Mandinet **(t)** ✆ 01 64 80 02 50, *h2210@accor-hotels.com, Fax 01 64 80 02 70*
– 60. AE GB JCB
Repas carte environ 26, enf. 9 – 10 – **57 ch** 81/95, 28 duplex.
◆ Dans un quartier résidentiel, établissement fonctionnel et bien tenu proposant des chambres récemment refaites. Duplex pratiques pour les familles.

Massy *91300 Essonne* 101 ㉕, 22 25 – *37 712 h alt. 78.*
Paris 20 – Arpajon 19 – Évry 19 – Palaiseau 3 – Rambouillet 45.

Mercure **BS 43**
21 av. Carnot (gare T.G.V.) ✆ 01 69 32 80 20, *h1176@accor-hotels.com, Fax 01 69 32 80 25*
M, – 100. AE GB
Repas *(fermé dim. midi, vend. soir et sam.) (20)* - 23 ₸, enf. 9,50 – 11 – **116 ch** 110/117.
◆ Situation commode entre gares TGV et RER pour cet hôtel résolument contemporain présentant un décor intérieur tout en nuances. Chambres fonctionnelles.

Pavillon Européen **BR 43**
5 av. Gén. de Gaulle ✆ 01 60 11 17 17, *Fax 01 69 20 05 60*
AE GB
fermé août et dim. soir – **Repas** 27,44/47,26.
◆ Cadre actuel raffiné, baies vitrées largement ouvertes sur le lac et service tout en gentillesse font le charme de ce restaurant. Cuisine au goût du jour.

Maurepas *78310 Yvelines* 101 ㉑ – *19 586 h alt. 165.*
Voir *France Miniature*★ *NE : 3km,* G. Île de France.
Paris 40 – Houdan 28 – Palaiseau 35 – Rambouillet 17 – Versailles 21.

Mercure **BM 15**
N 10 ✆ 01 30 51 57 27, *h0378@accor-hotels.com, Fax 01 30 66 70 14*
M, – 25 à 80. AE GB JCB.
Repas *(fermé août, vend. soir, dim. midi et sam.)* 21 ₸ – 12 – **91 ch** 92/102.
◆ La petite route qui part de la N 10 vous conduira jusqu'à cet hôtel dont les chambres, spacieuses et bien insonorisées, sont peu à peu rénovées.

Le Mesnil-Amelot *77990 S.-et-M.* 101 – *565 h alt. 80.*
Paris 34 – Bobigny 24 – Goussainville 14 – Meaux 28 – Melun 67.

Radisson
✆ 01 60 03 63 00, *radisson-sas.cdg@wanadoo.fr, Fax 01 60 03 74 40*
M, – 300
Repas *(18)* - carte environ 40 ₸, enf. 13 – 16 – **240 ch** 180/260.
◆ Escale pratique à proximité de l'aéroport de Roissy : équipements de loisirs et de séminaires, vaste hall, salon-bar, chambres actuelles et repas servis sous forme de buffets.

Dans la liste des rues des plans de villes, les noms en rouge indiquent les principales voies commerçantes.

Meudon *92190 Hauts-de-Seine* 101 ㉔, 22 25 *G. Île de France – 43 663 h alt. 100.*
Voir *Terrasse*★ : ☀★ – *Forêt de Meudon*★.
Paris 11 – Boulogne-Billancourt 4 – Clamart 4 – Nanterre 12 – Versailles 14.

au sud *à Meudon-la-Forêt* – ✉ *92360 :*

血血 Mercure Ermitage de Villebon BH◀
rte Col. Moraine ℰ 01 46 01 46 86, *mercure.meudon@wanadoo*
Fax 01 46 01 46 99
M, 斎 – ⧈, 🚃 ch, 📺 📞 ⅋ 🅿 – 🔏 15 à 90. 🆎 ⓞ 🅶🅱
Repas *(fermé 12 au 18 août)* 35 ⅄ – ☲ 10,50 – **63 ch** 112/134.
♦ À l'orée de la forêt de Meudon et au bord de la voie rapide, hôtel b
insonorisé aux chambres décorées dans un esprit Directoire. Une maison
19e s. abrite le restaurant.

Montmorency *95160 Val-d'Oise* 101 ⑤, 25 *G. Île de France – 20 599 h alt. 82.*
Voir *Collégiale St-Martin*★ – *Commune de la "Méridienne verte".*
Env. *Château d'Écouen*★★ : *musée de la Renaissance*★★ *(tenture de David*
de Bethsabée★★★*).*
🖪 *Office du tourisme 1 avenue Foch ℰ 01 39 64 42 94, Fax 01 34 12 18*
otsimcy@club-internet.fr.
Paris 19 – Enghien-les-Bains 4 – Pontoise 25 – St-Denis 9.

ⅩⅩ Au Coeur de la Forêt AG
av. Repos de Diane et accès par chemin forestier ℰ 01 39 64 99
Fax 01 34 28 17 52
斎, 斋 – 🅿. 🆎 🅶🅱
fermé 5 au 29 août, jeudi soir, dim. soir et lundi – **Repas** 24,
30,16 et carte 42 à 55.
♦ La romantique avenue du Repos de Diane vous conduira "Au Coeur de
Forêt", restaurant au cadre soigné aménagé dans une maison récen
Cuisine traditionnelle simple.

Ⅹ Maison Jaune AH◀
7 av. Émile ℰ 01 39 64 69 38
斎 – 🅶🅱
fermé sam. midi, dim. soir, mardi midi et lundi – **Repas** *(11)* - 20,50 (déj.)/25 ⑨
♦ L'avenue porte le nom de l'ouvrage écrit à Montmorency par J. J. Rou
seau. Ardoise de suggestions du jour servies dans un pimpant bistrot tout
jaune vêtu.

Montreuil *93100 Seine-St-Denis* 101 ⑰, 20 25 *G. Ile de France – 90 674 h alt. 70.*
🖪 *Office de tourisme 1 r. Kléber ℰ 01 42 87 38 09, Fax 01 42 27 27 13.*
Paris 8 – Bobigny 6 – Lagny-sur-Marne 31 – Meaux 37 – Senlis 47.

ⅩⅩⅩ Gaillard AZ◀
71 r. Hoche ℰ 01 48 58 17 37, *gaillard@free.fr, Fax 01 48 70 09 74*
斎, 斋 – 🅿. 🅶🅱
fermé 4 au 27 août, dim. soir et lundi – **Repas** 26,70/35,80 et carte 39 à 61
♦ Demeure de la fin du 19e s. où il fait bon s'attabler l'hiver auprès de
cheminée ; l'été, profitez de la terrasse, de l'ombre des marronniers et
chant des oiseaux.

ontrouge *92120 Hauts-de-Seine* 101 ㉕, 22 25 – *37 733 h alt. 75.*

Paris 5 – Boulogne-Billancourt 8 – Longjumeau 19 – Nanterre 16 – Versailles 16.

🏛 **Mercure** **BE 48**
13 r. F.-Ory ℰ 01 58 07 11 11, *h0374@accor-hotels.com, Fax 01 58 07 11 21*
M – 🛗 ↔, 🗏 rest, 📺 ✆ 👌 🅿 – 🔏 15 à 100. 🆎 ① ⊞
Repas *(fermé dim. midi et sam.)* *(19,51)* - 26,53 ♀, enf. 8,38 – ☐ 12,96 – **180 ch**
170/190, 7 appart.
♦ En léger retrait du périphérique, vaste construction abritant des chambres
fonctionnelles et bien insonorisées. La plupart, rénovées, présentent une
décoration colorée.

lorangis *91420 Essonne* 101 ㉟, 25 – *10 611 h alt. 85.*

Voir *Commune de la "Méridienne verte".*

Paris 21 – Évry 13 – Longjumeau 4 – Versailles 24.

XXX **Sabayon** **BV 49**
15 r. Lavoisier ℰ 01 69 09 43 80, *Fax 01 64 48 27 28*
🗏. 🆎 ⊞
fermé 31 août au 30 sept. , sam. midi, lundi soir, mardi soir et dim. – **Repas**
29,72/52,59 et carte 35 à 55 ♀, enf. 17,53.
♦ Restaurant à dénicher dans une ZI. Dans la salle à manger aux couleurs
"mode", oeuvres contemporaines, nombreuses plantes vertes et sièges de
style Louis XVI.

anterre 🅿 *92000 Hauts-de-Seine* 101 ⑭, 18 25 – *84 281 h alt. 35.*

🚹 *Syndicat d'initiative 4 rue du Marché* ℰ *01 47 21 58 02, Fax 01 47 25 99 02,
office-de-tourisme.nanterre@libertysurf.fr.*

Paris 12 – Beauvais 80 – Rouen 125 – Versailles 15.

🏛 **Mercure La Défense Parc** **AV 39**
r. des 3 Fontanot ℰ 01 46 69 68 00, *H1982@accor-hotels.com,
Fax 01 47 25 46 24*
M – 🛗 ↔ 🗏 📺 ✆ 👌 ⟺ – 🔏 130. 🆎 ① ⊞ 🇯🇨🇧
Repas *(fermé le soir du 12 juil. au 18 août et du 21 au 31 déc., dim. midi,
vend. soir, sam. et fériés)* *(20)* - 23/30 – ☐ 13,50 – **135 ch** 200/220, 25 appart.
♦ Immeuble moderne et son annexe situés à côté du parc André Malraux.
Mobilier design, équipement complet : demandez une chambre rénovée.
Cuisine du monde au restaurant.

🏨 **Quality Inn** **AV 37**
2 av. B. Frachon ℰ 01 46 95 08 08, *quality.nanterre@wanadoo.fr,
Fax 01 46 95 01 24*
M – 🛗 ↔ 🗏 📺 👌 ⟺ – 🔏 30. 🆎 ① ⊞ 🇯🇨🇧 🍽
Repas *(fermé août, vend. soir, sam. et dim.)* *(18,30)* - 21,34 ♀ – ☐ 10,67 – **85 ch**
138/199.
♦ Construction de 1992 dont les chambres, plus ou moins spacieuses, sont
joliment meublées et bénéficient d'un double vitrage. Chaleureuse salle à
manger d'esprit colonial.

XX **Rôtisserie** **AW 39**
180 av. G. Clemenceau ℰ 01 46 97 12 11
🍴 – 🆎 ⊞
fermé dim. – **Repas** 26.
♦ Restaurant au cadre soigné coordonnant tons ocre et mobilier contemporain. Terrasse agréable et calme sur l'arrière. Cuisine traditionnelle et viandes
rôties à la broche.

Neuilly-sur-Seine *92200 Hauts-de-Seine* **101** ⑮, **18** 25 *G. Île de Franc* *59 848 h alt. 34.*

> *Paris 8 – Argenteuil 10 – Nanterre 6 – Pontoise 29 – St-Germain-en-Laye 1 Versailles 17.*

🏨 **Courtyard** AW
58 bd V. Hugo ℰ 01 55 63 64 65, *cy.parcy.sales@marriott.cc*
Fax 01 55 63 64 66
M, ☕ – 🛗 ⚞ 📺 📞 ♿ 🚗 – 🏛 220. **AE ⓞ GB JCB**. ⚡ ch
Repas 28 et carte 32 à 45 ♀, enf. 6,80 – ☕ 16 – **173 ch** 160/255, 69 appart
◆ Établissement des années 1970 dont les chambres, joliment meublé répondent aux exigences du confort moderne. Salons confortables et c bar "cosy".

🏨 **Paris Neuilly** A⫶
1 av. Madrid ℰ 01 47 47 14 67, *H0883@accor-hotels.com, Fax 01 47 47 97 4*
sans rest – 🛗 ⚞ 📺 📞 ♿. **AE ⓞ GB**
☕ **74 ch** 200/210, 6 appart.
◆ Hôtel aux chambres diversement décorées. Petits-déjeuners servis dan patio couvert orné d'une fresque représentant le château de Madrid bâti François 1er en 1528.

🏨 **Jardin de Neuilly** A⫶
5 r. P. Déroulède ℰ 01 46 24 51 62, *hotel.jardin.de.neuilly@wanadoo* *Fax 01 46 37 14 60*
⚞ sans rest – 🛗 📺 📞. **AE ⓞ GB**. ⚡
☕ 18 – **30 ch** 136/229.
◆ Hôtel particulier de la fin du 19e s. abritant des chambres garnies d mobilier chiné dans les brocantes. Certaines donnent côté jardin : la ca pagne aux portes de Paris.

🏨 **Jatte** AV
4 bd Parc ℰ 01 46 24 32 62, *paris@hoteldelajatte.com, Fax 01 46 40 77 31*
sans rest – 📺 ♿. **AE ⓞ GB JCB**
☕ 10 – **68 ch** 136/186, 3 appart.
◆ Sur l'île de la Jatte, établissement dont les chambres récemment rénové sont modernes et s'égayent de jolies couleurs. Les autres sont plus simple

🏨 **Neuilly Park Hôtel** AX
23 r. M. Michelis ℰ 01 46 40 11 15, *Fax 01 46 40 14 78*
sans rest – 🛗 ⚞ 📺 📞. **AE ⓞ GB JCB**
☕ 10,70 – **30 ch** 100/133.
◆ Cet hôtel du centre-ville affiche peu à peu un tout nouveau visag menues chambres personnalisées par des meubles de style Art nouveau accueil des plus charmants.

🍴 **Riad** AX
42 av. Ch. de Gaulle ℰ 01 46 24 42 61, *Fax 01 46 40 19 91*
🍽. **AE ⓞ GB**. ⚡
fermé 3 au 19 août, sam. midi et dim. – **Repas** carte 46 à 58 ♀.
◆ Discret décor mauresque, fresques murales représentant la ville de Fès cuisine marocaine offrent une suave échappée vers "L'île du Couchant".

🍴 **Truffe Noire** (Jacquet) AX
❀ 2 pl. Parmentier ℰ 01 46 24 94 14, *Fax 01 46 24 94 60*
AE GB JCB
fermé 6 au 12 mai, 5 août au 3 sept., sam. et dim. – **Repas** 30 et carte 50 à 6!
◆ Sur une place tranquille, table de tradition proposant des spécialités tc rangelles. La salle à manger, jaune d'or, accueille des expositions de peintur
Spéc. Mousseline de brochet au beurre blanc. Truffes d'été et d'hiver (s sons). Gibier (fin sept. à fin déc.)

XX **Foc Ly** AW 42
79 av. Ch. de Gaulle ℘ 01 46 24 43 36, *Fax 01 46 24 48 46*
▤. ᴀᴇ ɢʙ
fermé 10 au 26 août – **Repas** *(16,01)* - 18,75 et carte 44 à 67 ☨, enf. 12,20.
♦ Deux lions encadrent l'entrée de ce restaurant qui déploie en façade sa "terrasse-pagode". Intérieur sobrement aménagé, salle plus intime à l'étage. Cuisine chinoise.

X **Les Feuilles Libres** AX 44
34 r. Perronet ℘ 01 46 24 41 41, *feuillibre@wanadoo.fr, Fax 01 46 40 77 61*
⌂ – ▤. ᴀᴇ ɢʙ
fermé en août, 21 au 31 déc., sam. et dim. – **Repas** 39/48 et carte 40 à 55.
♦ Ici, tout est mini : la terrasse, la salle à manger principale et le salon-bibliothèque à l'étage. Décor chic, vaisselle en Limoges et argenterie. Cuisine au goût du jour.

X **Bistrot d'à Côté Neuilly** AX 42
4 r. Boutard ℘ 01 47 45 34 55, *bistrotrostang@wanadoo.fr, Fax 01 47 45 15 08*
ᴀᴇ ⓞ ɢʙ
fermé sam. midi et dim. – **Repas** 21/31 ☨.
♦ Service décontracté, suggestions inscrites sur ardoise, moulins à café anciens et collection d'affiches font la personnalité de ce "vrai-faux bistrot".

X **Les Pieds dans l'Eau** AW 43
39 bd Parc ℘ 01 47 47 64 07, *Fax 01 47 22 09 55*
⌂ – ᴀᴇ ⓞ ɢʙ
fermé sam. midi et dim. d'oct. à avril – **Repas** *(22)* - 28 et carte 31 à 52.
♦ Restaurant joliment décoré d'objets se rapportant à la batellerie. L'été, sur la terrasse au bord de la Seine, on mange pour ainsi dire "les pieds dans l'eau" !

X **Catounière** AX 43
4 r. Poissonniers ℘ 01 47 47 14 33, *Fax 01 47 47 13 85*
▤. ᴀᴇ ɢʙ
fermé août, sam. midi et dim. – **Repas** 29,72 bc.
♦ Ce restaurant est apprécié pour son accueil chaleureux et son atmosphère presque provinciale. Décor simple, tables alignées et cuisine familiale.

Nogent-sur-Marne ⑤ᴾ 94130 *Val-de-Marne* 🔟🔟 ㉗, 🔢 25 *G. Île de France –* 28 191 h alt. 59.

�ℹ *Office du tourisme 5 avenue de Joinville ℘ 01 48 73 73 97, Fax 01 48 73 75 90.*
Paris 14 – Créteil 10 – Montreuil 6 – Vincennes 6.

🏨 **Mercure Nogentel** BC 62
8 r. Port ℘ 01 48 72 70 00, *h1710@accor.hotels.com, Fax 01 48 72 86 19*
Ⓜ, ⌂ – ᵇᵉᶜ ⥮, ▤ ch, ᴛᴠ ⇔ – ♨ 15 à 200. ᴀᴇ ⓞ ɢʙ ᴊᴄʙ
Le Canotier : Repas *(28,20)*-29,73(déj)34,30☨ – ⌧ 10,68 – **60 ch** 93/104.
♦ Hôtel des bords de Marne proposant des chambres actuelles. Au Canotier, attablez-vous près des baies vitrées pour jouir du "spectacle" des bateaux.

🏠 **Campanile** BC62-63
quai du port (Pt de Nogent) ℘ 01 48 72 51 98, *Fax 01 48 72 05 09*
⌂ – ᵇᵉᶜ ⥮, ▤ ch, ᴛᴠ ☏ ᵇ ⇔ – ♨ 40. ᴀᴇ ⓞ ɢʙ
Repas *(12,50)* - 18,50 ☨, enf. 5,95 – ⌧ 7 – **86 ch** 66.
♦ Immeuble moderne situé sur un quai animé. La moitié des chambres, équipées selon les standards de la chaîne et insonorisées, donnent sur la Marne.

Un automobiliste averti utilise le **guide Michelin** *de l'année.*

Noisy-le-Grand 93160 Seine-St-Denis 101 ⑱, 24 25 G. Île de France
58 217 h alt. 82.

🛈 Office du tourisme 167 rue Pierre Brossolette ℘ 01 43 04 51 55, Fax 01
03 79 48, office.tourisme.nlg@wanadoo.fr.
Paris 19 – Bobigny 20 – Lagny-sur-Marne 14 – Meaux 37.

🏨 **Mercure** BE
2 bd Levant ℘ 01 45 92 47 47, Fax 01 45 92 47 10
Ⓜ, ♨ – 🛗 ⇆ 🔳 📺 📞 ₺ 🚗 – 🛎 150. ◗ ⑪ GB
Les Météores (fermé sam. midi et dim. midi) **Repas** 14,48/19,06 🍷, enf. 9
– ☲ 11,43 – **192 ch** 87,66/105,19.
✦ Immeuble moderne dont la façade vitrée permet de suivre le ballet
ascenseurs panoramiques. Chambres spacieuses et fonctionnelles, garnies
meubles en bois clair.

🏨 **Novotel Atria** BC
2 allée Bienvenüe-quartier Horizon ℘ 01 48 15 60 60, h1536@accor-hotels
m, Fax 01 43 04 78 83
Ⓜ, ♨, 🏊, – 🛗 ⇆ 🔳 📺 📞 ₺ 🚗 🅿 – 🛎 250. ◗ ⑪ GB ᴊᴄʙ
Repas carte environ 25 🍷, enf. 7,62 – ☲ 10,67 – **144 ch** 99,09/108,21.
✦ Architecture contemporaine à deux pas de la station RER. Chambres b
agencées et équipements complets séduiront familles et clientèle d'affaire

🍴🍴 **Amphitryon** BA
56 av. A. Briand ℘ 01 43 04 68 00, Fax 01 43 04 68 10
♨ – 🔳. ◗ GB
fermé 10 au 23 août, sam. midi et dim. soir – **Repas** 22/37.
✦ Murs framboise et vaisselle multicolore donnent le ton de cette éléga
salle de restaurant. La cuisine, traditionnelle, est servie rapidement et ave
sourire.

Orgeval 78630 Yvelines 101 ⑪ – 4 801 h alt. 100.
Paris 31 – Mantes-la-Jolie 23 – Pontoise 22 – St-Germain-en-Laye 11 – V
sailles 22.

🏨 **Moulin d'Orgeval**
r. Abbaye, Sud : 1,5 km ℘ 01 39 75 85 74, moulin-orgeval@wanadoo
Fax 01 39 75 48 52
🏊, ♨, 🏊, ♨ – 📺 📞 🅿 – 🛎 15 à 30. ◗ ⑪ GB
Repas (fermé dim. soir) (27,44) - 35,83/59,46 🍷 – ☲ 13 – **12 ch** 114/135.
✦ Attablez-vous dans la salle à manger qui occupe ce vieux moulin, ou
terrasse face au parc et son étang sur lesquels donnent aussi les chambre

Orly (Aéroports de Paris) 94310 Val-de-Marne 101 ⑳, 24 25.
✈ ℘ 01 49 75 15 15.
Paris 15 – Corbeil-Essonnes 17 – Créteil 12 – Longjumeau 14 – Villeneu
St-Georges 10.

🏨 **Hilton Orly** BR
près aérogare, Orly Sud ⊠ 94544 ℘ 01 45 12 45 12, fb-orly@hilton.cc
Fax 01 45 12 45 00
Ⓜ, ♨ – 🛗 ⇆ 🔳 📺 🅿 – 🛎 280. ◗ ⑪ GB ᴊᴄʙ
Repas 25,15 (déj.)/31,71 (dîner)et carte 30 à 52 🍷 – ☲ 15,24 – **352 ch** 105/1
✦ Cet hôtel des années 1960 abritant des chambres sobres et élégant
dispose d'équipements de pointe pour les réunions et de services adapté
la clientèle d'affaires.

Mercure **BP 51**

N 7, Z.I. Nord, Orlytech ✉ 94547 ℘ 01 46 87 23 37, *h1246@accor-hotels.com*, *Fax 01 46 87 71 92*

M – 🛗 ⇎ ▤ 📺 📞 & P – 🧖 40. AE ① GB JCB

Repas *(fermé dim. midi et sam.)* *(17,53)* - 22,10 ♀, enf. 8,38 – ♀ 11 – **190 ch** 126/149.

◆ Adresse convenant particulièrement à la clientèle aéroportuaire qui trouve là un ensemble de services très pratiques entre deux avions. Chambres bien tenues.

Orly ville : – *20 470 h. alt. 71.*

 Kyriad - Air Plus **BN 54**

58 voie Nouvelle (près Parc G. Méliès) ℘ 01 41 80 75 75, *airplus@club-internet.fr, Fax 01 41 80 12 12*

M, 🍽 – 🛗 ⇎ ▤ 📺 & P. AE ① GB JCB

Repas *(fermé sam. et dim.)* *(10)* - 10,55/21,20 🍴, enf. 8,40 – ♀ 7,60 – **72 ch** 65/80,25.

◆ Non loin de l'aéroport, un hôtel pensé pour votre bien-être. Ambiance "aéronautique" au pub anglais et allées du parc Méliès accueillantes aux adeptes du jogging.

oir aussi à **Rungis**

---

zoir-la-Ferrière *77330 S.-et-M.* 🔟🔟 ③⓪, 🔟🔟🔟 ③③ – *20 707 h alt. 110.*

🛈 *Syndicat d'initiative 43 avenue du Général de Gaulle ℘ 01 64 40 10 20, Fax 01 64 40 09 91.*

Paris 35 – Coulommiers 41 – Lagny-sur-Marne 23 – Melun 31 – Sézanne 84.

XXX **Gueulardière**

66 av. Gén. de Gaulle ℘ 01 60 02 94 56, *Fax 01 60 02 98 51*

🍽 – AE GB

fermé du 25 au 25 août, vacances de fév., sam. midi, dim. soir et lundi soir – **Repas** *(26)* - 32/60 et carte 55 à 70, enf. 16.

◆ Cette auberge du centre-ville sert une cuisine traditionnelle dans une élégante salle à manger ou sur la terrasse d'été, dressée dans une petite cour.

---

alaiseau 🚇 *91120 Essonne* 🔟🔟 ③④, 🔟🔟 25 – *28 965 h alt. 101.*

🛈 *Syndicat d'initiative 5 place de la Victoire ℘ 01 69 31 02 67.*

Paris 23 – Arpajon 20 – Chartres 70 – Évry 20 – Rambouillet 45.

 Novotel **BS 43**

18 r. E. Baudot (Z.I. Massy) ℘ 01 64 53 90 00, *Fax 01 64 47 17 80*

M, 🍽, 🏊, 🌳 – 🛗 ⇎, ▤ rest, 📺 📞 & P – 🧖 15 à 180. AE ① GB JCB

Repas carte environ 28 ♀, enf. 7,60 – ♀ 10,60 – **147 ch** 104/112.

◆ Ce Novotel proche d'un nœud autoroutier dispose de chambres actuelles et confortables. Aux beaux jours, le restaurant se complète d'une terrasse généralement animée.

Pour être inscrit au **guide Michelin**
– pas de piston,
– pas de pot de vin!

Pantin 93500 Seine-St-Denis 🔲🔲 ⑱, 🔲🔲 25 – 49 919 h alt. 26.

Voir *Centre international de l'Automobile*★, G. Île de France.

🛈 *Office du tourisme 81 avenue Jean Lolive* ℰ *01 48 44 93 72, Fax 01 48 44 18*
Paris 9 – Bobigny 5 – Montreuil 7 – St-Denis 6.

🏨 **Mercure Porte de Pantin** AV-A\
25 r. Scandicci ℰ 01 49 42 85 85, *h0680@accor-hotels.co*
Fax 01 48 46 07 90

Ⓜ – 🛗 🖻 📺 ✆ ⅋ 🚗 – 🅰 25 à 100. 🆎 Ⓞ ☒ ⒿⒸⒷ
Repas *(fermé dim. midi, sam. et fériés)* carte environ 32, enf. 8,40 – 🖵 1
129 ch 150/160, 9 appart.

◆ La "Goulue" repose au cimetière de Pantin. Hôtel dont les chamb
s'équipent peu à peu d'un mobilier cossu ; quelques-unes, plus spacieus
accueillent les familles.

Le Perreux-sur-Marne 94170 Val-de-Marne 🔲🔲 ⑱, 🔲🔲 25 – 30 080 h alt. 50.

🛈 *Office du tourisme Galerie du Parc* ℰ *01 43 24 26 58, Fax 01 43 24 02 1C*
Paris 16 – Créteil 12 – Lagny-sur-Marne 23 – Villemomble 6 – Vincennes 7.

🍴🍴🍴 **Les Magnolias** (Chauvel) BC
❄ 48 av. Bry ℰ 01 48 72 47 43, *Fax 01 48 72 22 28*

🖻. 🆎 Ⓞ ☒
fermé août, lundi midi, sam. midi et dim. – **Repas** 39.

◆ À deux pas des pittoresques îles du Perreux, plaisant restaurant conte
porain abrité des regards de la rue par des stores vénitiens. Cuisine au g◆
du jour recherchée.

Spéc. Saladine de seiche aux crêtes de coq. Koulibiac d'agneau aux arômes
mimolette. Fraîcheur excentrique de betterave et melon

🍴🍴 **Les Lauriers** BA
5 av. Neuilly-Plaisance ℰ 01 48 72 45 75

🍴 – 🆎 ☒
fermé 10 au 20 août, sam. midi, dim. soir et lundi – **Repas** *(18,3*
28,97 et carte 45 à 55, enf. 12,20.

◆ Ce restaurant occupe un pavillon dans un quartier résidentiel. Dé◆
contemporain assez clair et tables joliment dressées où l'on sert une cuis
traditionnelle.

Poissy 78300 Yvelines 🔲🔲 ⑫ G. Île de France – 35 841 h alt. 27.

Voir *Collégiale Notre-Dame*★ – *Villa Savoye*★.

🛈 *Office du tourisme 132 rue du Général de Gaulle* ℰ *01 30 74 60 65, Fax*
39 65 07 00, ville-poissy@dial.deane.com.
Paris 31 ③ – Mantes-la-Jolie 30 ④ – Pontoise 16 ② – St-Germain-en-Laye 6 ◆

Plan page ci-contre

🍴🍴 **Bon Vivant**
30 av. É. Zola **(e)** ℰ 01 39 65 02 14, *Fax 01 39 65 28 05*
≤, 🍴 – ☒
fermé août, vacances de fév., dim. soir et lundi – **Repas** 35,06.

◆ De la guinguette 1900, ce restaurant a conservé l'ambiance conviviale e
terrasse en bord de Seine. Cadre rustique et repas traditionnels.

🍴🍴 **L'Esturgeon**
6 cours 14-Juillet **(a)** ℰ 01 39 65 00 04, *olivier.gremillet@wanadoo.*
Fax 01 39 79 11 94 – ≤ – ☒
fermé août, 16 au 23 fév., dim. soir et jeudi – **Repas** 31/46 et carte 42 à
🖵, enf. 12,20.

◆ L'esturgeon honoré par l'enseigne fut pêché ici-même en 1839... Ca◆
gentiment "rétro", cuisine traditionnelle et vue sur les arcades du pont.

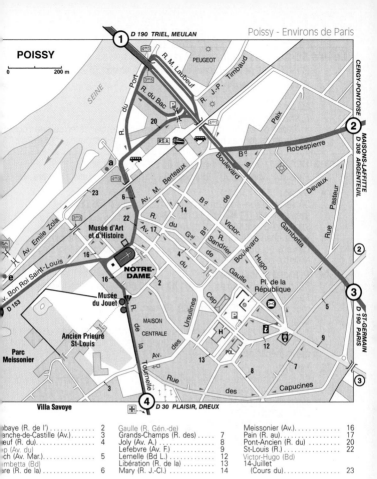

POISSY

0   200 m

Pensez à prévenir immédiatement l'hôtelier
si vous ne pouvez pas occuper la chambre que vous avez retenue.

...ontault-Combault 77340 S.-et-M. 🔢 ㉙, 🔢 25 – 32 886 h alt. 94.

🇿 *Office du tourisme 16 rue de Bellevue ☎ 01 70 05 49 71, Fax 01 70 05 49 48, tourisme@mairie-pontault.clt.fr.*

Paris 28 – Créteil 15 – Lagny-sur-Marne 16 – Melun 34.

Saphir Hôtel   **BH 74**
aire des Berchères sur N 104 ☎ 01 64 43 45 47, *saphirhotel@wanadoo.fr*, Fax 01 64 40 52 43

Ⓜ, 🍴, 🛠, 🏊, ✎ – 📶 🖥 📺 📞 🐾 🔶 Ⓟ – 🎓 150. 🆎 ① ☺

Repas *(15,80)* - 20,50 🍷, enf. 8,20 – ☕ 10 – **158 ch** 81/90, 21 appart.

◆ Architecture contemporaine au bord de la Francilienne. Les chambres, fonctionnelles et bien tenues, bénéficient d'une insonorisation parfaite.

Le Pré St-Gervais *93310 Seine-St-Denis* 101 ⑯, 20 25 – *16 377 h alt. 82.*
Paris 8 – Bobigny 6 – Lagny-sur-Marne 33 – Meaux 38 – Senlis 47.

X **Au Pouilly Reuilly** A\
68 r. A. Joineau ℰ 01 48 45 14 59
AE GB
fermé dim. – **Repas** carte 38 à 55.
♦ Décor de bistrot d'avant-guerre, joyeuse ambiance et cuisine robora
où les abats sont à l'honneur. Une adresse où se retrouve le "Tout-Paris".

Puteaux *92800 Hauts-de-Seine* 101 ⑭, 18 25 – *40 780 h alt. 36.*
Paris 10 – Nanterre 4 – Pontoise 29 – St-Germain-en-Laye 17 – Versailles 15

🏢 **Syjac** A\
20 quai de Dion-Bouton ℰ 01 42 04 03 04, *Fax 01 45 06 78 69*
sans rest – 🛗 📺 ✆ – 🔏 30. AE ⓞ GB
☲ 9,50 – **32 ch** 90/150, 3 duplex.
♦ Les chambres ont vue sur Seine en façade mais sont plus au calme
l'arrière ; toutes sont personnalisées et joliment meublées. Élégants salo
Navette pour la Défense.

🏢 **Princesse Isabelle** A\
72 r. J. Jaurès ℰ 01 47 78 80 06, *princesse.isa@wanadoo*
Fax 01 47 75 25 20
sans rest – 🛗 🍽 📺 ✆ 🚗. AE ⓞ GB
☲ 10 – **29 ch** 121/240.
♦ Hôtel proposant de plaisantes chambres contemporaines. Le hall d'acc
abrite un coin salon agrémenté d'une cheminée et un bar anglais animé o
piano mécanique.

🏢 **Vivaldi** A\
5 r. Roque de Fillol ℰ 01 47 76 36 01, *vivaldi@hotelvivaldi.co*
Fax 01 47 76 11 45
sans rest – 🛗 📺 ✆. AE ⓞ GB
☲ 8 – **27 ch** 93/99.
♦ Près de l'hôtel de ville où furent tournées des scènes de La Banqui
l'immeuble abrite des chambres rénovées, équipées d'un mobilier foncti
nel. Salon doté d'un piano.

🏢 **Dauphin** A\
45 r. J. Jaurès ℰ 01 47 73 71 63, *ledauphin2@wanadoo.fr, Fax 01 46 98 08*
sans rest, 𝄞 – 🛗 📺 ✆. AE ⓞ GB
☲ 8 – **37 ch** 98.
♦ Établissement du centre-ville proposant des chambres de taille moyen
habillées de boiseries et de tissus muraux. Tenue sans défaut. Miniterra
pour le petit-déjeuner.

XX **Chaumière** A\
127 av. Prés. Wilson - rd-pt des Bergères ℰ 01 47 75 05 46, *Fax 01 47 75 0!*
🍽. AE GB
fermé 3 au 24 août, dim. soir, lundi soir et sam. – **Repas** *(24,40)* - 29 ⅋.
♦ Vous goûterez la cuisine simple et généreuse de cette auberge dan
salle à manger rustique qu'une vaste véranda rend lumineuse. La carte fa
part belle aux poissons.

XX **Table d'Alexandre** A\
7 bd Richard Wallace ℰ 01 45 06 33 63, *Fax 01 41 38 27 42*
🍽. AE GB
fermé 3 au 25 août, sam. et dim. – **Repas** 19,37 et carte 35 à 50 ⅋.
♦ À quelques foulées de la sportive île de Puteaux, cuisine au goût du j
servie dans un sympathique cadre "rétro" : tons ocre, éclairage étudié et jo
chaises paillées.

a Queue-en-Brie *94510 Val-de-Marne* 🗺 ㉙, 🗺 25 – *10 852 h alt. 95.*
Paris 22 – Coulommiers 52 – Créteil 12 – Lagny-sur-Marne 23 – Melun 33 – Provins 67.

🏠 **Relais de Pincevent**   **BH 68**
av. Hippodrome 🖉 01 45 94 61 61, *osiris.management@wanadoo.fr*,
Fax 01 45 93 32 69
🛋 – 📺 ઠ 🅿 – 🏛 60. 🆎 ⓞ 🆖 🅹🅲🅱
Repas 20/38,11 🍷, enf. 10,67 – 🖵 6,20 – **57 ch** 48/62.
◆ En léger retrait de la route, chambres des années 1980 régulièrement rénovées, mais toujours équipées de leur mobilier d'origine. Bonne insonorisation.

XXX **Auberge du Petit Caporal**   **BJ 70**
42 r. Gén. de Gaulle (N 4) 🖉 01 45 76 30 06, *Fax 01 45 76 30 06*
🍽. 🆎 🆖
fermé 28 juil. au 24 août, vacances de fév., mardi soir, merc. soir et dim. –
Repas *(29)* - 38,10/45,70 🍷, enf. 12.
◆ Dans les murs d'un ancien relais de poste, ce restaurant vous invite à découvrir l'ambiance conviviale de ses petites salles à manger et sa cuisine au goût du jour

Pensez à prévenir immédiatement l'hôtelier
si vous ne pouvez pas occuper la chambre que vous avez retenue.

uincy-sous-Sénart *91480 Essonne* 🗺 ㊳ – *7 426 h alt. 76.*
Paris 30 – Brie-Comte-Robert 7 – Évry 13 – Melun 23.

X **Lisière de Sénart**
33 r. Libération 🖉 01 69 00 87 15
🛋 – 🆎 🆖
fermé 15 au 30 août et vacances de fév. – **Repas** 26/45.
◆ Murs ornés d'objets paysans et tables gentiment dressées : telles sont les principales caractéristiques de ce modeste restaurant aménagé dans une maison de banlieue.

oissy-en-France (Aéroports de Paris) *95700 Val-d'Oise* 🗺 ⑧ – *2 367 h alt. 85.*
✈ *Charles-de-Gaulle* 🖉 01 48 62 22 80.
Paris 27 – Chantilly 28 – Meaux 39 – Pontoise 39 – Senlis 27.

Roissy-ville :

🏨 **Copthorne**
allée Verger 🖉 01 34 29 33 33, *resa.cdg@mill-cop.com*, *Fax 01 34 29 03 05*
Ⓜ, 🛋, 🎱, 🔲 – 📶 ✢ 🍽 📺 📞 ઠ 🛏 – 🏛 150. 🆎 ⓞ 🆖 🅹🅲🅱. ✻
Repas 25,92 bc/28 bc – 🖵 17,53 – **239 ch** 250/380.
◆ Bar, pub irlandais, fitness, belle piscine, salles de séminaires, chambres spacieuses et un étage spécialement aménagé pour la clientèle d'affaires : un hôtel fort bien équipé.

🏨 **Mercure**
allée Verger 🖉 01 34 29 40 00, *h1245@accor-hotels.com*, *Fax 01 34 29 00 18*
Ⓜ, 🛋 – 📶 ✢ 🍽 📺 📞 ઠ 🅿 – 🏛 90. 🆎 ⓞ 🆖
Repas *(16)* - 34/37 🍷, enf. 9 – 🖵 12 – **203 ch** 180/187.
◆ Cet hôtel a fait peau neuve : cadre provençal dans le hall, zinc à l'ancienne au bar, reconstitution d'une boulangerie au restaurant et spacieuses chambres bien rénovées.

Bleu Marine
Z.A. parc de Roissy ℰ 01 34 29 00 00, *bleu.roissy@wanadoo*
Fax 01 34 29 00 11
M, 🏡, *Ⅰ₅* – ≣ ✝ ☰ TV ℰ 🔥 ≈ P – 🅰 80. AE ① GB JCB
Repas *(19,50)* - 25,50 et carte le dim. ♀ – ⊑ 9,90 – **153 ch** 135.
♦ Proximité de l'aéroport et de l'autoroute, chambres parfaitement insorisées et repas servis sous forme de buffets font de cet hôtel une ét
pratique.

Campanile
Z.A. parc de Roissy ℰ 01 34 29 80 40, *campanile-roissy@wanadoo*
Fax 01 34 29 80 39
🏡 – ≣ ✝ TV ℰ 🔥 ≈ P – 🅰 100. AE ① GB
Repas *(12,50)* - 15,50/18,50 ♀, enf. 5,95 – ⊑ 7 – **264 ch** 86/130.
♦ Hôtel dont les chambres, conformes aux normes de la chaîne, sont t
tenues et bénéficient d'un double vitrage. Grande salle à manger dres
autour de buffets.

Ibis
av. Raperie ℰ 01 34 29 34 34, *Fax 01 34 29 34 19*
M – ≣ ✝ ☰ TV ℰ 🔥 ≈ P – 🅰 70. AE ① GB JCB
Repas 16 🍸 – ⊑ 7 – **300 ch** 75.
♦ Cet établissement proche de l'aéroport conviendra pour une esca
chambres aménagées suivant le nouveau concept Ibis, isolation phoni
correcte et repas sans chichi.

à l'aérogare n° 2 :

Sheraton
ℰ 01 49 19 70 70, *Fax 01 49 19 70 71*
M 🍸, ≤, *Ⅰ₅* – ≣ ✝ ☰ TV ℰ 🔥 P – 🅰 110. AE ① GB JCB
Les Étoiles *(fermé 29 juil. au 28 août, 23 déc. au 5 janv., sam., dim. et fér*
Repas 47,50(déj.)/53,50 ♀
Les Saisons : Repas *(28)* – 39 ♀ – ⊑ 22 – **244 ch** 535/670, 12 appart.
♦ Descendez de l'avion ou du TGV et montez dans ce "paquebot" à
chitecture futuriste. Décor d'Andrée Putman, vue sur le tarmac, calme abs
et chambres raffinées.

à Roissypole :

Hilton
ℰ 01 49 19 77 77, *CDGHITWSAL@hilton.com, Fax 01 49 19 77 78*
M 🍸, *Ⅰ₅*, 🔲 – ≣ ✝ ☰ TV ℰ 🔥 ≈ – 🅰 500. AE ① GB JCB. ❤ re
Gourmet *(fermé 1er juil. au 31 août, sam. et dim.)* **Repas** *(35,06)*-38,11♀
Aviateurs - brasserie **Repas** 33,54♀
– **Oyster bar** - produits de la mer *(fermé juil.-août, sam. et dim.)* Re
carte 38 à 45 ♀ – ⊑ 22,11 – **383 ch** 500/560, 4 appart.
♦ Architecture audacieuse, espace et lumière sont les traits principaux de
hôtel. Ses équipements de pointe en font un lieu propice au travail comm
la détente.

Sofitel
Zone centrale Ouest ℰ 01 49 19 29 29, *Fax 01 49 19 29 00*
M, ❤ – ≣ ✝ ☰ TV ℰ 🔥 P – 🅰 60. AE ① GB JCB. ❤
Repas (déj. seul.) *(18,29)* - 24,39 ♀
L'Escale -produits de la mer **Repas** *(18,29)*-24,39(déj.) et carte environ 36
⊑ 12,20 – **336 ch** 335,39/411,61, 6 appart.
♦ Accueil personnalisé, atmosphère feutrée, salles de séminaires, plais
restaurant au thème marin et bar élégant sont les atouts de cet hôtel
entre les deux aérogares.

🏨 **Novotel**

    𝄞 01 49 19 27 27, h1014@accor-hotels.com, Fax 01 49 19 27 99

    Ⓜ – 📶 ✍ ▤ 📺 📞 & P – ⛪ 60. 🅰🅴 ⓪ ᴳᴮ 🇯🇨🇧

    Repas carte environ 28 ♀, enf. 9 – ☑ 11 – **201 ch** 135.

    ✦ Face aux pistes de l'aéroport, Novotel dont la majorité des chambres, bien tenues et équipées d'un double vitrage, a adopté le nouveau style de la chaîne.

🏨 **Ibis**

    𝄞 01 49 19 19 19, Fax 01 49 19 19 21

    Ⓜ, ⛲ – 📶 ✍ 📺 📞 & ⟵ P – ⛪ 80. 🅰🅴 ⓪ ᴳᴮ

    Repas (12,73) - 14,78 ♀, enf. 5,95 – ☑ 6 – **556 ch** 85.

    ✦ Allure un brin austère pour ces deux bâtiments situés entre la station RER et les aérogares. Les chambres, rénovées peu à peu, sont plus grandes dans l'aile récente.

I. Paris Nord II – ✉ 95912 :.

🏰 **Hyatt Regency**

    351 av. Bois de la Pie   𝄞 01 48 17 12 34,   sales@paris.hyatt.com, Fax 01 48 17 17 17

    Ⓜ 🏊 , 🛁, 🔳, ✂ – 📶 ✍ ▤ 📺 📞 & P – ⛪ 300. 🅰🅴 ⓪ ᴳᴮ 🇯🇨🇧

    Repas 35/45 ♀ – ☑ 21 – **383 ch** 295/475, 5 appart.

    ✦ Spectaculaire architecture érigée à l'entrée de la zone aéroportuaire : un vaste atrium, aménagé en restaurant, relie les deux ailes qui abritent de grandes chambres feutrées.

omainville 93230 Seine-St-Denis 🔟🔟 ⑰, 🔃 25 – 23 779 h alt. 110.

    Paris 11 – Bobigny 4 – St-Denis 13 – Vincennes 6.

✕✕✕ **Chez Henri**   **AV 57**

    72 rte Noisy 𝄞 01 48 45 26 65, Fax 01 48 91 16 74

    ▤ P, 🅰🅴 ᴳᴮ

    fermé août, dim., lundi et fériés – **Repas** (20) - 28/40 et carte 44 à 56 ♀.

    ✦ Mobilier de style Louis XVI et salle joliment dressée, dans une auberge égarée au milieu des usines. Cuisine au goût du jour, carte des vins étoffée (vieux millésimes).

osny-sous-Bois 93110 Seine-St-Denis 🔟🔟 ⑰, 🔃 25 – 39 105 h alt. 80.

    Paris 18 – Bobigny 8 – Le Perreux-sur-Marne 5 – St-Denis 16.

🏨 **Quality Hôtel**   **AY 61**

    4 r. Rome   𝄞 01 48 94 33 08,   qualityhotel.rosny@wanadoo.fr, Fax 01 48 94 30 05

    Ⓜ, ⛲ – 📶 ✍ ▤ 📺 📞 & ⟵ P – ⛪ 15 à 100. 🅰🅴 ⓪ ᴳᴮ

    Vieux Carré (fermé 26 juil. au 26 août, 21 déc. au 6 janv., vend. soir, sam. et dim.) **Repas** (17,53)-23,63/25 ♀ – ☑ 11,50 – **97 ch** 137,20.

    ✦ Face au golf, un hôtel dont l'architecture et la décoration intérieure s'inspirent de la Louisiane. Tout comme le Vieux Carré est un clin d'oeil à La Nouvelle-Orléans.

🏨 **Comfort Inn**   **AX 61**

    1 r. Lisbonne   𝄞 01 48 12 30 30,   confort.rosny@wanadoo.fr, Fax 01 45 28 83 69

    📶 ✍, ▤ rest, 📺 📞 & ⟵ P – ⛪ 30 à 70. 🅰🅴 ⓪ ᴳᴮ. ✂

    Repas (fermé 26 juil. au 26 août, 21 déc. au 6 janv., vend. soir, sam. et dim.) (14,50) - 19,40 ♀, enf. 10,70 – ☑ 8,40 – **100 ch** 91,50/99,10.

    ✦ Dans une zone commerciale, petites chambres au mobilier contemporain régulièrement rafraîchies. Insonorisation satisfaisante. Ambiance feutrée au bar.

Rueil-Malmaison 92500 Hauts-de-Seine ⎡⎤⎤ ⑭, ⎡⎤ 25 G. Ile de France
73 469 h alt. 40.

Voir Château de Bois-Préau★ – Buffet d'orgues★ de l'église – Malmaiso
musée★★ du château.

🛈 Office du tourisme 160 avenue Paul Doumer ℘ 01 47 32 35 75, Fax 01 47
04 48, rueil-tourisme@easynet.fr.

Paris 15 – Argenteuil 12 – Nanterre 3 – St-Germain-en-Laye 9 – Versailles 12

🏨 **Novotel Atria** AW
21 av. Ed. Belin ℘ 01 47 16 60 60, H1609@accor-hotels.co
Fax 01 47 51 09 29
Ⓜ – 🛗 ✝, 🍽 rest, 📺 ✆ ♿ ⟷ – 🛎 20 à 180. 🆎 ⓪ ☏ 🇯🇨🇧
Repas (fermé dim. midi et sam.) (16,01) - 20,58 ♀, enf. 7,62 – ♀ 12,20 – **118**
155/165.
♦ Imposant immeuble moderne du quartier d'affaires Rueil 2000, à deux
de la gare RER. Chambres fonctionnelles, décor contemporain au restaur
et centre de conférences.

🏨 **Cardinal** AW
1 pl. Richelieu ℘ 01 47 08 20 20, hotelcardinal@wanadoo
Fax 01 47 08 35 84
sans rest – 🛗 ✝ 🍽 📺 ✆ ♿ 🅿 – 🛎 15. 🆎 ⓪ ☏
♀ 11 – **63 ch** 130/145.
♦ Construction récente située à proximité des châteaux et parcs. Chamb
actuelles ou de style rustique, certaines avec mezzanine pour les famill
Salon-bar confortable.

✕✕ **Rastignac** AW
1 pl. Europe ℘ 01 47 32 92 29, Fax 01 47 32 93 35
🍽 🆎 ☏
fermé 30 juil. au 26 août, sam. et dim. – **Repas** 30,
(déj.)/60,67 et carte 44 à 65 ♀.
♦ Au sein du nouveau quartier d'affaires, ce restaurant propose une cuis
au goût du jour dans une élégante salle à manger évoquant l'univ
balzacien du Père Goriot.

✕✕ **Bonheur de Chine** AZ
6 allée A. Maillol (face 35 av. J. Jaurès) ℘ 01 47 49 88 88, Fax 01 47 49 48 68
🍽 🆎 ⓪ ☏
fermé lundi – **Repas** 15 (déj.), 30/43 🍴.
♦ Mobilier et autres éléments de décor en provenance d'Extrême-Orie
composent le cadre authentique de ce restaurant où confluent toutes
saveurs de la cuisine chinoise.

Rungis 94150 Val-de-Marne ⎡⎤⎤ ㉖, ⎡⎤ 25 – 5 424 h alt. 80 Marché d'Intérêt Natio
Voir Commune de la "Méridienne verte".
Paris 14 – Antony 5 – Corbeil-Essonnes 26 – Créteil 10 – Longjumeau 10.

à Pondorly : accès : de Paris, A6 et bretelle d'Orly ; de province, A6 et sortie Rung

🏨 **Holiday Inn** BM
4 av. Ch. Lindbergh ℘ 01 49 78 42 00, hiorly.manager@alliance-hospitality
m, Fax 01 45 60 91 25
Ⓜ – 🛗 ✝ 🍽 📺 ♿ 🅿 – 🛎 15 à 150. 🆎 ⓪ ☏ 🇯🇨🇧 ✕ rest
Repas (18,50) - 24,50 ♀ – ♀ 15 – **171 ch** 130/191.
♦ Au bord de l'autoroute, établissement de grand confort dont
chambres, équipées du double vitrage, sont spacieuses et modernes.

Grand Hôtel Mercure Orly BM 50
20 av. Ch. Lindbergh *℘ 01 56 70 56 70, h1298@accor-hotels.com,*
Fax 01 56 70 56 56
M, 🍴 – 🛗 ⤲ ▤ TV & ⇔ P – 🏛 15 à 140. AE ① GB. ❄ rest
Repas *(fermé sam. midi et dim. midi) (22,86)* - 32,77 🍷, enf. 9,90 – ⌁ 11,43 –
190 ch 152/190.
◆ Cet hôtel installé dans une tour dispose de chambres fonctionnelles, bien
insonorisées et joliment colorées. Au bar, le décor rend hommage aux héros
de l'Aéropostale.

Novotel BM 50
Zone du Delta, 1 r. Pont des Halles *℘ 01 45 12 44 12, h1628@accor-hotels.co
m, Fax 01 45 12 44 13*
M, 🍴 – 🛗 ⤲ ▤ TV 📞 & P – 🏛 15 à 150. AE ① GB
Repas *(16)* - carte 22 à 28 🍷 – ⌁ 11,28 – **187 ch** 136/142.
◆ Les chambres de ce Novotel sont aménagées selon les normes de la chaîne
et équipées d'un double vitrage. Bar décoré sur le thème de la B. D.

St-Cloud *92210 Hauts-de-Seine* 101 ⑭, 22 25 *G. Ile de France – 28 157 h alt. 63.*
Voir *Parc*★★ *(Grandes Eaux*★★*) – Église Stella Matutina*★.
Paris 13 – Nanterre 7 – Rueil-Malmaison 6 – St-Germain 16 – Versailles 10.

Villa Henri IV BB 38
43 bd République *℘ 01 46 02 59 30, villa-henri-4@wanadoo.fr,*
Fax 01 49 11 11 02
🛗 TV P – 🏛 25. AE ① GB
Bourbon (fermé 25 juil. au 25 août, 25 au 31 déc. et dim. soir) **Repas**
(13,72)-18,29/28,97 🍷, enf. 12,96 – ⌁ 7,62 – **36 ch** 76,22/94,52.
◆ Le charme de l'ancien dans cette villa clodoaldienne aux chambres garnies
de meubles de style ; toutes sont bien insonorisées. Cuisine traditionnelle au
Bourbon.

Quorum BB 38
2 bd République *℘ 01 47 71 22 33, quorum@multi-micro.com,*
Fax 01 46 02 75 64
🛗, ▤ rest, TV 📞 & ⇔ P. AE ① GB
Repas *(fermé août, sam. et dim.) (15,09)* - 21,04 🍷 – ⌁ 6,86 – **58 ch** 74/86.
◆ Bâtiment récent abritant des chambres rénovées depuis peu, fonctionnelles et équipées d'un double vitrage. Le beau parc de Saint-Cloud (450 ha)
est à deux pas.

Garde-Manger BB 39
21 r. Orléans *℘ 01 46 02 03 66, Fax 01 46 02 11 55*
AE GB
fermé dim. et fériés – **Repas** *(12)* - carte 24 à 35.
◆ Accueil souriant, service décontracté mais efficace et cuisine généreuse
sont les atouts de ce petit bistrot de quartier. On y mange au coude à
coude.

St-Denis ⟨S⟩ *93200 Seine-St-Denis* 101 ⑯, 20 25 *G. Île de France – 85 832 h alt. 33.*
Voir *Basilique*★★★ *– Stade de France*★ *– Commune de la "Méridienne Verte".*
🛈 *Office du tourisme 1 rue de la République ℘ 01 55 87 08 70, Fax 01 48 20
24 11, accueil@stdenis-tourisme.com.*
*Paris 11 – Argenteuil 12 – Beauvais 70 – Bobigny 10 – Chantilly 31 – Pontoise 28
– Senlis 43.*

🏨 **Suite Hôtel** AS
31 av. Jules Rimet 🕿 01 49 46 54 54, *H3325@accor-hotels.co*
Fax 01 49 46 54 55
M sans rest – 🛗 ✻ 🖿 📺 📞 ᳖ 👢 ᳕. AE ① GB
101 ch 🖙 85.
• Votre suite à proximité du célèbre stade de France ? Un salon-bureau av
coin bar et, cloisonnable, une chambre habilement agencée ; le tout s
30 mètres carrés.

🏠 **Ibis Stade de France Sud** AS
r. Coquerie 🕿 01 55 93 36 00, *Fax 01 55 93 36 36*
M sans rest – 🛗 ✻ 🖿 📺 📞 👢 P. AE ① GB
🖙 6 – **95 ch** 59/70.
• Ibis récent proposant des chambres meublées dans le nouveau style
la chaîne, toutes bien insonorisées et équipées de doubles fenêtres cô
boulevard.

🏠 **Campanile** AP
14 r. J. Jaurès 🕿 01 48 20 74 31, *Fax 01 48 20 74 26*
🛗 ✻ 📺 📞 👢 ᳕ – ᳖ 25. AE ① GB
Repas *(12,50)* - 15,10/18,15 🖺, enf. 5,94 – 🖙 6,40 – **99 ch** 70.
• Bonne situation à proximité de la station de métro et de la basiliqu
Chambres petites mais très bien tenues, dans l'attente d'une rénovation.

✗ **Les Verdiots** AR
26 bd M. Sembat 🕿 01 42 43 24 33, *verdiotsperney@wanadoo.*
Fax 01 42 43 43 44
🖿. AE GB
fermé août – **Repas** 11 (déj.)/17 et carte environ 35 🖺.
• L'une des salles à manger est conviviale et simplement dressée, l'autre e
plus intime et cossue. La cuisine du marché privilégie les produits landais.

St-Germain-en-Laye ⟨ĎP⟩ 78100 *Yvelines* ⅢⅢ ⑬, ⅠⅢ 25 *G. Île de France*
38 423 h alt. 78.

Voir *Terrasse*★★ – *Jardin anglais*★ – *Château*★ : *musée des Antiquités nati*
nales★★ – *Musée du Prieuré*★.

🖪 *Office de tourisme 38 rue Au Pain* 🕿 01 34 51 05 12, *Fax 01 34 51 36 (*
saint.germain.en.laye.tourisme@wanadoo.fr.

Paris 24 ③ – *Beauvais 81* ① – *Dreux 66* ③ – *Mantes-la-Jolie 36* ④ – *Versailles*
③.

Plan page ci-contre

🏨 **Ermitage des Loges** AY
11 av. Loges 🕿 01 39 21 50 90, *ermitage@easynet.fr, Fax 01 39 21 50 91*
M, ᳕, ᳗ – 🛗 📺 📞 👢 P. – ᳖ 30 à 150. AE ① GB. ✻ rest
Repas 17/27 – 🖙 10 – **56 ch** 112/128.
• Hôtel rénové dans le style Art déco ; harmonie des tons dans les chambre
(à l'annexe, elles bénéficient du calme du jardin), atmosphère feutrée a
restaurant.

✗ **Top Model** AZ
24 r. St-Pierre 🕿 01 34 51 77 78, *Fax 01 39 73 87 32*
AE GB JCB
fermé 15 au 30 nov., dim. soir en hiver et lundi – **Repas** 12,2
(déj.)/25,15 et carte 43 à 77.
• Cadre contemporain aux lignes épurées et murs égayés de litho
graphies colorées. Petite adresse très courue pour sa cuisine aux accen
provençaux.

ST-GERMAIN-EN-LAYE

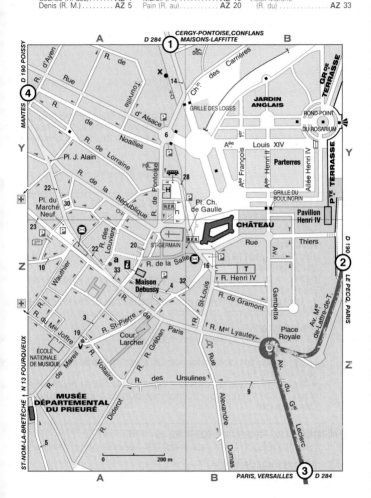

✗ **Feuillantine**   AZ **a**

10 r. Louviers ✆ 01 34 51 04 24, *Fax 01 34 51 49 03*

📧 . ⌾⌾

Repas 25,61.

◆ Restaurant dans une rue piétonne commerçante. En salle, poutres anciennes, banquettes et ambiance "bonne franquette" ; on y mange au coude à coude.

par ① *et D 284 : 2,5 km* – ✉ *78100 St-Germain-en-Laye :.*

Forestière
1 av. Prés. Kennedy ✆ 01 39 10 38 38, *hotel@cazaudechore.f*
Fax 01 39 73 73 88
M, – – 30. AE GB JCB
voir rest. ***Cazaudehore*** ci-après – 13 – **25 ch** 150/190, 5 appart.
◆ Séduisante maison située dans un jardin en lisière de forêt. Le choix d coloris et un mobilier de belle facture personnalisent les chambres, tout "cosy".

Cazaudehore
1 av. Prés. Kennedy ✆ 01 30 61 64 64, *hotel@cazaudehore.*
Fax 01 39 73 73 88
, – P. AE GB JCB
fermé lundi sauf fériés – **Repas** 47,50 bc (déj.)/61,50 et carte 46 à 65.
◆ En cette belle demeure entourée d'un jardin fleuri, il est permis d'hésit entre l'élégante salle à manger où le feu crépite dans la cheminée et terrasse ombragée.

Un automobiliste averti utilise le **guide Michelin** *de l'année.*

St-Leu-la-Forêt *95320 Val d'Oise* 101 ④ – *15 127 h alt. 120.*

Paris 26 – Nanterre 19 – Beauvais 60 – Chantilly 32 – L'Isle-Adam 15 – Po toise 15.

Au Lévrier
19 r. Gâteau ✆ 01 39 60 00 38, *Fax 01 39 60 00 38*
. AE GB.
fermé 11 au 27 août, sam. midi, dim. soir et lundi – **Repas** *(19)* - 26/4
, enf. 10.
◆ Salles à manger fraîches, aux tons pastel, garnies de chaises drapées ; l'ur d'elles est agrémentée d'une petite verrière. Cuisine au goût du jour.

Petit Castor
68 r. Paris ✆ 01 39 32 94 13, *Fax 01 30 40 85 52*
. AE GB
fermé août, dim. soir, lundi soir et merc. – **Repas** 15,24 (déj.), 25,1 38,11 et carte 39 à 54.
◆ Proche du centre, ce restaurant propose une cuisine traditionnelle. Mu crépis, poutres apparentes et cheminée président au décor rustique de salle à manger.

St-Mandé *94160 Val-de-Marne* 101 ㉗, 24 25 – *19 697 h alt. 50.*

Paris 7 – Créteil 10 – Lagny-sur-Marne 30 – Maisons-Alfort 6 – Vincennes 2.

Ambassade de Pékin BA
6 av. Joffre ✆ 01 43 98 13 82, *Fax 01 43 28 31 93*
. AE GB
Repas 11,60 (déj.)et carte 22 à 35 .
◆ Adresse appréciée avant tout pour l'originalité de sa cuisine vietnamien et thaïlandaise, servie avec courtoisie et efficacité dans un sobre cadre actu

Rhétais BB
34 av. Gén. de Gaulle ✆ 01 43 28 10 28, *Fax 01 41 93 73 15*
. AE GB
fermé août, dim. soir et lundi – **Repas** *(27)* - 33 .
◆ Tons bleu et jaune, marines, vivier et carte où poissons et fruits de mer volent la vedette : retrouvez l'atmosphère îlienne de Ré au coeur de l'Île... France !

t-Maur-des-Fossés *94100 Val-de-Marne* 🔟🔟 ㉗, ㉔ 25 – *73 069 h alt. 38.*

🛈 *Office de tourisme 70 av. de la République* ℘ *01 42 83 84 74, Fax 01 42 83 84 74.*

Paris 12 – Créteil 6 – Nogent-sur-Marne 6.

XX **Auberge de la Passerelle**   BH 61

37 quai de la Pie ℘ 01 48 83 59 65, *Fax 01 48 89 91 24*

▤. 🄰🄴 ☒

fermé août, mardi soir, dim. soir et merc. – **Repas** 28,97/39,64 et carte 39 à 58.

◆ Salle à manger aménagée dans une véranda flanquant un pavillon des bords de Marne. Décor sobre et cuisine traditionnelle privilégiant poissons et crustacés.

XX **Gourmet**   BH 62

150 bd Gén. Giraud (quartier de la Pie) ℘ 01 48 86 86 96, *Fax 01 48 86 86 96*

🍽 – ☒

fermé 28 août au 10 sept., 3 au 10 janv., dim. soir et lundi – **Repas** 25 (déj.), 30/50 et carte 35 à 40 ⅃.

◆ Petite atmosphère Belle Époque en ce restaurant où le chef concocte une cuisine gorgée de soleil. L'été, la terrasse fleurie est très demandée.

La Varenne-St-Hilaire – ✉ *94210 :.*

🏨 **Winston**   BG 65

119 quai W. Churchill ℘ 01 48 85 00 46, *Fax 01 48 89 98 89*

sans rest – 📺 🅿. 🄰🄴 🄾 ☒ 🄹🄲🄱

☷ 6,50 – **23 ch** 60/90.

◆ Dans un secteur résidentiel, grande chaumière moderne abritant des chambres meublées en bois cérusé, bien tenues et régulièrement rafraîchies.

XXX **Bretèche**   BJ 64

171 quai Bonneuil ℘ 01 48 83 38 73, *labreteche@cyber-club.org, Fax 01 42 83 63 19*

🍽 – ▤. 🄰🄴 ☒

fermé vacances de fév., dim. soir et lundi – **Repas** 27 et carte 38 à 65.

◆ Adresse estimée pour son décor élégant et sa cuisine au goût du jour. La terrasse en bord de Marne devient agréable aux heures où les RER se raréfient.

X **Gargamelle**   BG 65

23 av. Ch. Péguy ℘ 01 48 86 04 40, *sarl.la.deviniere@wanadoo.fr*

🍽 – 🄰🄴 🄾 ☒

fermé 16 août au 1er sept., dim. soir et lundi – **Repas** 23,63/29,75 et carte 36 à 42 ⅃.

◆ Cuisine simple et goûteuse, service tout sourire et agréable terrasse fleurie sont les atouts de ce restaurant par ailleurs modeste : on s'y bouscule !

St-Maurice *94410 Val-de-Marne* 🔟🔟 ㉗ – *12 748 h alt. 50.*

Paris 8 – Évry 33 – Fontainebleau 66 – Chartres 91 – Étampes 52 – Melun 43.

XXX **Michel B.**   BE 59

6 r. P. Verlaine ℘ 01 48 89 40 90, *Fax 01 48 89 48 23*

🍽 – ▤. 🄰🄴 ☒

fermé août, vacances de fév., sam. midi, dim. soir et lundi soir – **Repas** (25) - 31 et carte 42 à 63 ⅃.

◆ Dans un quartier neuf voisin de l'hippodrome de Vincennes, restaurant dont le confort, l'élégance et la cuisine traditionnelle séduisent la clientèle.

*Un automobiliste averti utilise le **guide Michelin** de l'année.*

St-Ouen 93400 Seine-St-Denis 101 ⑯, 18 25 – 39 722 h alt. 36.

Voir Commune de la "Méridienne verte".

🛈 Office du tourisme Place de la République ℘ 01 40 11 77 36, Fax 01 40 01 70.

Paris 9 – Bobigny 11 – Chantilly 35 – Meaux 49 – Pontoise 27 – St-Denis 5.

🏠 Sovereign
AS
54 quai Seine ℘ 01 40 12 91 29, sovereign.st.ouen@wanadoo Fax 01 40 10 89 49

📶 📺 ✆ ⅋ 🄿 – ⚿ 30. 🄰🄴 ⓪ 🇬🇧

Repas (fermé sam. et dim.) (12,34) - 18,29 – ☕ 6,10 – **104 ch** 52,59/57,93.

♦ Immeuble récent dominant la Seine. Les petites chambres, équipées d mobilier moderne simple, sont égayées de tissus colorés et fleuris.

🍴🍴 Coq de la Maison Blanche
A1
37 bd J. Jaurès ℘ 01 40 11 01 23, Fax 01 40 11 67 68

🍽 – 🍴. 🄰🄴 ⓪ 🇬🇧 🄵🄲🄱

fermé dim. – **Repas** 29 et carte 42 à 60 ℤ.

♦ Allure de brasserie cossue et cuisine traditionnelle sont les traits principa de ce restaurant aménagé dans un ancien relais de poste. Service décontra et efficace.

*Pour être inscrit au **guide Michelin***
– pas de piston,
– pas de pot de vin !

St-Pierre-du-Perray 91280 Essonne 101 ㊳ – 5 801 h alt. 88.

Paris 39 – Brie-Comte-Robert 18 – Évry 8 – Melun 21.

🏨 Novotel
golf de Greenparc ℘ 01 69 89 75 75, h1783@accor-hotels.cc Fax 01 69 89 75 50

Ⓜ, 🍽, 🎱, 🏊 – 📶 ✖ 🖥 📺 ✆ ⅋ 🄿 – ⚿ 120. 🄰🄴 ⓪ 🇬🇧 🄵🄲🄱

Repas (17) - 21 ℤ, enf. 9,14 – ☕ 11,50 – **78 ch** 95/115.

♦ De construction récente, cet hôtel dispose de chambres du modèle "d nière génération" de la chaîne ; la moitié d'entre elles offrent une vue su golf.

St-Quentin-en-Yvelines 78 Yvelines 101 ㉑, 25 G. Île de France.

Paris 33 – Houdan 32 – Palaiseau 28 – Rambouillet 21 – Versailles 14.

Montigny-le-Bretonneux – 35 216 h. alt. 162 – ✉ 78180 :.

🏨 Mercure
BJ
9 pl. Choiseul ℘ 01 39 30 18 00, h1983@accor-hotels.com, Fax 01 30 57 15

Ⓜ, 🍽 – 📶 ✖ 🖥 📺 ✆ ⅋ 🚗 – ⚿ 20 à 70. 🄰🄴 ⓪ 🇬🇧 ⚅

Repas (fermé dim. midi et sam.) (14,94) - 19,82/26,70 ℤ – ☕ 11 – **74** 110/117.

♦ Intégré à un ensemble immobilier, hôtel dont les chambres, assez grand sont d'une discrète élégance : sobriété du décor, harmonie des couleurs meubles raffinés.

🏠 Auberge du Manet
BL
61 av. Manet ℘ 01 30 64 89 00, mail@aubergedumanet, Fax 01 30 64 55 10

🏡, 🍽 – ✖ 📺 ⅋ 🄿 🄰🄴 ⓪ 🇬🇧 🄵🄲🄱

Repas 21,34 (dîner), 29,39/35,82 ℤ – ☕ 9,15 – **35 ch** 79,27/96,04.

♦ Propriété de l'abbaye de Port-Royal-des-Champs au 17ᵉ s., domaine ag cole sous la Révolution, et aujourd'hui auberge à l'atmosphère chaleureuse

Holiday Inn Garden Court BH 22
r. J.-P. Timbaud (rte Bois d'Arcy sur D 127) ℘ 01 30 14 42 00, *higcsaintquentin
@alliance-hospitality.com*, Fax 01 30 14 42 42
M, 🏠 – 🛗 🔌 TV 📞 ⅙ P – 🔋 20 à 60. AE ① GB JCB
Repas *(fermé vend. soir, dim. midi et sam.)* (13) - 15/22 ⅙, enf. 8 – ☲ 10 –
81 ch 130.
♦ Dans le quartier du Pas-du-Lac, établissement moderne dont les
chambres, plutôt petites, meublées dans un style actuel, sont bien équipées
et rigoureusement tenues.

oisins-le-Bretonneux – *12 153 h. alt. 163* – ✉ 78960.
Voir *Vestiges de l'abbaye Port-Royal des Champs★ SO : 4 km.*

Novotel St-Quentin Golf National BN 25
au Golf National, Est : 2 km par D 36 ✉ 78114 Magny-lès-Hameaux
℘ 01 30 57 65 65, *h1139@accor-hotels.com*, Fax 01 30 57 65 00
M 🌿, ≤, 🏠, 🏋, ⚓, 🌿, ✗ – 🛗 🔌 🖥 TV 📞 ⅙ P – 🔋 15 à 180. AE ①
GB
Repas carte 26 à 32 ♈, enf. 9,15 – ☲ 11,43 – **130 ch** 104/112.
♦ Environnement calme du golf, chambres confortables, parfois dotées
d'un balcon : des atouts pouvant séduire la clientèle, principalement
d'affaires, de cet hôtel.

Relais de Voisins BM 23
av. Grand-Pré ℘ 01 30 44 11 55, Fax 01 30 44 02 04
🌿, 🏠 – TV 📞 ⅙ P – 🔋 40. GB
fermé 20 août au 19 août et 21 déc. au 1er janv. – **Repas** *(fermé dim. soir)*
13/25 ⅙ – ☲ 6 – **54 ch** 56.
♦ Dans un quartier résidentiel et juste à côté du jardin botanique, établissement proposant des chambres très simplement meublées, mais fonctionnelles et bien tenues.

Port Royal BM 24
20 r. H. Boucher ℘ 01 30 44 16 27, Fax 01 30 57 52 11
🌿 sans rest, ✗ – TV 📞 ⅙ P. GB
☲ 5,49 – **40 ch** 50,31/54,88.
♦ Niché dans une impasse, hôtel dont les chambres, de style rustique ou
moderne, sont agréablement lambrissées, mais aussi plus simples, au dernier
étage.

te-Geneviève-des-Bois *91700 Essonne* 🏙 ㉟ ㊱ *G. Île de France* –
32 125 h alt. 78.
Voir *Commune de la "Méridienne verte".*
🚹 *Office de tourisme 8 av. du Château ℘ 01 60 16 29 33, Fax 01 60 15 56 78.*
*Paris 27 – Arpajon 12 – Corbeil-Essonnes 16 – Étampes 30 – Évry 11 – Long-
jumeau 9.*

Table d'Antan CC 48
38 av. Gde Charmille du Parc, près H. de Ville ℘ 01 60 15 71 53,
Fax 01 60 15 71 53
☰. AE GB
fermé 6 août au 3 sept., mardi soir, merc. soir, dim. soir et lundi – **Repas**
25/45 et carte 37 à 54.
♦ Nouveau décor, dans les tons bordeaux, pour cet aimable restaurant égaré
dans un ensemble résidentiel. Carte traditionnelle agrémentée de spécialités
du Sud-Ouest.

*Pour être inscrit au **guide Michelin**
– pas de piston,
– pas de pot de vin!*

Sartrouville 78500 Yvelines **101** ⑬, **18** 25 – 50 219 h alt. 46.

Paris 21 – Maisons-Laffitte 2 – Pontoise 19 – St-Germain-en-Laye 8 – Ve
sailles 19.

XX **Jardin Gourmand** AN
109 rte Pontoise (N 192) ✆ 01 39 13 18 88, Fax 01 61 04 03 07
▤, **AE** GB
fermé 13 au 26 août et dim. soir – **Repas** 22/43 et carte 43 à 55.
◆ Aménagé dans un ancien garage, ce restaurant offre un surprenant cac
rustico-bourgeois. Un vivier à homards anime la salle à manger.

Savigny-sur-Orge 91600 Essonne **101** ㊱ – 36 258 h alt. 81.

Voir Commune de la "Méridienne verte".

Paris 23 – Arpajon 20 – Corbeil-Essonnes 16 – Évry 10 – Longjumeau 6.

XX **Au Ménil** BX
24 bd A. Briand ✆ 01 69 05 47 48, Fax 01 69 44 09 44
▤, **AE** GB
fermé 15 juil. au 15 août, 27 au 31 janv., lundi et mardi – **Repas** 26/43 ♀.
◆ Accueil chaleureux, service attentionné et cuisine sans tralala sont
atouts de ce restaurant au cadre de bistrot élégant. Il n'est pas rare qu'on
bouscule !

Sevran 93270 Seine-St-Denis **101** ⑱, **20** 25 – 47 063 h alt. 50.

Paris 22 – Bobigny 11 – Meaux 28 – Villepinte 4.

🏠 **Campanile** AN
5 r. A. Léonov ✆ 01 43 84 67 77, Fax 01 43 83 27 40
🛗 ✧ **TV** ☎ Ꭽ **P** – Ꭽ 25. **AE** ⓞ GB
Repas 15/18 ♀, enf. 5,95 – ⚌ 6,50 – **55 ch** 60.
◆ Bordant la route et proche d'un centre commercial, immeuble abrita
des chambres parquetées, récemment repeintes et équipées du doub
vitrage.

Soisy-sur-Seine 91450 Essonne **101** ㊲ – 7 072 h alt. 39.

Paris 34 – Évry 5 – Fontainebleau 39 – Chartres 85 – Étampes 41 – Melun 26.

XX **Terrasse des Donjons** CB
74 av. République ✆ 01 60 75 66 06, Fax 01 60 75 66 44
☶ – GB
fermé sam. midi, dim. soir et lundi – **Repas** 20,58/26,68.
◆ En 1905, cette maison faisait commerce de vins. Aujourd'hui, la mêm
enseigne signale un restaurant. Salle à manger contemporaine complét
d'une terrasse abritée.

Ne confondez pas :

Confort des hôtels : 🏨🏨🏨 ... 🏠, 🏡
Confort des restaurants : XXXXX ... X
Qualité de la table : ✿✿✿, ✿✿, ✿, 🍴

ucy-en-Brie 94370 Val-de-Marne ⅠⅠ⅟ ㉘, ㉔ 25 – 24 812 h alt. 96.

Voir *Château de Gros Bois★ : mobilier★★ S : 5 km*, G. Ile de France.

Paris 22 – Créteil 6 – Chennevières-sur-Marne 4.

uartier les Bruyères *Sud-Est : 3 km :*

🏠 Tartarin BM 68

carrefour de la Patte d'Oie *🖋 01 45 90 42 61, tartarin@9online.fr, Fax 01 45 90 52 55*

🐂, 🍽 – 🔲 📞 – 🏊 30. ㏿

fermé août – **Repas** *(fermé mardi soir , merc. soir , jeudi soir et lundi)* 19,06/41,92 ♀ – 😐 5,64 – **12 ch** 44,97/49,55.

♦ Depuis trois générations, la même famille vous reçoit dans cet ancien rendez-vous de chasse posté à l'orée de la forêt. Il y règne une chaleureuse atmosphère campagnarde.

✕✕ Terrasse Fleurie BM 68

1 r. Marolles *🖋 01 45 90 40 07, Fax 01 45 90 40 07*

🍽 – 🅿, ㏿ ㏿

fermé 29 juil. au 29 août, 15 au 22 fév., le soir (sauf vend. et sam.) et merc. – **Repas** 18/30, enf. 10.

♦ Aménagé dans un pavillon, restaurant dont la cuisine, simple et généreuse, se savoure dans la salle à manger rustique ou sur l'agréable terrasse fleurie.

uresnes 92150 Hauts-de-Seine ⅠⅠ⅟ ⑭, ⅠⅣ 25 G. Ile de France – *39 706 h alt. 42.*

Voir *Fort du Mont Valérien (Mémorial National de la France combattante).*

🅱 *Office du tourisme 50 boulevard Henri Sellier 🖋 01 41 18 18 76, Fax 01 41 18 18 78.*

Paris 12 – Nanterre 4 – Pontoise 33 – St-Germain-en-Laye 13 – Versailles 14.

🏨 Novotel AY 40

7 r. Port aux Vins *🖋 01 40 99 00 00, h1143@accor-hotels.com, Fax 01 45 06 60 06*

Ⓜ – 🛗 🍽 🔲 📞 ⅖ 🚗 – 🏊 25 à 100. ㏿ ⑩ ㏿

Repas 25,15 ♀ – 😐 11,43 – **107 ch** 148/157, 3 appart.

♦ Hôtel de chaîne construit en 1990 dans une rue calme proche des quais. Chambres fonctionnelles insonorisées et bien tenues. Restaurant actuel ouvert sur un îlot de verdure.

🏨 Atrium AZ 39

68 bd H. Sellier *🖋 01 42 04 60 76, atrium@worldonline.fr, Fax 01 46 97 71 61*

Ⓜ sans rest, 🛁 – 🛗 🔲 📞 ⅖ 🚗 – 🏊 25. ㏿ ⑩ ㏿. ✻

😐 10 – **42 ch** 114.

♦ Chambres feutrées, meublées dans le style anglais ; quelques-unes regardent Paris. Fauteuils en osier et canapés en cuir dans les salons éclairés par une vaste verrière.

🏨 Astor AY 39

19 bis r. Mt Valérien *🖋 01 45 06 15 52, Fax 01 42 04 65 29*

sans rest – 🛗 🔲. ㏿ ⑩ ㏿

😐 5 – **50 ch** 61.

♦ À 200 m du Mont Valérien - lieu de mémoire de la Résistance - établissement familial aux chambres sobres et bien tenues, équipées d'un double vitrage efficace.

XX **Les Jardins de Camille**   AY

70 av. Franklin Roosevelt *&* 01 45 06 22 66, *les-jardins-de-camille@wanadc r, Fax 01 47 72 42 25*

≤, 🏠 – **AE** ☉☉ **JCB**

fermé dim. soir – **Repas** 29,72 et carte 40 à 56.

♦ Magnifique vue sur Paris et la Défense depuis la salle et la terrasse de ce ancienne ferme transformée en restaurant. Côté cuisine, la Bourgogne es l'honneur.

Tremblay-en-France 93290 Seine-St-Denis ⅡⅢ ⑱, ⅡⅡ 25 – *33 885 h alt. 60.*
Paris 24 – Aulnay-sous-Bois 7 – Bobigny 14 – Villepinte 4.

XXX **Relais Gourmand**   AL

2 rte Petits Ponts *&* 01 48 60 87 34, *Fax 01 49 63 85 47*

🍽, **AE** ☉☉

fermé 28 avril au 6 mai, 15 juil. au 20 août, sam. midi, dim. soir et lund
Repas 52/58 et carte 50 à 66 🍷.

♦ À 10 mn de l'aéroport de Roissy, dégustez une cuisine classique renou\ lée chaque saison dans cette salle d'esprit années 1980. Bon choix de gib en automne.

au Tremblay-Vieux-Pays :

XX **Cénacle**   AJ

1 r. Mairie ✉ 93290 *&* 01 48 61 32 91, *Fax 01 48 60 43 89* – **AE** ☉☉

fermé août, sam et dim. – **Repas** 36/52 et carte 50 à 76 🍷, enf. 16.

♦ Cette façade assez anodine dissimule trois élégantes petites salles à ma\ ger : tons ocre, tableaux, sièges cannés et, apanage de l'une d'elles, aquariu à crustacés.

Triel-sur-Seine 78510 Yvelines ⅡⅢ ① ② *G. Île de France* – *11 097 h alt. 20.*
Voir *Église St-Martin★.*
Paris 37 – Mantes-la-Jolie 27 – Pontoise 17 – Rambouillet 55 – St-Germain-e Laye 12.

X **St-Martin**

2 r. Galande (face Poste) *&* 01 39 70 32 00 – ☉☉, 🍽

fermé 5 au 29 août, sam. midi, merc. et dim. – Repas (nombre de couve\ limité, prévenir) 16,76/27,44.

♦ À côté d'une jolie église gothique du 13ᵉ s., restaurant dont le point f\ est sa goûteuse cuisine, préparée avec simplicité. Une adresse qui a s fidèles.

Vanves 92170 Hauts-de-Seine ⅡⅢ ㉖, ⅡⅡ 25 – *25 414 h alt. 61.*
Paris 7 – Boulogne-Billancourt 5 – Nanterre 13.

🏨 **Mercure Porte de la Plaine**   BD

36 r. Moulin *&* 01 46 48 55 55, *h0375@accor-hotels.com, Fax 01 46 48 56 5*

M – 🛗 ⇆ 🖬 **TV** ☎ & 🚗 – 🔏 20 à 180. **AE** ☉ ☉☉ **JCB**

Repas 21,80 🍷 – ☷ 13 – **384 ch** 190/200, 4 appart.

♦ Face au parc des expositions, bâtiment des années 1980 abritant d chambres bien insonorisées. Peu à peu rénovées, elles adoptent un déc actuel. Restaurant-atrium.

🏨 **Parc des Expositions**   BD

18 r. E. Baudouin *&* 01 41 46 06 46, *resa@eurogroup-vacances.co\ Fax 01 41 46 06 47*

M sans rest – 🛗 **TV** ☎ & 🚗 – 🔏 15 à 30. **AE** ☉☉

☷ 7,45 – **55 ch** 99/114.

♦ Dans une petite rue calme voisine du parc, cet hôtel propose d\ chambres aménagées dans un discret esprit Art déco. Confortables fauteu\ club au salon.

🏠 **Ibis**   **BD 45**
43 r. J. Bleuzen *ℰ* 01 40 95 80 00, *Fax 01 40 95 96 99*
Ⓜ sans rest – 🛗 ✻ 📺 📞 ⅖ 🚗. 🅰🅴 ⓞ 🆖
⬜ 6 – **71 ch** 79.

♦ Près de la station de métro Malakoff-Plateau de Vanves. L'hôtel est tranquille, les chambres sont fonctionnelles et bien tenues. Préférez celles donnant sur l'arrière.

✗✗✗ **Pavillon de la Tourelle**   **BE 44**
10   r.   Larmeroux   *ℰ* 01 46 42 15 59,   *pavillontourelle@wanadoo.fr*,
Fax 01 46 42 06 27
�, 🥗 – 🅿. 🅰🅴 ⓞ 🆖 🇯🇨🇧
fermé 29 juil. au 26 août, vacances de fév., dim. soir et lundi – **Repas** *(25)* -
32/76 bc et carte 52 à 89, enf. 23.

♦ Bordant le parc municipal, ce pavillon surmonté d'une tourelle abrite un élégant restaurant : tons pastel, sièges de style Louis XVI et bouquets de fleurs fraîches.

---

aucresson *92420 Hauts-de-Seine* 📖 ㉓, 🗺 25 – *8 141 h alt. 160.*
Voir *Étang de St-Cucufa*★ *NE : 2,5 km – Institut Pasteur - Musée des Applications de la Recherche*★ *à Marnes-la-Coquette SO : 4 km,* G. Île de France.
Paris 18 – Mantes-la-Jolie 44 – Nanterre 10 – St-Germain-en-Laye 11 – Versailles 5.

Voir plan de Versailles

✗✗✗ **Auberge de la Poularde**   **U a**
36 bd Jardy (près autoroute) D 182 *ℰ* 01 47 41 13 47, *Fax 01 47 41 13 47*
🌺 – 🅿. 🅰🅴 🆖 🇯🇨🇧
fermé août, vacances de fév., dim. soir, mardi soir et merc. – **Repas**
27,44 et carte 43 à 61.

♦ Accueil aimable et service impeccable distinguent cette auberge à la charmante atmosphère provinciale. La carte, classique, met la poularde de Bresse à l'honneur.

élizy-Villacoublay *78140 Yvelines* 📖 ㉔, 🗺 25 – *20 342 h alt. 164.*
Paris 19 – Antony 12 – Chartres 82 – Meudon 8 – Versailles 6.

🏨 **Holiday Inn**   **BJ 39**
av. Europe, près centre commercial Vélizy II *ℰ* 01 39 46 96 98, *hivelizy@allianc
e-hospitality.com, Fax 01 34 65 95 21*
Ⓜ, 🔽 – 🛗 ✻ 📺 ⅔ 🅿 – 🔼 170. 🅰🅴 ⓞ 🆖. ✻ rest
Repas *(30)* - 33/38 🍷, enf. 10 – ⬜ 14 – **182 ch** 230/270.

♦ Les chambres de cet établissement sont confortables et bien tenues, plus actuelles au sixième étage. Préférez celles tournant le dos à l'autoroute.

---

ernouillet *78540 Yvelines* 📖 ① G. Île de France – *9 471 h alt. 24.*
Voir *Clocher*★ *de l'église.*
Paris 36 – Mantes-la-Jolie 25 – Pontoise 19 – Rambouillet 53 – Versailles 28.

✗✗ **Les Charmilles**
38 av. P. Doumer *ℰ* 01 39 71 64 02, *Fax 01 39 65 98 62*
🌄 avec ch, 🌺, 🥗 – 📺 📞 🅿 – 🔼 30. 🅰🅴 🆖
fermé 6 au 29 août – **Repas** *(fermé dim. soir et lundi) (18,50)* - 26 ⅖ – ⬜ 6 – **9 ch**
37/55.

♦ Belle résidence de banlieue abritant un restaurant chaleureux et élégant. La terrasse d'été s'avance vers un jardin dont la végétation masque les constructions alentour.

Versailles 🅿 *78000 Yvelines* 🔢 ㉓, 🔢 *25 G. Île de France – 85 726 h alt. 130.*

Voir Château★★★ *– Jardins*★★★ *(Grandes Eaux*★★★ *et fêtes de nuit*★★★ *été) – Ecuries Royales*★ *– Trianon*★★ *– Musée Lambinet*★ *Y* **M.**

Env. Jouy-en-Josas : la "Diège"★ *(statue) dans l'église, 7 km par* ③.

🛈 *Office du tourisme 2 Bis avenue de Paris* 🔴 *01 39 24 88 88, Fax 01 39 24 89, tourisme@ot-versailles.fr.*

Paris 21 ① *– Beauvais 93* ⑨ *– Dreux 59* ⑥ *– Évreux 90* ⑧ *– Melun 65* ④ *Orléans 129* ④.

Plans pages suivantes

🏨 **Trianon Palace** X
1 bd Reine 🔴 01 30 84 50 00, *trian@westin.com, Fax 01 30 84 50 01*
Ⓜ 🐾, ≤, *Fô*, 🔲, ✖, 🏊 – ⫯, 🔳 ch, 📺 📞 🚗 🅿 – 🔏 15 à 200. 🆎 ⓪
🕺, 🗣
voir rest. **Les Trois Marches** ci-après
- Café Trianon : Repas carte 44 à 70 ⚥, enf. 13 – 🖃 25 – **166 ch** 280/54
26 appart.
◆ L'architecture classique de ce luxueux hôtel situé en lisière du parc château s'accorde avec un élégant décor du début du 20ᵉ s. rehaussé d' mobilier choisi.

🏨 **Sofitel Château de Versailles** Y
2 bis av. Paris 🔴 01 39 07 46 46, *h1300@accor-hotels.com, Fax 01 39 07 46*
Ⓜ, *Fô* – ⫯ ✖ 🔳 📺 📞 ⅙ 🚗 – 🔏 90. 🆎 ⓪ ⒼⒷ 🗣 🗣 rest
Repas *(fermé 27 juil. au 25 août, 21 au 26 déc. et sam. midi)* 27 – 🖃 19,50
146 ch 228, 6 appart.
◆ Des anciens manèges d'artillerie, il n'a été conservé que le portail. L vastes chambres dotées d'un solide mobilier sont rénovées par étapes.

🏨 **Versailles** Y
7 r. Ste-Anne 🔴 01 39 50 64 65, *info@hotel-le-versailles.fr, Fax 01 39 02 37 8*
Ⓜ 🐾 sans rest – ⫯ ✖ 📺 📞 ⅙ 🅿 – 🔏 25. 🆎 ⓪ ⒼⒷ 🗣
🖃 10 – **46 ch** 84/105.
◆ Occupant un bâtiment de style classique, cet hôtel propose des chambr spacieuses et accueillantes. Mobilier d'inspiration Art déco.

🏨 **Résidence du Berry** Z
14 r. Anjou 🔴 01 39 49 07 07, *resa@hotel-berry.com, Fax 01 39 50 59 40*
Ⓜ sans rest – ⫯ ✖ 📺 📞. 🆎 ⓪ ⒼⒷ 🗣
🖃 10 – **38 ch** 100/120.
◆ Entre carrés St-Louis et potager du Roi, immeuble du 18ᵉ s. abritant d petites chambres plaisantes et intimes. Certaines s'agrémentent de poutr apparentes.

🏨 **Relais Mercure** Y
19 r. Ph. de Dangeau 🔴 01 39 50 44 10, *hotel@mercure-versaille.co*
Fax 01 39 50 65 11
Ⓜ sans rest – ⫯ 📺 📞 ⅙ 🚗 – 🔏 35. 🆎 ⓪ ⒼⒷ 🗣
🖃 7,50 – **60 ch** 79/86.
◆ Dans un quartier calme, établissement dont les chambres sont avant to pratiques. Hall d'accueil bien meublé, ouvrant sur une agréable salle d petits-déjeuners.

🏨 **Ibis** Y
4 av. Gén. de Gaulle 🔴 01 39 53 03 30, *Fax 01 39 50 06 31*
sans rest – ⫯ ✖ 📺 ⅙ 🚗. 🆎 ⓪ ⒼⒷ
🖃 5,95 – **85 ch** 69,36.
◆ L'hôtel n'occupe qu'une partie de l'immeuble. Chambres de tai moyenne équipées d'un mobilier coloré. Aucune ne donne directement s l'avenue : repos vraisemblable !

VERSAILLES

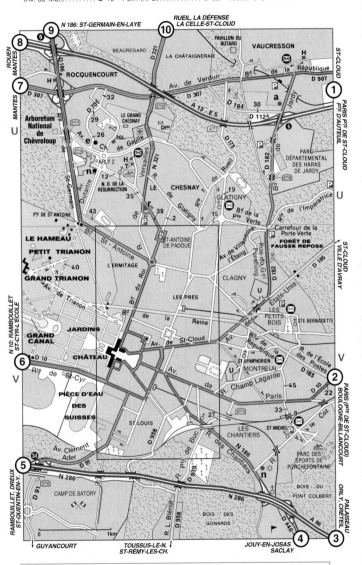

Les **Guides Rouges**, les **Guides Verts** et les **cartes Michelin**
sont complémentaires.
Utilisez-les ensemble.

VERSAILLES

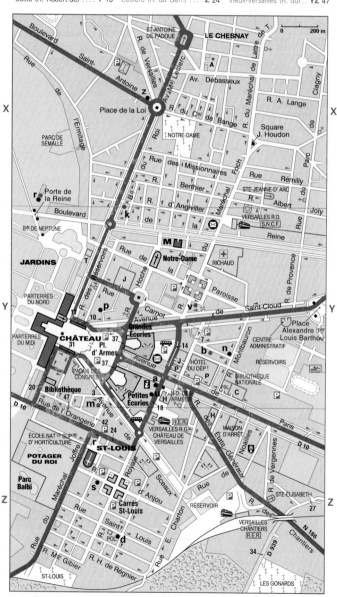

🏠 **Home St-Louis** z d
28 r. St-Louis ℰ 01 39 50 23 55, *Fax 01 30 21 62 45*
sans rest – 📺. 🄰🄴 🇬🇧 🇯🇨🇧
☐ 6 – **25 ch** 53,50/58,70.

♦ Maison parementée de brique où vous serez accueilli dans une ambiance familiale. Les chambres, à vocation fonctionnelle, sont modernisées peu à peu.

🕸🕸🕸🕸 **Les Trois Marches** - Hôtel Trianon Palace x r
❄ 1 bd Reine ℰ 01 39 50 13 21, *gerard.vie@westin.com, Fax 01 30 21 01 25*
≤, 🏡, – 🖃 **P**. 🄰🄴 🄾 🇬🇧 🇯🇨🇧
fermé août, dim. et lundi – **Repas** 58 (déj.)/130 ♀.

♦ Cuisine raffinée, élégant décor et baies vitrées s'ouvrant sur le parc et le jardin à la française : ah, si Sacha Guitry nous contait Versailles aujourd'hui !
Spéc. Penne ''al dente'' au balsamic et à la mirepoix de homard. Parmentier de langoustines et huîtres en tartare. Semoule de rave aux truffes (mi-janv. à fin mars).

🕸🕸 **Valmont** Y v
20 r. au Pain ℰ 01 39 51 39 00, *levalmont@wanadoo.fr, Fax 01 34 60 21 40*
🏡 – 🖃. 🄰🄴 🄾 🇬🇧 🇯🇨🇧
fermé dim. soir et lundi – **Repas** (19) - 27 et carte 38 à 60.

♦ Façade engageante, cadre riant, sièges de style Louis XVI, peintures de paysages franciliens : sympathique adresse où vous savourerez une cuisine personnalisée.

🕸🕸 **Marée de Versailles** Y t
22 r. au Pain ℰ 01 30 21 73 73, *Fax 01 39 49 98 29*
🏡 – 🖃. 🄰🄴 🇬🇧
fermé 3 au 18 août, vacances de fév., dim. et lundi – **Repas** carte 38 à 51 ♀.

♦ On mange au coude à coude une cuisine orientée "produits de la mer" dans ce restaurant décoré sur le thème nautique. En été, la terrasse est prise d'assaut.

🕸🕸 **Potager du Roy** z r
🍴 1 r. Mar.-Joffre ℰ 01 39 50 35 34, *Fax 01 30 21 69 30*
🖃. 🄰🄴 🇬🇧
fermé sam. midi, dim. soir et lundi – **Repas** (23) - 30/45 ♀.

♦ Cadre gentiment "rétro" et cuisine au goût du jour mettant à l'honneur les légumes : l'enseigne elle-même insiste sur la proximité du potager du Roi !

🕸🕸 **Étape Gourmande** v n
125 r. Yves Le Coz ℰ 01 30 21 01 63
🏡 – 🇬🇧
fermé 28 juil. au 22 août, dim. soir, mardi soir et merc. – **Repas** 37 ♀.

♦ L'hiver, attablez-vous près de l'âtre dans la salle à manger d'esprit rustique. L'été, goûtez au privilège d'un jardin au coeur de la ville. Cuisine personnalisée.

🕸 **Chevalet** Y b
6 r. Ph. de Dangeau ℰ 01 39 02 03 13, *Fax 01 39 50 81 41*
🄰🄴 🇬🇧
fermé 6 au 21 août, dim. et lundi – **Repas** (15) - 26 ♀.

♦ Petit restaurant orné de tableaux. À midi, c'est la "cantine" des hommes de loi (on est à deux pas des tribunaux) ; le soir, plutôt une adresse touristique.

✗ **Cuisine Bourgeoise**   XY
10   bd   Roi   ℘ 01 39 53 11 38,   *la.cuisine.bougeoise@wanadoo.*
Fax 01 39 53 25 26
Æ GB
fermé 3 au 26 août, sam. midi, dim. et lundi – **Repas** *(21,50)* - 29,50 (dé
39/57 bc.
◆ Un nouveau décor est venu égayer ce restaurant versaillais : murs blanc
rehaussés de tableaux et boiseries, tissus orangés et chaises drapées. Cuisi
au goût du jour.

✗ **Le Falher**   Y
22 r. Satory ℘ 01 39 50 57 43, *Fax 01 39 49 04 66*
Æ GB, 彩
fermé sam. midi, dim. et lundi – **Repas** *(19)* - 23 (déj.), 26/32.
◆ Nappes colorées, petites lampes sur les tables et reproductions de t
bleaux agrémentent cette salle de restaurant au décor rustique assez simpl

au Chesnay – *28 530 h. alt. 120* – ✉ *78150* :.

🏨 **Novotel**   X
4   bd   St-Antoine   ℘ 01 39 54 96 96,   *h1022@accor-hotels.co*
Fax 01 39 54 94 40
M – |🛗| ⇥ ▤ ⑆ ⑆ & ⟿ – 🅰 90. Æ ⓪ GB
Repas *(16)* - 21 ♀, enf. 7,62 – ☑ 11 – **105 ch** 107/115.
◆ Situé sur un rond-point, établissement récent proposant des chambr
joyeusement colorées. Bien insonorisées, elles sont régulièrement rajeunie

🏨 **Mercure**   U
r. Marly-le-Roi, face centre commercial Parly II ℘ 01 39 55 11 41, *h0379@ac*
r-hotels.com, Fax 01 39 55 06 22
M sans rest – |🛗| ⇥ ⑆ ⑆ & 🅿 – 🅰 15. Æ ⓪ GB ᴊᴄʙ
☑ 11 – **89 ch** 107/145.
◆ Construction des années 1970 dont les chambres, rénovées peu à peu
adoptent une ligne contemporaine. Salle des petits-déjeuners aux couleur
ensoleillées.

🏨 **Ibis**   U
av. Dutartre, centre commercial Parly II ℘ 01 39 63 37 93, *H0939-ACT2003@*
cor-hotels.com, Fax 01 39 55 18 66
sans rest – |🛗| ⇥ ▤ ⑆ &. Æ ⓪ GB
☑ 6,02 – **72 ch** 69.
◆ Les chambres sont celles d'un Ibis traditionnel : murs crépis, mobilié e
bois stratifié. Au restaurant, pimpant décor inhabituel à cette catégor
d'établissement.

Le Vésinet *78110 Yvelines* 🔟🔟🔟 ⑬, 🔟🔟 25 – *15 921 h alt. 44.*
🛈 *Office du tourisme 3 avenue des Pages* ℘ 01 30 15 47 80, *Fax 01 30 15 4*
77.
Paris 19 – Maisons-Laffitte 9 – Pontoise 23 – St-Germain-en-Laye 4 – Ve
sailles 12.

🏨 **Auberge des Trois Marches**   AW
15 r. J. Laurent (pl. Église) ℘ 01 39 76 10 30, *Fax 01 39 76 62 58*
|🛗|, ▤ rest, ⑆ ⑆. Æ ⓪ GB
fermé 11 au 25 août – **Repas** *(fermé dim. soir) (21,34)* - 26,68 ♀ – ☑ 7,32
15 ch 70,13/94,06.
◆ Immeuble d'angle abritant des chambres de taille moyenne, fonctio
nelles et progressivement rénovées. Au restaurant, accueillante simplicité.

Il est conseillé d'avoir une tenue vestimentaire
adaptée à la classe et à la réputation de l'établissement choisi.

Villejuif 94800 Val-de-Marne 101 ㉖, 22 25 – 47 384 h alt. 100.

Paris 8 – Créteil 11 – Orly 8 – Vitry-sur-Seine 3.

Relais Mercure Timing — BH 50

116 r. Éd. Vaillant ✆ 01 53 14 50 50, *h1879@accor-hotels.com, Fax 01 53 14 50 60*

M, Fð, ⛱ – |‡| ⇹, ▤ ch, TV ✆ P – 🏛 15 à 300. AE ⓓ GB

Repas *(fermé 12 juil. au 22 août, sam. midi, dim. midi et fériés le midi)* 24,24, enf. 8,38 – ☕ 10,50 – **148 ch** 115/121.

◆ Hôtel dont l'atout majeur est le libre accès au club sportif voisin. Chambres en cours de rénovation ; préférer celles qui tournent le dos à l'autoroute.

Campanile — BG 50

20 r. Dr Pinel ✆ 01 46 78 10 11, *Fax 01 46 77 88 94*

🌳 – |‡| ⇹ ▤ TV ✆ ♿ P – 🏛 50. AE ⓓ GB

Repas *(12,50)* - 14,03/18,14 ♀, enf. 5,95 – ☕ 6,40 – **72 ch** 64,79.

◆ Ce Campanile propose des chambres meublées dans l'esprit de la chaîne et équipées d'un double vitrage. Salle à manger complétée d'une terrasse offrant une vue sur Paris.

Villejust 91140 Essonne 101 ㉞ – 1 655 h alt. 162.

Paris 25 – Chartres 66 – Étampes 31 – Évry 19 – Melun 46 – Versailles 24.

à Courtaboeuf 7 *sur D 118 : 2 km – ✉ 91971 :.*

Campanile — BX 38

av.des Deux Lacs ✆ 01 69 31 16 17, *Fax 01 69 31 07 18*

🌳 – ⇹ TV ✆ ♿ P. AE ⓓ GB

Repas 15,09/16,62 ♀, enf. 5,95 – ☕ 5,94 – **76 ch** 51,83.

◆ La proximité de la zone industrielle est compensée par celle du parc de Villejust. Les chambres, garnies d'un mobilier standard, sont bien tenues. Accueil aimable.

Villeneuve-la-Garenne 92390 Hauts-de-Seine 101 ⑮, 20 25 – 22 349 h alt. 30.

Voir *Commune de la "Méridienne verte".*

Paris 13 – Nanterre 13 – Pontoise 24 – St-Denis 3 – St-Germain-en-Laye 23.

XXX Les Chanteraines — AP 48

av. 8 Mai 1945 ✆ 01 47 99 31 31, *Fax 01 41 21 31 17*

≤, 🌳 – P. AE GB

fermé 6 au 27 août, sam. et dim. – **Repas** 29 et carte 44 à 61.

◆ Le comptoir de l'entrée, trouvé aux "puces" et restauré avec soin, et la vue reposante sur le parc fleuri et le plan d'eau font le charme de ce restaurant.

Villeneuve-le-Roi 94290 Val-de-Marne 101 ㉖ – 18 292 h alt. 100.

Paris 20 – Créteil 9 – Arpajon 29 – Corbeil-Essonnes 21 – Évry 16.

XX Beau Rivage — BS 58

17 quai de Halage ✆ 01 45 97 16 17, *Fax 01 49 61 02 60*

≤ – AE ⓓ GB

fermé 13 au 20 août , merc. soir de sept. à fin mai, mardi soir, dim. soir et lundi – **Repas** 29.

◆ Comme son nom l'indique, le Beau Rivage borde la rivière ; attablez-vous près des baies vitrées pour jouir de la vue sur la Seine. Cadre moderne et cuisine traditionnelle.

Villeparisis *77270 S.-et-M.* 101 ⑲, 25 – *21 296 h alt. 72.*

Paris 25 – Bobigny 15 – Chelles 10 – Tremblay-en-France 5.

XX **Bastide** AP
15 av. J. Jaurès ℘ 01 60 21 08 99, *Fax 01 60 21 08 99*
GB
fermé 4 au 26 août, sam. midi, dim. soir et lundi soir – **Repas** 20,
33,54 et carte 36 à 50, enf. 11,43.

♦ Il règne en ce discret restaurant du centre-ville une sympathique a
biance d'auberge provinciale. Cadre rustique avec poutres et chemin
Cuisine traditionnelle.

Villiers-le-Bâcle *91190 Essonne* 101 ㉓, 22 25 – *1 093 h alt. 153.*

Paris 25 – Arpajon 26 – Rambouillet 28 – Versailles 11.

XX **Petite Forge** BS
℘ 01 60 19 03 88, *Fax 01 60 19 03 88*
斎 – AE GB
fermé sam. et dim. – **Repas** 40 ℤ.

♦ Enclume, fourneau et maxi-soufflet décorent la salle à manger de
restaurant installé dans une ancienne forge. Cadre rustique et cuis
traditionnelle.

Il est conseillé d'avoir une tenue vestimentaire
adaptée à la classe et à la réputation de l'établissement choisi.

Vincennes *94300 Val-de-Marne* 101 ⑰, 24 25 – *43 595 h alt. 51.*

Voir Château★★ *– Bois de Vincennes*★★ *: Zoo*★★, *Parc floral de Paris*★
Musée des Arts d'Afrique et d'Océanie★, *G. Paris.*

🛈 *Office du tourisme 11 avenue de Nogent ℘ 01 48 08 13 00, Fax 01 43 74*
01, otsi.vincennes@liberty.fr.

Paris 8 – Créteil 11 – Lagny-sur-Marne 27 – Meaux 46 – Melun 52 – Senlis 49.

🏨 **St-Louis** BB
2 bis r. R. Giraudineau ℘ 01 43 74 16 78, *mail@hotel-paris-saintlouis.co*
Fax 01 43 74 16 49
M sans rest – 🛗 TV ℡ ♿ – 🔬 25. AE ① GB JCB
≏ 12 – **25 ch** 95/168.

♦ À deux pas du château, immeuble abritant de plaisantes chambres m
dernes. Quelques-unes, de plain-pied avec le jardinet, ont leur salle de ba
en sous-sol.

🏨 **Daumesnil Vincennes** BB
50 av. Paris ℘ 01 48 08 44 10, *info@hotel-daumesnil.com, Fax 01 43 65 10*
sans rest – 🛗 ▤ TV ℡. AE ① GB JCB
≏ 7,50 – **50 ch** 78/112.

♦ Situé sur une avenue passante, hôtel disposant de chambres actuelles
bien insonorisées. Salle des petits-déjeuners dans la véranda ouverte sur
minipatio.

🏨 **Donjon** BB
22 r. Donjon ℘ 01 43 28 19 17, *Fax 01 49 57 02 04*
sans rest – 🛗 TV. GB
fermé 26 juil. au 27 août
≏ 6 – **25 ch** 47/65.

♦ Établissement du centre-ville proposant des chambres assez exiguës, m
proprettes. Salle des petits-déjeuners et salon agréablement meublés.

% **Rigadelle**   **BB 57**
26 r. Montreuil ℘ 01 43 28 04 23, *Fax 01 43 28 04 23*
AE ① GB
fermé août, vacances de fév., dim. soir et lundi – **Repas** (nombre de couverts
limité, prévenir) *(19,06)* - 25,92 et carte 41 à 55.
♦ Dans une rue commerçante, coquette et minuscule salle à manger agrandie par des miroirs. Vous y découvrirez une cuisine au goût du jour privilégiant les poissons.

iroflay *78220 Yvelines* 101 ㉔, 22 *– 15 211 h alt. 115.*
Paris 17 – Antony 14 – Boulogne-Billancourt 8 – Versailles 4.

%% **Chaumière**   **BG 34**
3 av. Versailles ℘ 01 30 24 48 76, *bermabe.patrice@wanadoo.fr,*
Fax 01 30 24 59 69
⌂ – **GB**
fermé 5 au 27 août, 23 au 30 déc., merc. soir et lundi – **Repas** *(22)* - 28/37.
♦ Depuis les années 1930, la même famille vous accueille dans sa salle à
manger sobrement rustique ou, aux beaux jours, sur sa terrasse ombragée.
Cuisine traditionnelle.

iry-Châtillon *91170 Essonne* 101 ㊱ *– 30 257 h alt. 34.*
Paris 27 – Corbeil-Essonnes 14 – Évry 8 – Longjumeau 9 – Versailles 33.

%%% **Dariole de Viry**   **BX 52**
21 r. Pasteur ℘ 01 69 44 22 40, *Fax 01 69 96 88 87*
▤. **AE GB**
fermé 22 déc. au 5 janv., sam. midi et dim. – **Repas** 39.
♦ Dans une rue commerçante, discrète façade dissimulant une salle à manger contemporaine dont les tables s'agrémentent de nappes en dentelle.
Cuisine au goût du jour.

% **Marcigny**   **BY 52**
27 r. D. Casanova ℘ 01 69 44 04 09
▤. **GB**
fermé 1er au 18 août, dim. soir et lundi – **Repas** 25,92/31.
♦ L'enseigne évoque un petit village bourguignon et la cuisine traditionnelle
est escortée de spécialités charolaises. Ambiance conviviale et service attentionné.

Transports

SNCF - RER —————————————

MÉTRO - TAXI —————————————

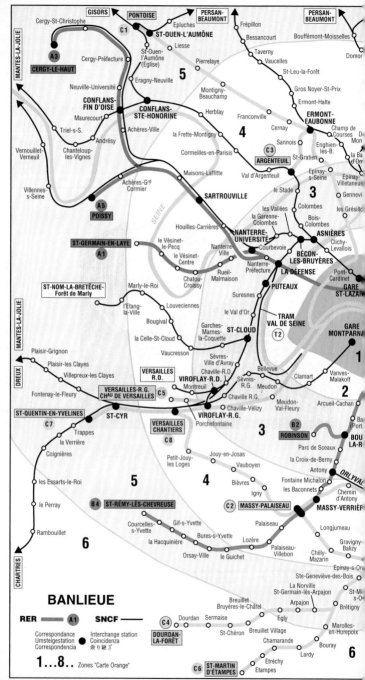

BANLIEUE

RER ▬▬▬ A1   SNCF ▬▬▬

Correspondance
Umsteigestation
Correspondencia   ● Interchange station
Coincidenza
乗り継ぎ

1...8.. Zones "Carte Orange"

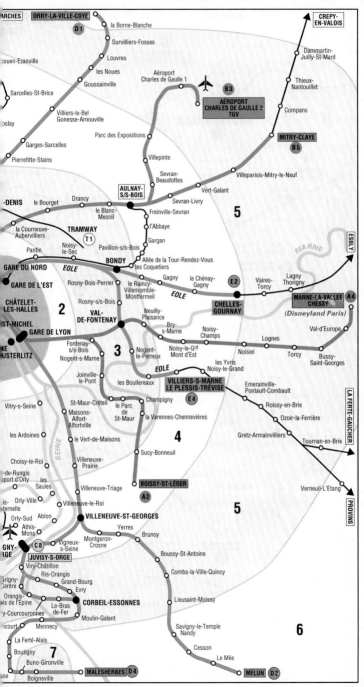

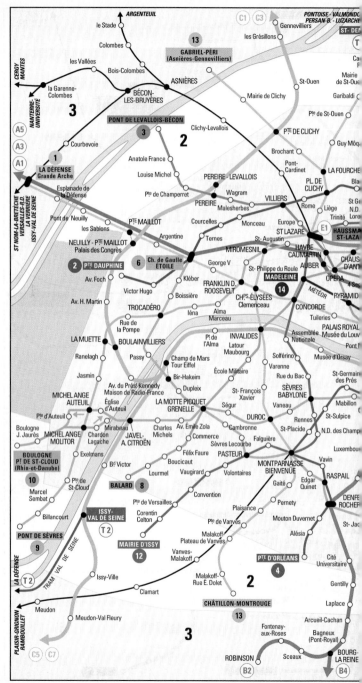

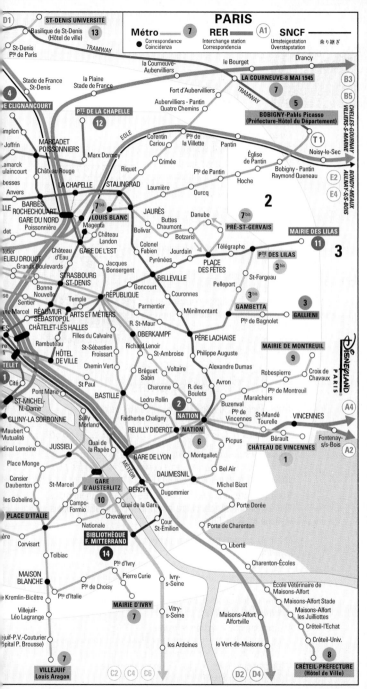

Taxis

Un taxi est libre lorsque le lumineux placé sur le toit est éclairé.

Taxis may be hailed in the street when showing the illuminated sign.

Le prix d'une course varie suivant la zone desservie et l'heure.

Les voyants lumineux A, B ou C (blanc, orange ou bleu) et le compteur intérieur indiquent le tarif en vigueur.

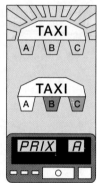

The rate varies according to the zone and time of day. The white, orange or blue lights correspond to the three different rates A, B and C. These also appear on the meter inside the cab.

Compagnies de Radio-Taxis
Radio-Taxi companies

Taxis Bleus (01.49.36.10.10)   *Taxis Étoile*
Taxis G7 Radio (01.47.39.47.39)   *(01.47.39.47.39)*
Alpha Taxis (01.45.85.85.85)   *Artaxi (01.42.03.50.50)*

Les stations de taxis sont indiquées ☉ sur les plans d'arrondissements. Numéros d'appels : Consulter les plans MICHELIN de Paris n° 🖲 ou 🔢.

Taxi ranks are indicated by a ☉ on the arrondissement maps. The telephone numbers are given in the MICHELIN plans of Paris n°ˢ 🖲 or 🔢.

Outre la somme inscrite au compteur, l'usager devra acquitter certains suppléments :
– au départ d'une gare parisienne ou des terminaux d'aéroports des Invalides et de l'Avenue Carnot.
– pour des bagages de plus de 5 kg.
– pour le transport d'une quatrième personne ou d'un animal domestique.

A supplementary charge is made:
– for taxis from the forecourts of Parisian railway stations and the Invalides or Avenue Carnot air terminals.
– for baggage over 5 kilos or unwieldy parcels
– for a fourth person or a domestic animal.

Zones de tarification
Taxi fare zones

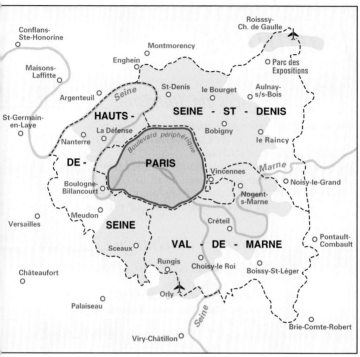

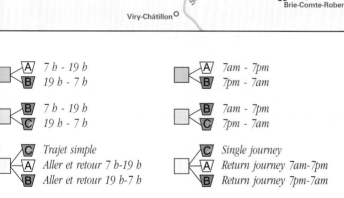

A B	7 h - 19 h 19 h - 7 h	A B 7am - 7pm 7pm - 7am
B C	7 h - 19 h 19 h - 7 h	B C 7am - 7pm 7pm - 7am
C A B	*Trajet simple* *Aller et retour 7 h-19 h* *Aller et retour 19 h-7 h*	C A B *Single journey* *Return journey 7am-7pm* *Return journey 7pm-7am*

Renseignements pratiques

Offices de Tourisme ─────────

08 36 68 31 12 *Office de Tourisme de Paris : (7 jours/7)*
127 av. des Champs-Élysées 8ᵉ, Fax 01 49 52 53 20
01 45 26 94 82 *Gare du Nord,*
08 92 68 31 12 *Bureaux Annexes (fermés dim.) Gare de Lyon,*
01 45 51 22 15 *Tour Eiffel (de mai à sept. de 11 h à 18 h)*
01 44 50 19 98 *Espace Tourisme Ile-de-France du Carrousel*
du Louvre (ouvert en sem. sauf mardi de 10 h à 19 h)

Bureaux de change ─────────

Banques ouvertes (la plupart), de 9 h à 16 h 30
sauf sam., dim. et fêtes
à l'aéroport d'Orly-Sud : de 6 h 30 à 23 h
à l'aéroport Roissy-Charles-de-Gaulle : de 6 h
à 23 h 30

Compagnies aériennes ─────────

08 20 82 08 20 *Air France : 119 av. des Champs-Élysées, 8ᵉ*
08 01 87 28 72 *American Airlines : Roissy, Terminal 2A*
08 25 82 54 00 *British Airways : 13-15 bd de la Madeleine, 1ᵉʳ*
08 00 35 40 80 *Delta Airlines : 119 av. des Champs-Élysées, 8ᵉ*
08 10 72 72 72 *United Airlines : 106 bd Haussmann, 8ᵉ*

Police-Secours ─────────

17 *Paris et banlieue*

Pompiers ─────────

18 *Incendies, asphyxies, y compris en banlieue*
01 55 76 20 00 *Laboratoire Central de la Préfecture de Police*
(Explosifs, intoxications)

Santé

15	SAMU (Paris)
01 43 07 77 77	S.O.S. Médecin
01 53 94 94 94	Urgences médicales de Paris (24 h/24)
01 40 35 49 16	Ambulances Assistance Publique
01 47 07 37 39	Port-Royal Ambulances
01 46 25 27 92	Centre anti-brûlures (hôpital Foch)
01 45 74 00 04	Centre anti-drogue (hôpital Marmottan)
01 40 05 48 48	Centre anti-poison (hôpital Fernand-Widal)
01 43 37 51 00	S.O.S. Dentaire (tous les jours de 20 h à 23 h 40 et de 9 h 20 à 12 h et 14 h 20 à 19 h les samedis, dimanches et jours fériés)
08 36 68 99 33	S.O.S. Vétérinaire Paris (nuits 20 h à 8 h et les dimanches)

Pharmacies

01 45 62 02 41	84 av. des Champs-Élysées (galerie Les Champs), 8ᵉ (24 h/24)
01 48 74 65 18	6, pl. Clichy, 9ᵉ (24 h/24)
01 44 24 19 72	Angle av. Italie/r. de Tolbiac, 13ᵉ (8 h à 24 h – dim. et jours fériés 9 h à 24 h)
01 43 35 44 88	106 bd du Montparnasse, 14ᵉ (8 h 30 à 24 h – sam. de 9 h à 24 h, dim. 20 h à 24 h)
01 46 36 67 42	6 r. de Belleville, 20ᵉ (t.l.j. sauf dim. de 8 h à 21 h 30 – sam. de 9 h à 21 h)
01 43 43 19 03	6 pl. Félix-Eboué, 12ᵉ (24 h/24)

Circulation - Transports

01 53 90 20 20	SNCF Informations, horaires et tarifs (Ile de France)
08 92 68 77 14	RATP – Renseignements – 54 Quai de la Rapée, 12ᵉ
01 40 28 73 73	Allô information. Voirie (de 9 h à 12 h 30 et 14 h à 17 h du lundi au vend.)
01 40 28 72 72	Voirie (Fermeture du boulevard périphérique et des voies sur berge)
01 42 20 12 34	F.I.P. (FM 105,1 – circulation à Paris)
01 48 99 33 33	Centre Régional d'Information Routière de l'Ile-de-France
01 47 07 99 99	S.O.S. Dépannage 24 h/24, 66, bd Auguste-Blanqui, 13ᵉ
01 53 71 53 71	Préfecture de Police, 9 bd du Palais, 4ᵉ

Salons - Foires - Expositions _____

01 46 92 11 11	*Centre National des Industries et des Techniques (CNIT) – La Défense*
08 36 68 31 12	*Office du Tourisme de Paris, 127 av. des Champs-Élysées, 8ᵉ*
01 49 09 60 00	*Comexpo Paris – Boulogne-Billancourt – 55 quai Alphonse Le Gallo*
01 53 94 60 70	*Espace Austerlitz – 30, quai d'Austerlitz, 13ᵉ*
01 40 55 19 55	*Espace Champerret – pl. Porte de Champerret, 17ᵉ*
01 40 03 75 00	*Grande Halle de la Villette – 211, av. Jean-Jaurès, 19ᵉ*
01 48 00 20 20	*Drouot-Richelieu (hôtel des ventes) – 9 r. Drouot, 9ᵉ*
01 48 00 20 80	*Drouot-Montaigne (hôtel des ventes) – 15 av. Montaigne, 8ᵉ*
01 40 68 22 22	*Palais des Congrès – 2 pl. de la Pte-Maillot, 17ᵉ*
01 43 95 37 00	*Parc des Expositions – Pte-de-Versailles, 15ᵉ*
01 48 63 30 30	*Parc d'expositions de Paris-Nord – Villepinte – Z.A.C. – Paris-Nord II*

Divers _____

01 40 28 76 00	*La Poste Paris Louvre RP (Recette Principale), 52 r. du Louvre, 1ᵉʳ* (24 h/24)
01 55 76 20 20	*Objets trouvés, 36 r. des Morillons, 15ᵉ*
08 36 69 08 80	*Perte ou vol Carte Bleue (Visa)* (7 jours/7, 24 h/24)
01 47 77 72 00	*Perte ou vol Carte American Express* (7 jours7, 24 h/24)

Calendrier des vacances scolaires

Voir pages suivantes

School holidays calendar

See next pages

ACADÉMIES ET DÉPARTEMENTS

Zone A

Caen (14-50-61), Clermont-Ferrand (03-15-43-63), Grenoble (07-26-38-73-74), Lyon (01-42-69), Montpellier (11-30-34-48-66), Nancy-Metz (54-55-57-88), Nantes (44-49-53-72-85), Rennes (22-29-35-56), Toulouse (09-12-31-32-46-65-81-82).

Zone B

Aix-Marseille (04-05-13-84), Amiens (02-60-80), Besançon (25-39-70-90), Dijon (21-58-71-89), Lille (59-62), Limoges (19-23-87), Nice (06-83), Orléans-Tours (18-28-36-37-41-45), Poitiers (16-17-79-86), Reims (08-10-51-52), Rouen (27-76), Strasbourg (67-68).

Zone C

Bordeaux (24-33-40-47-64), Créteil (77-93-94), Paris-Versailles (75-78-91-92-95).

Nota : La Corse bénéficie d'un statut particulier.

Calendrier 2002 — Mars à Septembre

Jour	MARS	AVRIL	MAI	JUIN	JUILLET	AOÛT	SEPTEMBRE
1	V — s Aubin	L — Lundi de Pâques	M — FÊTE DU TR.	S — s Justin	L — s Thierry	J — s Alphonse	D — s Gilles
2	S — s Charles le B.	M — se Sandrine	J — s Boris	D — se Blandine	M — s Martinien	V — s Julien	L — se Ingrid
3	D — s Guénolé	M — s Richard	V — ss Phil., Jacq.	L — s Kévin	M — s Thomas	S — se Lydie	M — s Grégoire
4	L — s Casimir	J — s Isidore	S — s Sylvain	M — se Clotilde	J — s Florent	D — s J.-M. Vianney	M — se Rosalie
5	M — s Olive	V — s Irène	D — se Judith	M — s Igor	V — s Antoine-Marie	L — s Abel	J — se Raïssa
6	M — se Colette	S — s Marcellin	L — se Prudence	J — s Norbert	S — se Mariette	M — Transfiguration	V — s Bertrand
7	J — se Félicité	D — s J.-B. de la S.	M — se Gisèle	V — s Gilbert	D — s Raoul	M — s Gaëtan	S — se Reine
8	V — s Jean de Dieu	L — Annonciation	M — VICTOIRE 45	S — s Médard	L — s Thibaut	J — s Dominique	D — Nativité de Marie
9	S — se Françoise	M — s Gautier	J — ASCENSION	D — se Diane	M — se Amandine	V — s Amour	L — s Alain
10	D — s Vivien	M — s Fulbert	V — se Solange	L — s Landry	M — s Ulrich	S — s Laurent	M — se Inès
11	L — se Rosine	J — s Stanislas	S — s Estelle	M — s Barnabé	J — s Benoît	D — se Claire	M — s Adelphe
12	M — se Justine	V — s Jules	D — F. Jeanne d'Arc	M — s Guy	V — s Olivier	L — se Clarisse	J — s Apollinaire
13	M — s Rodrigue	S — se Ida	L — se Rolande	J — s Antoine	S — ss Henri, Joël	M — s Hippolyte	V — s Aimé
14	J — se Mathilde	D — s Maxime	M — s Matthias	V — s Élisée	D — FÊTE NAT.	M — s Évrard	S — La Ste Croix
15	V — se Louise	L — s Paterne	M — se Denise	S — se Germaine	L — s Donald	J — ASSOMPTION	D — s Roland
16	S — se Bénédicte	M — s Benoît-J.	J — s Honoré	D — Fête des Pères	M — N.-D. Mt-Carmel	V — s Armel	L — se Édith
17	D — s Patrice	M — s Étienne H.	V — s Pascal	L — s Hervé	M — se Charlotte	S — s Hyacinthe	M — s Renaud
18	L — s Cyrille	J — s Parfait	S — s Éric	M — s Léonce	J — s Frédéric	D — se Hélène	M — se Nadège
19	M — s Joseph	V — se Emma	D — PENTECÔTE	M — s Romuald	V — s Arsène	L — s Jean-Eudes	J — se Émilie
20	M — PRINTEMPS	S — se Odette	L — Lundi Pent.	J — s Silvère	S — se Marina	M — s Bernard	V — s Davy
21	J — se Clémence	D — s Anselme	M — s Constantin	V — ÉTÉ	D — s Victor	M — s Christophe	S — s Matthieu
22	V — s Léa	L — s Alexandre	M — s Émile	S — s Alban	L — se Marie-Mad.	J — s Fabrice	D — AUTOMNE
23	S — s Victorien	M — s Georges	J — s. Didier	D — se Audrey	M — se Brigitte	V — se Rose de Lima	L — s Constant
24	D — Rameaux	M — s Fidèle	V — s Donatien	L — s Jean-Bapt.	M — se Christine	S — s Barthélemy	M — se Thècle
25	L — s Humbert	J — s Marc	S — s Sophie	M — s Prosper	J — s Jacques	D — s Louis de F.	M — s Hermann
26	M — se Larissa	V — se Alida	D — Fête des Mères	M — s Anthelme	V — se Anne	L — se Natacha	J — ss Côme, Dam.
27	M — s Habib	S — se Zita	L — s Augustin	J — s Fernand	S — se Nathalie	M — se Monique	V — s Vinc. de Paul
28	J — s Gontran	D — Jour du Souv.	M — s Germain	V — s Irénée	D — s Samson	M — s Augustin	S — s Venceslas
29	V — se Gwladys	L — se Catherine de Sienne	M — s Aymard	S — ss Pierre, Paul	L — se Marthe	J — se Sabine	D — s Michel
30	S — s Amédée	M — s Robert	J — s Ferdinand	D — s Martial	M — se Juliette	V — s Fiacre	L — s Jérôme
31	D — PÂQUES		V — Visitation		M — s Ignace de L.	S — s Aristide	

#						
1	M s° Th. de l'E.-J.	V **TOUSSAINT**	D s° Florence	M **J. DE L'AN**	S s° Ella	S s Aubin
2	M s Léger	S **Défunts**	D s° Viviane — *Avent*	M s Basile	D **Prés. Seigneur**	D s Charles
3	M s Gérard	D s Hubert	L s Xavier	J s° Geneviève	L s Blaise	L s Guénolé
4	J s Fr. d'Assise	L s Charles	M s° Barbara	V s Odilon	M s° Véronique	M s Casimir
5	V s° Fleur	M s° Sylvie	M s Gérald	S s Édouard	M s° Agathe	M s° Olive
6	S s Bruno	M s° Bertille	J s Nicolas	D **Épiphanie**	J s Gaston	J s° Colette
7	D s Serge	J s° Carine	V s Ambroise	L s Raymond	V s° Eugénie	V s° Félicité
8	L s° Pélagie	V s Geoffroy	S **Im. Conception**	M s Lucien	S s° Jacqueline	S s Jean de Dieu
9	M s Denis	S s Théodore	D s Pierre Fourier	M s° Alix de Ch.	D s° Apolline	D s° Françoise
10	M s Ghislain	D s Léon	L s Romaric	J s Guillaume	L s Arnaud	L s Vivien
11	J s Firmin	L **ARMIST. 1918**	M s Daniel	V s Paulin	M **N-D. Lourdes**	M s° Rosine
12	V s Wilfried	M s Christian	M s° Chantal	S s° Tatiana	M **Mardi-Gras**	M s° Justine
13	S s Géraud	M s Brice	J s° Lucie	D s Hilaire	M **Cendres**	J s Rodrigue
14	D s Juste	J s Sidoine	V s° Odile	L s° Nina	J s Valentin	V s° Mathilde
15	L s° Thérèse d'Avila	V s Albert	S s° Ninon	M s Rémi	V s Claude	S s° Louise
16	M s° Edwige	S s° Marguerite	D s° Alice	M s Marcel	S s° Julienne	D s° Bénédicte
17	M s Baudouin	D s° Élisabeth	L s Judicaël	J s Antoine	D s Alexis	
18	J s Luc	L s° Aude	M s Gatien	V s° Prisca	L s° Bernadette	
19	V s René	M s Tanguy	M s Urbain	S s Marius	M s Gabin	
20	S s° Adeline	M s Edmond	J s Abraham	D s Sébastien	M s° Aimée	
21	D s° Céline	J **Prés. de Marie**	V s Pierre C. — *HIVER*	L s° Agnès	J s Pierre	
22	L s° Élodie	V s° Cécile	S s° Franç.-Xavière	M s Vincent	V s° Isabelle	
23	M s Jean de C.	S s Clément	D s Armand	M s Barnard	S s Lazare	
24	M s Florentin	D s° Flora	L s° Adèle	J s Fr. de Sales	D s Modeste	
25	J s Crépin	L s° Catherine	M **NOËL**	V **Conv. s. Paul**	L s Roméo	
26	V s Dimitri	M s° Delphine	M s Étienne	S s° Paule	M s Nestor	
27	S s° Émeline	M s Séverin	J s Jean	D s° Angèle	M s° Honorine	
28	D s Simon	J s Jacq. de la Marche	V ss Innocents	L s Th. d'Aquin	J s Romain	
29	L s Narcisse	V s Saturnin	S s David	M s Gildas		
30	M s° Bienvenue	S s André	D s Roger	M s° Martine		
31	M s Wolfgang		L s Sylvestre	J s° Marcelle		

Découvrir

PERSPECTIVES CÉLÈBRES ET PARIS VU D'EN HAUT

≼★★★ *depuis l'Obélisque de la place de la Concorde : Champs-Élysées, Arc de Triomphe, Grande Arche de la Défense. La Madeleine, Assemblée nationale.* - ≼★★★ *depuis la terrasse du Palais de Chaillot : Tour Eiffel, École Militaire, Trocadéro.* - ≼★★ *depuis le pont Alexandre III : Invalides, Grand et Petit Palais* - *Tour Eiffel★★★* - *Tour Montparnasse★★★* - *Tour Notre-Dame★★★* - *Dôme du Sacré-Cœur★★★* - *Plate-forme de l'Arc de Triomphe★★★*

QUELQUES MONUMENTS HISTORIQUES

Le Louvre★★★ (cour carrée, colonnade de Perrault, la pyramide) - Tour Eiffel★★★ - Notre-Dame★★★ - Sainte-Chapelle★★★ - Arc de Triomphe★★★ - Invalides★★★ (Tombeau de Napoléon) - Palais-Royal★★ - Opéra★★ - Conciergerie★★ - Panthéon★★ - Luxembourg ★★

Églises

Notre-Dame★★★ - La Madeleine★★ - Sacré-Coeur★★ - St-Germain-des-Prés★★ - St-Étienne-du-Mont★★ - St-Germain-l'Auxerrois★★

Dans le Marais

Place des Vosges★★★ - Hôtel Lamoignon★★ - Hôtel Guénégaud★★ - Palais Soubise★★

QUELQUES MUSÉES

Le Louvre★★★ - Orsay★★★ (milieu du 19ᵉ s. jusqu'au début du 20ᵉ s.) - Art moderne★★★ (Centre Pompidou) - Armée★★★ (Invalides) - Arts décoratifs★★ (107, rue de Rivoli) - Musée National du Moyen Âge et Thermes de Cluny★★ - Rodin★★ (Hôtel de Biron) - Carnavalet★★(Histoire de Paris) - Picasso★★ - Cité des Sciences et de l'Industrie★★★ (La Villette) - Marmottan★★ - Orangerie★★ (des Impressionnistes à 1930) - Jacquemart-André★★ - Musée Guimet - Musée des Arts et Métiers

MONUMENTS CONTEMPORAINS

La Défense★★ (C.N.I.T., la Grande Arche) - Centre Georges-Pompidou★★ - Forum des Halles - Institut du Monde Arabe★ - Opéra-Bastille - Bibliothèque Nationale de France à Tolbiac (BNF)

QUARTIERS PITTORESQUES

Montmartre★★★ - Le Marais★★★ - Île St-Louis★★ - les Quais★★ (entre le Pont des Arts et le Pont de Sully) - St-Germain-des-Prés★★ - Quartier St-Séverin★★

Assistance automobile
des principales marques : _____

Cette nouvelle édition propose une liste des principales
marques automobiles qui ont un Service d'Assistance
avec un numéro de téléphone «vert» gratuit et accessible 24 h/24.

Helpline for main marques of car: _____

Included in this edition is a list of the main car dealers who have
a "green" emergency helpline, free of charge and available 24 hours.

CONSTRUCTEURS FRANÇAIS :

CITROËN
2 bd Victor Hugo, 92008 NEUILLY
Numéro Vert 08 00 05 24 24

PEUGEOT Automobiles
Siège et services commerciaux : 75 av. Gde-Armée, 75116 PARIS
Numéro Vert 08 00 44 24 24

RENAULT
60 quai de Stalingrad, 92109 BOULOGNE-BILLANCOURT CEDEX
Numéro Vert 08 00 05 15 15

IMPORTATEURS :

BMW
av. Ampère, Montigny-le-Bretonneux, 78886 ST-QUENTIN-EN-YVELINES CEDEX
Numéro Vert 08 00 00 16 24

DAEWOO
3 av du bois de la Pie, ZAC Paris-Nord II, BP 50069, 95947 ROISSY CDG CEDEX
Numéro Vert (véhicules avant 02.2000) 08 00 25 21 34
Numéro Vert (véhicules après 02.2000) 08 10 32 39 66

DAIHATSU
7 rue des Peupliers, 92752 NANTERRE CEDEX
Numéro Vert 01 40 25 51 26

DAIMLER - CHRYSLER (Jeep - Chrysler) SMART
Parc de Roquencourt, BP 100, 78153 LE CHESNAY CEDEX
MERCEDES : Numéro Vert 00 800 1 777 77 77
CHRYSLER : Numéro Vert 0800 77 49 72
SMART : Numéro Vert 0801 02 80 28

FERRARI - MASERATI
Etablissement Charles Pozzi, 109 rue Aristide Briand, 92300 LEVALLOIS-PERRET
– *Numéro Vert (véhicules avant 01.2000) 08 00 10 15 71*
– *Numéro Vert (véhicules après 01.2000) 08 10 80 80 82*

FIAT AUTO France (Alfa Roméo, Lancia)
Siège social, 80-82 quai Michelet, 92532 LEVALLOIS-PERRET CEDEX
– *ALFA ROMEO : Numéro Vert 08 00 61 62 63*
– *FIAT : Numéro Vert 08 00 34 35 36*
– *LANCIA : Numéro Vert 08 00 54 55 56*

FORD France
Siège Social, 344 av. Napoléon Bonaparte, BP 307, 92506 RUEIL MALMAISON CEDEX
– *Numéro Vert 08 00 00 50 05*

GENERAL MOTORS France - OPEL France (Chevrolet, Buick, Cadillac)
19 av. du Marais, Angle quai de Bezons, BP 84,95100 ARGENTEUIL
– *OPEL, BUICK, CADILLAC, CHEVROLET : Numéro Vert 08 00 04 04 58*

HONDA
Parc des Activités de Pariest
Allée du 1er Mai, BP 46, CROISSY-BEAUBOURG, 77312 MARNE-LA-VALLEE CEDEX 2
– *Numéro Vert 01 41 85 84 70*

HYUNDAI
1 av. du Fief, ZA Les Bethunes, BP 479, 95005 CERGY-PONTOISE CEDEX
– *Numéro Vert 01 41 85 86 87*

ISUZU
6 rue des Marguerites, 92737 NANTERRE CEDEX
– *Numéro Vert 01 40 25 57 36*

JAGUAR
231 rue du 1er Mai, BP 309, 92003 NANTERRE CEDEX
– *Numéro Vert 01 40 25 58 00*

LADA France
10 bd des Martyrs-de-Chateaubriand, BP 140, 95103 ARGENTEUIL CEDEX
– *Numéro Vert 08 00 46 93 34*

LAND-ROVER
Rue Ambroise-Croizat, BP 71, 95101 ARGENTEUIL CEDEX
– *Numéro Vert 01 49 93 72 72*

MAZDA
ZI Moimont 2, 95670 MARLY-LA-VILLE
– *Numéro Vert 01 40 25 51 19*

MITSUBISHI
Mitsubishi Motor sales Europe BV, 15 rue Cortambert, 75116 PARIS
– *Numéro Vert 01 41 85 84 23*

NISSAN
Siège Social, 13 av. d'Alembert, Parc de Pissaloup, BP 123, 78194 TRAPPES CEDEX
– *Numéro Vert (véhicules avant 02.2000) 08 00 00 77 88*
– *Numéro Vert (véhicules après 02.2000) 08 00 81 58 15*

PORSCHE
22 av. du Général Leclerc, 92514 BOULOGNE-BILLANCOURT CEDEX
Numéro Vert 08 01 22 92 29

ROLLS-ROYCE-BENTLEY
Établissement Jacques Savoye, 237 bd Pereire, 75017 PARIS
Numéro Vert 01 40 25 58 80

SAAB
Siège Social, 12 rue des Peupliers, BP 701, 92007 NANTERRE CEDEX
Numéro Vert 08 00 06 95 11

SUBARU
11 rue des Peupliers, 92752 NANTERRE CEDEX
Numéro Vert 01 40 25 57 55

TOYOTA-LEXUS
0 bd de la République, 92423 VAUCRESSON CEDEX
TOYOTA : Numéro Vert 08 00 00 44 55
LEXUS : Numéro Vert 08 00 80 89 35

VOLKSWAGEN-AUDI-SKODA-SEAT
Siège Social et Administratif, 11 av. de Boursonne, BP 62, 02601 VILLERS COTTERETS CEDEX
Numéro Vert 08 00 00 24 24

VOLVO
5 av. des Champs Pierreux, 92757 NANTERRE CEDEX
Numéro Vert 08 00 46 09 60

D'où vient cette auto? ──────────
Where does that car come from

Voitures françaises :

Le régime normal d'immatriculation en vigueur comporte :
– un numéro d'ordre dans la série (1 à 3 ou 4 chiffres)
– une, deux ou trois lettres de série (1re série : A, 2e série : B,... puis AA, AB,... BA,...)
– un numéro représentant l'indicatif du département d'immatriculation.

Exemples : 854 BFK 75 : Paris – 127 HL 63 : Puy-de-Dôme.

Voici les numéros correspondant à chaque département :

01 Ain	32 Gers	64 Pyrénées-Atl.
02 Aisne	33 Gironde	65 Pyrénées (Htes)
03 Allier	34 Hérault	66 Pyrénées-Or.
04 Alpes-de-H.-Pr.	35 Ille-et-Vilaine	67 Rhin (Bas)
05 Alpes (Hautes)	36 Indre	68 Rhin (Haut)
06 Alpes-Mar.	37 Indre-et-Loire	69 Rhône
07 Ardèche	38 Isère	70 Saône (Hte)
08 Ardennes	39 Jura	71 Saône-et-Loire
09 Ariège	40 Landes	72 Sarthe
10 Aube	41 Loir-et-Cher	73 Savoie
11 Aude	42 Loire	74 Savoie (Hte)
12 Aveyron	43 Loire (Hte)	75 Paris
13 B.-du-Rhône	44 Loire-Atl.	76 Seine-Mar.
14 Calvados	45 Loiret	77 Seine-et-M.
15 Cantal	46 Lot	78 Yvelines
16 Charente	47 Lot-et-Gar.	79 Sèvres (Deux)
17 Charente-Mar.	48 Lozère	80 Somme
18 Cher	49 Maine-et-Loire	81 Tarn
19 Corrèze	50 Manche	82 Tarn-et-Gar.
2A Corse-du-Sud	51 Marne	83 Var
2B Hte-Corse	52 Marne (Hte)	84 Vaucluse
21 Côte-d'Or	53 Mayenne	85 Vendée
22 Côtes d'Armor	54 Meurthe-et-M.	86 Vienne
23 Creuse	55 Meuse	87 Vienne (Hte)
24 Dordogne	56 Morbihan	88 Vosges
25 Doubs	57 Moselle	89 Yonne
26 Drôme	58 Nièvre	90 Belfort (Ter.-de)
27 Eure	59 Nord	91 Essonne
28 Eure-et-Loir	60 Oise	92 Hauts-de-Seine
29 Finistère	61 Orne	93 Seine-St-Denis
30 Gard	62 Pas-de-Calais	94 Val-de-Marne
31 Garonne (Hte)	63 Puy-de-Dôme	95 Val-d'Oise

Voitures étrangères :

Des lettres distinctives variant avec le pays d'origine, sur plaque ovale placée à l'arrière du véhicule, sont obligatoires (F pour les voitures françaises circulant à l'étranger).

A	*Autriche*	FIN	*Finlande*	NL	*Pays-Bas*
AL	*Albanie*	FL	*Liechtenstein*	P	*Portugal*
AND	*Andorre*	GB	*Gde-Bretagne*	PL	*Pologne*
B	*Belgique*	GR	*Grèce*	RL	*Liban*
BG	*Bulgarie*	H	*Hongrie*	RO	*Roumanie*
BIH	*Bosnie-Herzégovine*	HR	*Croatie*	RUS	*Russie*
CDN	*Canada*	I	*Italie*	S	*Suède*
CH	*Suisse*	IL	*Israël*	SK	*Slovaquie*
CZ	*République Tchèque*	IRL	*Irlande*	SLO	*Slovénie*
D	*Allemagne*	L	*Luxembourg*	TN	*Tunisie*
DK	*Danemark*	LT	*Lituanie*	TR	*Turquie*
DZ	*Algérie*	LV	*Lettonie*	UA	*Ukraine*
E	*Espagne*	MA	*Maroc*	USA	*États-Unis*
EW	*Estonie*	MC	*Monaco*	V	*Vatican*
F	*France*	N	*Norvège*	YU	*Yougoslavie*

Immatriculations spéciales :

CMD *Chef de mission diplomatique*
(orange sur fond vert)

CD *Corps diplomatique ou assimilé*
(orange sur fond vert)

C *Corps consulaire*
(blanc sur fond vert)

K *Personnel d'ambassade ou de consulat ou d'organismes internationaux*
(blanc sur fond vert)

TT *Transit temporaire*
(blanc sur fond rouge)

W *Véhicules en vente ou en réparation*

WW *Immatriculation de livraison*

de/from \ vers/to	Ⓐ	Ⓑ	ⒸⒽ	ⒸⓏ	Ⓓ	ⒹⓀ	Ⓔ	ⒻⒾⓃ	Ⓕ	ⒼⒷ	Ⓖ
A Autriche		0032	0041	00420	0049	0045	0034	00358	0033	0044	00
B Belgique	0043		0041	00420	0049	0045	0034	00358	0033	0044	00
CH Suisse	0043	0032		00420	0049	0045	0034	00358	0033	0044	00
CZ République Tchèque	0043	0032	0041		0049	0045	0034	00358	0033	0044	00
D Allemagne	0043	0032	0041	00420		0045	0034	00358	0033	0044	00
DK Danemark	0043	0032	0041	00420	0049		0034	00358	0033	0044	00
E Espagne	0043	0032	0041	00420	0049	0045		00358	0033	0044	00
FIN Finlande	0043	0032	0041	00420	0049	0045	0034		0033	0044	00
F France	0043	0032	0041	00420	0049	0045	0034	00358		0044	00
GB Royaume Uni	0043	0032	0041	00420	0049	0045	0034	00358	0033		00
GR Grèce	0043	0032	0041	00420	0049	0045	0034	00358	0033	0044	
H Hongrie	0043	0032	0041	00420	0049	0045	0034	00358	0033	0044	00
I Italie	0043	0032	0041	00420	0049	0045	0034	00358	0033	0044	00
IRL Irlande	0043	0032	0041	00420	0049	0045	0034	00358	0033	0044	00
J Japon	00143	00132	00141	001420	00149	00145	00134	001358	00133	00144	00
L Luxembourg	0043	0032	0041	00420	0049	0045	0034	00358	0033	0044	00
N Norvège	0043	0032	0041	00420	0049	0045	0034	00358	0033	0044	00
NL Pays-Bas	0043	0032	0041	00420	0049	0045	0034	00358	0033	0044	00
PL Pologne	0043	0032	0041	00420	0049	0045	0034	00358	0033	0044	00
P Portugal	0043	0032	0041	00420	0049	0045	0034	00358	0033	0044	00
RUS Russie	81043	81032	81041	810420	81049	81045	81034	810358	81033	81044	810
S Suède	0043	0032	0041	00420	0049	0045	0034	00358	0033	0044	00
USA	01143	01132	01141	001420	01149	01145	01134	011358	01133	01144	01

* Pas de sélection automatique

Important : Pour les communications internationales le zéro (0) initial de l'indic interurbain n'est pas à composer (excepté pour les appels vers l'Italie).

(H)	(I)	(IRL)	(J)	(L)	(N)	(NL)	(PL)	(P)	(RUS)	(S)	(USA)	
0036	0039	00353	0081	00352	0047	0031	0048	00351	007	0046	001	**Autriche A**
0036	0039	00353	0081	00352	0047	0031	0048	00351	007	0046	001	**Belgique B**
0036	0039	00353	0081	00352	0047	0031	0048	00351	007	0046	001	**Suisse CH**
0036	0039	00353	0081	00352	0047	0031	0048	00351	007	0046	001	**République CZ Tchèque**
0036	0039	00353	0081	00352	0047	0031	0048	00351	007	0046	001	**Allemagne D**
0036	0039	00353	0081	00352	0047	0031	0048	00351	007	0046	001	**Danemark DK**
0036	0039	00353	0081	00352	0047	0031	0048	00351	007	0046	001	**Espagne E**
0036	0039	00353	0081	00352	0047	0031	0048	00351	007	0046	001	**Finlande FIN**
0036	0039	00353	0081	00352	0047	0031	0048	00351	007	0046	001	**France F**
0036	0039	00353	0081	00352	0047	0031	0048	00351	007	0046	001	**Royaume Uni GB**
0036	0039	00353	0081	00352	0047	0031	0048	00351	007	0046	001	**Grèce GR**
	0039	00353	0081	00352	0047	0031	0048	00351	007	0046	001	**Hongrie H**
0036		00353	0081	00352	0047	0031	0048	00351	*	0046	001	**Italie I**
0036	0039		0081	00352	0047	0031	0048	00351	007	0046	001	**Irlande IRL**
0136	00139	001353		001352	00147	00131	00148	001351	*	001146	0011	**Japon J**
0036	0039	00353	0081		0047	0031	0048	00351	007	0046	001	**Luxembourg L**
0036	0039	00353	0081	00352		0031	0048	00351	007	0046	001	**Norvège N**
0036	0039	00353	0081	00352	0047		0048	00351	007	0046	001	**Pays-Bas NL**
0036	0039	00353	0081	00352	0047	0031		00351	007	0046	001	**Pologne PL**
0036	0039	00353	0081	00352	0047	0031	0048		007	0046	001	**Portugal P**
81036	81039	810353	81081	810352	81047	81031	81048	810351		81046	8101	**Russie RUS**
0036	0039	00353	0081	00352	0047	0031	0048	0035	007		001	**Suède S**
01136	01139	011353	01181	011352	01147	01131	01148	011351	*	011146		**USA**

* Direct dialing not possible

Note: When making an international call, do not dial the first «0» of the city codes (except for calls to Italy).

Index

Manufacture française des pneumatiques Michelin
Société en commandite par actions au capital de 304 000 000 EUR
Place des Carmes-Déchaux – 63 Clermont-Ferrand (France)
R.C.S. Clermont-Fd B 855 200 507

Michelin et Cie, Propriétaires-Éditeurs, 2002
Dépôt légal Mars 2002 – ISBN 2-06-100168-8

**Toute reproduction, même partielle et quel qu'en soit le support
est interdite sans autorisation préalable de l'éditeur.**

Printed in France, 02-2002/1.1

Compogravure : A.P.S.-CHROMOSTYLE, Tours.
Impression et brochure : CLERC à St-Amand-Montrond.

Illustrations :

Rodolphe CORBEL : pages 5, 13, 35, 44, 57, 58, 66, 85, 87, 91, 103, 119, 131, 153, 167, 191, 207, 219, 235, 251 et 265.

Bernadette DROUILLOT : page 50.

Bernard DUMAS : pages 26 à 29.

Cécile GIRAUDEL : pages 4, 6 à 10, 12, 14 à 19, 32, 37, 39, 46, 51, 71, 74, 81, 102, 276 et 346.

Photo de la couverture :

Philippe GAJIC : photo réalisée à la terrasse du restaurant ROTONDE, 105 boulevard Montparnasse, PARIS (6ᵉ).